6

Musik hören
Musik erleben

Von Hella Brock

mit Beiträgen von Rainer Herberger, Günter Olias,
Hans Werner Unger, Ina Iske

3. Auflage

Volk und Wissen
Volkseigener Verlag Berlin · 1989

Brock, Hella:
Musik hören, Musik erleben / von Hella Brock.
Mit Beitr. von Rainer Herberger ... – Ausg. 1985,
3. Aufl. – Berlin : Volk u. Wissen, 1989. –
240 S. : Noten

ISBN 3-06-152118-6

3. Auflage · Ausgabe 1985
Lizenz Nr. 203 · 1000/89 (UN 15 21 18-3)
LSV 0645
Redaktion: Andreas Unterumsberger, Rüdiger Sell
Einband: Heinz Ebel
Zeichnungen: Norbert Marzahn
Typografische Gestaltung: Atelier vwv
Printed in the German Democratic Republic
Notenstich: Offizin Andersen Nexö, Grafischer Großbetrieb Leipzig
Satz, Druck und Binden: Grafischer Großbetrieb Völkerfreundschaft Dresden
Schrift: 10/10/11 p Timeless, Digiset
Redaktionsschluß: 15. April 1988
Bestell-Nr.: 707 871 0
00980

Inhaltsverzeichnis

0. **Vorwort** (Hella Brock) 6

1. **Ziele und Aufgaben des Musikhörens in der sozialistischen Schule** (Günter Olias) 7
1.1. Musikhören im Unterricht als ein spezifischer Bereich der sozialistischen Allgemeinbildung und kommunistischen Erziehung 7
1.2. Linienführung und Systematik des Musikhörens im Unterricht 12

2. **Psychologische Grundlagen des Musikhörens im Unterricht** (Rainer Herberger) 20
2.1. Wechselwirkung von Persönlichkeitseigenschaften und Rezeptionstätigkeit 20
2.2. Das aktive Musikhören als dialektische Einheit von Antriebs-, Gefühls-, Erkenntnis- und Steuerungsprozessen 25
2.2.1. Antriebsprozesse für das Musikhören 26
2.2.2. Gefühlsprozesse beim Musikhören 28
2.2.2.1. Unreflektierte, spontan-affektive Gefühle und Stimmungen beim Musikhören 29
2.2.2.2. Bewußte, objektivierende Gefühle beim Musikhören 33
2.2.2.3. Bewußt wertende Gefühle und Haltungen beim Musikhören 36
2.2.3. Erkenntnisprozesse beim Musikhören 39
2.2.3.1. Die akustischen Empfindungen als notwendige Grundlage der musikalischen Erkenntnis 39
2.2.3.2. Zur Funktion der Wahrnehmung und der Apperzeption im musikalischen Erkenntnisprozeß 41
2.2.3.3. Zur Funktion der Gedächtnis- und Phantasievorstellungen im musikalischen Erkenntnisprozeß 43
2.2.3.4. Zur Funktion des Denkens im musikalischen Erkenntnisprozeß 48
2.2.4. Steuerungsprozesse beim Musikhören 51
2.3. Das Ziffernprotokoll-Verfahren – eine Möglichkeit zur Analyse der geistigen Tätigkeit von Schülern während des Musikhörens 56

3. **Das musikalische Kunstwerk als Gegenstand des Musikhörens im Unterricht** (Hella Brock) 59
3.1. Musik als Kommunikation 59
3.2. Musikalische Nachahmung akustischer, visueller und bewegungsmäßiger Erscheinungen aus Natur und Umwelt 67

3.3. Musikalische Nachgestaltung psycho-physischer Vorgänge 78
3.4. Transformation von Sprachbewegung und Kommunikationsstrukturen 87
3.5. Musikalische Antefacta 93
3.6. Gattungsspezifische Merkmale 98

4. **Musikhören als pädagogisch geleiteter Prozeß** (Hella Brock) 101
4.1. Das Verhältnis von Schülertätigkeiten und pädagogischer Führung im Bereich Musikhören 101
4.2. Erfahrungsaktualisierende Tätigkeitsführung 103
4.3. Problemorientierende Tätigkeitsführung 111
4.4. Musizierpraktisch-aktivierende Tätigkeitsführung 121
4.4.1. Inhalt und Funktion musizierpraktisch-aktivierender Tätigkeitsführung 121
4.4.2. Musizierpraktisch-interpretative Schülertätigkeiten 124
4.4.3. Musizierpraktische Schülertätigkeiten als Nachvollzug, Ergänzung oder Umgestaltung von Elementen des anzueignenden Musikwerkes . 129
4.4.4. Musizierpraktische Schülertätigkeiten als selbständig-freie Improvisationen oder Erprobungen musikdramaturgischer Gestaltungsweisen beziehungsweise des Formmodells eines gehörten Werkes 133
4.5. Informativ-orientierende Tätigkeitsführung 142
4.5.1. Zur Funktion informativ-orientierender Tätigkeitsführung 142
4.5.2. Werkbezogene Sachinformationen 143
4.5.3. Prozeßbilder als Verlaufsorientierungen 150
4.5.4. Informativ-orientierende Werkbetrachtung 157
4.6. Analytisch-erschließende Tätigkeitsführung 161
4.6.1. Hauptaufgaben analytisch-erschließender Tätigkeitsführung 161
4.6.2. Vermittlung von Verfahrenskenntnissen für die Erschließung von musikalischen Kunstwerken mit Hilfe heuristischer Anleitungen 166
4.7. Werturteilsbildende Tätigkeitsführung 173

5. **Ermittlung und Einschätzung von Unterrichtsergebnissen im Bereich Musikhören** (Hella Brock, Hans Werner Unger) 178
5.1. Stellenwert und Funktionen der Leistungskontrolle im Unterricht . . . 178
5.2. Ermittlung von Leistungen im Verfolgen von Klangbeispielen 181
5.3. Ermittlung des Niveaus musikbezogenen Wissens 182
5.4. Ermittlung von Leistungen im selbständigen Erschließen eines musikalischen Kunstwerkes 187
5.5. Gesichtspunkte für die Abschluß- und Reifeprüfung 193

6. **Die pädagogische Führung des Musikhörens im außerunterrichtlichen Bereich** (Hans Werner Unger; Mitarbeit: Ina Iske) 198
6.1. Allgemeine Zielstellung 198
6.2. Schwerpunkte der inhaltlichen Gestaltung des Musikhörens im außerunterrichtlichen Bereich 200
6.3. Thematische und methodische Gestaltung außerunterrichtlicher Arbeit zur Vertiefung des Musikerlebens 204
6.3.1. Verbindung von Musikhören und improvisatorischer Tätigkeit 204

6.3.2. Das Erlebnis der Musik in ihrem Zusammenwirken mit anderen künstlerischen Äußerungen 207
6.3.3. Mitgestaltung des musischen Klimas an der Schule und im Territorium 213
6.3.4. Musik und Polytechnik 217
6.3.5. Untersuchungen zu musikkulturellen Prozessen in der sozialistischen Gesellschaft 219
6.3.6. Besonderheiten der Arbeit mit Hortgruppen 222

Literaturverzeichnis 224
Komponisten- und Werkverzeichnis 233
Sachwortregister 236

Vorwort

Die zunehmende Verflechtung von sozialistischer Musikkultur, Lebensweise und Persönlichkeitsentwicklung erfordert von allen mit der musikalischen Bildung und Erziehung Beauftragten eine komplexe Sicht der soziologischen und kulturellen, ästhetischen und psychologischen, erziehungstheoretischen und pädagogisch-methodischen Bedingungen für einen erlebnishaften und zunehmend selbständigen Umgang des Heranwachsenden mit musikalischen Kunstwerken. Mit diesem Anspruch und dem Bestreben, Anregungen für eine schöpferische pädagogische Führungstätigkeit an Hand zahlreicher erprobter Beispiele zur Motivierung und Lenkung des Musikhörens im Unterricht und in der außerunterrichtlichen Arbeit der Klassen 1 bis 12 zu vermitteln, wendet sich dieses Buch vor allem an den Musiklehrer der allgemeinbildenden Schule. Im Zentrum steht die Darstellung von wirksamen Verfahren für den Erwerb und die Entwicklung musikrezeptiven Wissens und Könnens sowie entsprechender Einstellungen und Verhaltensweisen, wobei die pädagogische Führung auf die zunehmende Beherrschung der für einen erlebnishaften Umgang mit Musik wesentlichen Tätigkeiten orientiert.

Konzeption, inhaltliche Schwerpunkte und unterrichtspraktische Empfehlungen dieses Buches erwuchsen aus theoretischen und empirischen Untersuchungen, die die Forschungsgruppe Musikerziehung der Karl-Marx-Universität Leipzig zu Fragen des Inhalts und der Gestaltung von Schülertätigkeiten im pädagogisch gelenkten musikalischen Rezeptionsprozeß durchführte.

1. Ziele und Aufgaben des Musikhörens in der sozialistischen Schule

1.1. Musikhören im Unterricht als ein spezifischer Bereich der sozialistischen Allgemeinbildung und kommunistischen Erziehung

Mit der zunehmenden Weite und Vielfalt der musikkulturellen Bedürfnisse, Angebote und Aktivitäten in der entwickelten sozialistischen Gesellschaft haben sich auch die Ziel- und Aufgabenstellungen für den Musikunterricht im Gesamtgefüge unseres Bildungssystems bedeutend erweitert und differenziert. Orientierten die Lehr- und Stoffverteilungspläne in den 50er Jahren noch sehr allgemein auf einzelne musikalische Werkbeispiele und auf damit zu verbindende musikkundliche Kenntnisse, so wurden seither Zielbestimmungen hinsichtlich der Werkauswahl, der Wissens- und Könnensentwicklung sowie der weltanschaulich-ideologischen Erziehungsaspekte wesentlich umfassender und detaillierter formuliert. Von den insgesamt gewachsenen inhaltlichen und qualitativen Ansprüchen und Anforderungen an die Planung, Führung und praktische Gestaltung pädagogischer Prozesse während des umfassenden Aufbaus der entwickelten sozialistischen Gesellschaft gingen entscheidende Impulse auch für eine beständige Qualifizierung der musikerzieherischen Arbeit in der sozialistischen Schule aus. Fragen nach der weiteren Erhöhung von Qualität und Effektivität wurden zunehmend zu zentralen Orientierungsgrößen der bildungspolitischen Entwicklung. Darauf verwies erneut Margot Honecker auf der Zentralen Direktorenkonferenz im Jahre 1982:

„Die Qualität und Effektivität der pädagogischen Arbeit weiter zu erhöhen, das verlangt, auch weiterhin kontinuierliche Arbeit zu leisten. Dabei müssen wir jedoch davon ausgehen, daß Kontinuität immer das Moment neuer qualitativer Anforderungen enthält. Kontinuität heißt, alles Bewährte fortzuführen mit dem Blick auf die qualitativ neuen Erfordernisse. Wir müssen gewissermaßen den Widerspruch zwischen Erreichtem und Möglichem noch stärker als Triebkraft für das weitere Voranschreiten unserer Schule zu nutzen verstehen.“ (1982, S. 462f.)

In den Grundpositionen des Lehrplanwerkes von 1971 wurden umfassend die neuen Maßstäbe, die inhaltlichen und qualitativen Anforderungen an die schulpolitische und pädagogisch-praktische Arbeit zum Ausdruck gebracht. Sie sind bestimmt von der Gesamtkonzeption der **sozialistischen Allgemeinbildung,** wie sie der schulpolitischen Aufgabenstellung des VIII. Parteitages der SED entsprach. Damit wurden wesentliche Voraussetzungen dafür geschaffen, Bildung und Erziehung im Unterricht der sozialistischen Schule durchgängig als einen einheitlichen, kontinuierlichen und komplexen Prozeß der Persönlichkeitsentwicklung zu gestalten.

„Sozialistische Allgemeinbildung wird ... durch die gesetzmäßigen Beziehungen zwischen dem Ziel der allseitigen Bildung sozialistischer Persönlichkeiten, das auf den Bildungsvorlauf für die Gestaltung der entwickelten sozialistischen Gesellschaft und des Kommunismus gerichtet ist, dem ziel- und prozeßadäquat aufbereiteten und strukturierten Inhalt und einer entsprechenden didaktisch-methodischen Konzeption charakterisiert.“ (Neuner 1974, S. 164f.)

Diese konzeptionelle Orientierung der sozialistischen Allgemeinbildung war auch für die Entwicklung des Lehrplans Musik bestimmend. Sie führte zu neuen prinzipiellen Akzentuierungen und klassenstufenspezifischen Differenzierungen der Ziel- und Aufgabenstellung, zu Präzisierungen der Stoffauswahl und stofflich-inhaltlichen Systematik, insbesondere aber auch zu einer durchgängigen thematischen Gliederung des gesamten Lehrgangs nach einzelnen Stoffeinheiten. Unter Beachtung der Komplexität musikalischer Bildungs- und Erziehungsprozesse wurde dabei der Stellenwert des Musikhörens im Unterricht beträchtlich erhöht. Ausgangs- und Bezugspunkt für die Zielbestimmung bildet jedoch auch innerhalb dieses Lehrplanbereichs stets die persönlichkeitsbildende Funktion der Aneignung von Musik (vgl. Methodik Musikunterricht 1979, S. 15ff.). Hierauf sind alle Bildungs- und Erziehungsaspekte bei der pädagogischen Führung des musikalischen Aneignungsprozesses konzentriert, so daß deren integratives Zusammenwirken gleichermaßen als *zielorientierendes* wie auch als *handlungspraktisches Prinzip* besondere Beachtung verdient.

Im einzelnen resultieren daraus folgende allgemeine Zielschwerpunkte des Lehrplanbereichs Musikhören:

- Vermittlung einer umfangreichen und repräsentativen Auswahl an bedeutenden Musikwerken der in unserem Musikleben gebräuchlichsten Genres und Gattungen des zeitgenössischen sozialistischen Musikschaffens, aus dem humanistischen Erbe und dem progressiven bürgerlichen Musikgut der Gegenwart (Allseitigkeit in bezug auf das gesellschaftlich bedeutsame musikalische Bildungsgut und den Prozeßcharakter der musikkulturellen Entwicklung)
- Aneignung und Erschließung musikalischer Werke sowohl im Hinblick auf ihre musikalisch-gestalterische Spezifik, ihren Ausdruckscharakter und Ideengehalt als auch unter Beachtung ihrer Bedeutung und Funktion im sozial-, kultur- und musikgeschichtlichen Entwicklungsprozeß (Allseitigkeit in bezug auf den Aspektreichtum und das ästhetisch-ideologische Potential der Musik)
- zielgerichtete und systematische Befähigung der Schüler zu einer beziehungsreichen, aktiven und schöpferischen Aneignung von Musik, zum bewußten Erfassen vielfältiger musikalischer Zusammenhänge, zum ideologischen und ästhetischen Werten von Musik des Erbes und der Gegenwart sowie zum Verständnis von Grundprinzipien der sozialistischen Kulturpolitik (Allseitigkeit in bezug auf das zu entwickelnde musikalische Wissens- und Könnensniveau der Schüler)
- kontinuierliche Ausprägung von Einsichten in den Klassencharakter der Musikentwicklung in Vergangenheit und Gegenwart, in den Zusammenhang von Musik und Gesellschaft sowie in die Besonderheiten der künstlerischen Gestaltung von Wirklichkeitsbeziehungen im Musikschaffen, verbunden mit der Entwicklung dauerhafter und produktiver Bedürfnisse nach erlebnisintensiver und niveauvoller Musikaneignung sowie der Fähigkeit zur Wertschätzung der schöpferischen Leistungen von Komponisten und Interpreten (Allseitigkeit in bezug auf das musikalisch-ästhetische und ideologische Einstellungsverhalten der Schüler)
- Entwicklung des individuellen Erlebnisreichtums der Schüler, ihrer Phantasie und Genußfähigkeit sowie vielfältiger Bedürfnisse, aktiv am geistig-kulturellen Leben in der sozialistischen Gesellschaft teilzunehmen, und nach eigener kulturvoller Lebensweise (Allseitigkeit in bezug auf das gemeinschaftsverbundene individuelle musikkulturelle Verhalten)

Auf Grund dieser anspruchsvollen Zielstellungen wurden seither vielfältige Intensivierungen des unterrichtlichen Musikhörens erreicht. In zahlreichen Erfahrungsberichten, Unterrichtsdiskussionen und profilierten thematischen Beiträgen in der Fachzeitschrift „Musik in der Schule“ kommt dies deutlich zum Ausdruck. Sie betrafen insbesondere den zentralen Stellenwert des „erklingenden Musikwerkes“ im Unterricht (Hoffmann 1972, S. 143ff.), Aspekte des „Wertens von Musik“ und des „Urteilens über Musik“ (W. Kaden 1973, S. 241ff.), die „Analyse musikalischer Werke unter vielseitigen Gesichtspunkten“ (Flügel 1974, S. 342ff., und Fehske 1975, S. 169ff.), die „Vermittlung kulturpolitischer Einsichten im Rahmen musikalischer Werkbetrachtungen“ (Olias 1974, S. 380ff.), Differenzierungen der musikalisch-rezeptiven Schülertätigkeiten (Brock 1977, S. 119ff.) sowie zahlreiche Impulse zur Anwendung neuer rezeptionstheoretischer Positionen bei der methodischen Gestaltung des Musikhörens im Unterricht (Bimberg/Kober 1976, S. 195ff.; Bimberg 1977, S. 132ff.; Kober 1978, S. 358ff.).
Mit der programmatischen Orientierung auf die Schaffung der Voraussetzungen für den Aufbau des Kommunismus in unserer Gesellschaft, wie sie auf dem IX. Parteitag der SED formuliert wurde, ergaben sich weitere perspektivische Anforderungen an die inhaltliche und qualitative Ausgestaltung des sozialistischen Bildungswesens. Es ist die konkrete gesellschaftliche Entwicklungsperspektive, die der erziehungstheoretischen Bestimmung und erziehungspraktischen Wirksamkeit des Unterrichts in der sozialistischen Schule ihr spezifisches Gepräge verleiht, aus der die neuen Maßstäbe und Anforderungen erwachsen. **Kommunistische Erziehung** bedeutet somit gewissermaßen die permanente Aktualisierung dieser gesamtgesellschaftlichen Zielorientierung in den realen Arbeits-, Lern- und Lebensprozessen. Diese historisch konkrete und gesellschaftlich produktive Dimension der erzieherischen Zielstellung und Wirksamkeit, die Dialektik von Entwicklung und Erziehung, gilt es nunmehr zunehmend zu beachten und bewußt anzuwenden. Dabei sind die gesellschaftlichen Bedingungen nicht als ein allgemein gegebener äußerer Rahmen zu fassen, sondern insbesondere hinsichtlich ihrer neuartigen inhaltlichen und qualitativen Merkmale im Unterricht auf vielfältige Weise erlebbar, erkennbar und beherrschbar zu machen. Margot Honecker betonte daher auch auf dem VIII. Pädagogischen Kongreß:

> „Die entwickelte sozialistische Gesellschaft zu gestalten ist also nicht einfach die Fortschreibung des erreichten Entwicklungsstandes; hier geht es um die Weiterführung des Prozesses der revolutionären Umgestaltung der Gesellschaft. Das Programm unserer Partei, in dem dieser Weg festgelegt ist, ist eine Herausforderung an die schöpferischen Kräfte der Menschen, an ihr Wissen, ihre Aktivität und Initiative, an ihr bewußtes Engagement für das Neue, Vorwärtsweisende, Anforderung auch vor allem an die Erziehung der Jugend.“ (1979, S. 882)

In diesem Sinne wurde in bisherigen Erörterungen zu aktuellen Problemen der kommunistischen Erziehung verstärkt auf die Ausprägung einer aktiven Lebensposition der Schüler hingewiesen, auf die enge Verbindung der Erziehung mit den realen Lebensprozessen in unserer Gesellschaft, auf eine effektive Nutzung und kontinuierliche Erweiterung der sozialen Erfahrungen der Schüler sowie auf eine komplexe Sicht und strategische Führung von Erziehungsprozessen.
Alle diese Faktoren haben auch für die kommunistische Erziehung im Musikunterricht volle Gültigkeit. In besonderem Maße geht es hierbei um die Herausbildung

aktiver kulturell-künstlerischer Fähigkeiten und Verhaltensweisen, ästhetischer Bedürfnisse, Ideale und Wertorientierungen, in denen und durch die sich gleichermaßen *ästhetische Subjektivität, weltanschauliche und ideologische Grundhaltungen sowie gesellschaftliche Produktivität* optimal entfalten. Speziell die Ziel- und Aufgabenstellungen des Musikhörens erhalten durch diese Orientierungen auf Wesensmerkmale, Prinzipien und inhaltliche Schwerpunkte der kommunistischen Erziehung weitreichende perspektivische Impulse und Akzentuierungen. Sie betreffen im wesentlichen folgende Aspekte:

- Musikhören im Unterricht als Bestandteil der kommunistischen Erziehung erfordert die aktive Aneignung von Musik in der Weise, daß sich die Schüler emotional bewegt, bewußt und parteilich wertend das progressive humanistische Funktions- und Wirkungspotential der Musik durch zunehmend *selbständiges und schöpferisches Lernen* erschließen; das bedingt insbesondere eine enge, wechselseitig produktive *Verbindung von musizierpraktisch-gestalterischer und musikalisch-rezeptiver Tätigkeit* der Schüler in bezug auf sämtliche Gegenstandsbereiche des Musikunterrichts.
- Musikhören im Unterricht als Bestandteil der kommunistischen Erziehung erfordert konkrete Bezugnahmen auf vielfältige gesellschaftliche Funktionsbestimmungen und Funktionsweisen der Musik in Vergangenheit und Gegenwart, auf die Vielgestaltigkeit des individuellen und kollektiven *Musikschaffens,* der *Musikpflege* und *Musikaneignung* im Leben der werktätigen Massen sowie auf die engen Beziehungen zwischen *künstlerischer und politischer Aktivität* und Wirksamkeit im geschichtlichen Prozeß; das bedeutet eine verstärkte Orientierung der individuellen Musikaneignung auf gesellschaftlich bedeutsame musikalische Produktions-, Interpretations- und Rezeptionsweisen; hierbei sind auch medienspezifische musikalische Gattungen (z. B. Film- und Hörspielmusik) sowie entsprechende Formen des massenkommunikativen *Umgangs mit Musik* stärker zu berücksichtigen.
- Musikhören im Unterricht als Bestandteil der kommunistischen Erziehung bedeutet eine beständige Intensivierung und Differenzierung des *persönlichen Beziehungsreichtums* der Schüler, ihrer individuellen Eindrucksfähigkeiten, Vorlieben und Neigungen beim Umgang mit Musik, wobei zunehmend ihr musikalisches Interesse auf das *gesamte Spektrum* bedeutsamer musikkultureller Leistungen der Vergangenheit und Gegenwart zu richten ist; dabei gilt der Herausbildung einer sozialistisch-realistischen Kunstauffassung sowie den altersspezifischen Besonderheiten und Individualitätsformen im musikkulturellen Verhalten der Schüler verstärkte Aufmerksamkeit.
- Musikhören im Unterricht als Bestandteil der kommunistischen Erziehung bedeutet Herausbildung von Fähigkeiten und der Bereitschaft zur *kollektiven Verständigung* über Musik, zu konstruktiver, kritischer Urteilsfähigkeit sowie zur *aktiven Auseinandersetzung* mit aktuellen Entwicklungstendenzen im zeitgenössischen Musikschaffen; in zunehmendem Maße schließt dies zugleich die Beachtung *internationalistischer Aspekte* der musikkulturellen Entwicklung ein; hierbei gilt dem traditionellen und aktuellen Musikschaffen der sozialistischen Länder sowie progressiven musikkulturellen Leistungen in den Ländern des Kapitalismus und der nationalen Befreiungsbewegung erhöhte Aufmerksamkeit.
- Musikhören im Unterricht als Bestandteil der kommunistischen Erziehung beginnt mit der soliden Vermittlung und Aneignung des im *Lehrplan geforderten*

Wissens und Könnens, ermöglicht zugleich die lebendige Einbeziehung, Nutzung und Erörterung vielfältiger außerunterrichtlich erworbener musikkultureller Erfahrungen der Schüler und ist somit auf die beständige Entwicklung einer aktiven und *produktiven musikalischen Lernhaltung* sowie auf eine enge Verbindung von *unterrichtlicher und außerunterrichtlicher Musikaneignung* gerichtet.

Die Ziel- und Aufgabenstellungen des Musikhörens in der Schule erweisen sich somit als wesentliche Orientierungsgrößen bei der Herausbildung ästhetischer, moralischer und weltanschaulich-ideologischer Einsichten und Haltungen der Schüler im Gesamtgefüge der kommunistischen Erziehung. In Abhängigkeit vom gesellschaftlichen Entwicklungsprozeß verändert sich dabei auch zugleich der Charakter der Allgemeinbildung, die in zunehmendem Maße auch die Fähigkeit zu selbständiger Aufnahme und Verarbeitung von zukünftigem Wissen einschließt. Das erfordert insgesamt eine verstärkte Orientierung auf die gesamtgesellschaftliche Dimension der musikkulturellen Aneignungsprozesse in der gegenwärtigen Epoche.

Im Zeichen der Zielorientierung auf die kommunistische Erziehung wurden in der musikpädagogischen Diskussion der letzten Jahre zahlreiche Themenschwerpunkte erörtert und vielfältige Anregungen für die Unterrichtspraxis wiederum vor allem in der Fachzeitschrift „Musik in der Schule“ zum Ausdruck gebracht. Dazu gehören neue Aspekte der Erbeaneignung (Bimberg 1978, S. 282ff.; Siegmund-Schultze 1980, S. 41ff.; Koch 1976, S. 109ff.) sowie der Erschließung von Werken des zeitgenössischen Musikschaffens (Bimberg 1980, S. 75ff.; L. Schubert 1982, S. 92ff.; Grun/Führ/L. Schubert 1982, S. 403ff.; Olias 1982, S. 236ff.), Hinweise zur Entwicklung von schöpferischen Initiativen und Fähigkeiten im Musikunterricht (Hoffmann 1979, S. 4ff.; Michel 1979, S. 8ff.), Erkenntnisse zur „Entwicklung eines differenzierten Rezeptionsverhaltens“ (Herberger 1980, S. 151ff.) sowie zur „Vermittlung von Verfahrenskenntnissen bei der Erschließung von musikalischen Kunstwerken“ (Brock 1981, S. 43ff., und 1982, S. 185ff.) und zum Zusammenhang von musikalischen Verfahrens- und Verhaltensweisen beim Musikhören im Unterricht (Olias 1981, S. 210ff. und 411ff. sowie 1982, S. 160ff. und 208ff.), Erfahrungsberichte und theoretische Erörterungen zur problemhaften Unterrichtsgestaltung (Lutter 1981, S. 240ff.) sowie zur Einheit von Wissen, Können und vertieftem Kunsterlebnis (Lutter 1982, S. 273ff.).

Insgesamt zeigt sich hierbei, daß sich die musikpädagogische Theorie und Praxis speziell in bezug auf die Problematik des Musikhörens in der sozialistischen Schule außerordentlich dynamisch entwickelt, daß, ausgehend von den neuen gesellschaftlichen und kulturellen Anforderungen, Ansprüchen und Möglichkeiten sowie den perspektivischen Zielorientierungen der sozialistischen Allgemeinbildung und kommunistischen Erziehung, vielfältige schöpferische Initiativen zur Intensivierung der musikalischen Erlebnisfähigkeit der Schüler unternommen werden. Damit bestätigt sich zugleich eine grundsätzliche Forderung, wie sie Lothar Klingberg formulierte:

„Die Lebensnähe unserer Pädagogik besteht darin, daß sie sich – unter Wahrung ihrer spezifischen Fragestellung – für alle relevanten gesellschaftlichen, sozialen, psychologischen usw. (somit auch musikkulturellen – d. V.) Entwicklungen öffnet, daß sie ihre Enge überwindet und neue Antworten auf neue Fragen gibt. Erforderlich ist eine schöpferische *theoretische* Arbeit, die Entwicklung, vorurteilsfreie Erörterung und Erprobung neuer Ideen und Projekte, neuer, die pädagogische Wissenschaft *weiterführender* Gedanken, mit einem Wort: die Entwicklung einer den gesellschaftlichen Ansprüchen genügenden

Theorie, in der die Dinge nicht nur beschrieben, kommentiert und interpretiert werden.“ (1981, S. 643)

1.2. Linienführung und Systematik des Musikhörens im Unterricht

Das Musikhören im Unterricht ist stets Bestandteil einer planmäßigen, zielgerichteten und systematischen Führung von Lerntätigkeiten der Schüler. Die Aneignung von Musik erfolgt hier primär unter den Bedingungen der „Dialektik von Lehren und Lernen“, bezogen auf jeweils differenzierte Ziel- und Stoffschwerpunkte. Seine eigentümliche Dynamik und Erlebnishaftigkeit gewinnt das unterrichtliche Musikhören daher aus dem Zusammenwirken aller den musikpädagogischen Prozeß bestimmenden Faktoren. Dazu gehören neben den bereits genannten Zielstellungen und stofflich-inhaltlichen Akzentuierungen auch die Besonderheiten der methodischen Gestaltung des kollektiven Rezeptionsprozesses sowie der Aspektreichtum der anforderungsbezogenen Tätigkeitsführung. Fragen der Linienführung betreffen folglich alle diese Bereiche, wobei stets zugleich als integratives Moment die komplexe persönlichkeitsbildende Funktion der musikpädagogischen Prozeßgestaltung zu beachten ist. Als ein den Musikunterricht in besonderem Maße betreffender Umstand erweist sich außerdem die ständige Erweiterung der außerunterrichtlichen Hörerfahrungen und Nutzungsmöglichkeiten vielfältiger Erlebnisangebote durch die Schüler unter den gegenwärtigen musikkulturellen Bedingungen, die sich vielfach einer systematischen Zielorientierung und pädagogisch-didaktischen Entwicklungslogik zu entziehen scheinen. Insofern wird es erforderlich, die Linienführung des Unterrichts tendenziell auf die Komplexität der *Entwicklung von musikkulturellen Verhaltensweisen* der Schüler, auf die Gesamtheit ihrer musikalischen Rezeptionsfähigkeiten und -bedürfnisse zu beziehen und durch entsprechende Akzentuierungen innerhalb der einzelnen Lehrplanbereiche zugleich Orientierungsimpulse für die Ausprägung von jeweils qualitativ weiterführenden Verhaltensbesonderheiten zu vermitteln.
Für das Musikhören bedeutet das, zunehmend die inhaltlichen und qualitativen Eigentümlichkeiten des Hörverhaltens der Schüler selbst in die unterrichtliche Betrachtung mit einzubeziehen und die Linienführung in ihren ziel-, stoff-, methoden- und handlungsbezogenen Aspekten so zu verdeutlichen, daß die Schüler dadurch auch für ihr außerunterrichtliches Musikhören und Musikerleben anregende und förderliche Impulse erhalten sowie dementsprechende Erfahrungswerte produktiv in den Unterricht mit einbeziehen können. Die derzeit oftmals noch anzutreffende Zielorientierung auf eine relativ isolierte werkspezifische Betrachtungsweise engt gerade diese Initialfunktion unterrichtlicher Bemühungen ein, so daß Entwicklungstendenzen im Sinne von verhaltensspezifischen Qualifikationen der musikalischen Erlebnisfähigkeit nicht immer hinreichend wirksam werden können. Die weitere Profilierung der Linienführung im Musikunterricht muß folglich die inhaltlichen und qualitativen Anforderungen an das Leistungs- und Einstellungsverhalten der Schüler deutlich erkennbar machen, so daß die jeweiligen Niveaustufen der Lernziele und -tätigkeiten für alle am musikpädagogischen Prozeß Beteiligten einsichtig werden.
Wir wollen nachfolgend die Linienführung im Lehrplanbereich Musikhören skiz-

zieren und dabei *klassenstufenspezifische Differenzierungen* verdeutlichen, wie sie sich aus dem derzeitigen Lehrplan ergeben. Von zentraler Bedeutung erscheinen jeweils unterschiedliche verhaltensspezifische Akzentuierungen, die unmittelbar verbunden sind mit fähigkeits- und kenntnisbezogenen Schwerpunktsetzungen. Ergänzend soll zugleich auf einige handlungsspezifische Besonderheiten bei der Entwicklung des Musikhörens in den jeweiligen Klassenstufen aufmerksam gemacht werden. Insgesamt betrifft diese Darstellung zunächst die Ziellinien des Musikhörens im Unterricht der sozialistischen Schule. Die Kontinuität dieser Linienführung erfordert zweifellos die **beständige Weiterführung der im Unterricht der vorausgehenden Klassenstufen** bereits **entwickelten** musikalischen **Hör- und Erlebnisfähigkeiten** und schließt zugleich – im Sinne der strukturellen Komplexität des Musikerlebens – **partielle Vorwegnahmen künftiger Zielschwerpunkte** ein. So ist beispielsweise die Einbeziehung von Wertaspekten beziehungsweise von schöpferischen Rezeptionshaltungen bereits auch in unteren Klassen möglich und erforderlich, ohne daß sie dort eigenständige Zielbereiche bilden. Andererseits stellen Aufmerksamkeit und emotionale Aufgeschlossenheit auch in höheren Klassen elementare Voraussetzungen für weitere qualifizierte Rezeptionshaltungen dar.
Im einzelnen bezieht sich diese Darstellung der Linienführung auf folgende Aspektbereiche:

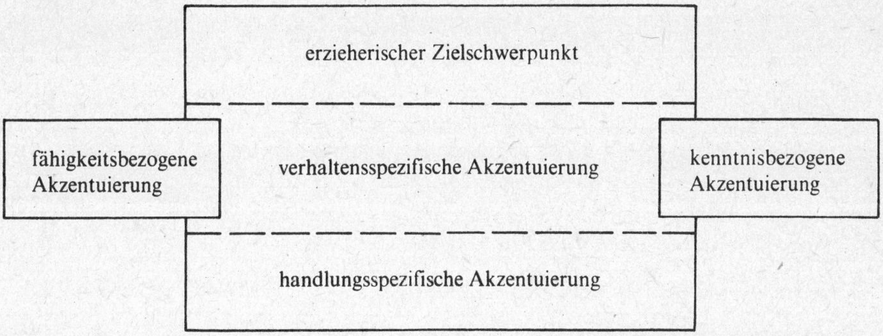

Wir verweisen in Ergänzung dieser Ausführungen auf entsprechende Darstellungen in dem Handbuch Methodik Musikunterricht (1979, S. 63ff.). – (Zugehörige Übersicht siehe S. 14–16.)
Unmittelbar verbunden mit diesen Ziellinien ist die stofflich-inhaltliche Linienführung im Lehrplanbereich Musikhören. Auch hierbei handelt es sich um ein Ordnungs- und Gliederungsprinzip für die systematische und didaktisch-logische Vermittlung und Aneignung von musikkulturellen Erfahrungen sowie für die Erschließung unterschiedlicher Erscheinungsformen der Musikkultur in Vergangenheit und Gegenwart. Im wesentlichen verbinden sich hierbei kulturpolitische und ästhetische, formenkundliche und musikgeschichtliche Aspekte zu thematischen Struktureinheiten. Dabei sind jeweils enge Beziehungen zum Lehrplanbereich Singen sowie zur Vermittlung des musikalischen Grundwissens herzustellen.
Bei der weiteren Profilierung der stofflich-inhaltlichen Systematik des Musikhörens verdient vor allem diese thematische Linienführung Beachtung. Dies entspricht einerseits dem erweiterten Stoffbegriff, wie er bereits in der musikpädagogischen Literatur gekennzeichnet wurde (vgl. Methodik Musikunterricht 1979, S. 49ff.). Zum

Klasse 1/2

Erziehung zum aufmerksamen
und konzentriert-beobachtenden Musikhören

Einprägen und Wiedererkennen
von musikalischen Klangereignissen

Unterscheiden von musikalischen
Ausdrucks- und
Bewegungsmerkmalen

auditives und visuelles Erfassen
einfacher musikalischer
Bewegungsverläufe

Interesse und Freude
am Kennenlernen
von Musik
im Klassenverband
sowie an vielfältigen
Formen eines
spielerisch-lernenden
Umgangs mit Musik

Klangeigenschaften
und Verlaufsbesonderheiten
(Tonhöhe, Klangfarbe, Lautstärke,
Tondauer)

Musik zum Singen,
Tanzen und Marschieren

Tempounterschiede
und Darbietungsformen
(Solo, Chor, Instrumentalgruppe)

Hören — Beobachten/Benennen —
Singen und Musizieren

Klasse 3/4

Erziehung zum emotional-
aufgeschlossenen und differenzierenden
Musikhören

Erfassen von Zusammenhängen
zwischen musikalischen
Ausdrucksmerkmalen und -mitteln

Unterscheiden von Themen
und Motiven

Kennzeichnung
von Stimmungsgehalten
in der Musik und Erkennen
von Instrumenten

Interesse an viel-
fältigen Höreindrücken
und erlebnisreichen
Musikbegegnungen
sowie an differenzierend
erkennenden
Musikbetrachtungen

motivisch-thematische
Gestaltung

Klang und Notenbild

Formgliederung und Formverlauf
(Wiederholung, Sequenz,
Unterschied; einfache Liedformen)

Melodieverlauf, Taktart, Tonart

Hören — Wiedergeben von
Eindrücken/begriffliches
Bestimmen — Singen und Musizieren

anderen erweist es sich als zweckmäßig, innerhalb der einzelnen Stoffkomplexe variable Möglichkeiten zu schaffen zur Einbeziehung unterschiedlicher Klangbeispiele, wobei zugleich Ereignisse des aktuellen Musiklebens und der territorialen Musikpflege sowie die musizierpraktischen Fähigkeiten der Schüler und des Lehrers hinreichende Beachtung finden sollten. Ausgehend von der derzeit im Lehrplan vorgegebenen Gliederungsstruktur nach einzelnen Stoffeinheiten, wird auf den Seiten 18/19 die Linienführung im Sinne von Stofflinien in bezug auf die jeweiligen klassenstufenspezifischen Akzentuierungen aufgezeigt. Hierbei sei auf entsprechende Ausführungen in der Publikation „Allgemeinbildung – Lehrplanwerk – Unterricht" (1972, S. 343ff.) verwiesen.

Als eine weitere Ebene der Linienführung im Lehrplanbereich Musikhören sind jeweils unterschiedliche Akzentuierungen im didaktisch-methodischen Vorgehen zu betrachten. Es handelt sich hierbei gewissermaßen um Methodenlinien, durch die die didaktische und methodische Logik bzw. Systematik des Unterrichtsverlaufs bestimmt werden. Im wesentlichen sind diesbezüglich zu unterscheiden:

- lineare und konzentrische Vorgehensweisen,
- exemplarische und systematische Vorgehensweisen,
- fachübergreifend koordinative Vorgehensweisen,
- darbietende, erarbeitende und anleitende Vorgehensweisen.

Während das *fachübergreifend koordinative Vorgehen* – bei durchaus unterschiedlicher Akzentuierung innerhalb einzelner Stoffeinheiten – für alle Klassenstufen prinzipielle Gültigkeit besitzt, gibt es hinsichtlich der anderen genannten Methodenlinien gewisse Schwerpunktbildungen in einzelnen Klassenstufen. Beim Musikhören in den unteren Klassen dominiert zunächst das *konzentrische Vorgehen,* indem erarbeitete stofflich-inhaltliche Sachverhalte ständig wiederholt, auf neue Beispiele angewandt und dadurch kontinuierlich ergänzt und erweitert werden. In den Klassen der Oberstufe überwiegen demgegenüber *lineare Vorgehensweisen,* insbesondere im Hinblick auf musik- und kulturgeschichtliche Erörterungen. Während in den mittleren Klassen vor allem musikalische Formen, Gattungen und Genres *exemplarisch* an einzelnen repräsentativen Werkbeispielen erläutert werden, herrscht in den Ober- und vor allem Abiturstufenklassen eine stärker an der Wissenschafts*systematik* orientierte Darstellungs- und Betrachtungsweise vor. Die methodische Linienführung in bezug auf *darbietende, erarbeitende und anleitende Vorgehensweisen* betrifft insbesondere die innere Struktur einzelner Stoffeinheiten und Unterrichtsstunden. Sie erhält allerdings insofern in einzelnen Klassenstufen besondere Akzentuierungen, als beispielsweise in den unteren Klassen ein Methodenwechsel rascher und häufiger vorzunehmen ist, während in den oberen Klassen zunehmend das anleitende Vorgehen dominiert und das Anforderungsniveau in bezug auf ein eigenständiges, methodenbewußtes Lernverhalten der Schüler erhöht wird. Damit sind in der Regel auch umfangreichere zeitliche Ausdehnungen für eine bestimmte methodische Vorgehensweise verbunden (zum Beispiel längere Darbietungszeiten für Klangbeispiele, größere Zeiträume für angeleitet-selbständige Schülertätigkeiten, umfangreichere Erarbeitungsphasen). Im Gesamtverlauf des Musikunterrichts ist jedoch eine sinnvolle Verknüpfung aller dieser genannten Linienführungen anzustreben. Das entspricht wiederum dem *Prinzip der Einheit von Ziel, Stoff und Methode,* das die Linienführung hinsichtlich der Strategie und der Taktik der Unterrichtsgestaltung bestimmt.

Stofflich-inhaltliche Linienführung des Lehrplanbereichs Musikhören

	Klasse 1 bis 4	Klasse 5/6
Thematische Schwerpunkte und kulturpolitische Akzentuierung	Musik zu gesellschaftlichen Anlässen, Feiertagen und Ereignissen im Leben der Pionierorganisation Lieder und Instrumentalmusik zum Singen und Spielen, Tanzen und Marschieren Lieder und Instrumentalmusik für Kinder/Musik berühmter Komponisten Bewegungs- und Ausdrucksmerkmale in der Musik Klang und Notenbild/Formgliederung und Formverlauf in der Musik Darstellende Musik (musikalische Erzählungen und programmgebundene Musik – Musik und szenische Darstellung) Darbietungsformen von Musik (vokal, instrumental – Solo, Chor, Orchester)	Arbeiterlieder und Märsche in ihrer gesellschaftlichen Bedeutung Zum Wirken des Komponisten in der sozialistischen Gesellschaft Volksverbundenheit und musikalische Gestaltung in Werken namhafter Komponisten Nationaltänze und nationale Intonationen in berühmten Orchesterwerken/Unterschiedlicher Gebrauch von Tänzen Entstehung und Verbreitung von Volks- und Arbeiterliedern/Merkmale des Volksliedes und des begleiteten Sololiedes Lyrischer und tänzerischer Ausdruck in Liedern und Instrumentalwerken Motivisch-thematische Gestaltung und Formaufbau in Musikwerken Klang, Bau, Aussehen und Funktion wichtiger Orchesterinstrumente Musik und Lieder im Leben des Schülerkollektivs, zur Fest- und Feiergestaltung
Formen und Gattungen	Lied (Volkslied, Pionier- und Kinderlied) Tanz (Volkstanz, Menuett, Ballett) Kinderlieder-Kantate/Märchenoper/programmgebundene Musik	Kantate, begleitetes Sololied Polka, Mazurka, Polonaise, Furiant Rondo, Variation, sinfonische Dichtung
Komponisten und historisch-biographische Betrachtungen	Bach, Bartók, Dessau, Eisler, Köhler, Mozart, Prokofjew, Richter, Schubert, Schumann, Schwaen, Tschaikowski (vorwiegend kurze Hinweise; *episodengeschichtliche Darstellung*)	*Haydn, Schubert, Kabalewski, Schwaen* Beethoven, Mozart Chopin, Smetana, Dvořák, Moniuszko (*Komponistenporträts;* Hinweise zu den Komponisten und ihrem Wirken)

Klasse 7/8	Klasse 9/10	Klasse 11/12
Lieder als Waffe im internationalen Kampf der Arbeiterklasse/Liedschaffen und Liedpflege in Chören und Singegruppen der FDJ Ausdrucksmöglichkeiten der Suite in Gegenwart und Vergangenheit/Standardtänze als Bestandteil des Gesellschaftstanzes Musik aus der Zeit der französischen bürgerlichen Revolution und der Befreiungskämpfe gegen die Napoleonische Fremdherrschaft/Revolutionärer Humanismus im Opern- und sinfonischen Schaffen Mozarts und Beethovens Bachs Kantatenschaffen/ C.M.v.Weber als Vorkämpfer einer nationalen Opernkunst Sozialistisches Heldentum in sowjetischen Musikwerken/Der Kampf der revolutionären Arbeiterklasse im Musikschaffen der DDR Naturverbundenheit und soziale Beziehungen im Volkslied/Lieder im Ringen um den Frieden und im antiimperialistischen Befreiungskampf	Pflege des kulturellen Erbes als Anliegen sozialistischer Kulturpolitik Bekenntnis zu Humanismus und Aufklärung im Schaffen Haydns und Mozarts/Beethovens Kampf gegen Absolutismus und Reaktion Vokal- und Instrumentalmusik des 19. Jahrhunderts/Aus dem Schaffen progressiver bürgerlicher Komponisten des 20. Jahrhunderts Kampf gegen Faschismus und Krieg im kompositorischen Schaffen/Werke sowjetischer Komponisten/Hanns Eisler in seiner Bedeutung für das sozialistisch-realistische Musikschaffen Weite und Vielfalt des zeitgenössischen Musikschaffens in der DDR Gesellschaftskritik und Klassenauseinandersetzung im Song und Chanson/Operette und Musical/Entwicklungsgeschichte und Erscheinungsformen des Jazz Jugendlieder und Chorwerke von DDR-Komponisten	Der Beitrag Hanns Eislers zur Herausbildung des sozialistischen Realismus im Musikschaffen der DDR/Aus dem zeitgenössischen sozialistisch-realistischen Musikschaffen der DDR Musikwerke des 18. und 19. Jahrhunderts – ihre Bedeutung für die Entwicklung einer nationalen Musikkultur in Deutschland Die Herausbildung nationaler Musikkulturen in verschiedenen europäischen Ländern im 19. Jahrhundert/Erscheinungs- und Ausdrucksformen impressionistischer Musik Fortschrittlich-humanistische Tendenzen im Musikschaffen demokratischer Künstler in kapitalistischen Ländern nach der Großen Sozialistischen Oktoberrevolution Werke des sozialistischen Realismus aus dem sowjetischen Musikschaffen/Politisch engagierte Musik im internationalen Musikleben Entwicklungstendenzen im DDR-Musikschaffen/Zur Rolle der Tanzmusik im Musikleben der DDR
Oratorium, Oper (Rezitativ, Arie, Kavatine) Standardtänze, Suite Ouvertüre, Sonate, Konzert	Song, Chanson, Melodram, Spiritual, Gospel Operette, Musical (Modetänze) Präludium/Fuge, Concerto grosso, Sinfonie	Passion Tanzmusik (Beat, Pop, Rock) Passacaglia, Aleatorik, Elektronik, Solo- und Orchesterkonzert, Dodekaphonie
Weber, Chatschaturjan, Eisler, Gerster, Meyer Bach, Dessau	*Bach, Beethoven, Dessau, Händel, Mozart, Telemann, Prokofjew, Schostakowitsch, Wagner* Verdi, Gershwin, Eisler	Mussorgski, Sibelius, Britten, Debussy, Orff, Schönberg Geißler, Matthus, Goldmann, Katzer
(*Komponistenporträts;* Hinweise zu den Komponisten und ihrem Wirken)	(Komponistenporträts im Zusammenhang mit *epochengeschichtlichen Betrachtungen*)	

Damit ist zugleich angedeutet, daß die Linienführung bis in die unmittelbare Handlungsstruktur der Schülertätigkeiten hineinreicht. In der Regel besteht gerade in dem Durchschaubarmachen des lebendigen Zusammenhangs von zielbezogener, stoffbezogener, methodenbezogener und handlungsbezogener Linienführung des Unterrichts eine wichtige und erzieherisch bedeutsame Aufgabe für den Lehrer. Nicht zuletzt beruht darauf auch in entscheidendem Maße die zielgerichtete und bewußte Lernaktivität der Schüler. Im Sinne dieser zuletzt angedeuteten handlungsbezogenen Linienführung erfolgen im 4. Kapitel ausführlichere Darlegungen.
Wenn hier nun unterschiedliche Aspekte der Linienführung und Systematik des Musikhörens im Unterricht aufgezeigt wurden, so gilt stets der inneren Geschlossenheit, der Spannung und Rhythmik des Unterrichtsverlaufs sowie der Ausgewogenheit und Angemessenheit aller seiner Elemente und Teilbereiche eine besondere Aufmerksamkeit. Lothar Klingberg hat wiederholt auf derartige „ästhetische Aspekte" des Unterrichts und der Unterrichtsführung, auf die Besonderheit der „Kunst des Unterrichtens" hingewiesen (vgl. 1982, S. 149ff.). Diese Momente sind auch für den Musikunterricht in vollem Maße zutreffend und beachtenswert.

2. Psychologische Grundlagen des Musikhörens im Unterricht

2.1. Wechselwirkung von Persönlichkeitseigenschaften und Rezeptionstätigkeit

Wie in jeder Tätigkeit entwickelt und äußert sich im Musikhören des Menschen Psychisches. Auch die Ergebnisse des Musikhörens sind – im Gegensatz zu vielen anderen Tätigkeiten – psychischer Natur und bestehen im genußvollen Erleben, Erkennen, Verstehen und Werten der gehörten Kunstwerke. Will der Musikerzieher seine Schüler dazu befähigen, muß er sich im Unterricht besonders um die Entwicklung der für erlebnisreiches Musikhören notwendigen psychischen Prozesse, also um die „innere Seite der Schülertätigkeit" (vgl. Faust 1982, S. 44ff.), bemühen. „Die innere Seite der Schülertätigkeit wird dadurch bestimmt, daß sich in ihr stets in einer ganz bestimmten Weise die Einheit von Kenntniserwerb, Könnensentwicklung und Formung von Bewußtseins- und Verhaltensqualitäten realisiert." (Ebenda, S. 47)
Erlebnisreiches und bewußtes Musikhören bedarf der psychischen Regulation; es setzt wie jede andere qualifizierte Tätigkeit menschliche Persönlichkeitseigenschaften voraus, die diese Regulation gewährleisten und sich zugleich selbst dabei weiterentwickeln. Zu den für das Musikhören besonders wichtigen Persönlichkeitseigenschaften zählen allgemeine und fachspezifische Kenntnisse, Fähigkeiten, Fertigkeiten, Gewohnheiten, Einstellungen sowie Willens- und Gefühlseigenschaften. Die genannten Eigenschaften werden als Komponenten der psychischen Regulation der Musikrezeption und anderer Tätigkeiten wirksam, „aktualisiert".
Musikhören als geistige Tätigkeit ist durch bestimmte psychische *Inhalte* (zum Bei-

spiel Wahrnehmungs-, Vorstellungs- und Denkinhalte), *Prozesse* (Antriebs-, Gefühls-, Erkenntnis- und Steuerungsprozesse) und *Zustände* (zum Beispiel Bedürfnisse oder Stimmungen) gekennzeichnet. Psychische Inhalte, Prozesse und Zustände können sich durch Wiederholung verfestigen und zu psychischen Eigenschaften habitualisieren. Sowohl die Aktualisierung als auch die Habitualisierung vollziehen sich nur in der objektgerichteten Tätigkeit. Im Falle der musikalischen Rezeptionstätigkeit kann das Objekt beispielsweise eine Sinfonie sein, der der Hörer als erlebendes, erkennendes und wertendes Subjekt gleichsam gegenübertritt.
Den Zusammenhang zwischen den Persönlichkeitseigenschaften einerseits und den psychischen Inhalten, Prozessen und Zuständen andererseits soll das folgende Schema veranschaulichen. Es wurde in Anlehnung an Kossakowski und Lompscher (1977, S. 110) entwickelt.

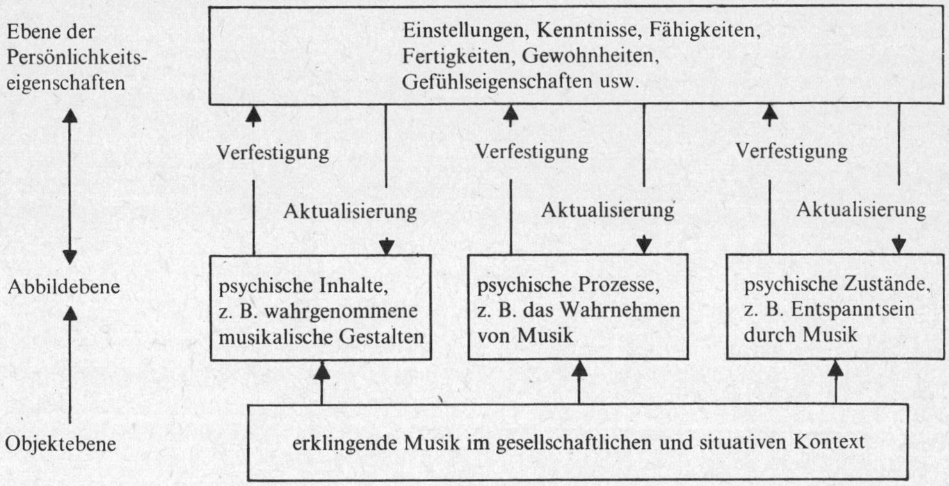

Aus dem Schema geht hervor, daß sich die Rezeptionstätigkeit auf der Abbildebene vollzieht. Allgemein werden hier die Erscheinungen der objektiven Realität einschließlich der Vorgänge im menschlichen Organismus widergespiegelt und verarbeitet, wodurch das Verhalten des Individuums in Auseinandersetzung mit den Lebensbedingungen orientiert und reguliert wird. Die Rezeptionstätigkeit ist auf der Abbildebene in zweifacher Weise determiniert. *Objektiv* wird sie von der real erklingenden Musik einschließlich ihres gesellschaftlichen und situativen Kontextes und *subjektiv* durch bereits erworbene Persönlichkeitseigenschaften und durch aktuelle Bedürfnisse bestimmt. Die objektiven und die subjektiven Determinanten können zu Widersprüchen auf der Abbildebene führen, die, sofern sie einen bestimmten Grenzwert nicht überschreiten, als Triebkraft für die Musikrezeption wirksam werden (vgl. Abschnitt 2.2.1.).
Für ein erlebnisreiches Musikhören besonders wichtige Persönlichkeitseigenschaften sind die *Einstellungen*. Sie sind „von grundlegender Bedeutung für die Entwicklung aller anderen Persönlichkeitseigenschaften und für deren Äußerung in konkreten Situationen“ (Kossakowski/Lompscher 1977, S. 141). Die Einstellungen sollen deshalb im folgenden genauer betrachtet werden. Dabei gilt es zu berücksichtigen, „daß es nicht möglich ist, allgemeine, vom gesellschaftlichen Leben überhaupt her-

ausgebildete psychische Potenzen sozusagen ‚säuberlich' von besonderen, nur für die Kunstrezeption ‚geeigneten' psychischen Vorgängen zu trennen oder beide entgegenzustellen" (John/Lippold/Rammler 1974, S. 195).

Einstellungen zur Musik sind in tätiger Auseinandersetzung mit der musikkulturellen Umwelt erworbene, gesellschaftlich determinierte psychische Eigenschaften, die die emotionalen und rationalen Beziehungen der Persönlichkeit zu Kompositionen bestimmen, das jeweilige Auswahl-, Hör- und Wertungsverhalten motivierend und orientierend beeinflussen und es regelhaft und relativ gleichförmig gestalten. Einstellungen zur Musik sind verfestigte psychische Inhalte (vor allem Erfahrungen, Kenntnisse und verallgemeinerte Wertungen, die die persönliche Bedeutsamkeit musikalischer Kompositionen, Gattungen, Genres, Stile usw. zum Ausdruck bringen), die mit einer bestimmten Handlungstendenz oder -bereitschaft verbunden sind.

Höreinstellungen bilden sich in ihrer primären Form auf der Grundlage vorhandener Kunst*bedürfnisse* und aktuell-*situativer* Bedingungen im Prozeß des Musikhörens. Verläuft es (wiederholt) erlebnisreich, verfestigen sich die aktuellen Rezeptionseinstellungen, das heißt, sie habitualisieren sich zu Persönlichkeitseigenschaften. Spätere Rezeptionsprozesse sind dann bei Vorhandensein ähnlicher Bedürfnisse und Bedingungen mit einer Aktualisierung dieser Eigenschaften verbunden. Aktualisierte Höreinstellungen äußern sich unter anderem in der Ausprägung von Motivierungen und Hörerwartungen (vor und während der Darbietung), in der Orientiertheit der geistigen Tätigkeit (während der Darbietung) und in der Bewertung der Komposition (während und nach der Darbietung). Zugleich erfahren diese aktualisierten Äußerungsformen in jedem Rezeptionsprozeß Korrekturen und Präzisierungen, die auf die habitualisierten Einstellungen zurückwirken. Habituelle Rezeptionseinstellungen können also nur indirekt über ihre konkreten Äußerungen in aktuell eingestellten Verhaltensweisen und Tätigkeiten beobachtet und pädagogisch beeinflußt werden. (Vgl. dazu Uznadze und Mitarbeiter 1976.)

Zu den für das Musikhören relevanten Einstellungen gehören
- die ideologisch-weltanschaulichen Überzeugungen,
- die ästhetischen Ideale,
- die musikbezogenen Überzeugungen,
- die musikalischen Interessen.

Zentrale Bedeutung haben die politisch-weltanschaulichen Überzeugungen. Überzeugungen sind „verinnerlichte gesellschaftliche Anschauungen und Wertnormen" (Kossakowski 1973, S. 44), die auf wissenschaftlichen Erkenntnissen beruhen und einen „hohen persönlichen Bedeutungsgehalt" (ebenda) haben. Als *Grundüberzeugungen* bewirken sie die Ideologiezentriertheit aller anderen Einstellungen. Darüber hinaus beeinflussen die politisch-ideologischen Grundüberzeugungen als Zentrum des Persönlichkeitsgefüges auch die übrigen individuellen Eigenschaften.

Ästhetische Ideale sind gesellschaftlich bestimmte und damit historisch veränderliche, verallgemeinerte Schönheitsvorstellungen sowie Prinzipien und Standpunkte des Wertens, die die Produktion, Interpretation und Rezeption von Kunstwerken entscheidend beeinflussen. Entsprechend seiner ideologisch-weltanschaulichen Determiniertheit geht „das ästhetische Ideal der Arbeiterklasse.... vom wahrhaft Schönen im Leben unserer Epoche aus – vom Kampf für die Befreiung der Menschheit, vom Aufbau der kommunistischen Gesellschaft, die ungeahnten Spielraum für die

Entwicklung der materiellen und geistigen Möglichkeiten und Kräfte des Menschen eröffnet" (Stolowitsch 1975, S. 151f.). Allerdings ist die marxistische Weltanschauung eines Menschen nicht zwangsläufig und von Anfang an mit dem ästhetischen Ideal der Arbeiterklasse verbunden. Zwischen beiden Einstellungsebenen gibt es dialektisch widersprüchliche Wechselbeziehungen.
So wie die Aneignung der marxistischen Weltanschauung die ständige Auseinandersetzung mit der sozialen Praxis sowie die *ideologische* Bildung und Erziehung voraussetzt, können ästhetische Ideale nur durch aktive Teilnahme am kulturell-künstlerischen Leben unserer Gesellschaft sowie durch *ästhetische* Bildung und Erziehung entstehen. Aber ästhetische Erziehung schließt stets die ideologische mit ein, wie auch den Künsten selbst die Einheit des Ästhetischen und Ideologischen immanent ist. Ebenso haben die ästhetischen Ideale neben ihrer kulturell-künstlerischen Spezifik gewissermaßen einen ideologischen „Kern".
Die ästhetischen Ideale bestimmen in hohem Maße die Ausprägung musikalischer Überzeugungen und über sie die Ziele, Motive und Verlaufsqualitäten der Rezeptionstätigkeit.
Musikbezogene Überzeugungen basieren nicht nur auf allgemeinen ästhetischen Vorstellungen, Prinzipien und Erkenntnissen, sondern außerdem auf konkreten musikalischen Erfahrungen und Erlebnissen. Derartige Überzeugungen „repräsentieren am markantesten das musikalische Wertbewußtsein" (Kaden 1973, S. 398). Es ist z. B. ein großer Bildungs- und Erziehungserfolg, wenn die Schüler an Hand zweier vom Lehrplan vorgeschlagener Werkbeispiele überzeugt wurden, daß sich diese Kompositionen durch inhaltlichen Reichtum und vielseitige musikalische Gestaltung auszeichnen (vgl. das Thema der Stoffeinheit 7, Kl. 10).
Von *musikalischen Interessen* spricht man, wenn die Einstellungen zur Musik Tendenzen zur intensiven Beschäftigung mit ihr einschließen. Interessen im Bereich des Musikhörens werden stark durch musikalische Überzeugungen mitbestimmt und motivieren die Rezeption persönlich bedeutsam erscheinender Kompositionen, Gattungen, Genres oder Stile. Die Musikerziehung hat unter anderem die wichtigen Aufgaben, sowohl an vorhandene Interessen der Kinder und Jugendlichen anzuknüpfen als auch neue musikalische Interessen zu entwickeln. In der Schule geschieht das in erster Linie in einem interessant gestalteten und erlebnisreichen Musikunterricht. Der Musikerzieher hat dabei zu beachten, daß das Musikhören an der Spitze aller Freizeitinteressen der Jugendlichen liegt. Es handelt sich besonders um das Hören von Schallplatten, Musikkassetten und von Rundfunksendungen. Mit Hilfe dieser technischen Mittler hören Jugendliche nahezu drei Stunden täglich vor allem Beat beziehungsweise Rock, eine Musik, an der mindestens 75% der Schüler aus 9. und 10. Klassen sehr stark oder stark interessiert sind (vgl. Hahn 1982, S. 262ff. und S. 297ff.). In einer Befragung von Diskothekbesuchern wurde neben dem ausgeprägten Interesse an Rock- und Schlagermusik auch eine Vorliebe vieler Jugendlicher für Orgelmusik deutlich (vgl. Hahn 1979, S. 517).
Diese Untersuchungsergebnisse vermitteln dem Musikerzieher wichtige Ansatzpunkte für seine Bildungs- und Erziehungsarbeit. So darf im Musikunterricht das ausgeprägte Interesse der älteren Schüler für den Beat ebensowenig ignoriert werden wie das für die Orgelmusik – „von Bachschen Werken bis zu Orgelkompositionen im konzertanten Beat oder Rock" (ebenda). Aber auch die bestehenden Desinteressen gilt es zu berücksichtigen. Aus der Tatsache, daß 54% der befragten

Diskothekbesucher zeitgenössische Sinfonik „überhaupt nicht gern“ hören, sollten Komponisten, Interpreten, Programmgestalter und nicht zuletzt Musikerzieher Schlußfolgerungen ableiten. Nur durch verstärkte gemeinsame Anstrengungen aller direkt oder indirekt an der Musikerziehung der jungen Generation Beteiligten wird es gelingen, derartige Disproportionen in der Verteilung der musikalischen Interessen Jugendlicher allmählich abzubauen. Dies ist um so wichtiger, als über die Entwicklung musikalischer Interessen zugleich musikalische Überzeugungen, ästhetische Ideale und ideologisch-weltanschauliche Einstellungen mitgeformt werden. Die jeweils übergeordneten allgemeineren Einstellungsformen determinieren also nicht nur die untergeordneten spezifischeren, sondern werden im Tätigkeitsprozeß auch selbst von diesen beeinflußt.

Aus den bisherigen Darlegungen werden drei Schlußfolgerungen für die pädagogische Führung des Musikhörens im Unterricht gezogen:

1. Alle äußeren Einwirkungen auf die Schülerpersönlichkeit, zum Beispiel die Informationen des Lehrers und die erklingende Musik, werden durch psychische Inhalte, Prozesse und Zustände stets in subjektiv modifizierter Form widergespiegelt. Die Einwirkungen „von außen“ werden auf der Abbildebene mit den Persönlichkeitseigenschaften „von innen“ konfrontiert und dabei wie durch ein Prisma gebrochen. Der Musiklehrer darf daher niemals geradlinige und völlig gleichartige Wirkungen der dargebotenen Musik und der pädagogischen Maßnahmen auf seine Schüler erwarten.

2. Um den Erfolg seiner pädagogischen Bemühungen abzusichern, muß der Musikerzieher spezifische Persönlichkeitseigenschaften seiner Schüler möglichst genau kennen. Dazu gehören Informationen über

- ihre politisch-weltanschaulichen Überzeugungen,
- ihre Einstellung zur Kunst, zu ihrer Notwendigkeit in der entwickelten sozialistischen Gesellschaft, zur Musik allgemein und zum Fach Musik im besonderen,
- ihre musikalischen Interessen,
- bereits vorhandene Fachkenntnisse und Hörerfahrungen aus Schule und musikalischer Umwelt,
- bereits vorhandene musikalische Fähigkeiten und Fertigkeiten.

Solche Informationen sind deshalb so wichtig für den Musikerzieher, weil sie es gestatten, die Richtung der „subjektiven Brechung“ der musikalischen und pädagogischen Einwirkungen auf die Schüler vorherzusehen und richtige methodische Entscheidungen zu treffen.

3. Die Habitualisierung aktuell vermittelter Einstellungen gelingt am besten durch ihre konkrete „Anwendung“ in Tätigkeiten, die zu Erfolgserlebnissen führen. So identifizieren sich Schüler in der Regel erst dann mit einer pädagogisch vermittelten Einstellung, wenn sie nicht nur rational ihre objektive (gesellschaftliche) Bedeutung (das heißt ihre Evidenz), sondern außerdem auch emotional ihren „subjektiven Sinn“ (das heißt ihre Valenz) für erfolgreiche Handlungen und Verhaltensweisen erfaßt haben. Es ist zum Beispiel wichtig, daß die Schüler die Richtigkeit der vermittelten ästhetischen Wertorientierungen immer wieder beim Hören verschiedener Klangbeispiele des Erbes und der Gegenwart prüfen können. Erst wenn die vermittelten Wertorientierungen und -kriterien diesen „Belastungsproben“ standgehalten haben, kann eine subjektive Identifizierung mit ihnen stattfinden: Es bilden sich musikalische Überzeugungen.

2.2. Das aktive Musikhören als dialektische Einheit von Antriebs-, Gefühls-, Erkenntnis- und Steuerungsprozessen

Musikhören vollzieht sich als aktive geistige Tätigkeit in Antriebs-, Gefühls-, Erkenntnis- und Steuerungsprozessen. Diese psychischen Prozesse sind untrennbar miteinander verflochten und bedingen sich gegenseitig. Das verdeutlicht die folgende schematische Darstellung (in Anlehnung an Kossakowski 1971, S. 43). Den genannten Prozessen, die in den folgenden Abschnitten beschrieben werden, sind im Zentrum der Darstellung die jeweils korrespondierenden Persönlichkeitseigenschaften zugeordnet.

Für das Musikhören bedeutsame psychische Prozeß- und Eigenschaftsbereiche der Persönlichkeit

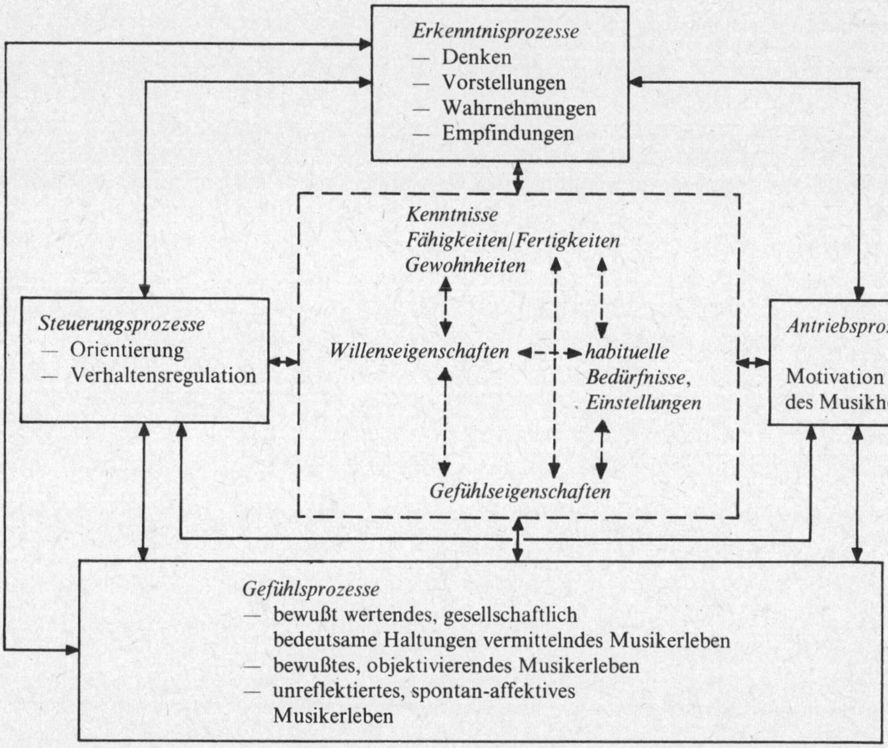

Bei allen hier genannten Prozessen treten neben bewußten auch unbewußte oder unterbewußte Komponenten auf. Obwohl man relativ wenig über sie weiß, da sie schwer erforschbar sind, steht doch fest, daß sie beim Musikhören (wie auch beim Komponieren und Musizieren) eine beträchtliche Rolle spielen. Darauf hat Schramowski nachdrücklich hingewiesen (1972, S. 43ff.). Gleichwohl kommt es bei der pädagogischen Führung des Musikhörens in erster Linie darauf an, die Antriebs-, Erkenntnis-, Steuerungs- und Gefühlsprozesse der Schüler über deren Bewußtsein zu qualifizieren.

2.2.1. Antriebsprozesse für das Musikhören

Das Musikhören als bewußte geistige Tätigkeit wird psychisch durch Motive „angetrieben", das heißt begründet oder verursacht, aktiviert und auf ein Ziel ausgerichtet. Jede Rezeptionshandlung vollzieht sich auf der Grundlage einer sogenannten Aktualmotivation. Man versteht darunter ein durch äußere und innere Reize in einer bestimmten Situation entstehendes Gefüge aktueller Motive. Die Motive für das Musikhören werden sowohl durch bestimmte Ziele (zum Beispiel eine Komposition zu erleben, zu verstehen und zu werten), durch pädagogische Motivierungsmaßnahmen, durch äußere Umstände und situative Handlungsbedingungen als auch durch habitualisierte Einstellungen, Kenntnisse, Fähigkeiten, Gewohnheiten, Willenseigenschaften und durch emotional empfundene Bedürfnisse determiniert.

Besonders wichtig ist die Erkenntnis, daß jedem Motiv innere Widersprüche zugrunde liegen, die als bewußte Antriebe von Tätigkeiten, also auch der musikalischen Rezeptionstätigkeit, wirksam werden. Darüber hinaus kann die Aktualmotivation sogar durch mehrere widersprüchliche Motive bestimmt sein („Motivkonflikt").

Nach Rosenfeld drücken „zielgerichtete dynamische Qualitäten (Motive) immer das Verhältnis ... zwischen vorhandenem Zustand (‚Ist-Wert') und erforderlichem Zustand (‚Soll-Wert') in der Erscheinungsform ‚widersprüchlicher' Erlebnisse aus ... Jedes Motiv enthält in sich Widersprüche und resultiert aus Widersprüchen." (1967, S. 26)

Die Aktualmotivation des Musikhörens von Schülern kann unter anderem auf folgenden Widersprüchen basieren:

- auf dem Widerspruch zwischen vorhandener Hörerfahrung und subjektiv noch unbekannter Musik,
- auf dem Widerspruch zwischen den persönlichen musikalischen Interessen, Vorurteilen, Vorlieben sowie dem individuellen musikalischen Geschmack (also den Wertansprüchen) einerseits und dem gesellschaftlich bestimmten objektiven Wert der im Lehrplan (oder in anderen Programmen) als Lernziel ausgewiesenen musikalischen Kompositionen andererseits,
- auf dem Widerspruch zwischen hoher geistiger Anspannung im schulischen Lernprozeß einerseits und dem Bedürfnis nach Entspannung und Unterhaltung durch das Musikhören.

Im Zentralinstitut für Jugendforschung wurden wichtige Zusammenhänge zwischen der Richtung der musikalischen Freizeitinteressen von 14- bis 25jährigen Jugendlichen und ihren Rezeptionsmotiven empirisch ermittelt. Unabhängig von der Interessenrichtung (von den Freunden der Tanz- und Unterhaltungsmusik und denen der „ernsten" Musik also gleichermaßen) war das am häufigsten geäußerte Rezeptionsmotiv, man könne sich beim Musikhören „am besten von der Arbeit und vom Lernen entspannen" (Hahn 1977, S. 517). Das Motiv, man höre deshalb Musik, weil man sich „bei anderen Tätigkeiten unterhalten will" (ebenda), gaben jedoch nur die an Beat, Schlager, Chanson oder Operette/Musical sehr stark Interessierten mit zweitgrößter Häufigkeit an. Die sehr stark an Kammermusik/Oper/Sinfonie Interessierten hören mit zweitgrößter Häufigkeit deshalb Musik, weil ihnen „das einen künstlerischen Genuß verschafft" (ebenda).

Diese signifikante Differenzierung weist darauf hin, wie stark die Rezeptionsmotive durch die jeweilige Interessenrichtung und auch durch die unterschiedliche Funktionalität der jeweiligen Kunstgattungen oder Genres beeinflußt werden.
Obwohl sich die mitgeteilten Motive auf das Musikhören der Jugendlichen in deren Freizeit beziehen, kann doch angenommen werden, daß mindestens das „Genuß-Motiv“ auch für das Musikhören im Unterricht bedeutsam ist. Für die hier erforderlichen Motivationsmaßnahmen sind aber einige Besonderheiten zu beachten. Das Musikhören im Unterricht ist eine *Lern*tätigkeit, deren Ziele nicht primär die Entspannung und Unterhaltung, sondern vorrangig die Bildung und Erziehung sind. Damit hängt zusammen, daß Schüler im Unterricht nicht die Möglichkeit haben, auf der Grundlage ihrer Interessen und ihres Geschmacks die darzubietenden Kompositionen selbst auszuwählen, wie sie das in der Freizeit tun würden. Schon aus diesen Gründen muß Musikhören als aktive und bewußte Lerntätigkeit durch den Lehrer motiviert werden. Dazu muß er versuchen, die Lernziele und die erforderlichen Lernhandlungen in Übereinstimmung mit den individuellen Bedürfnissen, Antrieben oder Wertansprüchen der Schüler zu bringen (vgl. Itelson 1977, S. 201ff.). Das kann zum Beispiel geschehen, indem ihnen neben der objektiven gesellschaftlichen Notwendigkeit der Lernziele vor allem deren subjektiver Wert bewußtgemacht wird. So führt die pädagogisch vermittelte Bezugsetzung der gesellschaftlich notwendigen Bildungs- und Erziehungsziele im Bereich des Musikhörens zu den vorhandenen individuellen musikalischen Bedürfnissen, Hörfähigkeiten und -bereitschaften sowie zu den persönlichen musikalischen Wertansprüchen zur Ausbildung innerer Widersprüche im Bewußtsein der Schüler und damit zur Entstehung von Rezeptionsmotiven.

„Ein solches Widerspruchserleben muß gleichzeitig von der Gewißheit der Überwindbarkeit und Lösbarkeit bestehender Gegensätze getragen sein. Das setzt voraus, daß Leistungsziele zu den jeweils ... gegebenen Leistungsvoraussetzungen in einem realen (...) Verhältnis stehen ... Den Schüler aktiv in den Lernprozeß einzubeziehen heißt, ihm die Annäherung an bedeutsame Lernziele, die Verringerung eines gegebenen Abstandes, also den Fortschritt des Prozesses ständig erlebbar zu machen. Das erfordert zunächst eine eindeutige Kennzeichnung pädagogischer Ziele, ebenso die Verdeutlichung der jeweils vorliegenden Zielentfernung durch zweckentsprechende Mittel, wie Erläuterung, Hinweis, Tadel, Kritik, Ermahnung und Mißbilligung (also Widerspruchssetzung), aber auch eine Bestätigung vollzogener Fortschritte durch Lob, Anerkennung und Auszeichnung (also Widerspruchslösung).“ (Rosenfeld 1967, S. 209)

In bezug auf die Rezeptionstätigkeit muß unter der „Annäherung an bedeutsame Lernziele“ vor allem die Vertiefung und Intensivierung des ästhetisch genußvollen Musikerlebens verstanden werden. So wird die Erkenntnis der Schüler, daß Musik des Erbes und auch der Gegenwart in unterschiedlichen Besetzungen, Gattungen und Genres ästhetischen Genuß bereiten kann, zu einem wichtigen Rezeptionsmotiv. Allerdings müssen die Schüler auch lernen, daß sich dieser ästhetische Genuß nicht notwendigerweise bei der ersten Begegnung mit einer Komposition einstellt. Vielmehr ist als Voraussetzung für erlebnisreiches Musikverstehen oft eine Phase der geistigen Auseinandersetzung, verbunden mit wiederholtem Hören, erforderlich.
Besonders gut gelingt die Motivierung der Schüler zum Musikhören durch die problemhafte Gestaltung des Unterrichts. Die in echten Problemen verborgenen Widersprüche reizen die Schüler zur Stellungnahme und zur gemeinsamen Suche

nach der Lösung. Diese kann im Musikunterricht meist nur durch intensive Beschäftigung mit der jeweiligen Komposition und ihrem historisch-sozialen Kontext gefunden werden.
Stark problemhafte und deshalb motivierende Fragestellungen sind beispielsweise:

- Wie ist es möglich, daß es vom gleichen Text unterschiedliche Vertonungen gibt, obgleich doch Wort und Ton im Kunstwerk eine Einheit bilden? (Klasse 7, Stoffeinheit 1: das „Friedenslied“ in den Fassungen von Eisler und Dessau)
- Warum haben Brecht und Eisler in dem „Lied von der belebenden Wirkung des Geldes“ den Goetheschen Spruch „Edel sei der Mensch, hilfreich und gut“ parodiert? (Klasse 9, Stoffeinheit 7)
- Wie ist es zu erklären, daß der Kommunist Karl Liebknecht Johann Sebastian Bachs Matthäus-Passion trotz ihrer religiösen Gebundenheit eine hohe Wertschätzung zuteil werden ließ und seinem Sohn dringend empfahl, dieses Werk zu hören? (Klasse 11, Stoffeinheit 3)

Ein wichtiges Erziehungsziel besteht darin, die zunehmende Selbstmotivation der Schüler zum Musikhören zu gewährleisten. Werden sie im Unterricht mit der Vielfalt und mit den unterschiedlichen Funktionen der musikalischen Gattungen und Genres vertraut gemacht sowie von der Unersetzbarkeit der Kunst und ihrer Notwendigkeit bei der Gestaltung einer sozialistischen Lebensweise überzeugt, ist eine behutsame Verringerung der „Fremdmotivation“ durch den Lehrer in den Oberstufenklassen möglich und sinnvoll. So kann angebahnt werden, daß die Absolventen der polytechnischen zehnklassigen beziehungsweise erweiterten Oberschule, bei denen auf der Grundlage solider musikalischer Kenntnisse und Fähigkeiten stabile Einstellungen, Kunstbedürfnisse und Gewohnheiten ausgebildet wurden, die Musik später *aus eigenem Antrieb* zur Bereicherung ihres Lebens nutzen.

2.2.2. Gefühlsprozesse beim Musikhören

Gefühlsprozesse sind mehr oder weniger angemessene, ganzheitliche subjektive Reaktionen auf Wahrnehmungen, Vorstellungen oder Denkinhalte, die ihrerseits (zumindest in letzter Konsequenz) einen objektiven, vom Bewußtsein unabhängigen Inhalt haben. Gefühle (Emotionen) sind spezifische Widerspiegelungen menschlicher Beziehungen zu subjektiv bedeutsamen Objekten und Vorgängen der Umwelt sowie zu sich selbst in unmittelbarer erlebnismäßiger Form (nach Kossakowski 1971, S. 55).
Gefühlseigenschaften der Persönlichkeit, die in enger Verbindung mit deren Wertbewußtsein sowie ihren Bedürfnissen, Motiven und Willenseigenschaften stehen, werden in hohem Maße durch die Wirkung und durch das aktive Erleben von Kunstwerken entwickelt. Ästhetische Erlebnisse sind „im Hinblick auf die ihnen zugrunde liegenden und durch sie ausgelösten Gefühle ein im einzelnen kaum analysierbares kompliziertes Gebilde, das sich aus bestimmten Empfindungen des Angenehmen und Unangenehmen, aus sinnlich-emotionalen Befriedigungen und Spannungen zusammensetzt, die zudem mit höheren, sozialisierten Gefühlskomplexen wie Trauer, Leid, Freude, Haß, Mitleid, Begeisterung usw. verbunden sind. Es handelt sich um Gefühlskomplexe, die einen sozial und ideologisch bestimmba-

ren Inhalt haben und vor allem mit Denk- und Willensimpulsen, ja mit der gesamten Weltanschauung des Menschen verflochten sind." (Sommer/Spieß 1978, S. 176)

Im Ensemble der anderen Künste besteht eine spezifische Eigenschaft der Musik darin, daß sie in der Lage ist, emotionale Komponenten menschlicher Bewußtseinsprozesse widerzuspiegeln. Zu diesen Komponenten gehören nach Assafjew (1976, S. 384) auch der fließende Charakter des Denkens, seine inneren Spannungen, die mit ihm verbundenen Anstrengungen, sein „geistiger Atem" und sein Rhythmus. Diese und andere psychische Prozesse können in ihrer Dynamik, Vielschichtigkeit, Differenziertheit und weitgehenden Nicht-Verbalisierbarkeit durch Musik unmittelbar und lebendig „intoniert" (Assafjew), das heißt klanglich modelliert werden. Beim Musikhören läßt sich der Mensch von den musikalisch widergespiegelten psychisch-emotionalen Prozessen vor allem gefühlsmäßig bewegen, wobei als ein Ergebnis erfolgreicher Musikerziehung Erkenntnis- und Wertungstätigkeiten aktiviert werden. Emotionale Prozesse beim Musikhören dürfen also nicht verabsolutiert und von den kognitiven, motivationalen und volitiven getrennt werden. Ein wichtiges Ziel der Gefühlserziehung besteht gerade darin, die rationale und die emotionale Persönlichkeitssphäre in ein ausgewogenes dialektisches Verhältnis zu bringen. Ein solches Wechselverhältnis meinte Brecht, als er 1955 formulierte: „Uns drängen die Gefühle zur äußersten Anspannung der Vernunft, und die Vernunft reinigt unsere Gefühle." (1977, S. 35)

Es ist also zu erörtern, wie diese dialektische Einheit in aktivem Musikhören verwirklicht werden kann. Zugleich haben wir uns von bürgerlichen Manipulierungspraktiken abzugrenzen, die nicht selten darauf hinauslaufen, Musikhören auf einen bloßen Reiz-Reaktions-Mechanismus zu reduzieren.

Nach dem Grad ihrer Bewußtheit und Wertgerichtetheit unterscheiden wir drei „Schichten" von emotionalen Vorgängen beim Musikhören, bei denen die höher entwickelten stets die weniger differenzierten voraussetzen und einschließen:

a) die unreflektierten, spontan-affektiven Gefühle und Stimmungen beim Musikhören
b) die bewußten, objektivierenden Gefühle beim Musikhören
c) die bewußt wertenden Gefühle und Haltungen beim Musikhören

2.2.2.1. Unreflektierte, spontan-affektive Gefühle und Stimmungen beim Musikhören

Das Musikerleben wird in jedem Falle durch psychische Prozesse im Bereich der „organisch-affektiven Sensibilität" (Rubinstein) mitbestimmt. Es handelt sich dabei um elementare Gefühle der Lust oder Unlust, der Spannung oder Lösung, der Erregung oder Beruhigung. Diese Gefühle hängen sehr eng mit organischen Reaktionen zusammen. So vermitteln die sogenannten Proprio- und Interorezeptoren „Erlebnis"-Informationen über den Thalamus (Zwischenhirn) an die Hirnrinde. Sie betreffen zum Beispiel Reaktionen der Skelettmuskeln, der glatten Eingeweidemuskulatur, der peripheren Drüsen oder des endokrinen Systems. Solche und andere Reaktionen (Gefäßerweiterungen, Veränderungen der Pulsfrequenz und der Atemtiefe) einschließlich der entsprechenden organischen Gefühle können durch die sinnliche Wirkung musikalischer Tonfolgen, Rhythmen, Klänge und Klangfarben unbewußt im Hörer ausgelöst werden. Harrer (1975) untersuchte die psycho-physiologischen Wirkungen der Musik, wobei er unter anderem folgende physiologische Parameter registrierte: das Elektroenzephalogramm (EEG), das Elektrokardiogramm (EKG), das Elektromyogramm (EMG), die Pulsfrequenz und die Atmung.

Einige für den Musikerzieher besonders aufschlußreiche Befunde seien aus einer Zusammenstellung Böttchers und Kerners zitiert:

„... Unter dem Einfluß von Musik treten vegetative Veränderungen von so erheblichen Ausmaßen auf, wie sie sonst nur bei starken Medikamenten oder schweren körperlichen Belastungen zu beobachten sind ...

Die Einstellung zu Musik ist für den Ausprägungsgrad der vegetativen Reaktionen von entscheidender Bedeutung. Stärkste vegetative Veränderungen sind immer dann zu erwarten, wenn sich der Untersuchte der Musik ganz hingibt. Bei rationaler, kritischer, nur ästhetisch-wertender Einstellung sind die vegetativen Veränderungen sehr gering oder fehlen ganz. Die Einstellung kann von individuellen Erfahrungen mit bestimmten musikalischen Werken stark beeinflußt sein ...

Atmung und Pulsfrequenz erfahren in Abhängigkeit von der dargebotenen Musik charakteristische Veränderungen. Bei Musikstücken mit zunehmender Rhythmusbeschleunigung passen sich Atem- und Pulsfrequenz dem Musiktempo in gewissem Ausmaß an. Das periodische An- und Abschwellen eines Trommelwirbels im Experiment veranlaßt ein synchrones Steigen und Fallen der Pulsfrequenz..." (1978, S. 161f.)

Wenn sich der Hörer „der Musik ganz hingibt", kann das mit einer zeitweilig erheblichen Einschränkung des Selbstbewußtseins verbunden sein. Der Hörer tritt der Musik nicht als erlebendes, erkennendes und wertendes Subjekt gegenüber, sondern er läßt sich als Objekt von ihr gefangennehmen. In diesem Zustand ist er dann musiktherapeutisch besonders gut beeinflußbar, aber auch als Persönlichkeit manipulierbar. Welchen Grad die Manipulation im bürgerlichen Konzertbetrieb erreichen kann, hat Brecht 1935 sehr eindrucksvoll und in drastisch überspitzter Form beschrieben:

„Wir sehen ganze Reihen in einen eigentümlichen Rauschzustand versetzter, völlig passiver, in sich versunkener, allem Anschein nach schwer vergifteter Menschen. Der stiere, glotzende Blick zeigt, daß diese Leute ihren unkontrollierten Gefühlsbewegungen willenlos und hilflos preisgegeben sind. Schweißausbrüche beweisen ihre Erschöpfung durch solche Exzesse. Der schlechteste Gangsterfilm behandelt seine Zuhörer mehr als denkende Wesen. Die Musik tritt auf als ‚das Schicksal schlechthin' ... Diese Musik hat nur mehr rein kulinarische Ambitionen. Sie verleitet den Zuhörer zu einem entnervenden, weil unfruchtbaren Genußakt." (1977, S. 281)

Das hier beschriebene und kritisierte Musikerleben basiert auf dem sozialpsychologischen Mechanismus der *Ansteckung.* Es handelt sich dabei um die unbewußte und unwillkürliche Übertragung psychischer Stimmungen. „Ansteckung, die in der Regel nichtverbalen Charakter trägt, das heißt ohne sprachliche Einwirkung geschehen kann (Tänze, Spiele, Musik ...)," ist oft „... das Ergebnis einer spontanen Tonisierung[1] des psychischen Zustandes einer Gruppe oder einer Menschenmenge." (Parygin 1976, S. 197)

Es sind die spontan attraktiv wirkenden sinnlichen Reize der Musik, vor allem ihre

[1] Tonisierung = Anheben des Spannungszustands

tänzerischen Rhythmen, ihre bekannten oder auch nur bekannt scheinenden Melodien, ihre Dynamik und ihre Klangfarben, die ansteckend (packend und faszinierend) wirken, die Aufmerksamkeit unwillkürlich fesseln, unbewußt Stimmungen übertragen und sogar Tätigkeiten auslösen können. „So haben wir zum Beispiel bei hervorstechenden, leicht fortrauschenden Rhythmen sogleich Lust, den Takt mitzuschlagen, die Melodie mitzusingen, und bei Tanzmusik kommt es einem sogar in die Beine..." (Hegel 1976, S. 276)

Wenn bestimmte Kompositionen die Hörer in ihren Bann ziehen, sie in Bewegung versetzen oder mit Stimmungen anstecken, ist das noch kein Musikverstehen. Es findet vielmehr ein naiv-elementares Kunsterleben statt, das gleichwohl sehr genußvoll sein kann, vor allem wenn es sich um sinnlich attraktive – zum Beispiel klangfarblich abwechslungsreiche, interpretatorisch virtuose oder rhythmisch mitreißende – Kompositionen handelt.

Dieses naiv-elementare Erleben attraktiver sinnlicher Reize ist bei jeder Musikrezeption beteiligt und darf keinesfalls geringgeschätzt werden. So wäre es im Unterricht völlig falsch, den Schülern der Unter- und Mittelstufe zu verbieten, sich während einer Musikdarbietung körperlich zu bewegen. Das spontane Mitschlagen des Taktes oder das gestische Imitieren des Instrumentalspiels durch Schüler ist im jüngeren und mittleren Schulalter durchaus als ein positives Zeichen aktiven Musikerlebens zu werten.

Für die Befähigung der Schüler zum aktiven Musikhören ist die Geringschätzung des naiv-elementaren sinnlichen Erlebens ebenso abträglich wie dessen Verabsolutierung. Deshalb muß den Schülern auch erklärt werden, daß die erlebnismäßigen Potenzen echter Kunstwerke durch das alleinige Genießen der klanglichen Sinnenreize nur zu einem sehr geringen Teil wirksam werden. Das liegt vor allem daran, daß die Emotionen bei naiv-elementarem Kunsterleben nur teilweise bewußt werden. „Die Rolle des Bewußtseins beschränkt sich auf der vorliegenden Ebene ... lediglich darauf zu konstatieren, daß das betreffende emotionale Erlebnis vorliegt, der gegenständliche Inhalt des Erlebnisses ist dabei noch nicht bewußt ... Das Bewußtsein ... ist ... nicht genügend aktiv, um das Wesen der erlebten Erscheinung klären zu können." (Nalčadžjan 1975, S. 108)

Diese Kennzeichnung des elementaren Erlebens trifft auch im Hinblick auf die durch Musikhören vermittelten *Stimmungen* zu. Unter einer Stimmung versteht man den allgemeinen emotionalen „Zustand, der eine längere Zeit hindurch einzelnen psychischen Prozessen und dem Verhalten des Menschen eine bestimmte Färbung verleiht" (Fortunatow 1974, S. 382). Je nachdem, ob der Mensch heiter oder schwermütig, gehoben oder gedrückt gestimmt ist, wird sein gesamtes Erleben in bestimmter Weise getönt, sein Werten beeinflußt und sein Handeln aktiviert oder gehemmt. Stimmungen werden zwar von äußeren und inneren Bedingungen sowie von den Tätigkeiten determiniert, aber diese Abhängigkeit wird oft nicht bewußt. Man weiß also nicht in jedem Fall, wie man in eine Stimmung geraten ist.

Wichtige innere Bedingungen für das Zustandekommen einer Stimmung sind „das organische Selbstgefühl, der Tonus der Lebenstätigkeit des Organismus und jene verschwommenen, schlecht lokalisierbaren ... Empfindungen (interorezeptive Sensibilität), die von inneren Organen ausgehen" (Rubinstein 1968a, S. 618). Diese inneren Bedingungen stehen in einem sehr engen Verhältnis zu äußeren Gegebenheiten. So hängt das organische, physische Selbstgefühl des Menschen in hohem Maße davon ab, wie sich seine Wechselbeziehungen zur Umwelt gestalten, wie sie ihm bewußt werden und wie er sie wertet. Nur ganz spezifische Eindrücke der Umwelt können dann noch Stimmungen auslösen oder verändern. Eine solche subjektiv bedeutsame, stimmungsrelevante „Sphäre“ kann neben anderen Künsten die Musik sein. Sie ist auf Grund ihres Prozeßcharakters besonders gut in der Lage, die innere Dynamik menschlicher Stimmungen, also ihre „Lebendigkeit“, ihre Widersprüchlichkeit und auch ihre allmählichen Veränderungen bis hin zum Umschlagen in neue Qualitäten widerzuspiegeln. Das ermöglicht den Komponisten, individuell erlebte oder auch nur vorgestellte Stimmungen entweder unbewußt in die Musik „einfließen“ zu lassen oder sogar bewußt zu gestalten. Als Beispiel kann in diesem Zusammenhang Debussys „Vorspiel zum Nachmittag eines Fauns“ genannt werden. In diesem Werk gestaltete der Komponist „Stimmungsbilder, durch die hindurch sich die Begierden und Träume des Fauns in der Hitze dieses Nachmittags bewegen“.

Allerdings übertragen sich die von den Komponisten gestalteten Stimmungen nicht „automatisch“ und gleichförmig auf jeden Hörer. Das ist schon deshalb unmöglich, weil Stimmungen stets durch außermusikalische objektive und subjektive Faktoren mitgeprägt werden. Nachhaltige Stimmungen können offensichtlich nur dann durch Musik ausgelöst oder verändert werden, wenn sie weitgehend mit den subjektiven Erwartungen, Bedürfnissen, Einstellungen und Wertansprüchen übereinstimmen. Unter Berücksichtigung dessen kann der Hörer sogar versuchen, seine jeweilige Stimmungslage bewußt zu beeinflussen. Es ist bekannt, daß sich manche Jugendliche nach der Schule oder nach der Arbeit durch das Anhören von Rock- oder Schlagermusik in eine physisch entspannte und psychisch gelöste, mitunter auch träumerische oder rauschhafte Stimmung versetzen.

Auch in diesen Fällen handelt es sich um Formen der psychischen Ansteckung. Sie zur Verbesserung des Wohlbefindens der Menschen zu nutzen ist in erster Linie Aufgabe der Musiktherapeuten. Im Musikunterricht kommt es dagegen gerade darauf an, den Schülern die Grenzen des nur auf psychische Ansteckung eingestellten Musikhörens bewußtzumachen. Diese Grenzen sind von dem sowjetischen Psychologen L. S. Wygotski bereits 1925 erkannt und vortrefflich beschrieben worden. Nach Ansicht des Autors wäre es trostlos um die Kunst bestellt, wenn sie keine andere Funktion hätte, als die Stimmungen einzelner Menschen auf viele zu übertragen.

„Die wahre Natur der Kunst birgt immer etwas in sich, was das gewöhnliche Gefühl verwandelt oder überwindet; dieselbe Angst und derselbe Schmerz und dieselbe Erregung umschließen, wenn sie durch die Kunst hervorgerufen werden, noch etwas über das hinaus, was in ihnen enthalten ist. Dieses Etwas überwindet die Gefühle, klärt sie ab und verwandelt ihr Wasser in Wein; so erfüllt sich die wichtigste Bestimmung der Kunst. Die Kunst verhält sich zum Leben wie der Wein zur Traube, hat ein Denker gesagt. Er hatte völlig recht, denn er wies damit darauf hin, daß die Kunst ihr Material aus dem Leben nimmt, aber über dieses Material hinaus etwas gibt, was in den Eigenschaften des Materials selbst noch nicht enthalten ist.“ (Wygotski 1976, S. 287)

Dieses „Etwas“, wodurch die „gewöhnlichen“, das heißt elementaren, unreflektierten Gefühle und Stimmungen verwandelt, überwunden und verallgemeinert werden, ist unseres Erachtens der ästhetische und ideologische Gehalt, der in der Kunst vergegenständlicht ist. Er kann nicht allein durch naiv-elementares Erleben, sondern nur durch die zusätzliche „Einschaltung" bewußter Erkenntnisprozesse erfaßt werden, die auf höherer Ebene mit gegenstandsbezogenen Gefühlen verbunden sind.

2.2.2.2. Bewußte, objektivierende Gefühle beim Musikhören

Von bewußtem Erleben kann nach Nalčadžjan dann gesprochen werden, wenn der Mensch die inhaltlichen Elemente des jeweiligen Erlebnisses erkennt und kausale Zusammenhänge zwischen ihnen herstellt (vgl. 1975, S. 101). Dabei „unternimmt gewöhnlich das Bewußtsein eine zielgerichtete Suche nach Sinn und Inhalt dieses Erlebnisses" (ebenda, S. 109). Bewußtes Erleben setzt also geistige Aktivität voraus. Durch sie erhalten die Gefühle eine höhere, spezifisch menschliche Qualität. Solche „vermenschlichten Gefühle" (K. Marx) sind Voraussetzung und Ergebnis der Kunstrezeption und damit auch des ästhetisch genußvollen Musikhörens.

„Emotionale Reaktionen sind nicht nur dem Menschen, sondern auch den Tieren eigen, die ähnlich wie die Menschen ihre Gefühle durch ihre Stimme und durch Bewegungen zum Ausdruck bringen. Doch der Gesang der Vögel wird nicht zur Musik und das Springen der Affen nicht zum Tanz, weil den Tieren das den Menschen eigene Bewußtsein, das Denken fehlt, das die instinktiven emotionalen Reflexe in ein bewußtes, verstandesmäßiges, vergeistigtes Verhältnis zur Welt verwandelt." (Kagan 1971, S. 288)

Indem der Mensch als erkennendes und wertendes Subjekt den zum Beispiel beim Musikhören erlebten Gefühlen gleichsam „entgegentritt", läßt er sich vom Kunstwerk und seinen Wirkungen nicht mehr schlechthin „gefangennehmen", sondern er muß es in bestimmtem Maße auch „erobern" (vgl. Dessau 1974, S. 13).
Bewirkt naiv-elementares Musikerleben sehr oft ästhetische Identifikation, so erfordert bewußtes Musikerleben außerdem auch Phasen mit einer gewissen ästhetischen Distanz. Sie äußert sich in dem erwähnten „Dazwischentreten" des erkennenden und wertenden Bewußtseins zwischen die objektiven Faktoren (Kunstwerk, gesellschaftlich-soziale Determinanten, situative Momente usw.) und ihre subjektiven Wirkungen. Beide Einstellungen gehen in Abhängigkeit von verschiedenen Faktoren, darunter auch vom jeweils rezipierten Kunstwerk, ein spezifisches Wechselverhältnis ein. Von ihm hängt auch ab, wie sehr sich bei jedem einzelnen Rezipienten durch Kunst ausgelöste Gefühle von anderen Emotionen unterscheiden. Ästhetische Distanz bedeutet in diesem Sinne, den Modellcharakter, die Geformtheit und den ideellen Gehalt der im Kunstwerk gestalteten Gefühle differenziert zu erleben. Ein solches Erleben kann durchaus sehr intensiv sein, aber es bleibt stets vom Bewußtsein kontrolliert und äußert sich nicht in ungezügelten Affekten. „Fehlt im ästhetischen Erleben die Distanz zum Gestalteten, so verringern sich die Wirkungsmöglichkeiten eines Kunstwerkes ungemein. Denn distanzloses Erleben bedeutet nichts anderes, als daß die Kunst mit der Wirklichkeit gleichgesetzt wird und die eigentlich ästhetischen Momente unbeachtet bleiben." (Sommer u. Spieß 1978, S. 177f.)
Auch im künstlerischen Schaffensprozeß ist eine gewisse ästhetische Distanz notwendig. Komponisten müssen während ihrer Arbeit nicht jedes Gefühl in der gleichen Unmittelbarkeit erleben, wie es bei bestimmten Ereignissen in Natur oder Gesellschaft der Fall wäre.

So wie Kunstwerke nicht als die Wirklichkeit schlechthin, sondern als eine „künstliche" Welt verstanden werden müssen, so gibt es auch Unterschiede zwischen den „Kunstgefühlen" und den „Lebensgefühlen" der Rezipienten. Müller-Freienfels stellte bereits 1922 fest, daß ästhetische Affekte nur „partielle" Affekte sind. Sie können mit höchster Gefühlsintensität ablaufen, ohne in Handlungen überzugehen (1922, S. 210). Wygotski formulierte diesen Sachverhalt folgendermaßen: „Die Emotionen der Kunst sind geistige Emotionen. Statt sich in geballten Fäusten und Zittern zu äußern, lösen sie sich hauptsächlich in Phantasiebildern." (1976, S. 246) Dem ist zuzustimmen, soweit es sich nicht um naiv-elementare Kunsterlebnisse handelt, die durchaus unkontrollierte Affekthandlungen auslösen können.

Eine wichtige Aufgabe der Phantasie und des Denkens besteht beim Musikhören darin, die gegenständliche Bezogenheit und subjektive Bedeutsamkeit der erlebten Einzelgefühle zu ergründen und sie dabei in übergeordnete Ganzheiten (zum Beispiel in die dramaturgische Konzeption des Werkes) einzuordnen. Diese Fähigkeit bei den Schülern zu entwickeln ist ein Ziel des Musikunterrichts. Bei der Entwicklung der musikalischen Erlebnisfähigkeit muß also beachtet werden, daß „die Gefühle ... in ihren eigentümlichen und völlig spezifischen Formen auch eine Erkenntnisfunktion (erfüllen), die auf den höheren Ebenen einen bewußten, objektivierten Charakter annimmt". (Rubinstein 1968a, S. 611)

Im Zusammenhang mit der Erkenntnisfunktion der Gefühle kommt der Sprache allgemein und dem Unterrichtsgespräch im besonderen große Bedeutung zu. Die Sprache erst ermöglicht es, Erlebtes zu objektivieren, durch Meinungsaustausch zu vertiefen und auch zu qualifizieren. Der Mensch ist in der Lage, „eigenes Erleben *für sich selbst* in Sprachform noch einmal abzubilden und zum *bewußten* Erleben, zum *Bewußtsein* auszugestalten". (Hiebsch/Vorwerg 1976, S. 109)

Im Unterschied zu den naiv-elementaren Gefühlen kann man die bewußt erlebten Emotionen als „gegenstandsbezogene" Gefühle bezeichnen. Damit ist gemeint, „daß das Bewußtwerden des eigenen Gefühls nicht einfach nur bedeutet, es zu erleben, sondern es auch mit dem Gegenstand oder der Person zu verknüpfen, die es hervorgerufen haben und auf die es gerichtet ist". (Rubinstein 1968a, S. 607)

Im folgenden soll die spezifische gegenständliche Bezogenheit und Beziehbarkeit der beim Musikhören erlebten ästhetischen Gefühle erörtert werden. Hierbei sind zwei grundsätzliche Möglichkeiten zu unterscheiden:

1. Die gegenständliche Bezogenheit der durch „reine" Instrumentalmusik ausgedrückten Gefühle ist nur im Hinblick auf die musikalisch-strukturellen Ursachen (relativ) eindeutig, im Hinblick auf die widergespiegelte Wirklichkeit ist sie „vieldeutig konkret" (Siegmund-Schultze).
2. In wortgebundener oder verbal (zum Beispiel durch ein Programm) erläuterter Musik sind die ausgedrückten Gefühle oft deutlicher auf bestimmte Vorgänge der Wirklichkeit bezogen. Diese objektiv vorhandenen Beziehungen sollen vom Hörer weitgehend erkannt werden.

Zu 1. Beim Hören nicht verbal konkretisierter Instrumentalmusik erlebt der Rezipient allgemeine, also von ihrer gegenständlichen Bezogenheit abstrahierte Gefühle. Der Hörer erlebt nicht Freude, Trauer, Schmerz oder Beunruhigung *über etwas*, sondern *die* Freude, *die* Trauer, *den* Schmerz oder *die* Beunruhigung in ihrem allgemeinen Wesen.

Der bei nicht verbal konkretisierter Instrumentalmusik fehlende eindeutige Bezug

der allgemeinen Ausdrucksmerkmale kann ein Motiv sein, in aktiver geistiger Tätigkeit selbständig Beziehungen zu bereits erworbenen Kenntnissen und zu eigenen Lebenserfahrungen herzustellen.
In diesem Zusammenhang ist auf die Bedeutung des historischen, musikgeschichtlichen und biographischen Wissens der Schüler hinzuweisen. Es befähigt sie in vielen Fällen, die beim Musikhören erlebten allgemeinen Gefühle zu konkretisieren. Sie empfinden dann zum Beispiel beim Hören der 5. Sinfonie von Ludwig van Beethoven nicht nur das Gefühl der Entschlossenheit als solches, sondern beziehen es wahrscheinlich auf die persönliche Situation des Komponisten, die in seinen Worten zum Ausdruck kommt: „Ich will dem Schicksal in den Rachen greifen, ganz niederbeugen soll es mich gewiß nicht!" Außerdem ist es natürlich notwendig, daß die Schüler das gleiche Gefühl der trotzigen Entschlossenheit auch mit Beethovens Kampf gegen die reaktionären Kräfte seiner Zeit in Verbindung bringen. Die durch Musik ausgelösten Gefühle lassen sich nicht nur durch Herstellen außermusikalischer Bezüge konkretisieren, sondern auch dadurch, daß wesentliche innermusikalische strukturelle Ursachen erkannt werden. Deshalb müssen die Schüler im Musikunterricht befähigt werden, charakteristische musikalische Mittel aufzufinden, die den erlebten Emotionen zugrunde liegen. So können zum Beispiel Schüler der Klasse 5 den sanften, wiegenden und beruhigenden Ausdruckscharakter des Wiegenliedes von Dmitri Kabalewski (vgl. Musiklehrbuch für die Klassen 5 und 6, S. 36f.) im Unterrichtsgespräch auf das rhythmisch stereotype, melodisch (oft in Akkordbrechungen) abwärts führende Begleitmotiv, auf die gesangvolle Melodie, auf das mäßige Tempo und auf die meist geringe Lautstärke zurückführen.
An Hand des berühmten Fortissimo-Akkordes aus dem 2. Satz von Joseph Haydns Sinfonie „Mit dem Paukenschlag" wäre es möglich, den Schülern überzeugend zu verdeutlichen, daß das Gefühl der Überraschung durch die Nichtübereinstimmung einer bestimmten Hörerwartung mit dem tatsächlichen Höreindruck zustande kommt. Dieser Effekt ist vom Komponisten genau kalkuliert worden: Er stellt seine Hörer in 15 Takten auf eine gleichbleibend leise Musik ein (*p*, Wiederholung *pp*), um sie im 16. Takt durch den kontrastierenden Fortissimo-Akkord um so humorvoller erschrecken zu können.
Zu 2. Bei wortgebundener oder mit verbalen Hinweisen versehener Musik kann der Hörer die erlebten Emotionen durch Analyse ihrer Beziehungen zum Text beziehungsweise zum Programm konkretisieren. So wird in vielen begleiteten Sololiedern der gegenständliche Bezug von Gefühlen, die in den Vorspielen zum Ausdruck kommen, durch die nachfolgenden Textstrophen „aufgeklärt" (beispielsweise das Gefühl der inneren Unruhe in Franz Schuberts „Lindenbaum"). Ähnliches trifft auf einige Abschnitte aus Paul Dessaus Melodram „Lilo Herrmann" zu. Im Abschnitt 9 des Werkes gehen dem Einsatz der Sprechstimme 22 Takte voraus, in denen Gefühle der Trauer, des Schmerzes, des inneren Bewegtseins innig von Flöte und Viola zum Ausdruck gebracht werden. Das geschieht vor allem durch die Einschmelzung einer alten Volksweise aus dem Jahre 1771, die von der Viola kunstvoll kontrapunktiert wird. Durch die Sprechstimme wird dann der gegenständliche Bezug dieser Gefühle hergestellt: Es ist die Trauer aller fortschrittlichen Menschen um die standhafte Antifaschistin Lilo Herrmann, und es sind *ihr* Schmerz und *ihr* inneres Bewegtsein beim Abschied von der deutschen Heimat, mit der sie sich so eng verbunden fühlte.

2.2.2.3. Bewußt wertende Gefühle und Haltungen beim Musikhören

Sowohl bei der Kunstproduktion als auch bei deren Rezeption sind Erkenntnis- und Erlebnisprozesse eng mit Wertungen verbunden. „Strenggenommen ist die Wertung der von dem Wahrnehmenden empfundenen Emotion immanent: Mitgefühl oder Abscheu gegenüber dem Helden, Trauer und Entrüstung, Begeisterung und Verachtung sind Formen der Wertung" (Kagan 1975, S. 497). Besonders eng sind Wertungen und Emotionen in den Haltungen verbunden.

Unter „Haltung" sollen die emotional geprägten Äußerungen von Einstellungen im menschlichen Verhalten verstanden werden. Haltungen können auch in Kunstwerken gestaltet sein. Solche entäußerte, vergegenständlichte Haltungen gestatten gewisse Rückschlüsse auf die Weltanschauung, die Norm- und Wertorientiertheit sowie auf Charakter- und Temperamentseigenschaften des jeweiligen Künstlers und indirekt auch auf die gesellschaftlichen Verhältnisse, durch die sein Schaffen mitbestimmt wird. Künstlerisch gestaltete Haltungen fordern die Rezipienten zur *moralischen* Identifizierung oder Distanzierung[2] heraus, wobei sich diese Haltungen im erstgenannten Falle verinnerlichen und damit wieder „vermenschlichen" können.

„Kunstwerke, in denen sich (...) wertende Haltungen des Künstlers zu Lebensprozessen ausdrücken, vermögen deshalb durch ihre Wirkungen nicht nur Erkenntnisse zu vermitteln, sondern auch in einem beachtlichen Maße emotionale Haltungen auszubilden. Vielleicht erweist es sich als zweckmäßig, von einer *dialektischen Einheit der Erkenntnisvermittlung und der Ausbildung von Haltungen* in der persönlichkeitsbildenden Wirkung von Kunst zu sprechen, die der Einheit von Erkenntnis und Wertung im künstlerischen Schaffen entspricht." (John/Lippold/Rammler 1974, S. 95)

Menschliche Haltungen werden in Kunstwerken nicht nur in individueller Ausprägung, sondern zugleich auch in verallgemeinerter Form widergespiegelt, gestaltet und übermittelt. Deshalb ist das Kunstwerk ein unersetzbarer Vermittler zwischen dem individuellen und dem sozialen Empfinden der Menschen. So ist auch Wygotskis Hinweis zu verstehen, „daß das Gefühl ursprünglich individuell ist; durch das Kunstwerk wird es gesellschaftlich oder verallgemeinert sich... Die Kunst (ist) gewissermaßen ein verlängertes ‚soziales Gefühl' oder eine Technik der Gefühle..." (1976, S. 287f.)

Auch Komponisten haben die Möglichkeit, in ihrer Musik Haltungen zu modellieren, die unter bestimmten gesellschaftlichen Verhältnissen typisch, notwendig und vorbildlich oder umgekehrt untypisch, schädlich und ablehnenswert sind. Bertolt Brecht spricht in diesem Zusammenhang vom „gesellschaftlichen Gestus" der Kunst und beantwortet unter anderem die Frage:

„Wie kann der Komponist in seiner Haltung zum Text seine Haltung im Klassenkampf wiedergeben? Angenommen, in einer Kantate über den Tod Lenins soll der Musiker seine Haltung im Klassenkampf wiedergeben. Der Bericht über den Tod Lenins kann, was den Gestus betrifft, natürlich sehr verschieden gebracht werden. Ein gewisses feierliches Auftreten besagt noch wenig, da dies auch gegenüber dem Feind im Falle des Todes für schicklich gelten kann. Zorn über die ‚blindwütende Natur', die den Besten der Gemeinschaft zur ungünstigen Zeit entreißt, wäre kein kommunistischer Gestus, auch weise Erge-

[2] Die Begriffe „moralische Identifizierung" und „moralische Distanzierung" dürfen nicht mit der „ästhetischen Identifikation" und der „ästhetischen Distanz" verwechselt werden. Die beiden Begriffspaare bezeichnen verschiedene Sachverhalte.

benheit in dieses ‚Walten des Fatums' wäre keiner, der Gestus der kommunistischen Trauer um einen Kommunisten ist ein ganz besonderer Gestus ... Die Trauer ... zu einer die Gesellschaft fördernden Sache zu machen ist eine künstlerische Aufgabe.“ (1977, S. 284)

Hanns Eisler hat diese künstlerische Aufgabe meisterhaft in seinem Lenin-Requiem gelöst. Um den „ganz besonderen Gestus“ der kommunistischen Trauer zu gestalten, bediente sich der Komponist unter anderem der Zwölftontechnik, die er schöpferisch und undogmatisch in den Dienst der parteilichen Textaussage stellte und zum Teil sogar mit Kampfmusikintonationen verschmolz. Auf diese Weise wurde Eisler seinem Vorsatz gerecht, „*in der Kantate auf den Tod Lenins* folgendes zu vermeiden: Weihevoll, Weihrauch, Sentimentalität, Bombast“. (1973, S. 293)
Natürlich können auch in der nicht wortgebundenen Musik gesellschaftlich relevante Haltungen gestaltet werden. Spätestens seit der Wiener Klassik stehen sich in den großen Instrumentalwerken schon innerhalb eines Satzes verschiedene Haltungen gegenüber, finden Auseinandersetzungen in der Musik statt, die sich in gewissem Maße auch verbal beschreiben lassen. An Hand des jeweiligen Ergebnisses solcher Auseinandersetzungen – Dominieren positiver beziehungsweise negativer Haltungen oder „offener Schluß“ – können dann gewisse Rückschlüsse auf Parteilichkeit und Weltanschauung des betreffenden Komponisten gezogen werden.
Es ist erzieherisch sehr wertvoll, wenn Schüler dazu angehalten werden, musikalisch gestaltete Haltungen nachzuerleben und so differenziert wie möglich sprachlich zu benennen. Solche Charakterisierungen können sich sowohl auf einzelne Motive, Themen oder musikalische „Aussageabschnitte“ als auch auf ganze Sätze oder Kompositionen beziehen. Als Möglichkeit, diesen Aspekt zu verdeutlichen, seien zwei Beispiele genannt.
In der Episode „Samuel Goldenberg und Schmuyle“ aus den „Bildern einer Ausstellung“ ist der Gestus zweier völlig gegensätzlicher Personen – eines reichen und eines armen Juden – von Modest Mussorgski meisterhaft musikalisch gestaltet worden. Dabei „gelang Mussorgski eine bemerkenswerte Typisierung, die klar geprägte soziale Bedeutung annimmt“ (Brodjanskaja 1974, S. 597): Samuel Goldenberg „antwortet“ auf das klägliche und zuletzt schmerzvolle Flehen seines armen Landsmannes Schmuyle mit kaltblütig und grob abweisenden, herrischen und selbstgefälligen Gesten. Wenn Schüler diese konträren Haltungen in musikalischer Gestalt unmittelbar nachempfinden und dann auch möglichst adäquat benennen, wird das in vielen Fällen – unterstützt durch Informationen des Lehrers – mit einer moralischen Verurteilung des Auftretens Samuel Goldenbergs verbunden sein.
Die in Märschen vergegenständlichten Haltungen können Schüler dann besonders gut nachempfinden und verbalisieren, wenn unterschiedliche Märsche verglichen werden. Beispielsweise verdeutlicht ein solcher Vergleich, daß in Prokofjews Marsch aus der Oper „Die Liebe zu den drei Orangen“ eine witzig-heitere, zum Teil ironisch-groteske Haltung zum Ausdruck kommt, während Beethovens Yorckscher Marsch durch ernsthafte Entschlossenheit und Disziplin charakterisiert ist.
Haltungen sind oft in größeren, unter Umständen mehrere Sätze umfassenden musikalischen Zusammenhängen und Beziehungen vergegenständlicht. Deshalb muß der Hörer berücksichtigen, in welchem Kontext die musikalisch gestalteten Haltungen innerhalb einer Komposition verankert sind und welche dramaturgische Funktion sie jeweils zu erfüllen haben. Wird das nicht oder zuwenig beachtet, können mitunter fehlerhafte Deutungen zustande kommen. So kennzeichneten Schüler, die

das Invasionsthema und seine Variationen aus dem 1. Satz von Dmitri Schostakowitschs „Leningrader Sinfonie“ isoliert, also ohne (genügenden) Kontextbezug rezipiert hatten, die in diesem Teil ausgedrückte Haltung nicht als in steigendem Maße drohend, rücksichtslos und brutal, sondern als optimistisch, begeisternd und an sowjetische Revolutionslieder erinnernd (vgl. Fresenius 1965, S. 451; vgl. auch 4.3.).
Die genannten Beispiele verdeutlichen auch, daß es manchmal nicht einfach ist, musikalisch geformte Haltungen sprachlich adäquat zu kennzeichnen. Es ist deshalb eine gute methodische Variante, zunächst nach dem Auswahlantwort-Prinzip mit vorgegebenen Wortlisten zu arbeiten. Solche Hilfen sollten jedoch allmählich eingeschränkt werden, sobald sich die Schüler den notwendigen Begriffsschatz angeeignet haben.
Wertvolle Beiträge zur Befähigung der Schüler, musikalisch vergegenständlichte Haltungen weitgehend adäquat nachzuerleben, leisten Besuche von Balletten, Opern, Musicals usw. oder deren Rezeption in Fernsehaufzeichnungen oder Filmen. In diesen Kunstgattungen sind Haltungen deshalb genauer und leichter erlebbar, weil sie nicht nur auditiv, sondern auch visuell wahrgenommen werden. Auch in instrumentalen Konzertveranstaltungen (oder deren Fernsehübertragungen) nehmen die Rezipienten Haltungen in bestimmtem Maße visuell wahr, soweit sie in den mimisch-gestischen Bewegungen des Dirigenten und der Musiker zum Ausdruck kommen. Schon aus diesem Grunde kann die technisch perfekteste Musikkonserve niemals das unmittelbare Erlebnis eines Konzertes (oder den musikalischen Lehrervortrag!) ersetzen.
In wortgebundener Musik können Haltungen nicht nur auditiv und unter Umständen visuell, sondern außerdem durch den begrifflich-emotionalen Sinngehalt der Sprache vermittelt werden. Durch diese „Mehrkanaligkeit“ des Informationsflusses erreicht wortgebundene Musik einen höheren Grad an Konkretheit.
Eine weitere Möglichkeit, um Schüler an die Vielfalt der musikalischen Mittel zur Gestaltung von Haltungen heranzuführen, besteht im Vergleich verschiedener Interpretationen oder Arrangements ein und desselben Werkes. So zeigt ein Vergleich der Klavierkomposition „Bilder einer Ausstellung“ von Modest Mussorgski mit der Orchesterbearbeitung durch Maurice Ravel und mit der Synthesizer-Adaption des Japaners Isao Tomita, daß bei jedem Bearbeiter andere Haltungen betont oder zurückgedrängt werden. Beispielsweise ist in der Adaption von Tomita mitunter eine vordergründig naturalistische, zum Teil auch humorvolle Haltung unüberhörbar. Ebenso können sich bei einem Vergleich der Interpretationen dieses Werkes durch verschiedene Pianisten recht interessante Auffassungs- und Haltungsunterschiede ergeben (vgl. auch 4.3.).
Erzieherisch besonders wertvoll ist es, wenn Schüler veranlaßt werden, Haltungen und Gesten künstlerisch selbst zu gestalten und die Ergebnisse kollektiv zu beurteilen. Dazu sind der Gesang, das szenische Musikspiel, die Rezitation, der Tanz und auch bestimmte bildgestalterische Aufgaben vorzüglich geeignet. In diesem Zusammenhang sei die stärkere Nutzung außerunterrichtlicher Möglichkeiten (Chor, Singegruppe, Diskothek usw.) empfohlen.
B. T. Lichatschow berichtet über alljährliche Tanzwettbewerbe der älteren Schüler an sowjetischen Schulen (1974, S. 56). Derartige Wettbewerbe können wesentlich dazu beitragen, daß sich die Jugendlichen Verhaltensnormen, Haltungen sowie so-

ziale und ästhetische Einstellungen aneignen, die für die weitere Entwicklung zu sozialistischen Persönlichkeiten von großer Bedeutung sind. Wenn es Jugendliche lernen, bestimmte Gedanken, Gefühle und Haltungen selbständig und schöpferisch künstlerisch zu gestalten, wird es ihnen ohne Zweifel leichterfallen, die in vielen musikalischen Kunstwerken modellierten menschlichen Haltungen zu erkennen, bewußt nachzuerleben, zu werten und – im Falle persönlicher Identifizierung – zu verinnerlichen.

2.2.3. Erkenntnisprozesse beim Musikhören

Die in den Abschnitten 2.2.2.2. und 2.2.2.3. beschriebenen Gefühlsprozesse beim Musikhören sind untrennbar mit Erkenntnisprozessen verbunden. Zu ihnen zählen die Empfindungen, die Wahrnehmungen, die Gedächtnis- und Phantasievorstellungen sowie das Denken. Auch wenn im folgenden die genannten „Ebenen" einzeln beschrieben werden, ist zu beachten, daß der musikalische Erkenntnisprozeß eine Einheit bildet. Musikalische Denkprozesse setzen stets Empfindungen, Wahrnehmungen und Vorstellungen voraus, wirken aber auch auf letztere zurück, so daß es einem geschulten Hörer ohne weiteres möglich ist, wahrnehmend zu denken beziehungsweise denkend wahrzunehmen.

2.2.3.1. Die akustischen Empfindungen als notwendige Grundlage der musikalischen Erkenntnis

„Die Empfindung ist der elementarste psychische Prozeß. Sie widerspiegelt einzelne Eigenschaften von Gegenständen und Erscheinungen der Außenwelt sowie innere Zustände des Organismus, die als materielle Reize unmittelbar auf die entsprechenden Rezeptoren einwirken." (Sintschenko 1974a, S. 225)
Akustische Empfindungen entstehen durch die Einwirkung von Schallwellen mit einer Frequenz zwischen 16 und 20000 Hertz auf den Gehörsrezeptor. Eigenschaften der akustischen Empfindungen sind ihre Modalität (Widerspiegelung der Tonhöhe und Klangfarbe), ihre Intensität (Widerspiegelung der Lautstärke), ihre Dauer (Widerspiegelung der Zeitverhältnisse akustischer Ereignisse) und ihre räumliche Lokalisation (Widerspiegelung der Anordnung der Schallquellen im Raum). Zwischen diesen Eigenschaften bestehen komplizierte Wechselwirkungen. Einige davon werden in den folgenden Ausführungen zur Empfindung der Lautstärke berücksichtigt.
Die subjektiv empfundene Lautstärke wird in *Phon*, einer logarithmischen Maßeinheit, gemessen. Für mittlere Frequenzen um 1000 Hz liegt die akustische Reizschwelle bei 0 Phon. Damit ist eine Lautstärke gekennzeichnet, die Menschen mit normalem Gehör gerade noch empfinden können. In der folgenden Tabelle (nach Finke 1975, S. 145f.) werden einzelnen Phonbereichen typische Geräusche zugeordnet.

Lautstärke in Phon	typische Geräusche
0	Reizschwelle
10	leises Flüstern, Blätterrascheln
20	Uhrticken, Grundgeräusch in sehr ruhiger Wohnung
30	stille Straße ohne Verkehr
40	ruhige Unterhaltungssprache
50	Rundfunkempfang in Zimmerlautstärke, Geräusch in großen Gesellschaftsräumen
60	lautes Sprechen, Schreibmaschine
70	laute Straße
80	lautes Rufen, Klavier, laute Orchestermusik
90	Maximallautstärke der menschlichen Stimme in 1 m Abstand, Preßluftbohrer
100	Motorradgeknatter, lauteste Stellen in sinfonischer Musik
110	Kesselschmiede, Niethammer
120	Flugzeugmotor in 3 bis 4 m Entfernung
130	Schmerzempfindung auslösend

Ist der Mensch längere Zeit Lautstärken von 90 Phon an ausgesetzt, was leider in manchen Diskotheken und Rockmusik-Konzerten üblich ist, besteht die Gefahr von Gehörschädigungen oder neurovegetativen Störungen. Außerdem nimmt bei Lautstärken über 90 Phon die Fähigkeit des Ohres ab, verschiedene Tonhöhen zu unterscheiden, weshalb dann auftretende Intonationsungenauigkeiten nicht mehr erkannt werden.
Die vom Gehörorgan, dem Ohr, aufgenommenen, selektierten und in Nervenimpulse transformierten akustischen Eindrücke werden auf afferenten[3] Nervenbahnen in die Hörzone im Schläfenlappen des Gehirns geleitet, dort verarbeitet und in eine Bewußtseinstatsache verwandelt. Die verarbeiteten Impulse steuern außerdem über efferente[4] Verbindungen den akustischen Rezeptor und bewirken nach dem Prinzip der Rückkopplung dessen „funktionelles Eingestelltsein" (Sintschenko 1974a, S. 225). Dadurch kann sich die Sensibilität des Ohres meßbar verändern (Adaptation). So hat die lang andauernde Einwirkung starker Schallquellen regelmäßig eine verminderte Sensibilität des akustischen Analysators zur Folge (negative Adaptation). Das ist in unangemessen lautstarken Rock-Konzerten nicht nur bei den Hörern, sondern auch bei den Musikern der Fall. (Messungen ergaben bei letzteren bereits nach zweistündigem Musizieren deutliche Hörverluste.)
Umgekehrt kann das Vorhandensein schwacher Schallreize eine erhöhte akustische Sensibilität bei den Hörern und Musikern hervorrufen (positive Adaptation). Gewöhnlich vergeht zu Beginn eines Clavichord-Konzerts eine gewisse Zeit, bis sich die akustische Sensibilität der Hörer auf die minimale Lautstärke des Instruments eingestellt hat. Aus ähnlichen Gründen wirken plötzliche dynamische Kontraste um so effektvoller, je mehr der Komponist vorher die Hörer durch positive Adaptation sensibilisierte (vgl. das Andante-Thema aus J. Haydns Sinfonie „Mit dem Paukenschlag").

[3] afferent = hinführend, zuführend
[4] efferent = heraus-, hinabführend

Derartige Erscheinungen, die mit der Empfindung von Schallereignissen zusammenhängen, sollten den Schülern auch im Musikunterricht gelegentlich bewußtgemacht werden. Das trüge dazu bei, die Jugendlichen zu qualifizierterem Musikhören zu befähigen. Zweifellos wären sie dann auch besser in der Lage und eher bereit, beim Hören technisch vermittelter Musik an den Phonogeräten angemessene, das heißt ästhetisch und physiologisch vertretbare, der jeweiligen Raumgröße, Komposition und Hörsituation sowie den Prinzipien der gegenseitigen Rücksichtnahme entsprechende Lautstärken einzuregeln. Auch in dieser Hinsicht sollte der Musiklehrer Anreger und Vorbild zugleich sein.

2.2.3.2. Zur Funktion der Wahrnehmung und der Apperzeption im musikalischen Erkenntnisprozeß

Musikalische Wahrnehmungen sind Widerspiegelungen objektiv realer, unmittelbar auf den akustischen Analysator einwirkender musikalischer Erscheinungen durch ganzheitliche, strukturierte und sinnerfüllte Bewußtseinsabbilder. Widerspiegeln akustische Empfindungen nur Einzeleigenschaften von Schallereignissen, so vermitteln musikalische Wahrnehmungen Abbilder erklingender Kompositionen in der Gesamtheit ihrer Eigenschaften. Diese entspricht nicht nur der Summe aller akustischen Empfindungen, sondern stellt eine neue Qualitätsstufe der sinnlichen Erkenntnis dar. Für das ganzheitliche Erfassen musikalischer Sinnzusammenhänge geben W. P. und T. P. Sintschenko zwei anschauliche Beispiele.

„Hören wir ... irgendeine Melodie, so hören wir die Töne nicht einzeln nacheinander, sondern die bereits akustisch aufgenommenen Töne wirken noch nach, während bereits ein neuer Ton erklingt. Gewöhnlich erfassen wir das Musikstück, seine Gesamtstruktur, plötzlich, nach einer gewissen Zeit des Zuhörens. Es ist ganz offensichtlich, daß allein der letzte gehörte Ton nicht Grundlage eines solchen Erfassens sein kann: Im Kopf des Hörenden klingt die gesamte S t r u k t u r der Melodie fort... Ähnlich verhält es sich beim Wahrnehmen des Rhythmus. Man kann in jedem Moment nur einen Schlag hören. Den Rhythmus macht aber nicht ein einzelner Schlag aus, sondern ein fortlaufendes Klingen eines ganzen Systems von Schlägen. Die Schläge stehen dabei in einem bestimmten Zusammenhang, und dieser bestimmt die Wahrnehmung des Rhythmus." (1974b, S. 247)

Damit das Abbild der Melodie oder des Rhythmus im Bewußtsein des Rezipienten entstehen kann, muß dieser bestimmte Eigenschaften des klingenden Objekts in operative Wahrnehmungseinheiten umwandeln. „Unter den o p e r a t i v e n W a h r n e h m u n g s e i n h e i t e n verstehen wir den Inhalt, den das Subjekt bei der Lösung von perzeptiven Aufgaben hervorhebt." (Ebenda, S. 259) Solche operativen Wahrnehmungseinheiten sind in der Musik „geläufige", vertraute (also häufig auftretende und deshalb im Gedächtnis gespeicherte) Wendungen wie zum Beispiel Dreiklangstonfolgen, Tonleiterausschnitte oder Auftakt-Quartsprünge.
Die Feststellung solcher operativer Wahrnehmungseinheiten und ihre Verknüpfung zu größeren Sinneinheiten vollzieht sich im Kurzzeitgedächtnis (auch operatives oder Gegenwartsgedächtnis genannt). Es gewährleistet die Synthese von Vergangenem und Gegenwärtigem (durch Vergleiche) und zugleich die Prädiktion (Voraussage) erwarteter Klangfolgen (durch unbewußtes Voraushören). Die in das Kurzzeitgedächtnis gelangenden Informationen (zum Beispiel Wörter, Klänge und Geräusche) haben eine Verweildauer von etwa 10 (höchstens aber 30) Sekunden. Inner-

halb dieser Zeitspanne vollzieht sich die Sinnerfüllung des soeben Wahrgenommenen durch Zusammenschluß von Einzelreizen zu operativen Wahrnehmungseinheiten. (Diese werden teils gelöscht, teils fließen sie in das Langzeitgedächtnis, wodurch im Kurzzeitgedächtnis neuer „Platz" geschaffen wird.) Die operativen Wahrnehmungseinheiten werden auf der Grundlage im Langzeitgedächtnis gespeicherter Modell-Informationen gebildet, die während des Musikhörens blitzartig abrufbar sind. Sie ermöglichen im Kurzzeitgedächtnis ständige Vergleiche mit den vom akustischen Rezeptor eingehenden Signalen. Solche Vergleiche sind besonders gut bei musikalischen Motiven durchführbar, deren mittlere Dauer 5 Sekunden beträgt, so daß „das Motiv aus dem Gedächtnis und die gerade zu hörende Form zugleich ins Gegenwartsgedächtnis passen. Zeitweilige Überforderungen ... sind möglich und vielleicht sogar nützlich." (Völz 1975, S. 136)
Die Erkenntnisfunktion der musikalischen Wahrnehmung wird daran deutlich, daß das entstehende subjektive Abbild ständig mit Gedächtnisinhalten verglichen, in operative Wahrnehmungs- und Sinneinheiten gegliedert und auch mit Begriffen (zum Beispiel Dreiklang, Thema, Wiederholung) verbunden wird. Zu dieser Funktion gehört auch die Aufgabe des Rezipienten, während des Musikhörens die jeweils wesentlichen musikalischen Erscheinungen und Zusammenhänge zu erkennen und von ihrer klanglichen „Umgebung" abzugrenzen. Dazu muß er das in Kompositionen vielfältig gestaltete *Figur-Grund-Verhältnis* erfassen und beispielsweise Hauptstimmen von Begleitstimmen, motivisch-thematische Prozesse von freien Fortspinnungen, Überleitungen, Zwischenspielen usw. sowie Geordnetes von Ungeordnetem unterscheiden können.
Als Beispiel kann das Finale von Johannes Brahms' Orchestervariationen über ein Thema von Joseph Haydn op. 56a genannt werden. Figur ist hier die gleich zu Anfang des Satzes von den Kontrabässen vorgestellte B-Dur-Melodie. In Passacaglia-Technik wird sie insgesamt 16mal wiederholt und erhält dabei jedesmal einen anderen orchestralen Hintergrund, durch den dieses Thema großartig gesteigert, umspielt und auch zeitweise „getarnt" wird. Werden Schüler gut motiviert, kann es ihnen viel Freude bereiten, das Thema in den verschiedenen musikalischen Situationen „aufzuspüren".
An diesem Beispiel wird deutlich, daß die Wahrnehmung in Verbindung mit bestimmten Aufgabenstellungen den Charakter einer zielgerichteten Beobachtung annehmen kann, indem sich mit ihr Merkmale „einer spezifisch ‚theoretischen' Tätigkeit" (Rubinstein 1968a, S. 309) verbinden.
Wie bereits dargelegt, sind Wahrnehmungen etwas qualitativ anderes als perfekte Kopien objektiv realer Sachverhalte (wie sie zum Beispiel mit Filmkameras oder Tonbandgeräten hergestellt werden können). Vielmehr werden alle Wahrnehmungen von den bisher gesammelten individuellen Erfahrungen, den erworbenen Kenntnissen, den Tätigkeitszielen und -motiven, den Einstellungen sowie von Stimmungen und Gefühlen mitbestimmt. Diese Abhängigkeit der Wahrnehmung von bestimmten psychischen Inhalten, Prozessen und Zuständen sowie von den Persönlichkeitseigenschaften nennt man *Apperzeption.*
Infolge der Apperzeption wird beispielsweise die Musik solcher Komponisten, für deren Schaffen sich der Hörer interessiert, von diesem aufmerksamer und erlebnisreicher wahrgenommen. Andererseits führen negative Hörerfahrungen zu Vorurteilen, die die Qualität der Wahrnehmung erheblich beeinträchtigen können.

Je nachdem, auf welche Aspekte der Musik ein Hörer durch bisherige Erfahrungen oder durch gezielte pädagogische Maßnahmen eingestellt ist, nimmt er eine Komposition verschieden wahr. So rezipieren Komponisten vorrangig unter kompositorischem Aspekt, Berufsmusiker meist mit „interpretatorischer" Höreinstellung, Tontechniker und Akustiker vorrangig in tontechnischer und akustischer „Sicht", Musikwissenschaftler häufig mit einer analytisch vergleichenden, historischen Einstellung. Schüler nehmen die Musik so wahr, wie sie durch bisherige außerschulische Musikerlebnisse sowie durch pädagogische und soziale Einwirkungen eingestellt wurden. Nach der Behandlung der Musikinstrumente nehmen sie dargebotene Musik oft vorrangig unter instrumentenkundlichem Aspekt wahr. Nach dem gemeinsamen Besuch eines faszinierenden Rock-Konzerts sind Jugendliche manchmal einige Zeit schwer für andere Musik als für Rock zu begeistern, weil ihre Wahrnehmung und ihr Wertungsverhalten einseitig orientiert und auch infolge der einheitlichen Gruppenmeinung festgelegt und normiert worden sind.
Schon die wenigen Beispiele zur Funktion und Wirkungsweise der Apperzeption verdeutlichen, welche große Verantwortung der Musikerzieher im Hinblick auf die Entwicklung solcher Schülereinstellungen trägt, die eine optimale, dem ästhetisch-künstlerischen Gehalt der Werke und dem erzieherischen Anliegen des Unterrichts entsprechende Rezeption gewährleisten. Vor allem müssen die Schüler erkennen, daß die Aneignung der Musik in der Vielfalt ihrer Gattungen, Genres und Stile ein Ensemble verschiedener Wahrnehmungseinstellungen voraussetzt und es zugleich mit jeder Rezeption eines neuen Werkes erweitert.
(Die Frage nach dem willkürlichen „Einsatz" verschiedener musikalischer Wahrnehmungseinstellungen durch den Hörer selbst wird im Abschnitt 2.2.4. erörtert.)

2.2.3.3. Zur Funktion der Gedächtnis- und Phantasievorstellungen im musikalischen Erkenntnisprozeß

Musikalische Gedächtnis- beziehungsweise Phantasievorstellungen sind sinnliche Abbilder bzw. Umbildungen früher wahrgenommener musikalischer Zusammenhänge. Die Abbilder werden im Langzeitgedächtnis stunden- bis jahrelang in Form von Engrammen (Gedächtnisspuren) aufbewahrt. Umbildungen entstehen auf der Grundlage der Abbilder und sind ideelle Produkte schöpferischer Phantasietätigkeit.
Allgemein unterscheiden sich Vorstellungen von den Wahrnehmungen durch folgende Merkmale:
„Die Vorstellung ist meist blasser als die Wahrnehmung. Das reproduzierte Abbild hat gewöhnlich nicht die Schärfe und die Deutlichkeit der Wahrnehmung...
Die Vorstellung ist fragmentartig. Einzelheiten der früheren Wahrnehmung fehlen oder sind nur sehr undeutlich...
Die Vorstellung ist labil und unbeständig. Es ist nicht leicht, ein Vorstellungsbild längere Zeit hindurch festzuhalten. Meist verschwindet es nach einer gewissen Zeit oder vermischt sich mit anderen Bildern...
Die Vorstellung ist ein verallgemeinertes Abbild der Wirklichkeit ... Diese Abstraktion von räumlichen und zeitlichen Bedingungen und von der spezifischen Eigenart der Situation unterscheidet, wenn auch noch im Bereich des Anschauli-

chen, die Vorstellung von der Wahrnehmung.“ (Erlebach/Ihlefeld/Zehner 1973, S. 112)

Durch die sinnliche Verallgemeinerung wird die Vorstellung zum Vermittler zwischen Wahrnehmung und Begriff und verbindet sich damit eng mit dem Denken und der Sprache.

Sowohl die Gedächtnis- als auch die Phantasievorstellungen sind entscheidend am musikalischen Rezeptionsprozeß beteiligt. Vorstellungen treten nicht nur als Begleiterscheinungen der unmittelbaren Wahrnehmung auf, sondern können ihr außerdem vorausgehen oder nachfolgen. Deshalb werden im folgenden neben der rezeptiven auch die prärezeptive und die postrezeptive Phase des Musikhörens berücksichtigt.

Zunächst sollen die *musikalischen Gedächtnisvorstellungen* genauer beschrieben werden.

Gedächtnisvorstellungen sind Reproduktionen sinnlicher Wahrnehmungsbilder. Bei diesen Reproduktionen treten „einige grundlegende, besonders wesentliche Züge, die den betreffenden Gegenstand charakterisieren und die besonders eng mit seiner Bedeutung verbunden sind, in den Vordergrund“ (Rubinstein 1968a, S. 365), während andere gleichsam „vergessen“ werden.

In der *prärezeptiven Phase* treten musikalische Gedächtnisvorstellungen vor allem dann auf, wenn das angekündigte Werk (oder ein anderes Werk desselben Komponisten beziehungsweise der betreffenden Stilrichtung) bereits bekannt ist. In diesem Falle beeinflussen reaktivierende Vorstellungen wesentlich die Rezeptionseinstellung (Ausbildung von Hörerwartungen, Orientierung auf das Wiedererkennen).

Während der rezeptiven Tätigkeit dient die Vergegenwärtigung musikalischer Vorstellungen aus dem Langzeitgedächtnis dazu, den konzeptionellen Gesamtzusammenhang der Komposition im Prozeß ihres Erklingens schrittweise zu erfassen. Natürlich müssen dazu im bisherigen Verlauf des Rezipierens die wesentlichen musikalischen Sinneinheiten (besonders die Themen und Motive) tatsächlich im Langzeitgedächtnis gespeichert worden sein. Ist diese Voraussetzung erfüllt, gelingt es dem Hörer zumeist, unwillkürlich und gleichsam automatisch solche Sinneinheiten *wiederzuerkennen*, die im weiteren Verlauf der Rezeption in gleicher oder ähnlicher Form erneut wahrgenommen werden. Außerdem ist jedoch beim Musikhören das willkürliche gedächtnismäßige Reproduzieren von bereits verklungenen Phasen der Komposition erforderlich, die dem gegenwärtig Wahrgenommenen zwar nicht gleichen oder ähneln, aber mit ihm in einem Zusammenhang stehen. Indem der Hörer gegenwärtig wahrgenommene musikalische Gestalten und Prozesse schöpferisch suchend mit früher erklungenen, jetzt in der Vorstellung reproduzierten Sinneinheiten vergleicht, erkennt er vor allem kompositorische Entwicklungen, Kontraste, Durchführungen, Steigerungen, Zurücknahmen und schließlich die dramaturgische Konzeption des jeweiligen Werkes.

Die *Fähigkeit zum Auffinden von Sinnbezügen* durch „Zurückhören“ ist eine wichtige Bedingung für das Musikverstehen überhaupt. Ohne diese Fähigkeit gelänge es nicht, musikalische Werke als sinnvoll strukturierte, gehaltvolle Ganzheiten in der Vorstellung zu rekonstruieren. Zofia Lissa vergleicht in diesem Zusammenhang die geistige Tätigkeit der Komponisten und der Hörer:

„Das Motiv allein ruft noch kein Gefühl des ‚Verstehens' hervor; erst mit der Zunahme der Beziehungen zu anderen Motiven oder zu seinen eigenen Varianten gewinnt es allmählich an größerer Deutlichkeit. Der Sinn seiner einzelnen Elemente klärt sich. Dieser ist aber dem Komponisten von vornherein bekannt; in seiner Vorstellung beherrscht er von Anfang an das Ganze und verleiht allen übrigen Gestalteinheiten ihren Sinn. Der Hörer, ganz im Gegensatz dazu, gelangt zum Sinn der Elemente und Gestalteinheiten, indem er die gegenseitigen Beziehungen einer größeren Menge von ihnen im übergeordneten Verlauf erfaßt." (Lissa 1975, S. 69)

Dieser interessante Vergleich verdeutlicht, daß nicht nur die künstlerische „Konstruktionstätigkeit" der Komponisten, sondern auch die Rekonstruktionstätigkeit der Hörer durch schöpferische Elemente gekennzeichnet ist.
Außer der Reproduktion der kurzfristig am jeweiligen Werk angeeigneten Hörerfahrungen werden jedoch während des Hörens auch solche musikalischen Gedächtnisvorstellungen aktiviert, die in früheren Rezeptionsprozessen erworben und im Langzeitgedächtnis gespeichert wurden (zum Beispiel epochen- oder personalstilistische Besonderheiten). Der Hörer „stützt sich auf seine gesamte Hörerfahrung, die ihrerseits wiederum einen Bestandteil und ein Erzeugnis der gesellschaftlichen Rezeptionspraxis darstellt". (Sochor 1977, S. 68)
Um sie zu Fähigkeiten zu entwickeln, müssen die geistigen Tätigkeiten des Erkennens, Einprägens, Wiedererkennens und Unterscheidens von Themen, Motiven, Klangflächen und -dichten, formalen Gliederungen, stilistischen Besonderheiten und anderen musikalischen Zusammenhängen im Musikunterricht intensiv geübt werden. Das sollte nicht nur in Verbindung mit dem Musikhören, sondern auch mit reproduktiven und produktiven musizierpraktischen Schülerleistungen geschehen.
Auch die in der *postrezeptiven Phase* stattfindenden geistigen Tätigkeiten, insbesondere die endgültige Erschließung der dramaturgischen Konzeption des Werkes, die Urteilsbildung und der Meinungsaustausch, basieren auf musikalischen Vorstellungen. Diese beziehen sich auf das gesamte Werk und haben damit stark verallgemeinerten, integrativen Charakter. „Der verallgemeinerte musikalische Gesamtkomplex tritt als simultanes Abbild eines sukzessiven Prozesses, nämlich der musikalischen Folge, in Erscheinung, was mit der spezifischen Transponierung zeitlicher Relationen in räumliche zusammenhängt." (Ananjew 1963, S. 274) Nach der Erstrezeption lassen sich gewöhnlich nur die subjektiv wichtigsten, die als originell, besonders schön, einprägsam oder auch negativ erlebten musikalischen Gestalten noch im Vorstellungsbild vergegenwärtigen. Sie können jedoch in übergreifende, aus dem sinnlich-konkreten Klangprozeß erschlossene Sinnbezüge eingeordnet und dadurch gleichsam vervollständigt werden. Jedenfalls darf das abschließende, der zusammenfassenden Wertung zugrunde liegende Vorstellungsbild nicht auf einen vagen Gesamteindruck reduziert bleiben. Es sollte mindestens das Verständnis der Gesamtkonzeption und des Ideengehalts, eine Einschätzung der emotionalen Wirkung (bestimmter Teile oder insgesamt) sowie Erinnerungen an auffällige Besonderheiten der musikalischen Gestaltung und der Interpretation einschließen.
In engem Zusammenhang mit der bildhaften Reproduktion früher wahrgenommener klanglicher Prozesse stehen die *musikalischen Phantasievorstellungen.* Sie äußern sich vor allem in der Ausbildung von Hörerwartungen vor und während der Musikdarbietung sowie in Konkretisierungen und Deutungen auf der Grundlage von Assoziationen. Das Mitwirken der Phantasie kennzeichnet in Verbindung mit dem Er-

leben und Werten die Kunstrezeption als eine ästhetische und zugleich geistig-schöpferische Tätigkeit. (Vgl. Owsjannikow 1976, S. 56.)

Bereits in der *prärezeptiven Phase* können wichtige Phantasieprozesse stattfinden. Auf der Grundlage bestimmter Vorinformationen, die dem Schüler durch Hinweise des Lehrers, dem Konzertbesucher zum Beispiel durch das Lesen des Programms, durch Mitteilungen anderer, durch Beobachtung der Orchesteraufstellung, aber auch durch die Erinnerung an andere bereits gehörte Werke desselben Komponisten oder des gleichen Genres gegeben sind, formt sich eine mehr oder weniger klare *Hörerwartung.* Sofern sie mit dem nachfolgend erklingenden Werk weitgehend, aber nicht völlig übereinstimmt, trägt sie entscheidend zu einem ästhetisch genußvollen Musikerleben bei. Sind jedoch die Diskrepanzen zwischen der Hörerwartung und dem musikalischen Prozeß entweder zu groß oder auch zu klein, ergeben sich ungünstige Auswirkungen auf das anschließende Musikerleben (Enttäuschung infolge falschen Eingestelltseins oder infolge zu großer subjektiver Bekanntheit des Werkes).

Im Musikunterricht kommt es darauf an, daß vor den Werkdarbietungen Hörerwartungen nicht nur durch den Lehrer geweckt werden, sondern daß auch die Schüler imstande sind, solche Einstellungen unter Nutzung der jeweils mitgeteilten Vorgaben (Werktitel, Entstehungszeit, Besetzung usw.) und populärwissenschaftlicher Quellen (zum Beispiel Konzertbuch) selbst zu formieren. In diesem Zusammenhang soll auf eine Untersuchung über verschiedene Einführungsmöglichkeiten in das Konzert für Violine und Orchester (1968) von Siegfried Matthus hingewiesen werden (Herberger 1979, S. 310ff.). Hier war eine Einführungsvariante besonders effektiv, bei der die Schüler auf der Grundlage der Äußerungen des Komponisten über sein Werk (vgl. Musiklehrbuch Klassen 9/10, S. 184) Gedanken zu der Frage entwickelten, wie ein gelöstes, heiteres, optimistisches, Überlegenheit und Selbstbewußtsein ausstrahlendes Violinkonzert in unserer sozialistischen Gegenwart komponiert sein könnte. In Anbetracht der vom Komponisten formulierten Zielstellung erwarteten viele Schüler eine Musik

- mit „friedlichen" Gegensätzen, nicht aber mit dramatischen Konflikten und Kämpfen,
- bei der die Tiefe der Gedanken und Gefühle etwas zurücktritt zugunsten vergnüglich unterhaltender und spielerischer Momente (Virtuosität, Musizierfreudigkeit),
- mit interessanten oder lustigen Diskrepanzen zwischen Erwartetem, Gewohntem und real Erklingendem, Überraschendem,
- mit tänzerischem Rhythmus, schnellem Tempo und abwechslungsreicher Instrumentation. (Vgl. Herberger 1979, S. 310ff.)

Durch derartige, aus Erfahrungen phantasievoll abgeleitete Hörerwartungen können Schüler wirkungsvoll auf musikalische Darbietungen vorbereitet werden. Die Musik wird dann schon deshalb aufmerksamer, aktiver und meistens auch erlebnisreicher rezipiert, weil sie Freude daran haben, das Eintreffen bzw. Nichteintreffen der vor der Darbietung geäußerten Vermutungen kritisch zu beobachten.

Der phantasievolle „Aufbau" von Hörerwartungen vereinigt neben sinnlichen vor allem gedankliche Komponenten zu einer Gesamtvorstellung, die stets emotional „geladen" ist. Der Hörer befindet sich vor der Musikdarbietung in einer mehr oder weniger gespannten Erwartungshaltung und ist auf das Kunsterlebnis eingestellt.

Während der rezeptiven Tätigkeit können auf der Grundlage des bisherigen musikalischen Verlaufs und von Hörerfahrungen ebenfalls Hörerwartungen ausgeprägt werden. Hierbei handelt es sich um bewußte, musikalisch konkrete Vorstellungen über die konzeptionelle *Weiter*entwicklung einer subjektiv unbekannten Komposition zu bestimmten Zeitpunkten während des Rezeptionsprozesses (insbesondere bei Zäsuren, Pausen, Fermaten usw.). Diese auf dem inneren Hören beruhenden musikalischen Vorstellungen nennen wir *Antizipationen.* Sie bilden gegenüber den zur musikalischen Wahrnehmung gehörenden Prädiktionen (vgl. S. 41) eine neue Qualität, da sie nicht nur gedächtnismäßig gespeicherte Modelle unbewußt aktualisieren, sondern mögliche musikalische Weiterentwicklungen in schöpferisch-konstruktiver geistiger Tätigkeit innerlich vorwegnehmen. „Antizipierte und wahrgenommene Musik geraten so in ein Spannungsfeld, das durch Bestätigungs- und Nichtbestätigungseffekte bedingt ist." (Bimberg 1979, S. 97)
Antizipierende Phantasievorstellungen sind vor allem bei der Rezeption solcher Kompositionen nützlich, deren Struktur von gewohnten Normen und von allgemein bekannten stilistischen Konventionen abweicht. Gerade Werke mit hoher Mitteilungsdichte, in denen Identitäten (zum Beispiel stereotype Modelle) selten auftreten oder schwer erkannt werden, führen häufig zu Situationen subjektiver Unbestimmtheit, in denen nach Petrowski (1974, S. 347) die Phantasietätigkeit besonders wirksam sein kann. Sie erzeugt keine kurzfristig erwarteten Klangvorstellungen, sondern, wenn die notwendigen Fähigkeiten dazu erworben wurden, musikalisch-konzeptionelle Hypothesen weiterreichenden Charakters. Es sind gleichsam Lösungsvarianten, strategische Entwürfe, die der Hörer, sich in die Rolle des Komponisten versetzend, in problematischen Situationen des musikalischen Verlaufs in seiner Vorstellung schöpferisch produziert. Diese Entwürfe werden im weiteren Verlauf der Rezeption mit der jeweiligen Lösung des Komponisten verglichen, als übereinstimmend oder teilweise zutreffend bestätigt (Erfolgserlebnis) oder auch verworfen. Die zuletzt genannte Situation ist entweder mit einer negativen Bewertung der eigenen oder der vom Komponisten vorgelegten Lösungsvariante verbunden. Welcher Fall jeweils eintritt, hängt entscheidend von der Originalität und Überzeugungskraft der Komposition sowie von der Qualität der Antizipation und von der Idealvorstellung des Rezipienten ab. Dieser bleibt jedoch stets „Gewinner", entweder als Lernender, dem ein überzeugender Lösungsweg genußvoll vermittelt wurde, oder als sachkundiger Kritiker, der nicht nur mit einem Geschmacksurteil, sondern mit eigenen Vorschlägen aufwarten konnte. Damit wird klar: Die Antizipationstätigkeit ist nicht nur ein wichtiger Faktor des Musikverstehens überhaupt, sondern wirkt sich darüber hinaus positiv auf die Entwicklung schöpferischen Verhaltens der Hörerpersönlichkeit aus und stärkt ihre Subjektposition.
Es ist notwendig, im Musikunterricht an geeigneten Klangbeispielen das bewußte Antizipieren in den Oberstufenklassen zu üben. Das kann zum Beispiel geschehen, indem eine Werkdarbietung unmittelbar vor einer konzeptionellen „Entscheidung" abgebrochen wird, so daß die Schüler *ihre* Lösungsvorschläge zur Diskussion stellen können. Die anschließende Fortsetzung der Darbietung mit der „Lösungsvariante" des Komponisten wird dann von den Schülern in der Regel sehr aufmerksam, interessiert vergleichend und kritisch wertend rezipiert.
Eine Möglichkeit solchen methodischen Vorgehens soll an Hand der Sinfonie für Streicher von Karl Ottomar Treibmann demonstriert werden. (Uraufführung 1979,

die Partitur erschien 1980 beim VEB Deutscher Verlag für Musik Leipzig.) Nach dem 2. Satz, einem Tumultuoso, in dem am Schluß dissonante Klangmassen „bis zur Unerträglichkeit mit größter Intensität zu wiederholen“ sind (Partitur, S. 26), schreibt der Komponist eine längere Pause vor. Sie ist geradezu prädestiniert für die Entwicklung konzeptioneller Antizipationen im Hinblick auf die Musik des letzten Satzes.
So wird mancher Hörer vermuten und vielleicht auch wünschen, daß nun als Kontrast zum 2. Satz ein erholsamer und beruhigender Schlußsatz folgen werde.
Zweifellos werden durch den 3. Satz, ein Grave „Fast ohne Ton und Vibrato“, in dem eine nach Dur gefärbte pentatonische Reihe elfmal variiert wird, bestimmte Antizipationen tatsächlich bestätigt, was mit positiven Emotionen verbunden ist. Das konnte mit dem Ziffernprotokoll-Verfahren belegt werden (vgl. Herberger 1981b, S. 598ff.).
Gleichwohl ist der Grad der Übereinstimmung von Antizipationen mit dem tatsächlichen Hörergebnis keineswegs der Qualität des Musikerlebens und der Wertschätzung einer Komposition proportional. Das gilt besonders für die Rezeption musikalischer Kunstwerke der Gegenwart. „Hier geht es nicht um den Reiz kultivierter Wiederholung, ... sondern um erwartete Neuheit. Ein neues Werk wird vornehmlich auf Konfliktereignisse gerichtet sein. Diskrepanz von Erwartung und Ereignis wird zum Tenor der Rezeption.“ (Bimberg 1979, S. 99)
Phantasievorstellungen werden während des Rezeptionsprozesses nicht nur in Form von Antizipationen wirksam. Auch die Deutung musikalischer Zeichen (vgl. Kapitel 3) und des Ideengehalts der Musik erfordern oft die Mitwirkung der Phantasie des Hörers, insbesondere bei Instrumentalmusik, die vom Komponisten nicht verbal konkretisiert wurde. In solchen, durch große Unbestimmtheit der Situation gekennzeichneten Erkenntnisetappen können Phantasievorstellungen des Hörers einen unersetzbaren Beitrag zum Musikverständnis und -erlebnis leisten. Der Musikerzieher sollte jedoch darauf achten, daß in den von Schülern geäußerten assoziativen Vorstellungen und Gedanken bei aller Phantasie gewisse Analogien zum musikalischen Prozeß nachweisbar bleiben. Schülerantworten sind bei Deutungen, die sich auch auf Apperzeptionsergebnisse und auf Phantasievorstellungen stützen, weder richtig noch falsch, aber sie können dem auslösenden musikalischen Prozeß mehr oder weniger (eventuell sogar überhaupt nicht) angemessen sein. Wird dies berücksichtigt, gerät der Musikerzieher nicht in die Gefahr, eine auf unverbindliches Fabulieren gegründete, rein subjektivistische Hermeneutik zu betreiben.
Die phantasievolle Deutung des Ideengehalts von Musik findet nicht nur in der rezeptiven Phase statt, sondern erstreckt sich auch in die *postrezeptive Phase* hinein. Sofern hier Möglichkeiten des Meinungsaustausches gegeben sind, können nun neben Wertungen die Ergebnisse solcher Deutungen zur Diskussion gestellt und auf ihre „Tragfähigkeit“ hin geprüft werden.

2.2.3.4. Zur Funktion des Denkens im musikalischen Erkenntnisprozeß

Das Denken ermöglicht eine verallgemeinerte Widerspiegelung wesentlicher Eigenschaften von Gegenständen und Relationen der Wirklichkeit, indem die objektive Realität durch geistige Operationen analysiert und synthetisiert wird. Diese Opera-

tionen vollziehen sich am internen Modell der Wirklichkeit auf der Basis sinnlicher und (oder) semantischer Abbilder.
Auf der Grundlage semantischer Abbilder operiert das *logisch-abstrakte Denken.* Es beinhaltet Begriffe und Aussagen, deren sprachliche Form Wörter und Aussagesätze sind.
Das Denken mittels sinnlicher Abbilder kann als anschauliches oder – bezogen auf die Kunst – *gestalthaftes Denken* bezeichnet werden. Seine Inhalte sind künstlerisch-„bild"hafte Vorstellungen, die nur in Gestalten der jeweiligen Kunstgattung selbst völlig adäquat geformt werden können. Demzufolge kann *musikalisches Denken* als die am höchsten entwickelte Funktion des musikalisch-ästhetischen Bewußtseins angesehen werden. Musikalisches Denken gelangt „auf dem Wege künstlerischer Verallgemeinerung zur Herausbildung musikalischer Gestalten ... Das musikalische Denken ist unlösbar mit der musikalischen Sprache, seiner materiellen Hülle, seiner unmittelbaren Wirklichkeit, verbunden. So vollzieht sich die musikalisch-künstlerische Verallgemeinerung bereits im Kopf des Komponisten nie losgelöst von konkreten musikalischen Strukturen, sondern immer verbunden mit dem Prozeß der Entstehung des konkreten musikalischen Werkes. Ebenso verhält es sich mit der Existenz musikalischer Erkenntnisse im Kopf des Hörers, im Bewußtsein der Gesellschaft." (Hoke 1966, S. 193) Musikalisch-gestalthaftes Denken zeichnet sich wie jedes künstlerische Denken durch eine besonders intensive Verbindung und Durchdringung von intellektuellen und emotionalen Elementen aus (vgl. Kulturpolitisches Wörterbuch 1978, S. 134). Außerdem ist künstlerisches und damit auch musikalisch-gestalthaftes Denken stets mehr oder weniger mit logisch-abstraktem, also begrifflichem Denken verbunden (vgl. Michel 1968, S. 74, und Goldschmidt 1976, S. 300). So denkt ein Komponist nicht nur in Tönen, sondern auch „in Begriffen, wählt mit ihrer Hilfe die ... Klänge aus und füllt sie mit Inhalt, ‚kom-poniert', stellt dieses Material zusammen, entwickelt es" (Sochor 1977, S. 62). In ähnlicher Weise basiert der Denkprozeß des Hörers sowohl auf Vorstellungen musikalischer Gestalten als auch auf Begriffen. Damit ist er in der Lage, das Kunstwerk als Widerspiegelung sozialer Wirklichkeit zu erfassen, den sukzessiv erklingenden kompositorischen Prozeß als Ganzheit zu rekonstruieren und schließlich den ästhetischen Gehalt des Werkes gedanklich zu verallgemeinern und mit anderen Menschen darüber zu diskutieren. (Vgl. Sochor, a. a. O., S. 67.)
Gleichgültig, ob nun im Rezeptionsprozeß musikalisch-gestalthaftes oder logisch-begriffliches Denken im Vordergrund steht, ob sich also Analyse und Synthese mehr auf konkreter oder mehr auf abstrakter Ebene vollziehen, finden dabei bestimmte *geistige Operationen* statt. Dabei handelt es sich vor allem um

- das Erfassen der *Beziehungen* zwischen den musikalischen *Teilen* und dem *Werkganzen* sowie zwischen der musikalisch-klanglichen *Gestalt* und ihrem emotional-gedanklichen *Gehalt,*
- das *Differenzieren* und das *Generalisieren* auf der Grundlage von klanglichen Vergleichen,
- das *Abstrahieren* musikalischer Merkmale,
- das (historische, stilistische, gattungsmäßige) *Klassifizieren* und *Verallgemeinern,*
- das *Werten.*

Das Funktionieren dieser Operationen sowohl auf empirischer als auch auf theoretischer Ebene soll am Beispiel der Abstraktion gezeigt werden. „Die erste, elementare Form der Abstraktion ist notwendig schon in jedem Akt der Sinneserkenntnis enthalten und besteht darin, daß man von den einen Eigenschaften des sinnlich wahrgenommenen Gegenstandes absieht und andere hervorhebt. Dieser elementaren Abstraktion liegt die Tatsache zugrunde, daß einige Eigenschaften des Wahrgenommenen ‚starke' Reize sind und infolgedessen in den Vordergrund treten. Sie lösen einen starken Erregungsprozeß aus und hemmen ... die Differenzierung anderer Eigenschaften des Gegenstandes, die schwächere Reize sind." (Rubinstein 1968b, S. 39)

Solche Abstraktionen nehmen Schüler beispielsweise vor, wenn sie beim erstmaligen Hören eines Werkes hervortretende musikalische Gestaltungsmittel (auffällige Klangfarben von Instrumenten, Signalmotive, dynamische Steigerungen, Kontraste usw.) erkennen. Mit solchen Abstraktionen können zwar musikalische Erscheinungen beschrieben werden, jedoch ist mit derartigen Beschreibungen noch keine sichere Differenzierung von wesentlichen und unwesentlichen Sachverhalten verbunden. So kann ein musikalisches Thema nicht in jedem Falle an seinem erstmaligen Erscheinen als formal abgerundeter „musikalischer Gedanke in prägnanter, charakteristischer Ausdrucksgestaltung..." (Grabner) eindeutig erkannt werden, sondern nur an seiner „Funktion als konstitutiver Faktor, als Bezugsgestalt innerhalb eines Werkes oder Satzes" (Musiklexikon 1966 II, S. 480). Diese Funktion des Themas als Bezugsgestalt ist jedoch nicht direkt sinnlich wahrnehmbar, sondern kann nur durch eine Abstraktion erschlossen werden, die vom Unwesentlichen absieht und auf diese Weise zum Wesen der beobachteten Erscheinung vordringt. Erst mit dem Erkennen seiner Wiederkehr, Verarbeitung beziehungsweise Durchführung ist ein musikalisches Thema als solches exakt identifizierbar. Dazu sind Gedächtnisleistungen und auf deren Grundlage geistige Vergleichsoperationen notwendig.

Das Beispiel zeigt, daß für das Musikhören neben der elementaren auch die höhere, kognitive Form der Abstraktion bedeutsam ist. Ihre Besonderheit besteht darin, „daß sie zwar vom Sinnlichen ausgeht, aber die Grenzen des Sinnlichen überschreitet". (Rubinstein 1968b, S. 39)

Auch bei verallgemeinernden Wertungen darf sich der Hörer nicht nur auf den ersten Eindruck, auf die sinnliche Attraktivität des klanglichen Erscheinungsbildes verlassen. Bleibt musikalische Rezeption nur ein elementar erlebnishaftes Aufnehmen sinnlicher Eindrücke, ohne zugleich die dramaturgische Konzeption und den Ideengehalt des Werkes mit zu erfassen, entsteht ein sensualistisch vereinseitigtes Wertbewußtsein. Es ist gekennzeichnet durch eine Überbewertung

- der angenehmen Empfindungen akustischer Reize gegenüber der sinnerfüllten Wahrnehmung künstlerischer Schönheit,
- der Orientierung auf die klangliche Erscheinungsform ohne genügende Berücksichtigung des ausgedrückten wesentlichen Inhalts und Ideengehalts des Werkes,
- des quantitativ Vielfältigen und Abwechslungsreichen gegenüber dem qualitativ Originellen und Geistreichen,
- der diffus-stimmungshaften und zugleich passiven ästhetischen Identifikation gegenüber der rationalen Auseinandersetzung mit dem Kunstwerk bei Wahrung einer gewissen ästhetischen Distanz.

Ein solches einseitig begrenztes, undialektisches Wertbewußtsein ist auch im Musikunterricht nicht selten bei Schülern festzustellen (vgl. Herberger 1981a). Es läßt

sich überwinden, wenn darauf geachtet wird, daß Wertungen nicht nur auf der Basis elementarer Generalisierungen, sondern stets *außerdem* durch begriffliche Verallgemeinerungen zustande kommen. Dabei müssen neben klanglichen Erscheinungen auch die wesentlichen sinnstiftenden melodischen, rhythmischen, harmonischen und dramaturgischen *Zusammenhänge* und *Beziehungen* sowie das Ensemble der Wertkriterien beachtet werden.
Ebenso schädlich wie die Unterschätzung wäre die Überbetonung des logisch-abstrakten Denkens beim Musikhören in der Schule (oder gar im Konzert). „Freilich können Kunstwerke auch Objekte der wissenschaftlich-theoretischen Erkenntnis werden, doch dann verlassen wir den Bereich ihrer unmittelbaren Wahrnehmung durch Leser, Zuschauer oder Hörer und gelangen in einen anderen Bereich: in den Bereich der kunstwissenschaftlich-kritischen Analyse." (Kagan 1975, S. 493f.) Umfassende musikwissenschaftliche Werkanalysen sind jedoch weder Ziel noch Methoden des Musikunterrichts. Hier geht es vielmehr darum, „das Wissen noch wirksamer im Bezug zum konkreten Kunstwerk zu vermitteln und es den Schülern so nahezubringen, daß es das Kunsterlebnis tiefer wirksam werden läßt". (M. Honecker 1979, S. 90)
Musikalisch-gestalthaftes in Verbindung mit logisch-abstraktem Denken dient nicht nur der Erkenntnis*gewinnung*, sondern auch der Erkenntnis*anwendung*. Letztere ist unabdingbar erforderlich zur Gewährleistung genußvollen ästhetischen Erlebens gehörter Musik, vor allem dann, wenn es sich um anspruchsvollere Werke des Erbes oder der Gegenwart handelt, um Werke also, deren Schönheit sich nicht „auf Anhieb" offenbart, sondern erst im Ergebnis geistiger Auseinandersetzung. Dabei hat das Denken maßgeblichen Anteil an der bewußten Steuerung des Hörverhaltens, also an der Orientierungs-, Antriebs- und Ausführungsregulation der Rezeptionstätigkeit. (Vgl. Kossakowski 1973.)
Für das Musikhören relevante Antriebsprozesse sind bereits im Abschnitt 2.2.1. dargestellt worden. Der folgende Abschnitt behandelt einige wesentliche Aspekte der Orientierungs- und Ausführungsregulation im musikalischen Rezeptionsprozeß.

2.2.4. Steuerungsprozesse beim Musikhören

In den Abschnitten 2.2.2. und 2.2.3. sind emotionale und kognitive Prozesse, die beim Musikhören ablaufen, beschrieben worden. Sie vollziehen sich nicht alle gleichzeitig und in gleicher Intensität, sondern – in Abhängigkeit von objektiven und subjektiven Bedingungen – in unterschiedlicher Akzentuierung, die durch psychische Steuerungsprozesse zustande kommt.
Wie bereits dargelegt wurde, hat das Kurzzeitgedächtnis des Menschen, dessen Inhalte ihm bewußt werden, nur einen begrenzten Informationsinhalt. Damit es nicht durch eine zu große Informationsmenge überlastet wird, ist ihm im Gehirn ein Filtersystem vorgeschaltet. Die Auslese der eingehenden Informationen sichert der Thalamus (Zwischenhirn), der damit „als Lieferant sorgfältig gefilterter Inputs für den Kortex" (Klaus 1967, S. 50), den „Sitz" des menschlichen Bewußtseins, fungiert. Mit diesem Filtersystem kann der Mensch auch beim Musikhören seine Aufmerksamkeit wechselweise und in verschiedenen Kombinationen auf bestimmte In-

formationsquellen richten, während andere gleichsam gedrosselt werden. Diese Informationsquellen sind der akustische Analysator, über den Musik, Sprache und Umweltgeräusche wahrgenommen werden, die anderen (nichtakustischen) Analysatoren, die Proprio- und Interorezeptoren, die über das subjektive Befinden und über den Ablauf von Bewegungen informieren, und schließlich das Langzeitgedächtnis. Das folgende Funktionsmodell, das in Anlehnung an Machlitt (1972, S. 85) entwikkelt wurde, verdeutlicht die psychische Steuerung der Rezeptionstätigkeit.

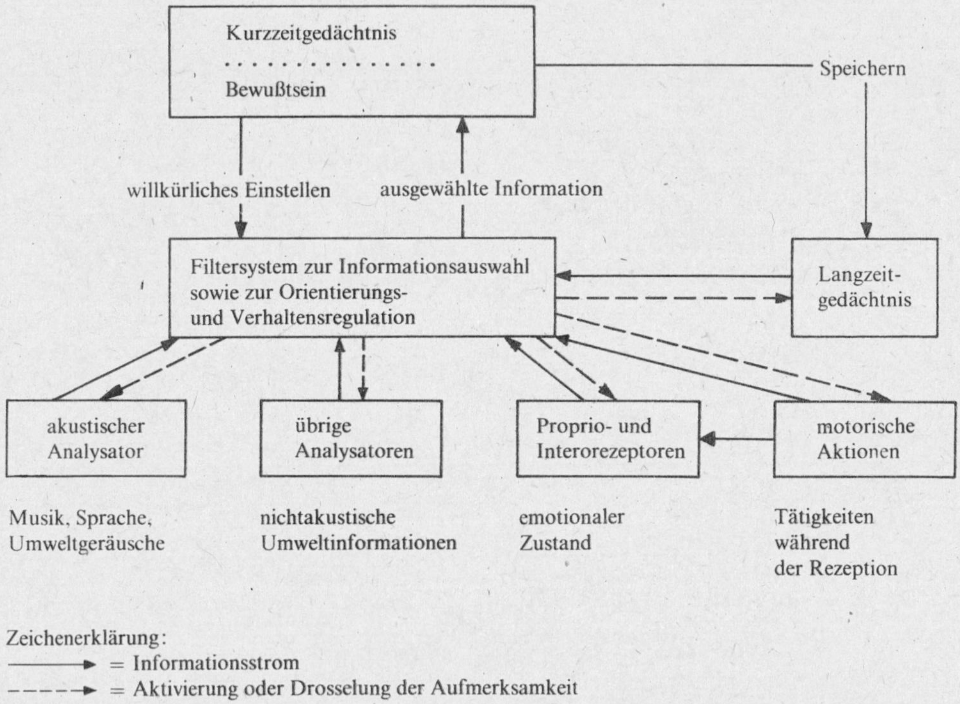

Das Filtersystem erfüllt seine Funktion nach dem „Prinzip der apperzeptiven Unschärferelation" (Machlitt, a. a. O.). „Wo eine informationelle Komponente scharf und differenziert in unser Bewußtsein rückt..., müssen die anderen je nach Informationsgehalt verschwimmen und unscharf werden. Eine durch gezielt selektiv-situative Zuwendung, Aufmerksamkeit und Konzentration bevorzugte qualitative Komponente verdrängt die anderen Komponenten in deren Intensität." (Ebenda)
Besonders wichtig ist die Tatsache, daß die selektive Funktion des Filters willkürlich vom Bewußtsein gesteuert werden kann. Auf Grund der Differenzierungsfähigkeit der Analysatoren kann sich der Mensch sogar auf nur ganz bestimmte Signale der Außenwelt konzentrieren, wobei dann andere, mit ihnen nicht in Zusammenhang stehende Signale nicht mehr bewußt wahrgenommen werden. So werden während konzentrierter, erlebnisreicher Musikrezeption Störgeräusche oft kaum bemerkt, sofern ihre Intensität einen bestimmten Grenzwert nicht überschreitet. Aus ähnlichen Gründen ist der Mensch in der Lage, bei simultan stattfindenden Gesprächen unter verschiedenen gleich lauten Stimmen jede beliebige Stimme herauszuhören und zu verstehen („Cocktailparty-Phänomen").

Richtet sich die Aufmerksamkeit während einer Musikdarbietung (zum Beispiel im Autoradio) vorrangig auf nicht mit der Rezeption verbundene Tätigkeiten (beispielsweise auf das Steuern des Kraftfahrzeugs) und Wahrnehmungen (Straßenverkehr, Verkehrszeichen usw.), ergibt sich ein „Background-Hören", bei dem die Musik selbst nur noch pauschal bewußt wird.
Wenn wir uns durch Musik berauschen, von ihr gefangennehmen lassen, uns emotional in sie einfühlen, um ganz in ihr aufzugehen, achten wir in erster Linie auf die emotionalen Wirkungen, die die Proprio- und Interorezeptoren dem Bewußtsein signalisieren. In diesem Falle ist die bewußte Wahrnehmung von Einzelheiten (zum Beispiel melodischer, rhythmischer oder harmonischer Strukturen) kaum noch möglich und würde ohnehin das angestrebte Erleben stören. Diese Erscheinung wurde auch von S. L. Rubinstein bestätigt, der „tiefe und zugleich antagonistische, widersprüchliche Beziehungen zwischen dem Bewußtwerden und der Affektivität" (1977, S. 301) feststellte:

„Bekanntlich wird bei starken Erlebnissen das Bewußtsein ausgeschaltet ... Sehr stark das Gefühl ansprechende Ereignisse werden gewöhnlich erst nach und nach bewußt, und zwar deshalb, weil der besonders stark wirkende Kern eines solchen Ereignisses die Verbindungen hemmt, die zu seinem Bewußtwerden notwendig sind ... Menschen, bei denen Musik starke Emotionen auslöst, können unmittelbar nach einem unbekannten Konzertstück nichts oder fast nichts von dem Gehörten wiedergeben. Am folgenden Tag jedoch tritt ein Motiv nach dem anderen in ihr Bewußtsein." (Ebenda)
In ähnlicher Weise „sinkt die Aufnahme der von außen aufgenommenen Informationen in dem Maß, wie wir in ‚Gedanken versunken' sind, wie wir also Informationen aus unserem Speicher reaktivieren, sie durch höhere kognitive Operationen ... wandeln und mehren und dadurch auf die Informationen unserer Umgebung nicht mehr differenziert achten können". (Machlitt 1972, S. 86f.)

Nun ist jedoch die Informationsauswahl und die Verhaltensregulation durch das Filtersystem nicht immer so alternativ wie in den bisher erörterten Fällen. Sofern sie inhaltlich aufeinander bezogen sind, können nämlich auch zwei oder mehrere verschiedenartige, gleichzeitig wirkende Reize bewußt wahrgenommen werden. So ist es durchaus möglich, die motivisch-thematische Entwicklung in einem Orchesterwerk zu verfolgen und gleichzeitig die Instrumentation der Motive oder Themen zu beobachten, was im Konzert nicht nur auditiv, sondern auch visuell erfolgen kann. Nach einiger Übung ist der Mensch durchaus in der Lage, die erklingenden Stimmen in mehrstimmiger polyphoner Musik sowohl einzeln als auch in ihrem Zusammenklang zu erfassen. Diese wichtige Fähigkeit ist von Hermann Scherchen am Beispiel der Doppelfuge „Freude, schöner Götterfunken"/„Seid umschlungen, Millionen" aus dem 4. Satz der 9. Sinfonie von Ludwig van Beethoven treffend beschrieben worden:

„Wir können nicht verschiedene Gefühle oder Gedanken gleichzeitig in voller Realität apperzipieren ... Aber die reichste Mehrstimmigkeit, die verschiedenst gegliederte Gesamtrhythmik, die eigenwilligste Akkordik können uns durchtönen, tief furchend in uns wirken, mühelos in uns zum Erlebnis werden. Die Musik übt also schon mit uns, was unser Erkennen noch nicht vermag: die gleichzeitige Wahrnehmung und Empfindung mehrerer unterschiedlicher Werte." (O. J., S. 79f.)

Die zunehmende Automatisierung und generell wachsende Anforderungen in der Produktion und vielen anderen Bereichen des gesellschaftlichen Lebens machen deutlich, wie wichtig heute die Entwicklung der Fähigkeit des Menschen ist, seine

Aufmerksamkeit aufzuteilen, also gleichzeitig verschiedene Informationen wahrzunehmen und geistig zu verarbeiten. In vielen Berufen (zum Beispiel Fahrzeugführer, Lehrer) ist die genannte Fähigkeit eine notwendige Voraussetzung.
Ungeachtet ihrer Entwickelbarkeit sind der Fähigkeit, die Aufmerksamkeit aufzuteilen, psycho-physiologische Grenzen gesetzt. Das zeigt sich beim Musikhören schon daran, daß beim wiederholten Rezipieren ein und desselben Werkes oft neue Eigenschaften und Beziehungen erkannt werden, die bisher trotz konzentrierten Zuhörens nicht bewußt wahrgenommen wurden. Die der Aufteilbarkeit der Aufmerksamkeit gesetzten Grenzen können weitgehend durch sinnvolle „Umschaltungen" überwunden werden.
Die Fähigkeit, die Aufmerksamkeit und darüber hinaus das gesamte Rezeptionsverhalten in sogenannten Objektivierungsakten willkürlich umzuschalten beziehungsweise neu einzustellen, um dadurch das Musikerlebnis zu intensivieren, gewährleistet sehr wesentlich die Orientierungs- und Ausführungsregulation beim Musikhören. Objektivierungsakte sind immer dann erforderlich, wenn einstellungsgesteuertes Verhalten nicht mehr (genügend) erfolgreich ist, so daß eine Umorientierung notwendig wird. Erweist sich beispielsweise spontan-reaktives Hörverhalten bei der Rezeption eines sinfonischen Werkes aus dem Gegenwartsschaffen als unangemessen, kann auf ein qualifizierteres (zum Beispiel auf motivational-kognitives) Hörverhalten umdisponiert werden.
Soll erreicht werden, daß die Schüler möglichst ohne erfolglose Versuche die wesentlichen, für das Verständnis und Erlebnis notwendigen Merkmale und Zusammenhänge eines komplexen musikalischen Werkes wahrnehmen und erkennen, kann mit *Orientierungshilfen* gearbeitet werden. Sie steuern während der Rezeption die Aufmerksamkeit, geben Empfehlungen für deren Umschaltung und sichern damit ein bewußtes und aktives Hörverhalten. So werden die Schüler beispielsweise durch die folgende Orientierungshilfe während der Rezeption der Wolfsschluchtszene aus dem „Freischütz" von Carl Maria v. Weber mehrfach veranlaßt, das ganzheitliche Erleben des dramatischen Geschehens durch Objektivierungsakte kognitiv zu bereichern, indem die Aufmerksamkeit (zumindest kurzzeitig) auf wichtige kompositorische Gestaltungsmittel gelenkt wird, die bewußt wahrgenommen werden sollen.

Hörorientierung zur Wolfsschluchtszene

Handlung	*musikalische Mittel*
– Chor unsichtbarer Geister	– Sprechgesang der Chor-Bässe auf *einem* Ton, viermaliges „Uhui"
– Die Uhr schlägt zwölf, Kaspar bittet Samiel um Verlängerung seiner Lebensfrist und bietet Max als Opfer dafür an	– schnelles Tempo, häufige Tonwiederholungen, kurze Orchestermotive, tiefe Tonlagen der Instrumente, hohe Stimmlage Kaspars (aufgeregt!) – Samiel spricht nur
– Max steigt in die Wolfsschlucht	– unheimliche Stimmung: Streichertremoli; Tonmalerei: Huschen der Nachtvögel, Zweige strecken „Riesenfaust"; Zitat Spottchor (Sekund-Dissonanzen der Violinen)
⋮	⋮

– Kugelsegen	– gesprochen mit Orchesterbegleitung: Melodram beginnt
– Kugelgießen Die Masse in der Gießkelle fängt an zu zischen: 1. Kugel	Streichertremoli im *pp*
Waldvögel hüpfen und flattern: 2. Kugel	 Holzbläser staccato
Ein Eber jagt vorüber: 3. Kugel	 Fagotte und Posaunen *(f)*
Sturm: 4. Kugel	Tonleiterausschnitte auf- und abwärts, crescendo von *p* bis *ff*
Pferdegetrappel, Peitschengeknall: 5. Kugel	 *(ff)*
Das Wilde Heer (Jäger, Pferde, Hunde): 6. Kugel	Hörnersignale, deklamierender Männerchor *(ff)*, 6/8-Takt
Furchtbare Gewitter, Flammen, Irrlichter: 7. Kugel	großes Orchester im *ff*, sehr schnelles Tempo (Presto)
Samiel erscheint, die Turmuhr schlägt eins	wie bei 7. Kugel, dann leiser Streicherklang und Pauken *(pp)*

Ungeachtet der großen Bedeutung von Orientierungshilfen sollten sie bei der Behandlung von Kompositionen nur zeitweilig eingesetzt werden. Andernfalls würde die Fähigkeit der Schüler, sich beim Musikhören im jeweils erklingenden Werk selbst zu orientieren, ungenügend entwickelt. Die Schüler müssen also (besonders in den oberen Klassen) zunehmend in die Lage versetzt werden, die im Werk vorhandenen orientierenden Impulse zu erkennen und Schlußfolgerungen für das Einstellen des eigenen Hörverhaltens daraus abzuleiten.
In diesem Zusammenhang ist auf die Bedeutung musikalischer „Verhaltenssignale" hinzuweisen, wofür es im Violinkonzert von Siegfried Matthus viele interessante Beispiele gibt. So sind die neun lautstarken Tutti-Akkorde mit abschließendem Paukenschlag zu Beginn des 5. Satzes durchaus als ein „Merkt auf!"-Signal zum konzentrierten Hören und Einprägen des anschließend erklingenden Rondothemas zu verstehen. Auch der „musikalische Doppelpunkt" (vgl. Schneider 1971, S. 167) – zwei die Bewegung bremsende Akkorde mit anschließender Generalpause – unmittelbar vor Beginn der Solokadenz hat eine derartige Signalwirkung.
Abschließend soll nachdrücklich betont werden, daß die geistige Steuerung der Rezeptionstätigkeit sehr eng mit den Antriebs-, Gefühls- und Erkenntnisprozessen verbunden ist und im Musikunterricht auch nur in Einheit mit der Qualifizierung dieser Prozesse beziehungsweise der entsprechenden Persönlichkeitseigenschaften optimal entwickelt werden kann.

2.3. Das Ziffernprotokoll-Verfahren – eine Möglichkeit zur Analyse der geistigen Tätigkeit von Schülern während des Musikhörens

Ausgehend von der Zielstellung, möglichst exakte Informationen über die Aufmerksamkeit, die Gefühle, Stimmungen, Wahrnehmungen, Vorstellungen, Erkenntnisse und Wertungen von Schülern *während* des Musikhörens zu gewinnen, entwickelten wir in den Jahren 1980/81 das Ziffernprotokoll-Verfahren (vgl. Herberger 1981b, S. 598ff.). Das Verfahren, mit dessen Hilfe schriftliche Äußerungen der Hörer den betreffenden musikalischen Abläufen der rezipierten Komposition genau zugeordnet werden können, ist zugleich geeignet, Schüler zunehmend zur konzentrierten Beobachtung von Werk und Wirkung zu befähigen.

Je nach Aufgabenstellung werden die Schüler aufgefordert, während des Musikhörens Wahrnehmungen, Vorstellungen, Erkenntnisse, Wertungen oder überhaupt alles, was ihnen bewußt wird, schriftlich zu fixieren. Während der Musikdarbietung schreibt der Lehrer zu bestimmten, vorher festgelegten Zeitpunkten fortlaufende Kontrollziffern an die Tafel, oder er zeigt sie auf vorbereiteten Ziffernkarten.

Auf den Antwortbögen der Schüler sind alle Zeilen ebenfalls fortlaufend mit Kontrollziffern gekennzeichnet. Jede Schülerantwort muß nun genau auf diejenige Zeile geschrieben werden, deren Kontrollziffer mit der zuletzt angeschriebenen beziehungsweise gezeigten übereinstimmt. Bei der Auswertung können dann die Antworten der Schüler ziemlich exakt bestimmten Phasen des musikalischen Prozesses zugeordnet werden, da der Lehrer die Kontrollziffern auch in sein Notenmaterial eingetragen hat.

Zwar ist am Ende jede schriftliche Äußerung der Schüler mit einer Kontrollziffer gekennzeichnet, aber *nicht jede Kontrollziffer erfordert unbedingt eine Schülerantwort.* Das ist ein Grundprinzip des Verfahrens, wodurch eine Gefährdung des emotionalen Erlebens weitgehend verhindert werden soll.

In den schulpraktischen Untersuchungen zur Erprobung des Verfahrens hat es sich bewährt, zwischen „obligatorischen“ (besonders gekennzeichneten) und „fakultativen“ Kontrollziffern zu unterscheiden.

Obligatorische Kontrollziffern erscheinen an besonders wichtigen Stellen des musikalischen Ablaufs, zu denen Schülerantworten erwartet werden. Fakultative Kontrollziffern sind demgegenüber von untergeordneter Bedeutung und werden nicht als Antwort-Stimulus wirksam.

Es ist günstig, wenn die Schüler ihre Antworten bei wiederholter Darbietung einer Komposition ergänzen und gegebenenfalls auch korrigieren können. Deshalb enthalten die Antwortbögen zwei oder mehrere Spalten, wie es auch aus der folgenden Abbildung (siehe S. 57) hervorgeht.

Solche Antwortbögen wurden in einer Untersuchung mit Schülern siebenter Klassen eingesetzt. Als Beispiel war die Egmont-Ouvertüre op. 84 von Ludwig van Beethoven gewählt worden.

Sowohl vor als auch nach der Behandlung wurden die Schüler aufgefordert, während des Hörens den Ausdruckscharakter der Musik sowie auffällige Gestaltungsmittel und ihre mögliche Bedeutung zu beschreiben. Die Antworten waren 5 obligatorischen und 10 fakultativen Kontrollziffern zuzuordnen. In die erste Spalte sollten Beobachtungsergebnisse beim erstmaligen Hören (A) und in die zweite Spalte

Kontroll-ziffer	erste Darbietung (A)	abschließende Darbietung (B)
①		
2		
③		
④		
5		
6		
7		
8		
9		
10		
11		
⑫		
13		
14		
⑮		

Gesamteindruck und Wertung:

während der abschließenden Darbietung (B) ergänzende Antworten eingetragen werden.

Durch den Vergleich von gehäuft auftretenden Schülerantworten zur Erstdarbietung einerseits und zur abschließenden Vorstellung des Werkes andererseits wurde der Effekt der unterrichtlichen Behandlung der Ouvertüre deutlich sichtbar. Das möge die Zusammenfassung der Antworten zu den ersten vier Kontrollziffern belegen:

Ziffer 1 – obligatorisch (Takt 1 bis 14)

A: zuerst laut, langsam, tief und dunkel; Violinen und Kontrabässe/danach als Gegensatz leise und zarte Musik; Flöten und Klarinetten/Wiederholung der Teile
Interessante Einzelantworten: „Es passiert etwas Spannendes", „Es klingt kriminell", „... als ob Böses naht", „drohend"

B: Einleitung; Sarabandenmotiv in Moll: Spanier und Herzog Alba/klagende Stimmen der Holzbläser: unterdrückte Niederländer

Ziffer 2 – fakultativ (Takt 15 bis 24)

A: leise, zart, ruhig, wiegend; Geigen, Flöten, Pauke

B: sehnsuchtsvolles Motiv mit abwärtsschreitender Melodie; Geigen und Holzbläser/ständige Wiederholung dieses Motivs

Ziffer 3 – obligatorisch (Takt 25 bis 81)

A: erregend; schnell, zunehmendes Tempo, crescendo; Violinen, Pauke

B: Beginn des Hauptteils; 1. Thema: zornig, zuerst gespielt von den Celli, dann von den Violinen: Egmonts Kampf

Ziffer 4 – obligatorisch (Takt 82 bis 97)

A: Violinen, laut; danach leise, zarte Musik, Flöten

B: 2. Thema: Sarabandenmotiv, energisch, gespielt von Streichern; danach zartes Motiv der Holzbläser/ gegensätzlicher Ausdruck der Motive

Damit die Schüler durch ihre Schreibtätigkeit nicht länger als nötig davon abgelenkt wurden, den musikalischen Prozeß zu erleben und zu verfolgen, war ihnen empfohlen worden, Abkürzungen und Symbole zu verwenden. Einige seien als Beispiele angeführt:

Th	= Thema	:‖	= Wiederholung
M	= Motiv	×	= Kontrast, Gegensatz
Mel	= Melodie	→←	= Konflikt
Rh	= Rhythmus	$<$	= Steigerung
Var	= Variante, Variation	$>$	= Zurücknahme

Während die Schüler bei der Erstrezeption (A) vorwiegend Beobachtungen zur Lautstärke, zur Instrumentation, zum Tempo, zum Ausdruck und zur Tonhöhe wiedergaben, entsprechen die unter B genannten ergänzenden Antworten den wichtigsten der im Musikunterricht gelernten Zusammenhänge. Sie betreffen die formale Struktur, die Thematik, die Instrumentation, den Ausdruck und das ideelle Programm des Werkes.

Daß die im Unterricht vermittelten Sachverhalte und Zusammenhänge von der Mehrzahl der Schüler während des Musikhörens richtig angewandt und zugeordnet wurden, kann als ein Erfolg ihrer Lerntätigkeit und der pädagogischen Bemühungen des Lehrers gewertet werden. Die Behandlung der Egmont-Ouvertüre hatte also nachweisbar zu einem bewußteren Musikerlebnis beigetragen.

Mit diesem Beispiel wurde nur *eine* Anwendungsmöglichkeit des Verfahrens vorgestellt. Sein Einsatz kann jedoch in Abhängigkeit von der Zielstellung in drei Varianten erfolgen, die kurz beschrieben werden sollen.

1. Wird ohne jede Vorgabe gearbeitet, können die Schüler aufgefordert werden, alles aufzuschreiben, was ihnen während der Musikdarbietung bewußt wird. Eine angemessene Aufgabenstellung dazu könnte lauten: „Was fällt Ihnen beim Erklingen dieser Komposition auf, und wie wirkt sie auf Sie?“ Die Kontrollziffern werden bei dieser Variante in gleichmäßigen Zeitintervallen (zum Beispiel alle 15 Sekunden) gegeben und haben für die Schüler keine stimulierende Funktion. Alle Kontrollziffern sind fakultativ. Durch dieses Vorgehen kann ermittelt werden, worauf die Aufmerksamkeit der Hörer während der Darbietung einer Komposition gerichtet ist, welche Parameter des komplexen musikalischen Prozesses bewußt wahrgenommen werden und wie die Schüler sich das Werk aneignen und es werten.

2. Erscheinen die Kontrollziffern immer dann, wenn in der erklingenden Komposition besonders Wichtiges beginnt, erfüllen die Zahlen zusätzlich eine Orientierungs- und Stimulierungsfunktion. In diesem Falle sollen die Ziffern ein bewußtes Orientierungsverhalten der Hörer auslösen und sie, wenn möglich, zu einer Antwort veranlassen. Damit dies nicht pausenlos geschieht, werden weniger Kontrollziffern

verwendet als bei der vorher erläuterten Anwendungsvariante. Außerdem ist es ratsam, zwischen obligatorischen und fakultativen Kontrollziffern zu unterscheiden.
3. Die soeben beschriebene Variante läßt sich mit der Vorgabe von Beobachtungsaspekten oder auch mit Höraufgaben verbinden (vgl. das Beispiel der Egmont-Ouvertüre). Auf diese Weise kann die Aufmerksamkeit der Hörer auf bestimmte musikalische Parameter oder auf psychische Prozesse und Zustände gelenkt werden. Es ist auch möglich, zu wiederholten Darbietungen unterschiedliche Höraufgaben zu stellen. Die Antworten werden dann jeweils in eine andere Spalte der Arbeitsbögen eingetragen. Einige solcher Höraufgaben, von denen jede eine andere Höreinstellung hervorruft, seien als Beispiele angeführt:

- Achten Sie besonders auf die musikalischen Themen und ihre Verarbeitung! (Motivisch-thematischer Aspekt)
- Achten Sie besonders auf die Abfolge gleicher, veränderter oder gegensätzlicher Teile innerhalb der Komposition! (Formenkundlicher Aspekt)
- Achten Sie besonders auf die Instrumente und ihren Einsatz durch den Komponisten! (Instrumentenkundlicher Aspekt)
- Achten Sie besonders auf den Ausdruckscharakter der Musik und auf seine Veränderungen! (Zu dieser Aufgabe kann ein Angebot verschiedener Ausdrucksdifferenzierungen bereitgestellt werden.)

Im Zusammenhang mit solchen Aufgabenstellungen kann das Verfahren auch zur Leistungskontrolle im Musikhören eingesetzt werden. (Vgl. S. 182 und 190.)
Natürlich ist es notwendig, die Grenzen der Anwendbarkeit des Verfahrens zu beachten. Es bleibt zwangsläufig auf Sachverhalte beschränkt, die der Hörer *bewußt* erfaßt und verbalisieren kann. Die auswertbaren Informationen sind also vom jeweiligen Niveau der sprachlichen Fähigkeiten und der Schreibfertigkeiten der Schüler beeinflußt. Außerdem verliert das emotionale Musikerleben der Hörer während der Beobachtungen, ihrer sprachlichen Umsetzung und ihrer schriftlichen Fixierung zweifellos zeitweise an Tiefe (was aber auch bei Werkanalysen nicht zu vermeiden ist). Diese Einschränkungen sind ernst zu nehmen, sie stellen jedoch die Anwendbarkeit des Verfahrens nicht in Frage. Bei der Auswertung der Ergebnisse von Schulklassen werden in erster Linie gehäuft auftretende und damit typische Antworten erfaßt, die durchaus bestimmte Verallgemeinerungen gestatten. Auf diese Weise haben auch die Unterschiede der sprachlichen Fähigkeiten und der Schreibfertigkeiten der Schüler nur einen relativ geringen Einfluß auf das jeweilige Gesamtergebnis.

3. Das musikalische Kunstwerk als Gegenstand des Musikhörens im Unterricht

3.1. Musik als Kommunikation

Erfolge des Lehrers beim Führen von musikalischen Rezeptionsprozessen hängen gleichermaßen ab von seinen Einsichten in die sozialen und psychologischen Grundlagen des Musikhörens wie in das Wesen und die Funktion musikalischer

Kunst und ihrer verschiedenen Gattungen. Das wechselseitig sich bedingende Verhältnis zwischen dem aufgeschlossenen, aktiven Hörer, der im Prozeß der Aufnahme und Auseinandersetzung mit dem musikalischen Kunstwerk seine Sensibilität und Emotionalität, Bewußtheit, Wertgerichtetheit und Produktivität gleichermaßen ins Spiel bringt, und dem ihn bereichernden Kunstwerk erfordert somit nicht nur die Kennzeichnung jener unterschiedlichen Dimensionen des Hörverhaltens, sondern auch des Wesens, der Funktion und des potentiellen Gehalts musikalischer Kunstwerke selbst: „Wer Kunst bewundert, bewundert eine Arbeit, eine sehr geschickte und gelungene Arbeit. Und es ist nötig, etwas von dieser Arbeit zu wissen, damit man sie bewundern und ihr Ergebnis, das Kunstwerk, genießen kann..." (Brecht 1966, S. 338f.)

Die Musik zeichnet sich unter anderen Kunstarten dadurch aus, daß sie dynamische Erscheinungen der Wirklichkeit, insbesondere Gefühle, Willensimpulse und Haltungen, mit ihren spezifischen Möglichkeiten, das heißt in sinnvoll geordneten Tönen (unter Einbeziehung auch von Geräuschen), zu gestalten vermag. Im Gegensatz zur bildenden Kunst und Literatur kann die Musik ohne Beigabe von Worten (in Form von Überschriften, Programmen oder laufenden Texten) oder von Tanz, Pantomime und szenischer Handlung keine bestimmten Personen, Gegenstände oder Begriffe darstellen.

Dagegen ist es ihre besondere Stärke, Bewegungen verschiedener Art, insbesondere psychische Vorgänge, in ihrem „fließenden" zeitlichen Verlauf zu gestalten, mit ihren feinsten Schattierungen, Übergängen und Verwandlungen, in ihrem Ansteigen, Abflauen und Vergehen, ihren Wiederholungen und Perpetuierungen, Kontrasten und Konflikten – wie es keine andere Kunst vermag – und entsprechende emotional-gedankliche Prozesse und Haltungen beim Hörer auszulösen. Besonders dadurch enthält das musikalische Kunstwerk stets mehr als das, was Worte über es aussagen können.

Aus dieser der Tonkunst in besonderem Maße eigenen Verbindung von Vieldeutigkeit und Konkretheit (oft als Nachteil für die Verständigung über Musik gekennzeichnet) ergeben sich ihre besonders reichen potentiellen Impulse für schöpferisches Verhalten des Rezipienten.

Der Hörer hat während der Rezeption nicht nur die einzelnen musikalischen Abschnitte durch Zurück- und Voraushören zueinander in Beziehung zu setzen und sich eine Gesamtvorstellung vom dramaturgischen Verlauf aufzubauen, er muß sich auch dessen Ideengehalt erschließen, ihn schöpferisch deuten und werten. Die klingende Prozessualität der Musik gibt ihm dafür einen relativ weiten Spielraum, der seine Phantasie beflügelt und beim wiederholten Hören die Zuordnung immer neu zu entdeckender Erlebnisse und Wertvorstellungen ermöglicht. Gerade hierbei kann sich die musikalische Genußfähigkeit aufs höchste entfalten.

Eine weitere Eigenart der musikalischen Kunst besteht in ihrer ausgeprägten Fähigkeit und Neigung, sich mit anderen Künsten zu verbinden. Diese Eignung erklärt sich vor allem aus ihrer gekennzeichneten nuancenreichen klanglichen Prozessualität, die im Falle der Verbindung mit Wort, Bild oder Szene deren emotionale Konkretisierung ermöglicht, wie es sich so eindrucksvoll in Werken wie Paul Dessaus und Friedrich Wolfs Melodram „Lilo Herrmann" oder in Hanns Eislers Musik zu Brechts Stück „Die Mutter" erweist. Sie erklärt sich ferner aus der Fähigkeit der Musik, beliebig hervor- oder zurückzutreten (gegebenenfalls auch sinnvoll zu

schweigen, wie es gute Filmmusiken demonstrieren), und aus der breiten Palette ihrer Klangfarben und ihrer raumakustischen Möglichkeiten.
In all dem erweist sich die Musik als ein Mittel der Verständigung zwischen den Menschen, einer Verständigung besonderer Art – unabhängig davon, ob dies in der ursprünglichen Absicht des Komponisten lag oder ob er in seinem Werk nur sich selbst aussprechen wollte.
Dabei kann die Verständigungsfunktion der Musik unterschiedlich sein. Sie kann vorwiegend einer „Einstimmung" dienen, das heißt der Übertragung von Zuständen der Erregung und Entspannung oder von Stimmungen (Knepler 1977, S. 584), sie kann im lustvoll-spielerischen, kombinationsreichen und phantasievollen Umgang mit akustischem Material von menschlicher Schöpferkraft und Selbstverwirklichung künden oder Haltungen, Appelle und Ideale übermitteln, durch die sie auf die Menschen im Sinne des gesellschaftlichen Fortschritts einwirkt, und sie kann auch all diese Funktionen miteinander verbinden. Diese Eigenschaft der musikalischen Kunst, etwas mitzuteilen, auszusagen und damit über ihre klangsinnliche Gestalt hinauszuweisen, kennzeichnet sie als eine spezifische Form menschlicher Kommunikation und damit auch als eine Sprache besonderer Art:

„Natürlich ist die Musik eine Sprache und berichtet von etwas oder vermittelt etwas, wie es die Wortsprache auch tut. Das ist eine Binsenweisheit. Sie gibt Informationen, aber sie tut es auf eigene Weise. Die Sprache arbeitet mit Begriffen und Bezeichnungen von Gegenständen, mit ganz konkreten und eindeutigen Formulierungen. Das tut die Musik nicht. Sie enthält und verarbeitet viele verschiedene Erlebnisse, Emotionen, Gedanken, Erinnerungen, so vielfältig und so schwer zu fassen, daß man beides dann auch wieder gar nicht vergleichen kann. Es ist das Schöne und Große in der Musik, daß nicht wie in der Sprache präzis und eindeutig in bezug auf die gegenständliche Realität informiert wird.
Das ist doch eigentlich der Grund, warum wir die Musik so sehr lieben, warum sie so tief geht, warum sie so viele Rätsel aufgibt und uns bereichert, den Denk-, Empfindungs- und Gefühlsbereich so ausweitet." (E. H. Meyer 1979, S. 317f.)

Erkennen wir die Musik als eine besondere Art der Verständigung in dem dargestellten umfassenden Sinne, die vielfältige, die Persönlichkeit bereichernde Wirkungen auszulösen vermag, so ist zugleich zu fragen, welches die entscheidenden Voraussetzungen dafür sind, daß solche Wirkungen zustande kommen.
Diese Wirkungen vollziehen sich nur auf der Grundlage eines intensiven Erlebnisses der Aussage eines Werkes in seiner klangsinnlichen Gestalt. Im Hinblick auf das Objekt musikalischer Aneignung, das musikalische Kunstwerk, rückt daher die Frage nach der Beziehung zwischen dessen Struktur (klangsinnlicher Gestalt, Material, Form) und Bedeutung (semantischem Gehalt, Aussage, Ideengehalt, Inhalt)[1], zwischen seinem Eigenwert und Ausdruckswert (Mayer 1981, S. 36) in das Zentrum der Betrachtung.
Wenngleich dem Hörer für die Deutung der Aussage eines musikalischen Kunstwerkes ein breiter Spielraum gegeben ist, den er entsprechend seinen Lebens- und Rezeptionserfahrungen, seiner Weltsicht, individuellen Disposition und situativen Befindlichkeit nutzt und ausfüllt, so ist andererseits die Komposition für ihn eine verbindliche „Rezeptionsvorgabe" (vgl. Naumann und Schlenstedt 1976, S. 35ff.

[1] Zu der noch nicht einheitlichen begrifflichen Benennung des Kategorienpaares (die auch Varianten ihrer Interpretation einschließt) sowie zu grundlegenden weiterführenden Fragen vgl. im „Handbuch der Musikästhetik" (1979) die Beiträge von Baethge, Bimberg, W. Kaden, Lippold, Mehner, Rienäcker, Siegmund-Schultze.

und 201ff.), die keine willkürliche Deutung zuläßt. Sollen die persönlichkeitsbereichernden Qualitäten eines musikalischen Kunstwerkes zur Entfaltung kommen, so müssen die vom Rezipienten vorgenommenen Zuordnungen dem Werk angemessen sein.
Eine theoretische Verständigung darüber, wie dies zu erreichen ist, setzt ein mit dem Erfassen aller verfügbaren Anhaltspunkte, die für die Erschließung und Deutung eines musikalischen Kunstwerkes wesentlich sind. Dazu gehören Fakten und Zusammenhänge des historisch-sozialen, biographischen, gattungs- und wirkungsgeschichtlichen Umkreises der Komposition in ihrer Beziehung zur Werkstruktur. Zentraler Ausgangs- und Bezugspunkt inhaltlicher Erschließung und Deutung bildet jedoch stets diese Struktur selbst. Insbesondere die *in ihr* vorgegebenen Größen gilt es zu erfassen. Dies kann keine detaillierte Kennzeichnung jedes einzelnen Strukturelements bedeuten; vielmehr geht es – zumal im pädagogisch geführten Rezeptionsprozeß – um das Aufsuchen, Beschreiben und Charakterisieren der für die Gesamtaussage *wesentlichen* musikalischen Erscheinungen.
Die hierbei auftretenden objektiven Schwierigkeiten, die sich aus den noch nicht genügend erforschten Problemen der musikalischen Widerspiegelung und Interaktion ergeben (Brockhaus 1982, S. 4f.), können eingeschränkt werden, wenn es gelingt, die potentielle semantische Bedeutung musikalischer Erscheinungen und Prozesse unterschiedlicher Ebenen und Dimensionen präziser zu fassen. Wesentliches vermag hierzu der semiotische Ansatz zu leisten, das heißt die Anwendung der Zeichentheorie auf die Musik. Die Kennzeichnung der Musik als ein Mittel der Verständigung, als eine Sprache besonderer Art, schließt ein, daß sie die Funktion eines Zeichensystems erfüllt.[2] Unter Auswertung von Ergebnissen theoretischer Untersuchungen Ch. Kadens (unter anderem 1981, S. 153ff.) soll daher in folgendem versucht werden, eine Klassifizierung musikalischer Zeichen vorzunehmen, die geeignet ist, die pädagogische Führung des musikalischen Rezeptionsprozesses theoretisch zu fundieren.
Der Komponist verwendet für das, was er übermitteln und zum Ausdruck bringen will, *musikalische Zeichen*, die vom Rezipienten gedeutet werden müssen. Unter einem musikalischen Zeichen verstehen wir einen sinnlich wahrnehmbaren akustischen Vorgang, der Träger von Information ist, das heißt ein *bedeutungstragendes musikalisches Gebilde.* Damit weist das musikalische Zeichen stets über seine akustischen Eigenschaften hinaus. Der Inhalt, die Bedeutung der Information, die durch das musikalische Zeichen vermittelt wird, konstituiert sich sowohl aus dem Wirklichkeitsbezug, auf den es verweist, wie aus den Beziehungen des Zeichens zu anderen musikalischen Zeichen und zu denjenigen, für die es bestimmt ist, die Adressaten.
Musikalische Zeichen haben sich wie andere Zeichen (vor allem sprachliche Zeichen, ferner mimisch-gestische Zeichen, Bildzeichen und andere) im Lauf der historischen Entwicklung zum Zwecke der Optimierung von Kooperationsbeziehungen herausgebildet (Knepler 1977). Entsprechend neuen gesellschaftlichen und ästhetischen Erfordernissen und Bedürfnissen sind sie vergänglich beziehungsweise veränderlich und werden durch neue ersetzt und bereichert.

[2] Vgl. hierzu Knepler 1977, Farbstein 1977, D. Stockmann und Ch. Kaden 1981.

Eine Übermittlung der Bedeutung musikalischer Zeichen vom Komponisten zum Hörer kann nur dann erfolgen, wenn dem Komponisten und dem Rezipienten ein bestimmter Anteil ihres beiderseitigen Zeichenvorrats gemeinsam ist, das heißt wenn die Bedeutungen, die beide den musikalischen Gebilden und Prozessen oder einem Teil von ihnen zuordnen, Entsprechungen aufweisen. Dieser Anteil gemeinsamen Zeichenvorrats unterliegt in Abhängigkeit von den Hörerfahrungen des Rezipienten und der Verwendung neuer kompositorischer Mittel und Verfahrensweisen durch den Komponisten steter Veränderung. Auch ist er abhängig von dem zeitlichen Abstand zwischen der Entstehung des Werkes und seinem Hörer beziehungsweise zwischen dem Adressaten, an den sich das Werk ursprünglich richtete, und dem Hörer späterer Epochen. In der zwischen ihnen liegenden Zeit hat sich infolge der fortschreitenden sozialen und musikkulturellen Entwicklung das Bewußtsein der Menschen und damit auch ihr Vorrat an musikalischen Zeichen verändert. Die ursprüngliche Bedeutung mancher musikalischer Formulierungen, besonders in Werken aus weiter zurückliegender Zeit, ist verlorengegangen, und der heutige Hörer erschließt sich diese Werke unter den Bedingungen *seines* Lebens, wobei Einsichten in die Musikkultur früherer Epochen und entsprechende Hörerfahrungen das Musikerlebnis bereichern können.
Zeichenfunktionen können von musikalischen Strukturen unterschiedlicher Ebenen und Größenordnungen erfüllt werden: vom exponierten Einzelton, Akkord, Cluster, Motiv/Thema über musikalische Abschnitte unterschiedlichen Ausmaßes bis zum ganzen Satz, von spezifischen klangfarblichen, rhythmisch-metrischen, melodischen und musikdramaturgischen Strukturen bis zu Gattungs- und Formtypen. Zeichen und Zeichenkomplexe können sich auf diese Weise zu Superzeichen zusammenfügen. So kann ein in bestimmter Weise herausgehobener Trompetenton als Klangsymbol auf eine Kampfphase hinweisen, wie andererseits das gesamte Finale von Beethovens 7. Sinfonie auf Siegesgewißheit und Triumph deutet beziehungsweise diese Haltung repräsentiert und zum Ausdruck bringt.
Stets üben musikalische Zeichen auch eine *operative Funktion* im innermusikalischen Zusammenhang aus, haben teil an dessen syntaktischer Logik. Oft erfüllt sich gerade darin zugleich ihre Zeichenfunktion, indem sie als wesentliche Komponenten der dramaturgischen Anlage eines Werkes auf gedanklich-emotionale Prozesse hinweisen: als Steigerung oder Zurücknahme, als konfliktgestaltende oder -lösende Elemente und anderes. Dies trifft zum Beispiel in hohem Maße auf die Kadenz kurz vor dem Abschluß der Fuge c-Moll aus J. S. Bachs Wohltemperiertem Klavier, Teil I, zu: Exponiert als harmonisch-akkordischer Komplex innerhalb streng polyphoner Gestaltung und vorbereitet durch mehrfache Sequenzierungen des Fugenkopfes sowie eine spannungsgeladene, unmittelbar vorausgehende Generalpause, repräsentiert diese Kadenz sowohl den emotionalen als auch den logischen Zielpunkt der gesamten vorherigen Entwicklung.
Es gibt jedoch auch musikalische Gebilde, die zwar einen gewissen operativen Sinn im syntaktischen Zusammenhang, jedoch keine bedeutsame musikdramaturgische Funktion ausüben und auch nicht auf andere Weise (etwa als Klangsymbol oder tonmalerisches Zeichen) auf Wirklichkeitsbereiche verweisen, die über das Klanggeschehen selbst hinausreichen. Sie können nicht als musikalische Zeichen klassifiziert werden. Allerdings sind die Übergänge von Nichtzeichen zu Zeichen in der musikalischen Kunst fließend und bedürfen auch noch weiterer Untersuchungen.

So können auf der Grundlage häufigen Gebrauchs oder in neuen Zusammenhängen ursprünglich als nebensächlich betrachtete musikalische Erscheinungen (wie zum Beispiel bestimmte Arten von Füll- oder Begleitstimmen) den Rang musikalischer Zeichen annehmen.
Aus all dem geht hervor, daß ein musikalisches Gebilde, ein musikalischer Prozeß zu einem musikalischen Zeichen, das heißt zu einem Bedeutungsträger wird kraft seines ästhetischen Eigenwertes. Hierin liegt ein entscheidender Unterschied zur Verbalsprache, deren Zeichen, das heißt einzelne Wörter, Sätze usw., keinen bedeutsamen ästhetischen Eigenwert besitzen (es sei hier von der Sprache der Literatur abgesehen), sondern fast ausschließlich dem Zweck dienen, mittels der begrifflichen Benennung einer Erscheinung Kommunikationsbeziehungen zwischen den Menschen herzustellen:

„Der Doppelcharakter der Kunst als besonderer Weise der Produktion und besonderer Weise der Abbildung bedingt gegenüber Zeichensystemen nichtkünstlerischer Art, daß die materiell-sinnliche Beschaffenheit des Zeichens als des materiellen Bedeutungsträgers die Eigenart der künstlerischen Kommunikation wesentlich mitbestimmt. Wenn Zeichensysteme der Künste semiotisch untersucht werden, dann rückt der Materialbegriff auf ganz andere Weise ins Blickfeld ... Hier ist die Materialität des besonders geformten, bedeutenden Gebildes ein Wesenselement der schöpferischen Leistung wie des ästhetischen Genusses in der Produktion wie Konsumtion." (Mayer 1978, S. 141/143)

Die sinnliche Existenz eines musikalischen Zeichens oder Zeichenkomplexes besitzt somit einen ästhetischen Eigenwert, sie bezeichnet nicht nur, sondern verkörpert zugleich die jeweilige Bedeutung. Dies gilt für alle Musik, wird indes in programmloser Instrumentalmusik besonders deutlich. So verkörpert beispielsweise das Andante aus Mozarts Klarinettenkonzert Schönheit und Ausgewogenheit, Prokofjews erstes Klavierkonzert kraftvoll-musikantische Virtuosität – und sie „bedeuten" zugleich diese Gestalt- und Ausdrucksqualitäten, weisen über ihre sinnliche Existenz hinaus auf sie hin.
Es lassen sich zwei Hauptgruppen musikalischer Zeichen unterscheiden: ikonische und symbolische Zeichen.[3] (Ch. Kaden 1981, S. 161ff.)
Zur Gruppe der **ikonischen Zeichen** rechnen wir alle jene musikalischen Zeichen, die in ihrer musikalischen Gestalt zu dem, auf das sie hinweisen, eine sinnlich faßbare Ähnlichkeit erkennen lassen: „Das ikonische Zeichen ist dadurch ausgezeichnet, daß die Sinnlichkeit des Objekts in der sinnlichen Qualität des Zeichens reproduziert wird." (Lexikon der Kunst, 1977, S. 453f., Stichwort „Semiotik")
Aus diesem Inhalt des Begriffs erklärt sich auch die Benennung „ikonische" Zeichen (von griech. „Bild"). Die Ähnlichkeitsbeziehung des ikonischen Zeichens zum bezeichneten Objekt kann sehr unterschiedliches Ausmaß haben und sich auch lediglich auf einige wenige Merkmale des abgebildeten Objekts beziehen. Sie reicht von der *musikalischen Nachahmung akustischer, bewegungsmäßiger oder visueller Erscheinungen aus Natur und Umwelt* über die *musikalisch-nachgestaltende Exteriorisierung psycho-physischer Vorgänge* und Zustände bis zur *transformierenden Übernahme von Intonationen des gesprochenen Wortes* und *grundlegenden Kommunikationsstruktu-*

[3] Grundsätzlich ist es möglich, alle musikalischen Zeichen diesen beiden Hauptgruppen zuzuordnen. Das gilt auch für musikalische Gebilde, die – aus einer anderen, für Bedeutungserkundungen im musikalischen Bereich bisher wenig ertragreichen Betrachtungsweise – als symptomatische bzw. indexikalische Zeichen klassifiziert werden. (Kaden 1981, S. 169)

ren. Ikonische Zeichen haben – zumindest in der europäischen Musik – gegenüber den symbolischen Zeichen das Übergewicht.
Der Gruppe der **symbolischen Zeichen** sind dagegen jene musikalischen Zeichen zugeordnet, deren sinnliche Gestalt keine sinnlich faßbare Ähnlichkeit mit dem Bezeichneten besitzt. So ist im künstlerischen Symbol „die Identität der Bedeutung und ihres realen Daseins keine mehr unmittelbare, sondern eine aus der Differenz hergestellte und deshalb nicht vorgefundene, sondern aus dem Geist produzierte Einigung". (Hegel 1976, Band 2, S. 343)
Die Zeichenfunktion der Symbole „hängt in keiner Weise von ihrer eigenen Natur oder einer realen Beziehung zum Objekt ab. Einzig und allein durch die Bedeutung, die ihnen im gesellschaftlichen Kommunikationsprozeß zugewachsen ist, sind sie Zeichen." (Lexikon der Kunst, Band IV, S. 453)
Es handelt sich daher bei musikalischen Symbolen um musikalische Zeichen, die hinsichtlich ihrer begriffsähnlichen Bedeutung den Zeichenfunktionen der Verbalsprache ähneln.
Besonders deutlich zeigt sich die begriffsähnliche Bedeutung symbolischer musikalischer Zeichen in *musikalischen Anagrammen,* wie B-A-C-H (in zahlreichen Werken von J. S. Bach bis Friedrich Goldmann) oder D-S-C-H (unter anderem in Dmitri Schostakowitschs Streichquartett Nr. 8). Auch *Klangfarben* von Instrumenten können in entsprechenden syntaktisch-dramaturgischen Zusammenhängen symbolische Bedeutungen haben, das heißt als Klangsymbole wirksam werden. So symbolisieren Oboe und Englischhorn das Hirtenleben (in Bachs „Weihnachtsoratorium"), der Klang der Posaunen das Reich der Priester (in der „Zauberflöte"), der Hörnerklang den Wald (in der Ouvertüre zum „Freischütz").
Ferner zählt zu den symbolischen Zeichen das *musikalische Zitat,* da mit seiner Einbeziehung in eine Komposition bestimmte Ideen oder Vorstellungen versinnbildlicht werden, die seine musikalische Gestalt allein nicht transparent zu machen vermag. Der Bedeutungsgehalt des Zitats samt seiner emotionalen Bewichtung ergibt sich vielmehr aus dem Assoziationskomplex, den es aus dem ursprünglichen Werk einbringt, in Verbindung mit seiner dramaturgischen Stellung im neuen Werk. So kann zum Beispiel das Zitat des Chorals „Es ist genug" aus J. S. Bachs Kantate „O Ewigkeit, du Donnerwort" im Finale von Alban Bergs Violinkonzert, das der Komponist der jung verstorbenen Tochter Alma Mahlers widmete, als „kondensiertes Symbol eines Komplexes von Ewigkeitsvorstellungen" (Lissa 1969, S. 146) bezeichnet werden.
Entsprechend ist auch das *Leitmotiv* den symbolischen Zeichen zuzuordnen. Sein Bedeutungsgehalt ergibt sich in erster Linie aus der vom Hörer herzustellenden gedanklich-emotionalen Verknüpfung mit ganz bestimmten Ideen, Personen oder Handlungen aus Dichtung und Bühnengeschehen, denen es vom Komponisten zugeordnet wurde, und nicht vorrangig aus einer sinnlich faßbaren Beziehung zu dem, auf das es hinweist. Dabei ist es bezeichnend, daß Leitmotive, die gleichzeitig auch eine solche ikonische Zeichenfunktion erfüllen, diese beim wiederholten Erklingen zurücktreten lassen zugunsten symbolhafter Gestaltung tragender Ideen. Das gilt zum Beispiel für den Meistersinger-Festmarsch, der in seiner rhythmisch-metrischen Gestaltung und fanfarenhaften Melodik ikonisch auf die festlichen Meistersinger-Aufzüge verweist, vor allem aber das Wirken und Streben der Meistersinger schlechthin symbolisiert: Während der Ansprache des Hans Sachs am Schluß der

Oper ist er das am häufigsten erklingende Leitmotiv (vgl. die Übersicht in 5.4., S. 190) mit deutlicher Symbolfunktion und trägt zur emotionalen Vertiefung der von Sachs ausgesprochenen Leitideen der Oper bei.
Schließlich gehören zu den symbolischen Zeichen auch *gattungsspezifische Merkmale,* sofern diese als Sinnbilder für bestimmte Haltungen oder historische Epochen dienen.
Gerade bei den gattungsspezifischen Merkmalen sind jedoch die Grenzen zu den ikonischen Zeichen fließend, und ihre Einordnung in die Gruppe ikonischer oder symbolischer Zeichen hängt wesentlich von dem Wissen, den Hörerfahrungen und Einstellungen des Rezipienten ab. Hinzu kommt, daß ein und dasselbe musikalische Gebilde sowohl als symbolisches wie als ikonisches Zeichen erlebt werden kann.
So wird derjenige, der die Egmont-Ouvertüre mit dem historischen Hintergrund und Inhalt des Dramas, mit dem Kampf des niederländischen Volkes um seine Befreiung, verbindet und der außerdem die Sarabande als einen im 17. Jahrhundert am Hofe gepflegten Tanz spanischer Herkunft kennt, den Sarabanden-Rhythmus in diesem Zusammenhang vorranging als Symbol der Unterdrückung auffassen und, erst von hier ausgehend, den emotionalen Gehalt des Einleitungsthemas auch als Nachgestaltung psychischen Verhaltens, das heißt als ikonisches Zeichen, erleben. Ein Hörer dagegen, der nicht diese Voraussetzungen mitbringt, sondern lediglich emotionale Aufgeschlossenheit, wird diesen Anfang der Ouvertüre ausschließlich als ikonisches Zeichen auf sich wirken lassen, das heißt, er wird unmittelbaren Zugang zum Ausdruck, zur musikalischen Nachgestaltung psychischer Prozesse suchen, wobei die bedeutungsmäßige Zuordnung und Wirkung im Vergleich zum ersten Hörer stark differieren kann. Zwischen ikonischen und symbolischen Zeichen gibt es auf diese Weise vielfältige wechselseitige Beziehungen und Überlagerungen.
Die in der folgenden Übersicht enthaltene Zuordnung wesentlicher bedeutungstragender musikalischer Erscheinungen zu der Gruppe ikonischer beziehungsweise symbolischer Zeichen ist nicht als absolut zu betrachten, sondern richtet sich nach ihrer vorrangigen Funktion:

Ikonische Zeichen ⟵⟶	**Symbolische Zeichen**
Nachahmung akustischer, visueller und bewegungsmäßiger Erscheinungen aus Natur und Umwelt	Antefacta[4]: Anagramm Zitat
Nachgestaltung psycho-physischer Vorgänge	Klangsymbol
	Leitmotiv
Transformation von Sprachbewegung und Kommunikationsstrukturen	gattungsspezifische Merkmale

Für die Auswahl angemessener Rezeptionsstrategien bei der Gestaltung des Musikhörens im Unterricht ist es wesentlich, zu bestimmen, welche Typen musikalischer Zeichen, das heißt bedeutungstragender musikalischer Gebilde, in der jeweiligen Komposition besonderes Gewicht für die Gesamtaussage des Werkes haben und

[4] Antefactum (lat.): zuvor Geschaffenes

welche von ihnen die günstigsten Möglichkeiten für die Orientierung des musikalischen Rezeptionsverhaltens bieten beziehungsweise von welchen mutmaßlich die stärksten unmittelbaren Wirkungen ausgehen. Von hier aus können Inhalt und Abfolge der Schülertätigkeiten bei der Erschließung und Aneignung des Werkes entsprechend dem Unterrichtsziel und unter Berücksichtigung von Kenntnissen und Einstellungen der Schüler erfolgreich und erziehungswirksam motiviert und gelenkt und kann andererseits zugleich den in der musikpädagogischen Praxis noch anzutreffenden undialektischen, kurzschlüssigen inhaltlichen Deutungen musikalischer Erscheinungen vorgebeugt werden.
In den folgenden Abschnitten werden die aufgeführten Gruppen ikonischer und symbolischer Zeichen mit Ausnahme von Leitmotiv und Klangsymbol[5] unter dem Gesichtspunkt ihrer Funktion und ihres Stellenwertes innerhalb einer zunehmend selbständigen, sachkundigen und erlebnishaften Rezeption musikalischer Kunstwerke näher beleuchtet.

3.2. Musikalische Nachahmung akustischer, visueller und bewegungsmäßiger Erscheinungen aus Natur und Umwelt

Diese – vereinfachend, wenngleich nicht immer präzise – auch als Tonmalerei benannten ikonischen Zeichen weisen einen verhältnismäßig hohen Grad an Ähnlichkeit zum bezeichneten Objekt auf und ermöglichen dem Hörer dadurch eine relativ genaue Zuordnung zu Erscheinungen der Wirklichkeit. Sie begegnen uns in allen musikalischen Gattungen und waren wahrscheinlich schon in den frühesten musikalischen Äußerungen enthalten (Knepler 1977, S. 132, 160 und 588; dort als mimeogene Elemente bezeichnet).
Oft handelt es sich um die Nachahmung von Vorgängen und Eigenschaften der Natur, wie Gewitter (mit Blitz, Donner und Sturm), Wasser in all seinen Spielarten (Bach, Strom und Meer, Wellen und Wasserfall, Regen, Eis und Schnee), lautliche Äußerungen und Bewegungen von Tieren (Vogelgezwitscher und -geflatter, Pferdegetrappel usw.), Sonnenaufgang und -untergang, Echo und das Rauschen der Bäume, ferner um die Nachahmung der Jagd und von Schlachtenlärm.
In zeitgenössischen Kompositionen werden auch Maschinen- und Eisenbahngeräusche, Sirenen und Kriegsgetöse nachgeahmt oder in Form der musique concrète auf Tonband aufgenommen und in originaler Gestalt oder mittels Verstärkung, Verzerrung und dergleichen in Kompositionen einbezogen. Dabei kann diese mit der stürmischen Entwicklung der Produktivkräfte zusammenhängende „musikalische Integration des Dokumentarischen“ (Mayer 1978, S. 384ff.) – je nachdem, wie diese Veränderungen in der Weltanschauung des Komponisten reflektiert werden – verschiedene Haltungen zum Ausdruck bringen: „Entscheidend bei allen diesen, inzwischen sehr unterschiedlichen Formen der musikalischen Integration des Dokumentarischen ist der übergeordnete realistische Gesichtspunkt, komplexe gesellschaftliche Verhältnisse und Widersprüche durchschaubar und meisterbar zu machen, die dazu erforderlichen gesellschaftlichen Gesamthaltungen ästhetisch zu vermitteln“ (ebenda, S. 390).

[5] Ihre Berücksichtigung bedarf bei der Führung musikalischer Rezeptionsprozesse keiner spezifischen methodischen Hinweise.

So hat Luigi Nono zum Beispiel in seinem 1964 geschaffenen Werk „La fabbricca illuminata" Geräusche und Sprachklänge aus einem Walzwerk in Genua zusammen mit elektronischen Klängen auf ein Tonband aufgenommen, die durch einen gesungenen Kommentar ergänzt werden. Sehr eindrucksvoll werden hier das Thema der Ausbeutung in der Fabrik und die Notwendigkeit des internationalen Klassenkampfes gestaltet.

Musikalische Kunstwerke begnügen sich niemals mit der tonmalerischen Nachahmung von Erscheinungen der Wirklichkeit. Ihr Wirklichkeitsbezug ist stets umfassender – ganz abgesehen davon, daß tonmalerische Mittel in ihnen auch quantitativ meist nur einen geringen Stellenwert besitzen. Für sie alle gelten – wenngleich mit unterschiedlichem Gewicht – die Worte „Mehr Ausdruck der Empfindung als Malerei", die Beethoven seiner 6. Sinfonie beifügte, deren Sätze Programmüberschriften und eine Reihe tonmalerischer Zeichen (für den Gesang von Nachtigall, Wachtel und Kuckuck, das Murmeln des Baches und für das Gewitter) enthalten. Es wäre daher ein Mißverständnis, ein Werk der Programmusik danach zu werten, inwieweit und wie genau es dem Komponisten gelungen ist, bestimmte Gegenstände oder Vorgänge der Realität nachzuahmen. Nie kann es sich bei der Verwendung tonmalerischer Zeichen in erster Linie um die Deutlichkeit des musikalisch „Gemalten" handeln, sondern darum, wie diese Zeichen in den musikalischen Gesamtprozeß und das emotional-gedankliche Anliegen des Werkes integriert sind und zum Ausdruck menschlicher Beziehungen und Haltungen geworden sind.

Ein solcher Anspruch an Werke, die mit Mitteln der Tonmalerei gestaltet sind, hat einen weiten Spielraum: Ihm werden Werke gerecht wie Antonio Vivaldis vier Programm-Konzerte „Die vier Jahreszeiten" (1725), deren zahlreiche tonmalerische Details sich einordnen in „eine darüber hinausreichende, umfassender verstandene ‚Nachahmung der Natur': das intuitive, ganzheitliche Erfassen eines in menschlicher Empfindung sich spiegelnden Erlebens der Natur." (Heller 1977)

Ihm entsprechen Werke wie Sergej Prokofjews an tonmalerischen Zeichen reicher Satz „Schlacht auf dem Eise" aus seiner Kantate „Alexander Newski" (1939) oder Bedřich Smetanas sinfonische Dichtung „Die Moldau" (1874), deren plastische Bilder, integriert in ein bewegendes sinfonisches Geschehen, der bekenntnishaften Liebe zum Volk und seinen großen nationalen Traditionen Ausdruck verleihen.

Dem genannten Anspruch an die Verwendung tonmalerischer Zeichen entsprechen aber auch kleine Instrumentalstücke wie Andre Asriels „Katzenwalzer" für Violine und Klavier (1972), in dem es dem Komponisten gelingt, nicht nur die geschmeidigen Bewegungen und das Miauen des Kätzchens musikalisch einzufangen, sondern zugleich auch unser Vergnügen an ihm.

Zu den frühesten Beispielen von Tonmalerei, die sich in unserem Musikleben lebendig erhalten haben und auch von Schulchören gesungen werden können, gehören Madrigale des 16. Jahrhunderts mit der Nachahmung des Kuckucksrufs, wie in Laurenz Lemlins Satz „Der Gutzgauch auf dem Zaune saß" (1540)[6], oder des Echos, wie in Orlando di Lassos „Holla, welch gutes Echo" (1581). Die musikalische Nachahmung von Kuckucksruf und Echo gehört, wie auch die Imitation von Vogelsang, Jagdsignal, Posthorn und Glockengeläut, zu den relativ wenigen tonmalerischen Zeichen, die eine eindeutige Zuordnung zu den betreffenden Wirklich-

[6] ETERNA 830004

keitserscheinungen ermöglichen. Die übrigen Zuordnungen erfolgen auf der Grundlage verbaler Hinweise, Überschriften oder laufender Texte, die vom Komponisten beigegeben sind, oder der Verbindung des musikalischen Zeichens mit Bildern beziehungsweise szenischem Geschehen. In diesem Falle erreicht die tonmalerische Imitation sogar einen besonders hohen Grad von Präzision und Konkretheit in der Wiedergabe von Naturereignissen oder anderen Geschehnissen. So trägt gerade die differenzierte tonmalerische Gestaltung der Wolfsschluchtszene dazu bei, das Finale des zweiten Aufzugs von Webers Oper „Der Freischütz" zum Höhepunkt seines Werkes zu machen: durch sie wird die Gewalt der finsteren Mächte, die alles Menschliche bedrohen, um so eindringlicher erlebt und der Sieg des Guten um so heißer ersehnt.

Diese Fähigkeit der Musik zur tonmalerischen Präzisierung und Konkretisierung des textlich, bildkünstlerisch oder szenisch Angedeuteten beziehungsweise Dargestellten beruht darauf, daß sich die Musik bei der Nachahmung auf einzelne, jedoch charakteristische Qualitäten des betreffenden Objekts beschränkt und sie dadurch besonders hervorkehrt. Entsprechend den spezifischen Möglichkeiten der Musik handelt es sich dabei stets um charakteristische Qualitäten im Bereich akustischer oder visueller Bewegungsabläufe, wobei auch deren feinste Übergänge und Abwandlungen musikalisch nachgeahmt werden.

So konzentriert sich Camille Saint-Saëns in seinem „Volière" („Vogelhaus") aus dem „Karneval der Tiere" (1886) auf das unruhige Umherflattern der Vögel, Claude Debussy in seinem Klavierstück „Reflets dans l'eau" („Spiegellichter im Wasser") aus dem 1. Heft seiner „Images" („Bilder") von 1905 auf die ungleichmäßigen Bewegungen und glitzernden Spiegelungen des Wassers, Hanns Eisler im siebenten Teil seiner Suite für Septett Nr. 1 (1940), in dessen filmischer Vorlage es um das „Füttern winziger neugeborener Mäuse" geht, auf das zarte Piepsen und die überaus flinken Bewegungen der kleinen Tiere.

Die Möglichkeit der Musik, außer akustischen auch motorische und visuelle Bewegungen der Wirklichkeit tonmalerisch nachzuahmen, beruht auf der Tatsache, daß bei der auditiven Wahrnehmung, die durch Einwirkung von Schallreizen auf das Gehör entsteht, zugleich Wechselwirkungen mit anderen sensorischen Systemen stattfinden, ohne daß für diese aktuelle Reizgrundlagen vorzuliegen brauchen.

Diese als Synästhesie bezeichnete Erscheinung wirkt in unterschiedlichem Grade beim Hören jeder Art von Musik. Elementare Formen des Zusammenwirkens von akustischem und visuellem Analysator lassen sich schon beim Hören von Tönen unterschiedlicher Frequenz feststellen: so werden hohe Töne als „hell", tiefe als „dunkel" empfunden. Vielfältige weitere Beziehungen zwischen diesen beiden sensorischen Systemen ergeben sich aus unterschiedlichen Klangfarben im vokalen und instrumentalen Bereich. Dementsprechend setzt zum Beispiel Georg Philipp Telemann in seinem Kantatenzyklus „Die Tageszeiten" (1757) die Solisten ein: „Der Morgen" wird vom Sopran, „Der Mittag" vom Alt gestaltet, „Der Abend" vom Tenor und „Die Nacht" vom Baß oder Bariton.

Die Vorstellung differenzierter visueller Erscheinungen wird vorwiegend über den sensorischen Bereich kinästhetischer, das heißt von Bewegungsempfindungen vermittelt. So „sehen" wir bei der musikalischen Darstellung der ungeschickt eckigen Bewegungen in Modest Mussorgskis Klavierstück „Gnomus" aus dem Zyklus „Bilder einer Ausstellung" (1874) deren Ausführung sowie den plumpen Zwerg selbst vor uns, und wir verfolgen in demselben Werk den „Tanz der Küchlein in ihren Eierschalen“ gleichsam mit unseren Augen. Dabei sind es sowohl Bewegungsvorstellungen räumlicher Art, wie das Auf- und Abwärts der Melodien, als auch der Zeit (Tempo, Rhythmus, Metrum), die sich mit visuellen Vorstellungen verbinden.

Zwischen der tonmalerischen Nachzeichnung von Wirklichkeitsbereichen und der musikalischen Nachgestaltung psycho-physischer Vorgänge gibt es zahlreiche fließende Übergänge. Ein deutliches Beispiel dafür ist die Verwendung signalhafter Wendungen, die bis in die Gegenwart in ungezählten Abwandlungen und Stilisierungen innerhalb von Werken der Vokal- und Instrumentalmusik erklingen. Dort, wo sie sich in ihrer musikalischen Gestalt und Instrumentierung sowie durch ihre musikdramaturgische Stellung deutlich aus dem musikalischen Zusammenhang herausheben, wie das Trompetensignal in Beethovens 2. und 3. Leonoren-Ouvertüre (1805/06), oder wo sie durch die Programmüberschrift exponiert sind, wie in Telemanns „Postillons“ aus seiner „Tafelmusik“ von 1733, sind sie eindeutig als tonmalerische Zeichen zu identifizieren. Andere signalhafte Wendungen sind dagegen weniger als Nachahmung akustischer Signale der Wirklichkeit zu begreifen denn als Exteriorisierung und Nachgestaltung emotional-gedanklicher Reaktionen und Impulse. Dies trifft auf zahlreiche Signale des 3. und 4. Satzes in Schostakowitschs 12. Sinfonie von 1961 zu, auch auf das signalhafte Kopfmotiv des 1. Satzes aus dem 1962 geschaffenen Konzert für Orchester von Günter Kochan oder auf die Signalmotivik der 1. Sinfonie Friedrich Goldmanns von 1972/73. Signale dieser Art zeichnen sich durch einen starken Appellcharakter aus.

Die Tatsache, daß Komponisten musikalische Signale und signalhafte Wendungen zur musikalischen Objektivierung ihrer psychischen Haltung, ihrer kommunikativen Absichten und Appelle für geeignet halten und mit Erfolg einsetzen, erklärt sich letzten Endes daraus, daß ihr Wirklichkeitsbezug sowohl auf ihrer Ähnlichkeit zu außermusikalischen Signalen mit ihren vielfältigen Appellfunktionen beruht wie auf ihrer im Laufe der historischen Entwicklung und durch musikalische Überlieferung und Übereinkunft gewonnenen emotional-gedanklichen „Aufladung“.

Die Entwicklung des musikalischen Rezeptionsverhaltens kann durch die Aneignung von musikalischen Kunstwerken, in denen der Komponist tonmalerische ikonische Zeichen eingesetzt und diese gegebenenfalls noch durch Überschriften konkretisiert hat, vielfältig gefördert werden.

Besonders Kinder des Vorschulalters und der Klassen 1 bis 6 verbinden das Hören von Musik gern mit der Vorstellung ganz bestimmter Bilder und Vorgänge aus ihrem kindlichen Erlebnis- und Erfahrungsbereich. (Wetlugina 1973, S. 131)

Vor allem aber bilden die durch Programme und Tonmalerei gegebenen Anhaltspunkte oft einen günstigen Einstieg für die Auseinandersetzung mit dem ästhetischen Gehalt und der emotional-gedanklichen Aussage des betreffenden Werkes der Instrumentalmusik. Fördernd wirkt sich dabei auch aus, daß tonmalerische Zeichen die sprachliche Formulierung von Höreindrücken erleichtern.

Vergleichende Untersuchungen zur Einbeziehung elementarer Improvisationen in den pädagogisch geführten Prozeß des Musikhörens in Klasse 3 konnten überdies eindeutig nachweisen, daß die elementar-improvisatorische und bewegungsmäßige Umsetzung bildhafter Vorgänge durch die Kinder in Vorbereitung oder auf der Grundlage eines entsprechenden Hörerlebnisses den phantasievoll-schöpferischen

Umgang mit dem Musikwerk, das Erkennen differenzierter Ausdrucks- und Bewegungsmerkmale sowie das musikalische Rezeptionsvermögen insgesamt fördert. (Förster 1980; vgl. 4.4.1. und 4.4.4.)
Eine Reihe von Erscheinungen und Vorgängen der Realität, wie Vogelgesang und die Bewegung des Wassers, Gewitter und Jagd, Schlachtenlärm und Maschinengeräusche (vgl. die Aufzählung auf S. 67), sind bevorzugt tonmalerisch gestaltet worden. Auf diese Weise sind vielfältige Vergleiche zwischen verschiedenen musikalischen Kunstwerken mit gleichem oder ähnlichem Sujet möglich. Derartige Gegenüberstellungen bereiten unseren Schülern Vergnügen, tragen zur Sensibilisierung ihrer musikalischen Wahrnehmung bei, fordern zur Wertung des unterschiedlichen Verhältnisses von Tonmalerei und Ausdrucksgehalt heraus und ermöglichen zugleich ein tiefes Eindringen in epochen- und gattungsspezifische sowie personalstilistische Besonderheiten musikalischer Gestaltung.
Schließlich sei auf die reichen Möglichkeiten spaßiger, humoristischer und grotesker Darstellung von Erscheinungen der Wirklichkeit mit Hilfe tonmalerischer Zeichen hingewiesen, von Leopold Mozarts „Musikalischer Schlittenfahrt" mit dem „vor Kälte zitternden Frauenzimmer" und seiner Kindersinfonie über Edvard Griegs „Zug der Zwerge" (1891) oder „Kobold" (1901) aus seinen „Lyrischen Stükken" und Camille Saint-Saëns' „Karneval der Tiere" (1886) bis zu Hanns Eislers Suite für Septett Nr. 1 op. 92a („Variationen über amerikanische Kinderlieder") von 1940, Paul Dessaus „Kratzbürste" aus seinem Quartettino (1955), Georg Katzers Geschichte mit Musik „Die Igeltreppe" (1971), Kurt Schwaens Kinderchor-Zyklus „Es war einmal eine Maus" (1976) und den in den siebziger Jahren entstandenen zahlreichen lustigen Instrumentalstücken für Kinder von Komponisten der Deutschen Demokratischen Republik, unter anderen von Andre Asriel, Gunther Erdmann, Günter Kochan, Rainer Lischka, Wolfgang Lesser, Gerd Natschinski und Bernd Wefelmeyer.[7] Werke dieses Inhalts sollten im Musikunterricht unserer Schulen noch stärker beachtet werden, wobei von der Mittelstufe an die Auseinandersetzung mit der Frage, auf welche Weise der Komponist den jeweiligen humorvollen, komischen oder grotesken Effekt erreichte, zunehmendes Gewicht erhalten könnte.
Außer den genannten übergreifenden, für alle Klassenstufen geltenden Gesichtspunkten ergeben sich bei der Arbeit mit Werken, die tonmalerische ikonische Zeichen enthalten, für die einzelnen Klassenstufen folgende Akzentuierungen:

Hinweise für die Klassen 1 und 2
Aufmerksames, konzentriertes Hören als übergreifende Aufgabenstellung für diese Klassen kann durch programmgebundene Instrumentalstücke mit tonmalerischen Elementen besonders gefördert werden. Die Motivation der Kinder hierfür ergibt sich bereits aus ihrer Neugier, ob die ihnen vertrauten Erscheinungen aus Natur und Umwelt in der musikalischen Umsetzung wiederzuerkennen sind. Auch für die musizierpraktische und bewegungsmäßige Nachgestaltung elementarer Bewegungs- und Ausdrucksmerkmale zum Zweck ihres Einprägens (auch unter Einsatz des Klingenden Schlagwerks), die für diese Klassenstufen vorgesehen ist, eignen sich

[7] Vgl. SCHOLA 875076 und NOVA 885136, „Musik von Großen für Kleine".

neben kleinen Tänzen und Märschen ebenfalls kleine Programmstücke mit tonmalerischen Elementen. Hierbei können die Kinder an eigene Erlebnisse und Erfahrungen aus ihren Spielen anknüpfen.
Als besonders geeignet erweisen sich in diesen Klassenstufen jene Stücke, deren Realitätsbezug den Komponisten zu einer betont rhythmischen Gestaltung veranlaßte, mit motorischen, überwiegend gleichbleibenden Rhythmen, zum Beispiel in Stücken, die die Bewegungen bestimmter Tiere oder der Eisenbahn nachahmen (Gunther Erdmann: „Hopp, hopp, ho", Günter Kochan: „Pionierexpreß" und andere).

Hinweise für die Klassen 3 und 4
Die für diese Klassenstufen vorgesehene Entwicklung eines Rezeptionsverhaltens, das durch Differenzierung von Rhythmen, Melodieverläufen, Motiven und Abschnitten in Verbindung mit deren sprachlicher Beschreibung bereits wesentliche Elemente analytischen Musikhörens enthält, erfordert die Einbeziehung von Hörbeispielen, die die kindliche Phantasie sowie zu vielfältiger eigener reproduktiver und auch improvisatorisch-produktiver Musiziertätigkeit anregen. Ähnlich wie in den vorangegangenen Klassenstufen sind dies neben Instrumentalstücken, die durch ihren Tanz- oder Marschcharakter als Bewegungsimpulse unmittelbar wirksam werden, solche Stücke, deren Wirklichkeitsbezug mittels Tonmalerei den Kindern einleuchtet, vertraut ist und sie zur eigenen Gestaltung anregt.
Dabei ergeben sich im Vergleich zu den vorangegangenen Klassenstufen folgende inhaltliche Erweiterungen:
- Es werden auch Stücke mit musikalisch gestalteten Handlungen angeeignet.
- Die in den Stücken dargestellten Menschen beziehungsweise personifizierten Tiere werden über ihre äußeren Merkmale hinaus auch in ihren charakteristischen Wesensmerkmalen erfaßt.

Stets handelt es sich um Stücke, deren musikalisch gestaltete Handlungen oder musikalische Charakterisierungen von den Schülern gedanklich, bewegungsmäßig-gestisch oder musizierpraktisch nachvollzogen bzw. antizipiert werden können.
Damit ist ein zunehmender Anteil improvisatorischer Tätigkeit möglich.
Als besonders effektiv zur Anregung von Improvisationen erweisen sich kurze Handlungsvollzüge, wie sie in Günter Kochans Szene für Pikkoloflöte und Tuba „Versteck" oder in Prokofjews „Peter und der Wolf" (unter anderem „Die Katze klettert auf den Baum", „Peter läßt das Seil herunter", „Die Jäger kommen") gegeben sind.
Bei der improvisatorischen Gestaltung kurzer Handlungsvollzüge und der Charakterisierung von Personen und Tieren kann der Vergleich der verschiedenen Improvisationsleistungen untereinander wie mit dem originalen Musikbeispiel in zunehmendem Maße für die Förderung des differenzierten Hörens genutzt werden. Daneben bestehen auch wirksame Möglichkeiten zum Vergleich von Hörbeispielen mit gleicher oder ähnlicher Thematik. Verglichen werden können:
- Saint-Saëns' „Elefant" mit Rainer Lischkas Klavierstück „Jumbo, der Elefant"[8],
- Hans Sandigs „Pony Hopp" mit Gunther Erdmanns „Hopp, hopp, ho",

[8] Enthalten in: R. Lischka: Allez hopp! Klavierstücke für Kinder. VEB Edition Peters, Leipzig 1973.

- unterschiedliche Bewegungs- und Ausdrucksgestaltung in Abhängigkeit von den charakterisierten Personen und Situationen: Peters Marschthema, Marsch der Jäger, Triumphmarsch aus Prokofjews „Peter und der Wolf“, Schumanns „Wilder Reiter“, Griegs „Marsch der Zwerge“ mit dem Lied und Ritt der Hexe aus Humperdincks Oper „Hänsel und Gretel“ („Hurr hopp, hopp, hopp...“).

Schließlich sind auch die Möglichkeiten musizierpraktischer Mitwirkung bei Programmstücken, wie Sandigs „Pony Hopp“ und „Storch Einbein“, zu nutzen.

Hinweise für die Klassen 5 und 6

In diesen Klassenstufen trägt Musik mit tonmalerischen Gestaltungsweisen zur Erfüllung der für das Musikhören gestellten Aufgaben in zweifacher Hinsicht bei: Sie unterstützt sowohl das zu entwickelnde strukturelle Hören größerer Instrumentalwerke wie auch ein differenziertes Erfassen des Ausdruckscharakters von Musik. Dabei geht es in diesen Klassenstufen beim Hören von Musikwerken mit tonmalerischen Zeichen zunehmend darum, daß die Schüler diese nicht als Selbstzweck, sondern in ihrer Funktion bei der Gestaltung emotional-gedanklicher Prozesse und Haltungen begreifen und werten. Zugleich sollte ihnen dabei deutlich werden, daß selbst tonmalerische Zeichen von akustischen Erscheinungen der Wirklichkeit nur in seltenen Fällen eine Kopie geben können.

Besonders eindringlich kann dies den Schülern bei der Aneignung der begleiteten Sololieder Franz Schuberts bewußtgemacht werden. Die wiederholten Achteltriolen in der Klavierbegleitung zum „Erlkönig“ weisen zwar deutlich auf den jagenden Lauf des Pferdes, zumal diese Vorstellung durch die Worte „Wer reitet...“ unterstützt beziehungsweise angeregt wird, sind aber zugleich und vor allem Ausdruck der inneren Unruhe des Vaters, wobei beim Hörer auch Assoziationen zu einem angstvoll klopfenden Herzen entstehen können. Auch das Rauschen der Zweige in Schuberts „Der Lindenbaum“, dargestellt durch auf- und abwärts wogende Sechzehnteltriolen, kennzeichnet zugleich lebhafte innere Bewegung des einsamen Wanderers. Wichtig ist jeweils die konzentrierte Wahrnehmung sowie die Beschreibung des musikalischen Vorgangs durch die Schüler, was seine mehrfache klangliche Darbietung voraussetzt. Dies gilt besonders für die plastische musikalische Darstellung der blitzschnellen, nach oben schießenden Bewegungen des Fischleins im Lied „Die Forelle“ (schnell aufwärts geführte Sextolen mit Akzent auf dem Spitzenton cis′′ beziehungsweise a, zuerst chromatisch gleitend, plötzlich in großem Intervall auf den Spitzenton springend). Besonders hier bietet es sich an, die Schüler die plastische musikalische Darstellung in eine kleine graphische Skizze umsetzen zu lassen (mit Punkten, Strichen, Kurven). Auf der Grundlage intensiver Wahrnehmungsleistungen ist es bereits in diesen Klassenstufen möglich, den Schülern die übergreifende Funktion des ikonischen Zeichens in einer der Altersstufe gemäßen Weise bewußtzumachen: Diese Bewegung versinnbildlicht Fröhlichkeit, Übermut und zugleich Drang nach Freiheit.

Eine hervorragende Möglichkeit, das Musikerleben in Verbindung mit dem Erfassen tonmalerischer Zeichen zu vertiefen, bietet sich bei der Erschließung von Smetanas sinfonischer Dichtung „Die Moldau“. Auch hier muß das Klangbild zunächst zu dem dargestellten Wirklichkeitsbereich in Beziehung gesetzt werden. Nicht vernachlässigt werden sollten dabei die durch Tonmalerei besonders differenziert gestalteten Übergänge, das Sich-Nähern, Entfernen und Verklingen.

So hat Smetana in der Partitur sehr genau das Hinzutreten der zweiten Quelle vermerkt („Die zweite Quelle der Moldau“) und musikalisch verwirklicht, indem er erst hier (von Takt 16 an) die Sechzehntelbewegung zweistimmig führt. Eine entsprechende Höraufgabe sollte darauf orientieren.

Für die folgenden musikalisch dargestellten Ereignisse ist bezeichnend, daß sie in unterschiedlicher und sich verändernder Distanz zum „Betrachter“ gestaltet sind: so das Entschwinden der „Waldjagd“ (diminuendo bis zum *pp*), das schnelle Näherkommen der Bauernhochzeitsmusik und ihr sehr allmähliches Verklingen (sowohl durch *diminuendo* bis zum *ppp* wie durch Reduzierung der Besetzung auf Streicher in tiefer Lage mit immer weniger Tönen), schließlich das Entschwinden der Moldau selbst. Eine Orientierung auf die musikalische Darstellung dieser Übergänge trägt wesentlich dazu bei, daß die Schüler die reichen und differenzierten Möglichkeiten der Musik zur Gestaltung von Prozessen auch beim Hören anderer musikalischer Kunstwerke intensiver erleben.

Auch eine andere spezifische Eigenschaft der Musik – die sie unter anderem von der Literatur unterscheidet – kann am Beispiel der tonmalerischen Darstellung dieser sinfonischen Dichtung besonders präzise von den Schülern erkannt und erlebt werden: ihre Fähigkeit, verschiedene Wirklichkeitsbereiche gleichzeitig abzubilden. Dies betrifft die Präsenz der dahinfließenden Moldau auch dort, wo gleichzeitig andere Bilder musikalisch gestaltet werden, mit Ausnahme des der Bauernhochzeit gewidmeten Abschnitts. (Warum wird ihr Fließen hier nicht musikalisch dargestellt? Ist das Zufall, oder soll der Zuhörer/Betrachter hier ganz in das fröhlich-pulsierende Leben und Treiben der Menschen einbezogen werden?) Im Abschnitt „Mondschein – Nymphenreigen“ gestaltet die Musik gleich drei Prozesse gleichzeitig: den Nymphenreigen, die Bewegung der Moldau und von Takt 210 an „stolze Burgen, Schlösser und ehrwürdige Ruinen“ (Smetana 1954, S. 316).

Indem die Schüler dazu geführt werden, dieses Werk als Ausdruck der Liebe Smetanas zu seiner Heimat, als Bekenntnis zum tschechischen Volk und seiner stolzen Vergangenheit und als Beitrag zur Stärkung des tschechischen Nationalbewußtseins zu begreifen, erfahren sie zugleich, daß tonmalerische Zeichen über ihre illustrierende Funktion hinaus zur Gestaltung emotional-gedanklicher Prozesse und einer übergreifenden ideelichen Aussage beitragen können.

Hinweise für die Klassen 7 und 8

In diesen Klassenstufen, in denen es darum geht, das Erleben musikalischer Werke durch den Erwerb von Kenntnissen über ihre historisch-gesellschaftliche Funktion und Wirksamkeit zu vertiefen, gewinnt ein Zeichen besonders an Bedeutung: das vokal oder instrumental gestaltete Signal. Sein ikonischer Zeichencharakter besteht in der Nachahmung eines meist von Trompeten oder Hörnern geblasenen Signals, das außerhalb musikalischer Strukturen zur Übermittlung unterschiedlicher Botschaften verwendet wird: als Kampfansage, Warnung, Ankündigung eines wichtigen Ereignisses, Aufruf, als Jagdsignal. Bei der musikalischen Nachahmung dieser Signale zum Zwecke ihrer Integrierung in vokale oder instrumentale Strukturen werden wesentliche Qualitäten ihrer prägnanten, knappen Erscheinungsform übernommen: Dreiklangsmelodik, Quart- und Quintintervallik, markante, oft punktierte rhythmische Gestaltung, scharfe Akzentuierung, bei Instrumentalmusik häufig Besetzung durch Blechbläser.

Das in Liedern und Instrumentalwerken für die Klassen 7 und 8 enthaltene musikalische Signal erfüllt folgende Funktionen:

- Es ist kämpferischer Aufruf, Appell oder Schwur, so in der Marseillaise, in Paul Dessaus „Thälmann-Kolonne“ (bei den Worten „... wir kämpfen und siegen für dich“), in Louis Fürnbergs „Du hast ja ein Ziel vor den Augen“ oder in Joachim Werzlaus „Weil wir jung sind, ist die Welt so schön“ (diese Melodie enthält viermal das gleiche, zweimal das etwas abgeänderte Signalmotiv).
- In Ernst H. Meyers „Mansfelder Oratorium“ ist das einleitende, oftmals wiederholte Trompetensignal Ausdruck der Kraft des Volkes, das sich gegen Unterdrükkung auflehnt. Auch das Signalmotiv des ersten Themas aus Beethovens Klaviersonate op. 10 Nr. 1, 1. Satz, hat die Funktion einer aufbegehrenden Geste.
- Das Hupsignal während der 5. Strophe von Dessaus und Brechts „Friedenslied“ bei den Worten „Friede den New-Yorker Schoffören“ unterstreicht die Friedensmahnung.
- Das als zweites Thema in Schostakowitschs 2. Klavierkonzert, 1. Satz, erklingende Signal ist Ausdruck jugendlicher Unbekümmertheit.
- Die Jagdsignale in Webers „Freischütz“, vor allem in seinem „Jägerchor“, stehen für das freie, fröhliche Jägerleben und symbolisieren die Liebe zur Natur.

Die angeführten Beispiele lassen erkennen, daß das musikalische Signal gleichzeitig ikonisches und symbolisches Zeichen sein kann.

Die Aufgabe bei der pädagogischen Führung des musikalischen Rezeptionsprozesses besteht in jedem Falle darin, die starke Eindringlichkeit und Prägnanz, die das musikalische Signal auszeichnet, in ihrer rezeptionsleitenden Funktion wirksam werden zu lassen und, hiervon ausgehend, die zumeist bedeutsame Aussage des Signals und seinen Anteil am Gesamtanliegen des Werkes zu erschließen.

In Klasse 8 hören die Schüler mit dem Melodram der Wolfsschluchtszene aus Webers „Freischütz“ einen Werkausschnitt, in dem es dem Komponisten darum geht, den hier vorgeführten Kugelguß und die übrigen, ihn begleitenden unheimlichen Bühnenvorgänge tonmalerisch zu illustrieren und damit das Schauerliche des szenischen Geschehens durch entsprechende Musik noch zu verstärken. Auf diese Weise erleben die Schüler hier eine dichte, ununterbrochene Folge eindrucksvoller musikalischer Nachzeichnungen von sichtbaren und hörbaren Bühnenvorgängen. Um das Verfolgen der Vorgänge zu erleichtern und das Vergnügen an ihrer musikalischen Nachzeichnung zu vertiefen, sollten den Schülern die Regieanweisungen des Komponisten, die sich auch in der Musik widerspiegeln, in Kurzform zur Kenntnis gegeben werden, indem sie von einem Sprecher (Lehrer oder Schüler) vor dem jeweiligen musikalischen Abschnitt[9] zitiert werden:

1. Die Masse in der Gießkelle fängt an zu zischen.
2. Waldvögel flattern unruhig umher.
3. Ein schwarzer Eber jagt vorüber.
4. Ein Sturm erhebt sich und bricht die Wipfel der Bäume.
5. Rasseln, Peitschenknall und Pferdegetrappel.
6. Wilde Jagd mit Wiehern und Hundegebell.
7. Die Gewitter treffen furchtbar zusammen.[10]

[9] Eventuell zunächst auf dem Klavier darbieten, um die für das ausdrucksvolle Sprechen der Regieanweisungen notwendige Zeit gewinnen zu können.

[10] Vgl. auch die im Abschnitt 2.2.4. angeführte Variante zur Erarbeitung der Wolfsschluchtszene.

Je nach den Voraussetzungen der Klasse ist es auch möglich, die Aufgabe zu erteilen, eigene Vorstellungen zur musikalischen Umsetzung einzelner Szenen zu entwickeln und diese eventuell selbst zu realisieren. Eine solche Möglichkeit bietet sich deshalb an, weil sich diese Regieanweisungen auch mit einfachen Mitteln musikalisch umsetzen lassen: zum Beispiel Sturm durch Pfeifen und Zischen, Pferdegetrappel durch Triolenfiguren auf Röhrenholztrommel oder Xylophon, Donner durch Rütteln dünner Bleche. Die Realisierungsversuche können als individuelle Hausaufgaben einzelner Schüler oder Schülergruppen entwickelt, auf ihrem Kassettenrecorder aufgenommen und im Unterricht vorgeführt werden.
Das nachfolgende Hörerlebnis der Musik Webers wird auf diese Weise vertieft und die sich anschließende Diskussion infolge der bestehenden Vergleichsmöglichkeiten bereichert. Hierbei geht es vor allem darum, daß die Schüler erkennen, auf welche Weise es Weber gelingt, die szenisch vermittelten Vorgänge musikalisch zu verdeutlichen und auf diese Weise das Walten der finsteren Mächte um so eindringlicher zu gestalten.

Hinweise für die Klassen 9 und 10
In den für das Musikhören dieser Klassen vorgesehenen musikalischen Kunstwerken sind tonmalerische ikonische Zeichen relativ wenig vertreten. Dafür ist es möglich, die zuvor gewonnenen Einsichten in die Möglichkeiten und Grenzen der Musik, Erscheinungen der Wirklichkeit tonmalerisch nachzuzeichnen, zu vertiefen.
In Verbindung damit kann den Schülern insbesondere verdeutlicht werden, welche Bedeutungsfunktion tonmalerische ikonische Zeichen durch ihre Stellung innerhalb des Gesamtzusammenhangs eines musikalischen Kunstwerkes über ihre malende Funktion hinaus einnehmen können. So tragen die im 9. Abschnitt von Paul Dessaus Melodram „Lilo Herrmann“ mittels Flöte und Viola illustrierten Spritzer der Saale, die Lilos Stirn bei ihrer Überführung ins Zuchthaus Plötzensee treffen, dazu bei, dem Hörer Lilo Herrmanns Liebe zu ihrer Heimat mit ergreifender Unmittelbarkeit zu verdeutlichen. Dies ist nur möglich durch den spezifischen Kontext, in dem dieses Zeichen erklingt, und weil Dessau mit tonmalerischen Zeichen äußerst sparsam umgeht, so daß diese musikalische Illustration dadurch besonderes Gewicht erhält.
Eine gänzlich andere Funktion besitzt das Oktavmotiv aus Telemanns „Postillons“, das tonmalerische Zeichen eines Posthornsignals. Der unmittelbare Wirklichkeitsbezug dieses tonmalerischen Zeichens ist hier kaum noch von Belang, dafür aber seine struktur- und damit auch ausdrucksbestimmende Funktion innerhalb des munteren Rondos: erstens konstituiert sich das Rondothema fast ausschließlich aus dem mehrfach wiederholten Signalmotiv, und zweitens erklingt das Rondothema selbst viermal innerhalb dieses kurzen Stückchens, so daß die lustig wirkende Penetranz des vielfach ertönenden Oktavsignals die Fröhlichkeit des Satzes wesentlich bestimmt.
Auch die Aneignung des 1. Satzes von Joseph Haydns „Lerchenquartett“ op. 64 Nr. 5 kann Einsichten in die Möglichkeiten und Grenzen tonmalerischer Zeichen und ihre aus dem musikalischen Kontext erwachsende Bedeutungsfunktion vertiefen. Ungeachtet dessen, daß die Bezeichnung „Lerchenquartett“ wahrscheinlich nicht vom Komponisten stammt, trifft sie doch das Wesen von Gestalt und Ausdruck des ersten Themas und ist daher auch geeignet, den Zugang zu diesem Werk

zu fördern. Da sich Haydns enge Naturverbundenheit auch in seinen großen Oratorien „Die Schöpfung“ und „Die Jahreszeiten“ niederschlug, inspirierten ihn offenbar auch hier Natureindrücke zu diesem lieblichen Thema. Es ist jedoch weit mehr als eine Nachahmung des Gesangs und Aufsteigens der Lerche, vor allem durch die weit ausladende melodische Geste der ersten vier Takte, die ein Gefühl des Überschwangs von Freude, Glück, auch Sehnsucht nachgestaltet, das in den folgenden vier Takten durch Höhersequenzierung noch gesteigert wird und im abwärts sequenzierten Nachsatz sanft ausschwingt. Diese vollendete Schönheit und Ausgeglichenheit des Themas, in dem sich Natur- und Lebensgefühl des Komponisten zugleich widerspiegeln, mag Haydn auch dazu veranlaßt haben, es entgegen den Gepflogenheiten bei der Gestaltung des Sonatenhauptsatzes bereits vor der eigentlichen Reprise in einer verkürzten zusätzlichen Reprise vollständig erklingen zu lassen.

Vielfältige Beispiele für die Verwendung tonmalerischer Zeichen, die zugleich menschliche Haltungen zum Ausdruck bringen, bietet die Arie des Simon aus Haydns „Jahreszeiten“: Nachahmung des fröhlichen Schrittes des Landmannes im Fagott, seines Pfeifens durch Zitieren des Variationsthemas aus der Sinfonie „Mit dem Paukenschlag“ in den Holzbläsern und 1. Violinen, der von ihm zu durchschreitenden „langen Furchen“ und seines „abgemeßnen Ganges“ in der Singstimme sowie des kraftvollen Samenauswerfens im Forte der Streicher-Zweiunddreißigstel.

Als besonders eindrucksvoll erweist es sich, vor der Erschließung des „Chores der Landleute“ das ihm vorausgehende Rezitativ „Seht, wie der strenge Winter flieht!“ den Schülern darzubieten. Hier erleben die Schüler, wie der Komponist musikalische Zeichen einerseits für die Nachahmung von Naturerscheinungen, andererseits für die Nachgestaltung psycho-physischer Vorgänge einsetzt.

Ausgangspunkt der Betrachtung kann der Text des Rezitativs sein, aus dem die Schüler die angeführten Bewegungen und Erscheinungen der Natur benennen, die von der Musik nachgeahmt werden können, wobei auch Vermutungen zur musikalischen Umsetzung geäußert werden.

Im vorbereitenden Unterrichtsgespräch werden vom Lehrer diejenigen Textstellen (Tafelbild), die von Haydn tonmalerisch gestaltet sind, unterstrichen (hier *kursiv* gesetzt); Hannes Worte erhalten keine Unterstreichung:

Simon: Seht, wie der strenge *Winter flieht!*
Zum fernen Pole zieht er hin.
Ihm folgt auf seinen Ruf
der wilden Stürme brausend Meer
mit gräßlichem Geheul.
Lukas: Seht, wie *vom schroffen Fels der Schnee*
in trüben Strömen sich ergießt!
Hanne: Seht, wie von Süden her,
durch laue Winde sanft gelockt,
der Frühlingsbote streicht!

Damit wird die Aufmerksamkeit der Schüler sowohl auf die tonmalerischen Zeichen des Rezitativs wie vor allem auf die Frage konzentriert, wie Haydn die Ankunft des Frühlings gestaltet: Sie wird schon vor Hannes Worten durch plötzliche Verlangsamung des Tempos (Adagio) und sanft abwärts geführte Tonschritte der

Holzbläser vorbereitet, die dann von der den Frühling ankündigenden hohen Sopranstimme übernommen werden.
Die Schüler erkennen: Dort, wo Haydn in erster Linie die Freude über die Ankunft des Frühlings zum Ausdruck bringen will, es ihm also nicht mehr um die Nachahmung von Bewegungen der Natur, sondern um „innere Bewegungen" geht, verzichtet er auf Tonmalerei. Diese musikalisch gestaltete psychische Bewegung wird hier gerade dadurch hervorgehoben und unmittelbar wirksam, weil sich dieser Abschnitt mit dem Verzicht auf tonmalerische Zeichen deutlich von den vorhergehenden unterscheidet.
In ähnlicher Weise können den Schülern auch Ausschnitte aus Telemanns Kantatenzyklus „Die Tageszeiten" in ihrer sinnreichen und beeindruckenden Verbindung – oder auch Gegenüberstellung – der Nachahmung von Naturerscheinungen und der Nachgestaltung psychischer Reaktionen zum Erlebnis werden. Für eine Darbietung und Erschließung eignet sich unter diesem Gesichtspunkt besonders der von Tenorsolo und Chor gestaltete dritte Teil „Der Abend".

3.3. Musikalische Nachgestaltung psycho-physischer Vorgänge

Wir konnten an Hand einiger Beispiele musikalischer Kunstwerke die enge Verbindung zwischen der Nachahmung akustischer, visueller und bewegungsmäßiger Erscheinungen aus Natur und Umwelt und der Gestaltung psychischer Vorgänge verdeutlichen. Diese Verbindung besteht in doppeltem Sinne. Erstens haben alle ikonischen wie auch alle symbolischen musikalischen Zeichen auf ihre spezifische Weise und vor allem durch die Art ihrer Verknüpfung und gegenseitigen Durchdringung teil an der Konstituierung des emotional-gedanklichen Gesamtanliegens eines musikalischen Kunstwerkes (vgl. 3.1.).
Zweitens – so formulierte es ein Komponist aus seiner Sicht – sind „die Gestalten, Bewegungen, Farb-, Helligkeits-, dynamische und andere Eindrücke, die wir aufnehmen und die in der Musik wiedererscheinen, ... nicht leere oder abstrakte Schemen, die sich mechanisch mit Hilfe unserer Sinne in uns ‚einzeichnen', ... sondern sie leben – leben in und durch Emotionen... Die aufgenommenen Sinneseindrücke erscheinen in der Musik immer in emotionaler Funktion, wobei das emotionale Element gering oder stark sein kann. Selbst ein einzelner ausgehaltener Ton oder eine kleine, flüchtige Bewegungsgestalt kann in uns eine Reaktion auslösen, die (obwohl irgendwie an sensuell Aufgenommenes anknüpfend) sofort zu gehobenen, allgemeinen und oft sehr starken Affekten oder Stimmungen führt, die unter Umständen so intensiv sein können, daß sie in rein physische Wirkungen umschlagen..." (E. H. Meyer 1952, S. 36f.)
In diesem Zusammenhang weist Ernst H. Meyer, Bezug nehmend auf die trotzige musikalische Gebärde des „Sich-Aufbäumens" in den ersten Takten von Beethovens Coriolan-Ouvertüre, darauf hin, „daß ja die Erscheinungsform von Gefühlen, besonders von Affekten, selbst eine belebte und beseelte ‚Gestalt' sein kann" (ebenda, S. 37):

Die Erscheinungsform, die „Gestalt“ eines psycho-physischen Vorgangs selbst kann also in der Musik „Gestalt“ annehmen, kann von ihr nachgestaltet werden. Eine solche musikalische Nachgestaltung psycho-physischer Vorgänge, die besonders plastisch und eindrucksvoll im Bereich der Dynamik, des Rhythmus und der Klangfarbe vollzogen werden kann, vermag auf den Hörer unmittelbar und spontan zu wirken und in ihm elementare Gefühle der Erregung und Beruhigung, der Spannung und Gelöstheit hervorzurufen, die eng mit entsprechenden organischen Reaktionen (vgl. 2.2.2.1.) verbunden sind. Musikalische Zeichen dieser Art sind konstitutiver Bestandteil jeder Art von Musik und gehören zu den ältesten Ausprägungen musikalischer Kommunikation. Ihre Vorformen, von Knepler als „biogene“ Elemente bezeichnet (wegen ihrer mutmaßlichen Herkunft von biologischen Vorgängen), reichen wahrscheinlich bis in das sogenannte Tier-Mensch-Übergangsfeld zurück. (Knepler 1980, S. 92)[11]
Die bei der Rezeption musikalischer Zeichen, durch die psycho-physische Vorgänge nachgestaltet werden, ausgelöste spontan-affektive Beeindruckung (vgl. 2.2.2.1.) bildet nicht nur eine wichtige Vorstufe, sondern zugleich Voraussetzung und Bestandteil jedes persönlichkeitswirksamen Musikerlebnisses. Es gilt daher, die Bedingungen ihres Zustandekommens auch von der Seite des musikalischen Kunstwerkes zu beleuchten. Ikonische musikalische Zeichen, die psycho-physische Vorgänge nachgestalten, sind von musikalischen Phänomenen, die erst auf Grund historischer Entwicklung und Übereinkunft mit bestimmten Bedeutungen „aufgeladen“ wurden, oft nur schwer abzugrenzen; bezeichnend dafür sind unter anderem Gestalt und Funktion des musikalischen Signals, wie im vorangegangenen Abschnitt nachgewiesen werden konnte. Dennoch erscheint es möglich, ausgehend von den beobachteten Wirkungen musikalischer Kunstwerke unterschiedlicher Epochen auf junge Hörer, zumindest vier deutlich unterscheidbare Arten der Ausprägung dieser Zeichen zu benennen.

Plötzlich eintretende, exponierte Klangereignisse

Die unmittelbar erregende Wirkung kann sich bei diesen musikalischen Zeichen sowohl aus dem frappierend Neuen des Klanggeschehens als auch aus der Gegensätzlichkeit zum vorangegangenen Verlauf ergeben. Die Skala der Bedeutungen ist sehr weit: sie reicht vom beabsichtigten scherzhaften Überraschungseffekt, wie in Haydns Paukenschlag-Sinfonie, und von der Lust am Experimentieren mit neuen klanglichen Möglichkeiten bis zu explosiven Kontrastereignissen als musikalische Reflexion gesellschaftlich bedeutsamer Zusammenhänge und revolutionärer Umgestaltung (Bimberg 1981, S. 195f.), wie etwa im Konzert für Klavier und Orchester

[11] Vgl. zu diesem Abschnitt auch Bierwisch (1978).

von Siegfried Matthus (1970). Auf jeden Fall gilt es, den besonders starken Sinnenreiz derartiger exponierter Klangereignisse für die Erschließung des Werkes voll wirksam werden zu lassen. So kann das Schlagzeug-Solo gegen Schluß des „Capriccio 71“ für großes Orchester von Karl Ottomar Treibmann (NOVA 885158), den Schülern anfangs als Werkausschnitt dargeboten, den Ausgangspunkt für eine Verständigung über das Anliegen der gesamten Komposition bilden, die in neuer klanglicher und rhythmischer Gestaltungsweise von Lebensfreude, Übermut und Aktivität vor allem junger Menschen eindrucksvoll kündet (vgl. 4.5.3.).
Entsprechend vermag eine Orientierung der Schüler auf das als Glissando-Signal exponierte B-A-C-H-Motiv[12] in Friedrich Goldmanns 1. Sinfonie von 1972/73 das bewußte Hören und Werten auch dieser Musik zu erleichtern und zu fördern, indem dieses Motiv zuvor herausgelöst und kommentiert wird.

Musikalische Ereignisse von besonderer Klangfülle und Lautstärke sowie mit weitem Ambitus

Es gibt eine Reihe von Werken, mit deren Resonanz bei Schülern spätestens zu Beginn des Jugendalters (vom 14. Lebensjahr an) gerechnet werden kann und die sie von sich aus zu fesseln vermögen. Hierzu gehören J. S. Bachs Toccata und Fuge in d-Moll (BWV 565), Tschaikowskis b-Moll-Klavierkonzert, 1. Satz (vor allem dessen erster Teil), Chopins c-Moll-Etüde op. 10 Nr. 12 und der 4. Satz von Beethovens 5. Sinfonie. Es sind dies durchweg Werke von großer Klangfülle und -intensität. Diese Erscheinung entspricht der in den letzten Jahren hervorgetretenen Vorliebe unserer Jugendlichen für die Klangfülle und den Klangfarbenreichtum von Orgelmusik.
Die klangliche Gewalt und Eindringlichkeit solcher Musik löst bei jugendlichen Hörern unmittelbare psychisch-physische Reaktionen aus. Je nach Erfahrung ordnen sie das Gehörte in Ausdrucksbereiche des Machtvollen, Majestätischen, Sieghaften oder auch des Freiheitsdranges, der Kampfbereitschaft ein. Die Praxis lehrt, daß auch bei Werken, die auf Grund ihrer komplizierten Struktur gespannte Aufmerksamkeit erfordern, eine anfängliche Hinwendung zu Abschnitten, die die gekennzeichneten Eigenschaften aufweisen, den gesamten Aneignungsprozeß günstig beeinflußt. So wurden zum Beispiel bei der Erarbeitung von Eislers Lenin-Requiem zunächst der kraftvolle Chorhymnus des Finales, von Dessaus Orchesterwerk „In memoriam Bertolt Brecht“ das von Trompeten und Posaunen intonierte „Geschäftslied“ der Courage, Kernstück des Werkes, dargeboten, wodurch das einem kurzen auswertenden und orientierenden Unterrichtsgespräch folgende Hörerlebnis des Gesamtwerkes sowie die anschließende Analyse an Intensität gewannen. Hierbei überraschte die starke emotional-gedankliche Hinwendung der Schüler zu dem jeweiligen Gegenpol der anfangs gehörten Ausschnitte, zu den verhaltenen, gedankenschweren Teilen. Eine entsprechende emotionale Zuwendung unserer Schüler der Klasse 8 kann nach dem Hören des temperamentvollen 1. Satzes von Schostakowitschs 2. Klavierkonzert zum besinnlichen, lyrischen 2. Satz beobachtet werden.

[12] Das Motiv erfüllt als Anagramm zugleich die Funktion eines symbolischen Zeichens (vgl. S. 95).

Betonte rhythmisch-metrische Gestaltung, insbesondere vitale Motorik, die über längere Zeit beibehalten wird, fesselt den jugendlichen Hörer unmittelbar, indem sie teil- oder ganzkörperlichen Mitvollzug oder dessen Vorstellung provoziert. Was durch diese musikalische Erscheinung an den Hörer übermittelt wird, ist zumindest – auch unabhängig vom musikalischen Kontext – ein allgemeiner Zustand der Erregbarkeit beziehungsweise der Erregungsbereitschaft (Knepler 1980, S. 101), der besonders eng mit organischen Gefühlen verbunden ist und auf sie einwirkt (vgl. 2.2.2.1.)[13]. Diese für die Zuwendung zum Beat und zu anderen Formen der Popmusik ausschlaggebende faszinierende Wirkung sollte auch dort beachtet werden, wo eine solche rhythmisch-metrische Gestaltung nicht das vorherrschende Moment ist, aber über die Identifizierung mit ihr zum Verständnis auch anspruchsvollerer oder ungewohnter musikalischer Gestaltungsweisen und Inhalte vorgedrungen werden kann. Das zeigt sich etwa bei einer musizierpraktischen Vorwegnahme oder Reproduktion des überwiegend ostinaten Rhythmus der begleitenden Streicher aus dem 4. Satz des Violinkonzerts von Siegfried Matthus (1968):

Andante

oder:

Sie führt dazu, daß die Schüler den weit ausschwingenden melodischen Gestus der Solovioline und seinen besinnlichen Ausdruck intensiver erleben.

Bei Werken mit tänzerischen und ostinaten Rhythmen ist ein spontaner Mitvollzug durch die Schüler (Taktschlagen, Tupfen der Schwerpunkte) stets als ein Zeichen aktiven Musikerlebens zu werten; bei komplizierterer rhythmisch-metrischer Gestaltung erweist es sich mitunter als günstig, die Schüler ausdrücklich dazu anzuregen. So werden Musikwerke mit abschnittweisem Wechsel mehrerer vitaler ostinater Rhythmen von den Schülern besser erfaßt, wenn sie den jeweiligen Taktschwerpunkt teilkörperlich markieren. Das trifft für den 3. Satz des 2. Klavierkonzerts (1957) von Schostakowitsch zu, dessen überschäumende Vitalität und Lebensfreude mit seinem abschnittweisen Wechsel von Galopp-Rhythmen (im $^{2}/_{4}$-Takt) und einem von russischer Volksmusik inspirierten Tanz (im $^{7}/_{8}$-Takt) sich auf diese Weise den Schülern psychisch und physisch vermittelt:

1. Thema

[13] Knepler verwendet hierfür den Begriff „Einstimmung" im Sinne der „Übertragung eines emotiven Zustandes", im elementarsten Falle des eigenen, auf andere Lebewesen (1977, S. 584).

2. Thema

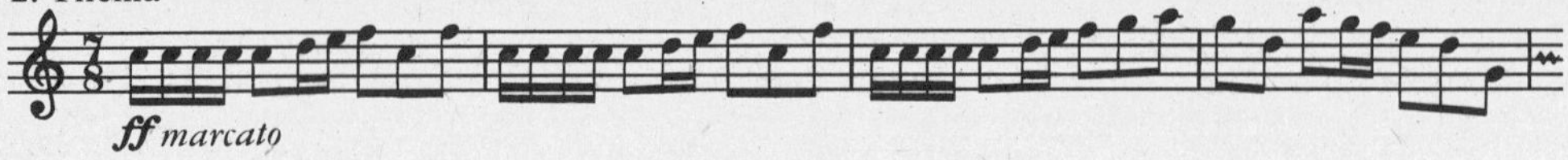

Steigerung in Klangvolumen, Tempo und Tonhöhe

Die unmittelbare Wirkung dieser musikalischen Erscheinungen erklärt sich aus der Korrespondenz zwischen Steigerung (oder Zurücknahme) in Klang und Tempo und psychischen Erregungsprozessen, die sich physiologisch in Atem- und Pulsbeschleunigung (oder -verlangsamung), zugleich auch in entsprechend lebhafter (oder ruhiger) werdenden Gesten und Körperbewegungen äußern können. Dies kann unter anderem bei Klangbeispielen wie Schostakowitschs 7. Sinfonie (Variationsteil des 1. Satzes), im Übergang vom 3. zum 4. Satz seiner 12. Sinfonie, ferner im Orchester-Crescendo von Ravels „Bolero" oder beim Übergang zum Finale von Beethovens 5. Sinfonie beobachtet werden.
Der starke Eindruck derartiger musikalischer Verläufe ermöglicht beziehungsweise erleichtert in Verbindung mit der Kennzeichnung der wesentlichen Gestaltungsmittel im allgemeinen auch eine Verständigung über das Bedeutungsfeld dieser musikalischen Zeichen und seine Verbalisierung. Bei den angeführten Beispielen kommt es zu Umschreibungen, wie „Verschärfung des Kampfes", „Zusammenschluß aller Kräfte", „Anstreben eines Ziels", „Überwindung von Schwierigkeiten", „Freudentaumel". Entsprechendes gilt auch für klangliche und tempomäßige Zurücknahme, etwa im Finale von Prokofjews 7. Sinfonie, wo sie als Ausdruck des Träumens, der Besinnung erfaßt wird.
Im allgemeinen tritt gegenwärtig im Musikunterricht bei analytisch erschließenden Aufgabenstellungen die Orientierung unserer Schüler auf übergreifende dramaturgische Zusammenhänge zurück zugunsten des Erfassens von Motiv und Thema sowie deren Entwicklung, das heißt auf kleinere musikalische Einheiten. Schränkt dies mitunter schon das Erlebnis sinfonischer Werke der Klassik ein, so bleibt der ideologisch-ästhetische Gehalt zeitgenössischer Instrumentalwerke auf diese Weise unseren Schülern weitgehend verschlossen, da Motiv und Thema hier – wenn überhaupt präsent – gegenüber größeren Einheiten in ihrer Bedeutung zurücktreten. Außer exponierten, plötzlich und überraschend auftretenden Klangereignissen einschließlich explosiver Kontrastierungen oder Abschnitten, die sich durch besondere Klangfülle und dynamische Kraft auszeichnen, sind es daher vor allem Steigerungen (und Zurücknahmen), auf die der Lehrer im Prozeß der Erschließung von zeitgenössischer Sinfonik orientieren sollte.
Unter diesem Gesichtspunkt erwies sich unter anderem Günter Kochans 2. Sinfonie (1968) als gut geeignet, Schüler einer Arbeitsgemeinschaft Musik (von Klasse 7 an) mit zeitgenössischer Instrumentalmusik vertraut zu machen. Der zweite Teil dieses einsätzig gestalteten Werkes[14] setzt mit einem kurzen und fröhlichen, vom Fagott vorgetragenen Thema ein, dem neun ebenso knappe Variationen folgen, in denen jeweils ein neues Instrument hinzutritt und die Steigerung mitbewirkt:

[14] Dieser zweite Teil kann auch als in sich abgeschlossener Abschnitt, losgelöst vom Gesamtwerk, dargeboten werden. Schallplatte NOVA 885002.

Die 9. Variation, mit Schlagzeug, ist der Höhepunkt; es folgt – als Zurücknahme – die Wiederholung des Themas durch das Fagott.

Hinweise für die Klassen 1 bis 6

In den *Klassen 1 bis 4,* in denen das Erfassen charakteristischer musikalischer Bewegungs- und Ausdrucksmerkmale zu einem beträchtlichen Teil an kleinen Märschen und Marschliedern, Tänzen und Tanzliedern erfolgt, sollte der aktive Umgang mit diesen Stücken und Liedern vielfältige Ausprägung erfahren. Das erfordert vor allem die Einbeziehung variantenreicher musizierpraktischer Tätigkeit der Schüler in den Rezeptionsprozeß einschließlich gestischer und pantomimischer Nachvollzüge sowie elementarer Improvisation, wie es im 4. Kapitel eingehend dargestellt ist.
Diese Tätigkeitsführung fördert auch in den *Klassen 5 und 6* das Erlebnis der für das Hören bestimmten musikalischen Kunstwerke mit tänzerischen und ostinaten Rhythmen. Darüber hinaus kann in diesen Klassenstufen beim Erschließen einiger Hörbeispiele bereits von anderen Erscheinungsformen der musikalischen Nachgestaltung psycho-physischer Vorgänge und entsprechenden Beeindruckungen der Schüler ausgegangen werden. So enthalten mehrere Hörbeispiele plötzlich eintretende, überraschende Klangereignisse. Dies gilt nicht nur für den Fortissimo-Akkord in Haydns Sinfonie „Mit dem Paukenschlag" (Klasse 6, Stoffeinheit 7); dieser kann jedoch die Schüler auf die Beantwortung der Frage orientieren, welche anderen musikalischen „Überraschungen" Haydn in diesem schönen Satz bereithält. Als überraschendes, plötzlich eintretendes Klangereignis wird von den Schülern zumindest die zweite Variation mit der im Fortissimo vorgetragenen Mollvariante des Themas empfunden, oft auch die kurz darauf erfolgende plötzliche dynamische Zurücknahme (Thema *piano* sowie in der Mediantonart As-Dur) und der zarte solistische Übergang der 1. Violine zur dritten Variation. Auf jeden Fall ergibt eine solche Fragestellung reiche Möglichkeiten, ausgehend von den elementaren musikalischen Wirkungen, die Schüler zum Wahrnehmen und Differenzieren von musikalischen Gegensätzen unterschiedlichen Grades auf unterschiedlichen Ebenen musikalischer Gestaltung zu führen und auf diese Weise ihr Hörverhalten insgesamt zu sensibilisieren. Ein weiterer Vorteil einer solchen Betrachtungsweise besteht darin, daß der Schüler hierbei, um die anfangs gestellte Frage beantworten zu können, das Werk in seiner Gesamtheit auf sich wirken lassen muß.
Eine entsprechende Frage nach dem „Überraschenden", „Auffälligen" kann auch schon in Klasse 5 bei der Erschließung von Mozarts Variationen über „Ah, vous di-

rai-je, maman" oder dem Variationssatz aus Schuberts Forellenquintett (Orientierung auf die in den beiden Werken enthaltenen Moll-Variationen) zu ähnlichen Ergebnissen führen.
Unter dem Gesichtspunkt der Sensibilisierung des Hörverhaltens unserer Schüler, indem sie zunächst auf plötzlich eintretende beziehungsweise kontrastreiche musikalische Ereignisse orientiert werden, können in diesen Klassenstufen auch einige Tänze – einschließlich der vom Lehrplan zusätzlich empfohlenen – erfolgreich angeeignet werden. Dies gilt vor allem für die Polonaise aus Tschaikowskis Oper „Eugen Onegin" (Klasse 6, Stoffeinheit 3) mit ihrem schwungvollen, vom ganzen Orchester dargebotenen Hauptteil und dem völlig gegensätzlichen, besinnlichen, im wesentlichen von Holzbläsern und Violoncello vorgetragenen mittleren Abschnitt. In diesem Stück tritt zu der lapidaren und beeindruckenden Kontrastwirkung auch noch das Moment spannungsgeladener Steigerung, sowohl von der kurzen Einleitung zum Hauptteil wie vom besinnlichen Mittelteil zur Reprise. Ein vorausgehendes Herausarbeiten von Inhalt und Gestaltung des Gegensatzes, insbesondere hinsichtlich der Instrumentierung, kann daher auch zum differenzierten Erfassen dieser Übergänge führen.
Eine lohnende Aufgabe besteht in Klasse 6 ferner darin, bei der Erschließung von Schuberts „Erlkönig" (Stoffeinheit 6) zunächst von der Frage auszugehen, wie es Schubert gelungen ist, die Spannung des in der Ballade enthaltenen Geschehens musikalisch umzusetzen. Ein solcher Ausgangspunkt berücksichtigt die bei den meisten Schülern vorauszusetzende Beeindruckung durch die in der Komposition vielfältig eingesetzten Mittel musikalischer Steigerung und durch die plötzliche Zurücknahme bei den rezitativisch vorgetragenen Schlußworten. Zugleich kann den Schülern von hier aus der spezifische Beitrag der Musik in besonderem Maße bewußt werden.

Hinweise für die Klassen 7 und 8

Die meisten der für die Klassen 7 und 8 vorgesehenen Klangbeispiele weisen musikalische Zeichen auf, die psycho-physische Vorgänge in ausgeprägter Form ikonisch nachgestalten und entsprechende Reaktionen beim Hörer auszulösen vermögen. Dies betrifft vor allem vitale tänzerische und ostinate Rhythmen sowie Steigerungen in Klangvolumen, Tempo und Tonhöhe einschließlich ihrer Umkehrung als Zurücknahmen.
Zur ersten Gruppe zählen vor allem die Tänze aus Chatschaturjans Maskerade- und Gajaneh-Suiten. Auf der Grundlage des unmittelbaren, spontanen Erlebens der sich in den Tänzen mitteilenden Vitalität und Lebensfreude sowie in Verbindung mit der Beantwortung der Frage, wie es kommt, daß diese Tänze auch außerhalb von Ballettaufführungen ihre Lebenskraft und ihre Attraktivität in unzähligen rein instrumentalen Ausführungen beweisen, macht es den Schülern Freude, die unterschiedlichen Ausdrucksnuancierungen und einige der in den Tänzen enthaltenen Elemente kaukasischer und transkaukasischer Volksmusik zu kennzeichnen. Hier bietet sich außerdem die zusätzliche Darbietung der Adaption des Säbeltanzes von Wladimir Popelka[15] an, die geeignet ist, eine lebhafte Problemdiskussion bei den Schülern auszulösen, Standpunkte herauszufordern und ihr Geschmacksurteil zu entwickeln (vgl. 4.3.).

[15] Supraphon 4161464

Steigerungen und Zurücknahmen als musikalische Zeichen erleben die Schüler dieser Klassenstufen vor allem in zwei Werken Beethovens, dem „Gefangenenchor“ aus seiner Oper „Fidelio“ und in seiner Egmont-Ouvertüre (Klasse 7, Stoffeinheit 7). Die überwältigende Wirkung der musikalischen Gestaltung des Heraustretens und Zurückweichens der Gefangenen in Einheit mit den entsprechenden emotional-gedanklichen Prozessen kann zum Ausgangspunkt genommen werden, um den Schülern grundsätzliche Möglichkeiten der Musik, Bewegungen zu gestalten, bewußtzumachen (vgl. 4.6.). Die Erschließung der Egmont-Ouvertüre kann das elementare Erlebnis intensiver Steigerung im abschließenden Teil (am günstigsten vom Beginn des Geschwindmarsches bis zum Schluß) zum Ausgangspunkt nehmen, eventuell im Vergleich mit den ersten Takten der Einleitung. Dabei können im Zusammenhang mit der Ausdruckscharakterisierung zugleich die musikalischen Mittel dieser Steigerung von den Schülern erkannt und benannt werden: crescendo, Streicher-Tremoli in Verbindung mit mehrmaligem Ansteigen der Tonhöhe, Paukenwirbel, Dreiklangsmotiv der Hörner und Trompeten im Fortissimo, Triolenschleifer der Flöten in den Schlußtakten. In Klasse 8 begegnet den Schülern im ersten Aufzug von Webers Oper „Der Freischütz“ (Stoffeinheit 5) mit dem Bauernwalzer ein Instrumentalstück, das ihnen erlebnisreich und in sehr ohrenfälliger Weise offenbart, was mit der musikdramaturgischen Gestaltung einer Zurücknahme ausgedrückt und ausgesagt werden kann.
In diesem Falle wird damit eindeutig das Abziehen der Musikanten musikalisch nachgeahmt – insofern hat die Zurücknahme eine unmittelbar tonmalerische Zeichenfunktion; zugleich wird der Hörer aber auch auf die einbrechende Nacht mit dem Auftritt des Samiel und dem von Unruhe, innerer Zerrissenheit und Verzweiflung erfüllten Gesang des Max „Nein, länger trag ich nicht die Qualen“ eingestimmt. Die Erläuterung der szenischen Situation kann hier mit der Aufgabe verbunden werden, hörend festzustellen, mit welchen Mitteln es Weber so meisterlich gelungen ist, dies musikalisch zu gestalten, das heißt, welche Instrumente nach und nach mit Spielen aufhören.[16]
Um die Schüler diese Doppelfunktion des verklingenden Walzers emotional auskosten zu lassen, ist es günstig, ihm gleich die Darbietung von Rezitativ und Arie des Max folgen zu lassen. Beim Hören dieses Teils wie auch in der Szene und Arie der Agathe „Wie nahte mir der Schlummer“ erleben die Schüler auf eindringliche Weise, wie die Musik die unterschiedlichsten Gefühle in ihrem Wechsel und in ihren Übergängen zu gestalten vermag. Auf Grund der starken unmittelbaren Wirkung, die von der großen Schlußsteigerung beider Gesänge ausgeht, bietet sich auch hier eine besonders günstige Möglichkeit, die Schüler zum Kennzeichnen der verwendeten musikalischen Gestaltungsmittel zu veranlassen, eventuell sogar in Verbindung mit nochmaligem Hören beide Schlußsteigerungen in der Phase der Festigung und Systematisierung miteinander zu vergleichen.[17]

[16] Flöten, Violoncello, Kontrabaß und Pauken, Klarinetten, Viola, Violine; am Schluß spielen nur noch zwei Hörner *ppp* die Begleitung – die Melodie setzt schon 9 Takte vor Schluß aus.

[17] Agathe: „Himmel, nimm des Dankes Zähren…“, Klavierauszug, S. 69/70 (fließende Achtelbewegung der Singstimme, lange Melodiephrasen, Dur, häufiges Verweilen auf hohen Tönen, crescendo, fast durchgehende Achtelbegleitung); Max: „Herrscht blind das Schicksal…“, Klavierauszug, S. 42/43 (kurze, abgerissene Phrasen im Non-Legato, mehrfach Staccato-Begleitung, chromatischer Abwärtsgang bei der vorletzten Wiederholung von „mich faßt Verzweiflung“, abwärts führendes Nachspiel, Moll).

Auf diese Weise wird den Schülern bewußt, daß musikalische Steigerungen sehr unterschiedliche und sogar gegensätzliche Inhalte gestalten können, wie sich ein Gefühl des Glücks zu höchstem Jubel erhebt, aber auch wie Unruhe und innere Zerrissenheit in tiefster Verzweiflung enden.

Hinweise für die Klassen 9 und 10
In den Klassen 9 und 10 erfahren die Schüler an einer Reihe bedeutender Instrumentalwerke die epochenspezifische Ausprägung musikdramaturgischer Gestaltungsweisen. Dies betrifft vor allem Klangfarbenwechsel und Terrassendynamik in Concerto grosso und Orchestersuite aus der Zeit der frühbürgerlichen Aufklärung sowie Themenkontraste und Konfliktgestaltung mit entsprechenden Spannungen und Lösungen, Steigerungen und Zurücknahmen in sinfonischen Werken der Klassik und des sozialistischen Gegenwartsschaffens. In diesen Werken gibt es zahlreiche dramaturgisch exponierte Abschnitte, deren klangliche und rhythmische Ausprägung Korrespondenzen zu psycho-physischen Erregungsprozessen aufweisen und mit deren unmittelbarer Wirkung auf unsere jungen Hörer somit zu rechnen ist. Dies trifft im Sinne einer spontan-affektiven Beeindruckung vor allem auf den Variationsteil des 1. Satzes aus Schostakowitschs 7. Sinfonie (Klasse 10, Stoffeinheit 4), Teile der 5. Sinfonie Beethovens (insbesondere Durchführung und Coda des 1. Satzes sowie den Übergang vom 3. zum 4. Satz) zu wie auch auf den 4. Satz seiner 9. Sinfonie (Klasse 9, Stoffeinheit 5). Kann das spontan-affektive Musikerleben im Falle des Werkes von Schostakowitsch und Beethovens 5. Sinfonie durch eine Tätigkeitsführung mit analytisch-erschließenden, musizierpraktisch-aktivierenden und werturteilsbildenden Aufgabenstellungen im Unterricht auf die Stufe eines bewußt wertenden Musikerlebens geführt werden, so überschreitet dies die zeitlichen Möglichkeiten des Musikunterrichts beim Finale der 9. Sinfonie Beethovens. Dafür müssen hier alle Potenzen informativ-orientierender Unterrichtsführung genutzt werden, um die spontan-affektive Beeindruckung durch Elemente bewußten Hörens zu bereichern. Bewährt hat sich hierbei außer dem Einsatz einer visuellen Orientierungshilfe (vgl. 4.5.4.) die anfängliche gesonderte Darbietung des instrumentalen Allegro assai mit der großen Steigerung des viermal erklingenden Freudenthemas, beginnend mit seinem Unisono-Vortrag durch Violoncello und Kontrabaß bis zum vollen Orchesterklang. Dieser Abschnitt projiziert zunächst den Schülern die monumentale Steigerung des gesamten Finales gleichsam auf einen begrenzten, für sie durchhörbaren Raum und erfreut sie mit der Wiederkehr und sich immer glanzvoller darbietenden Melodie, die ihnen durch eigenes Singen bekannt ist.
In Klasse 10 sollte beim Erschließen von Prokofjews Klassischer Sinfonie (Stoffeinheit 4) auch die unmittelbar affektiv berührende Zurücknahme des wiederholten A-Teils in der Gavotte genügend berücksichtigt werden. Warum wählt Prokofjew diese überaus reizvolle und pizzicato ausklingende Variante? War die Wahl dieser alten Tanzform nur ein flüchtig vorbeihuschender Gedanke an Musizier- und Tanzformen der Vergangenheit? Ein Scherz? Und zugleich – welche Eleganz und Anmut!

3.4. Transformation von Sprachbewegung und Kommunikationsstrukturen

Die Beziehungen zwischen Musik und Sprache bestehen nicht nur darin, daß sie beide eine Verständigungsfunktion besitzen und als Zeichensysteme – wenngleich unterschiedlicher Art – betrachtet werden können. Sie bestehen darüber hinaus in bedeutsamen strukturellen Analogien.
Da die Musik seit ihren Anfängen aufs engste mit sprachlichen Texten verbunden war, enthält sie eine Reihe prozessual-struktureller Elemente und Prinzipien des gesprochenen Wortes und bewahrte sie auch – vielfältig umgestaltet – in der Instrumentalmusik.[18] Sie alle seien hier unter dem Begriff „Sprachbewegung" zusammengefaßt. Hierzu gehören Betonung, rhythmisch-metrische Gestaltung, Tempo, Tonhöhenverlauf und Klangfarbe des gesprochenen Wortes samt begleitenden gestischen Elementen. Auch Modalitäten sprachlicher Gliederung, wie sie sich in Beziehungen wie Hauptsatz/Nebensatz, Vordersatz/Nachsatz (Frage/Antwort) widerspiegeln, einschließlich dialogisierender oder monologisierender Sprachvollzüge sind in musikalischen Verläufen nachweisbar. Da sie jedoch nicht unbedingt aus sprachlichen Äußerungsweisen hervorgegangen zu sein brauchen, sondern grundlegende, allgemeine Kommunikationsstrukturen verkörpern, sind sie hier als solche gesondert angeführt.
Innerhalb der sprachlichen Kommunikation haben diese Elemente meist nur einen sekundären Stellenwert (es sei hier von der Lyrik einmal abgesehen), der zwar die emotionale Bewichtung der begrifflich vermittelten Aussage wesentlich mitbestimmt, diese selbst aber nicht grundsätzlich beeinträchtigt. Ganz anders in der Musik: Transformationen dieser sprachlichen und kommunikativen Komponenten in den musikalischen Prozeß erhalten in Einheit mit der Herausbildung ihres ästhetischen Gehalts auch eine die musikalische Aussage bestimmende Funktion.
Ikonische Zeichen als musikalische Transformation von Sprachbewegung und Kommunikationsstrukturen sind in der Vokalmusik allgegenwärtig und tragen bei zur Vermittlung, Vertiefung, Deutung, Bereicherung oder auch zum Umdeuten beziehungsweise In-Frage-Stellen des Wortsinns. So äußert sich zum Beispiel heftige Erregung – wie im gesprochenen Wort – meist in weiten und schnell aufeinanderfolgenden Tonsprüngen, Beruhigung in kleinen Intervallen und mäßigem Tempo, Trauer in Tonwiederholungen und langsamem Zeitmaß.
Oft tritt die selbständige Bedeutungsfunktion sprachbezogener ikonischer Zeichen gerade dort in beeindruckender Weise in Erscheinung, wo sie sich der Betonung und dem Rhythmus des gesprochenen Wortes nicht anpassen, sondern ihm vom Komponisten bewußt entgegengestellt werden, wie in dem vierstimmig homophonen Chorsatz aus Paul Dessaus Melodram „Lilo Herrmann" (zur Heraushebung der wichtigen Wörter „wußtest"/„standest" und „Sache"), der jeden der ersten fünf Abschnitte beendet:

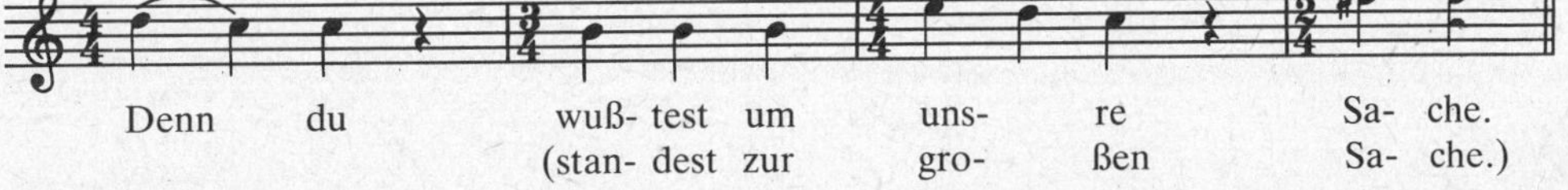

[18] Vgl. zu historisch-systematischen Untersuchungen dieses umfangreichen Gebiets vor allem Knepler (1977) und Stockmann (1980).

oder wo es ihnen gelingt, durch die Übertreibung von Eigenheiten einer bestimmten Sprechweise einzelner Menschen oder Menschengruppen entscheidende ideologische Fragen musikalisch zu beleuchten, wie etwa mittels der leirigen Melodie der den „großen Eroberer“ Lukullus besingenden Kinder in Dessaus gleichnamiger Oper, die ein falsches Heldenideal entlarvt.

Breit ist die Skala der Bedeutungen, auf die musikalische Transformationen von Sprachbewegungen hinweisen. Bezogen auf Werke des Lehrplans Musik, reicht sie vom Überschwang der Wortwiederholungen und der sehnsuchtsvoll-beredten Pause in Taminos Arie aus Mozarts „Zauberflöte“ bei den Worten:

bis zu der aggressiv-agitatorischen Geste des „bitte sehr“ in Eislers Einheitsfrontlied:

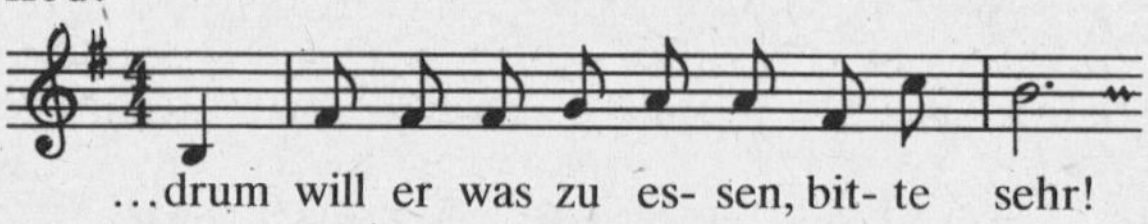

Oft tritt in der unterrichtlichen Praxis jedoch noch die Berücksichtigung dieser sprachbezogenen musikalischen Bedeutungselemente zugunsten einer einseitigen Orientierung auf die textliche Aussage zurück, wodurch das Erlebnis der betreffenden Vokalkomposition und deren persönlichkeitsbildende Wirkung wesentlich eingeschränkt ist.

Einsichten in unterschiedliche Möglichkeiten musikalischer Transformation von Elementen des gesprochenen Wortes und grundlegender Kommunikationsstrukturen und in ihr Bedeutungspotential schaffen auch die Voraussetzung dafür, sprachbezogene Bedeutungselemente in Instrumentalwerken erkennen zu können. So erleben die Schüler den lyrisch-nachdenklichen Charakter von Ernst H. Meyers Poem für Viola und Orchester (1962) intensiver, wenn sie die aus Klang und Gestik der Rede gewonnene Intonation des Bratschenmonologs erfassen (Brock 1979 c, S. 234ff.).

Die Oboenkadenz zu Beginn der Reprise des 1. Satzes von Beethovens 5. Sinfonie wird vor allem dann in ihrer Bedeutungsfunktion erlebt (als ein Innehalten, Atemschöpfen oder träumerisches Nachsinnen vor der weiteren Kraftanspannung), wenn ihr rezitativischer, „beredter“ Ausdruck erkannt wird. In Mussorgskis Klavierstück „Samuel Goldenberg und Schmuyle“ aus dem Zyklus „Bilder einer Ausstellung“ sind Transformationen von Bewegung und Gliederung des gesprochenen Wortes das bestimmende Gestaltungs- und Ausdruckselement. So kann dieses Stück auch nur dann genußvoll rezipiert werden, wenn die musikalisch umgesetzte, gänzlich unterschiedliche Sprechhaltung der beiden Personen vom Hörer aufgenommen wird: die selbstgerechte, herrisch-aufgeblähte und grob abweisende Redeweise und Gebärde des reichen Juden Goldenberg und das klägliche Wimmern und bejammernswerte Bitten und Flehen seines armen Landsmannes Schmuyle (vgl. 2.2.2.3.).[19]

Das Gliederungsprinzip eines Dialogs als grundlegender Kommunikationsstruktur wird vor allem in Solo- und Orchesterkonzerten verwirklicht. Hier geht es meist weniger um die Transformation von Klang, Rhythmus, Betonung und Tempo des vorgestellten gesprochenen Wortes selbst, wohl aber um die musikalische Widerspiegelung des wechselseitigen Aufeinanderwirkens mehrerer Individuen oder Gruppen, wie es sich in verbalen und anderen Kooperationsbeziehungen und Interaktionen vollzieht. Eine solche Beziehung verdeutlicht sich dem jungen Hörer vor allem in Werken, in denen die einzelnen Vorträge der musikalischen „Partner" zeitlich klar voneinander abgegrenzt sind. Dies trifft unter anderem für den 2. Satz, Adagio religioso, aus Bartóks 3. Klavierkonzert (1945) zu,[20] entstanden im Todesjahr des Meisters, das er wie die vorangegangenen vier Jahre als Emigrant in Amerika verbrachte. Der erste Abschnitt dieses Satzes ist als ein Dialog mit fünfmaligem Wechselgesang von Soloinstrument und Streichern gestaltet. Die Gefühlstiefe dieses im Piano vorgetragenen „molto espressivo", in dem sich Sehnsucht und Trauer, Liebe zur Heimat und zur Menschheit in einem verhaltenen, choralartig-volksliedhaften Instrumentalgesang vereinigen, entzieht sich einer differenzierteren verbalen Umschreibung.

Um so mehr sollte es gelingen, daß die Schüler den Wechselgesang zwischen Solist und Streichern (die das Thema des Klaviers weiterführen) als ein Miteinander, als ein Aufeinandereinwirken empfinden, indem der einzelne seine Gedanken und Gefühle bekenntnishaft äußert und bei den anderen Widerhall und Verständnis findet.

Auch viele Werke zeitgenössischer Instrumentalmusik enthalten Sätze, Abschnitte oder einzelne Formulierungen, deren kommunikative Gestik Entsprechungen in verbalen Interaktionen erkennen lassen. Oft erleichtern gerade diese Teile dem Hörer den Zugang zur Komposition.

Dies gilt zum Beispiel für das einsätzige 2. Violinkonzert von Gerhard Rosenfeld (1973), das mit der rhetorischen Gestaltung vieler Violinpassagen und dem hiermit deutlich hervorgekehrten Mitteilungscharakter den Hörer unmittelbar anspricht.

Auch das Klavierkonzert von Siegfried Matthus (1970), vor allem sein 1. Satz, läßt Analogien zu sprachlich-gestischen Aktionen und grundlegenden Kommunikationsstrukturen erkennen. Hier verwandelt sich das anfängliche Gegeneinander zweier unterschiedlicher Partner nach und nach in ein Miteinander. (Beide Werke auf NOVA 885105.)

Entsprechende ikonische Zeichen beziehungsweise Zeichenkomplexe können in

[19] Dieses für Klasse 11 vorgesehene Stück wurde bereits in Klasse 3 von den Schülern in Verbindung mit eigener prärezeptiver pantomimischer und elementar-improvisatorischer Gestaltung eines Zwiegesprächs (mit Klingendem Schlagwerk) gespannt und mit Vergnügen aufgenommen (vgl. auch 4.4.).

[20] Lehrbuch Musik, Klasse 11/12, S. 118ff.

zahlreichen anderen Werken zeitgenössischer Instrumentalmusik, insbesondere in Solo- und Orchesterkonzerten, zum Ausgangspunkt für die Orientierung des musikalischen Rezeptionsverhaltens von jungen und erwachsenen Hörern genommen werden.

Hinweise für die Klassen 1 bis 4
Bereits in den unteren Klassenstufen bestehen in Verbindung mit dem Singen wie auch mit dem Musikhören viele Anlässe, den Kindern die Beziehungen zwischen Musik und Sprachbewegung beziehungsweise allgemeinen Kommunikationsstrukturen, wie sie sich auch verbal äußern, erlebnishaft bewußtzumachen, wobei sich die entsprechenden Aufgaben den jeweiligen Zielen des Unterrichts unterordnen. Dabei bestehen folgende grundsätzliche Möglichkeiten:

– Es werden Ausrufe, Begrüßungsworte oder kurze Sätze mit unterschiedlichem Grad oder gegensätzlicher emotionaler „Aufladung“ gesprochen. So sollen die Kinder beispielsweise den Satz „Oh, es riecht gut!“ in Verbindung mit dem gleichlautend beginnenden und schließenden Lied „Weihnachtsbäckerei“[21] so sprechen, daß man den Appetit und die Freude auf den Kuchen und das Weihnachtsfest richtig spürt – wer kann das am besten? Die Kinder stellen fest: Das ist ja schon fast, als ob jemand singt! Oder sie werden aufgefordert, die Begrüßung „Guten Tag“ so freundlich wie nur möglich zu sprechen, womit zugleich eine Einstimmung in das Lied „Guten Tag, du neuer Morgen“[22] gegeben ist. Ebenso kann – ausgehend von einer entsprechenden Unterrichtssituation – ein geeigneter Satz mit unterschiedlichem Ausdruck gesprochen werden, etwa: „Ich will dir etwas zeigen!“ – freudig (zum Beispiel ein neues Buch), ärgerlich (weil niemand hingehört hat), in ruhig-bestimmtem Ton (weil man dem andern etwas erklären will) oder prahlerisch (wie der Ausrufer auf dem Rummelplatz). Derartige Aufgaben, die den Kindern großen Spaß machen und sie zum differenzierten Unterscheiden und Bewerten feinster klanglich-ausdrucksmäßiger Nuancierungen anregen, können auch bis zur elementaren rhythmischen und melodischen Improvisation geführt werden (vgl. 4.4.4. sowie 6.3.2.).
– Es werden die eigenen Namen oder ein Textausschnitt des anzueignenden Liedes melodisiert, wobei vom Rhythmus und Metrum des gesprochenen Wortes ausgegangen wird. Als fördernd für das Rezeptionserlebnis erwies sich zum Beispiel die prärezeptive Improvisation der ersten Zeile des „Regenspruchs“ von Kurt Schwaen und Vera Küchenmeister in Klasse 3. (Förster 1980, S. 132ff.; vgl. auch 4.4.1.)
– Die Schüler erkennen an Hand geeigneter Klangbeispiele die instrumentale Gestaltung eines Zwiegesprächs oder eines Streites. Hierfür ist es günstig, den zwölf Takte umfassenden köstlichen Streit zwischen Vogel und Ente aus „Peter und der Wolf“ den Kindern mehrmals gesondert vorzuspielen mit dem Ziel, daß sie die lebhafte instrumentale Wechselrede von Flöte (Vogel) und Oboe (Ente) aufmerksam verfolgen und möglichst auch erkennen, wer von den beiden hier das erste und letzte „Wort“ hat (der Vogel). Als weitere instrumentale Hörbeispiele eignen sich hierfür Günter Kochans Szene für Pikkoloflöte und Tuba „Versteck“[23] (vgl.

[21] Lehrbuch Musik, Klasse 3, S. 20.
[22] Lehrbuch Musik, Klasse 3, S. 4; Klasse 4, S. 6.
[23] Auf SCHOLA 875076 und NOVA 885136 (Musik von Großen für Kleine).

4.4.2.), ferner als zusätzliche Beispiele Stücke wie Gerd Natschinskis „Die Katzenfamilie und der Hund“[24] oder Siegfried Köhlers „Streit zu zweit“ und „Wettlauf“ aus seinen Klavierstücken „Musik für Katrin“ op. 21[25].

- Die Schüler improvisieren, ausgehend von einem kurzen gesprochenen Dialog, ein Zwie- oder Streitgespräch mit Körperinstrumenten (klatschen, tupfen, klopfen, stampfen usw.) oder zwei sich klanglich stark unterscheidenden Instrumenten des Klingenden Schlagwerks. Das Thema hierfür wird entweder dem anzueignenden Instrumentalstück oder Lied entnommen oder ergibt sich aus dem Klassenalltag (Streit um ein Buch, ein Heft oder dergleichen). Als günstig für den Ablauf erweist sich dessen vorherige ungefähre grafische Fixierung mit Hilfe einfacher Symbole (vgl. 4.4.4.). Auf jeden Fall kann durch derartige Aktionen das vom Lehrplan geforderte Erfassen von Ausdrucks- und Bewegungsmerkmalen der Musik[26] wesentlich gefördert werden.

Hinweise für die Klassen 5 und 6
Die für diese Klassenstufen im Rahmen analytisch-erschließender Tätigkeitsführung bereits mögliche und anzustrebende Vermittlung von Verfahrenskenntnissen zum Verhältnis von Wort und Ton schließt auch das Bewußtmachen der Beziehungen vokaler Melodik zu klanglichen, rhythmischen und anderen Elementen des gesprochenen Wortes ein, wie es im Abschnitt 4.6.2. eingehend dargestellt ist. An dieser Stelle sei daher nur hervorgehoben, daß insbesondere Kurt Schwaens szenische Kantate „König Midas“ (Klasse 5, Stoffeinheit 3) und Schuberts „Erlkönig“ (Klasse 6, Stoffeinheit 6) günstige Voraussetzungen bieten, Erfahrungen und Wissen über diese Beziehungen unseren Schülern erlebnishaft zu vermitteln. In der Kantate sind es musikalische Transformationen von Tonfall, Betonung und rhythmischem Verlauf des gesprochenen Wortes, die den Schülern an Hand des wiederholt und exponiert erklingenden Rufmotivs sowie eines Rezitativs (hier noch als „Sprechgesang“ bezeichnet) erstmalig bewußtgemacht werden. Dies erfolgt – entsprechend den für die Klassen 1 bis 4 gegebenen Hinweisen – am wirksamsten unter weitgehender Einbeziehung musizierpraktisch-aktivierender Tätigkeitsführung (vgl. 4.4.4. sowie 4.6.2.). Für das Hörerlebnis von Schuberts „Erlkönig“ bildet das Erkennen der musikalischen Transformation von Klangfarben des gesprochenen Wortes (Vater, Knabe, Erlkönig) einen wesentlichen Faktor.

Hinweise für die Klassen 7 und 8
In diesen Klassenstufen werden die Verfahrenskenntnisse zum Erschließen von wortgebundenen Werken namentlich durch Gegenüberstellung von Rezitativ und Arie an Hand von J. S. Bachs Kaffee-Kantate sowie durch die Einbeziehung von Oper und Oratorium mit den ihnen entsprechenden gattungsspezifischen Ausprägungen von Wort-Ton-Beziehungen wesentlich erweitert und vertieft (vgl. 4.6.2.). Darüber hinaus können sich die Schüler am Beispiel von Liedern Hanns Eislers und Paul Dessaus die vokalen und instrumentalen Transformationen (oder Negierungen) von Betonung, Gliederung und insbesondere der Schlußgestaltung des ge-

[24] ebenda
[25] Edition Peters, Leipzig 1961; auch enthalten auf der Schallplatte NOVA 885060 (Musik für Kinder).
[26] Lehrplan Musik, Klasse 2, S. 5; Klasse 3, S. 4/5; Klasse 4, S. 5.

sprochenen Textes bewußtmachen und dadurch die Appellfunktion dieser Lieder stärker erleben (vgl. 4.6.2.).
In Klasse 8 lernen die Schüler auch den 1. Satz des 2. Klavierkonzertes von Schostakowitsch kennen. Seine analytisch-erschließende Betrachtung kann bereichert werden, wenn das Verhältnis von Soloinstrument und Orchester unter dem Gesichtspunkt der musikalischen Transformation eines Dialogs betrachtet wird. Eine solche Betrachtung gründet sich

- auf die fröhliche Geste des kurzen Orchestervorspiels, in dem die Holzbläser den Solisten, der sich mit einem Marschthema einzuführen anschickt, auch mit einem kleinen Marsch ankündigen (oder begrüßen),
- auf die abwechselnde Übernahme der drei Themen durch Orchester und Soloinstrument in der Durchführung und Reprise,
- auf den gemeinschaftlichen Anteil von Orchester und Soloinstrument an der spannungsreichen Durchführung und an der in der Reprise bis zum jubelnden Abschluß vollzogenen mitreißenden Steigerung.

Hinweise für die Klassen 9 und 10
Verfahrenskenntnisse zur Erschließung von Vokalwerken können bereits in Klasse 9 auf der Grundlage des bis dahin erworbenen Wissens so weit entwickelt und gefestigt werden, daß sie den Schülern als Orientierungsgrundlage für das selbständige Erkennen unterschiedlicher Wort-Ton-Beziehungen dienen. Hierbei geht es vor allem darum, die auf diesem Gebiet gewonnenen Erfahrungen in Verbindung mit der Aktualisierung entsprechender Werkkenntnisse zu verallgemeinern und zu systematisieren. Einen wichtigen Stellenwert nehmen hierbei jene vokalen Kompositionen ein, in denen, wie in Eislers „Lob des Kommunismus", zwischen Musik und Text scheinbare Gegensätze aufbrechen, die sich jedoch als dialektische Widersprüche und damit als produktiv erweisen.
Außerdem werden den Schülern in diesen Klassenstufen eine Reihe von Instrumentalwerken vermittelt, die Analogien zu Sprechsituationen ermöglichen, indem sie – in einem sehr verallgemeinerten Sinne – als deren musikalische Transformationen betrachtet werden können. Dies betrifft vor allem Werke des Concerto-grosso-Typs, wie Bachs Brandenburgisches Konzert Nr. 2, Händels Orgelkonzert F-Dur op. 4 Nr. 4 und einige Sätze aus seiner „Wassermusik". Die Orientierung der Schüler auf das Gewicht, den Stellenwert und die Aufeinanderfolge der einzelnen Klanggruppen im musikalischen Gesamtprozeß, auf die Art und Weise (den Gestus) ihres ersten Auftretens, ihr Gegen- und Miteinander, ihr Wechsel- und Zusammenspiel einschließlich Echowirkungen, ihre Isolierung und Sammlung sowie auf die durch sie vollzogene Gliederung des musikalischen Geschehens und die Schlußlösung – sämtlich Erscheinungen, die Beziehungen zu verbalen Interaktionen erkennen lassen – gibt ihnen den objektbezogenen Rahmen und zugleich genügend Spielraum für subjektive emotionale und gedankliche Zuordnungen.
In Klasse 9 begegnen den Schülern am Beispiel des 4. Satzes von Beethovens 9. Sinfonie auch instrumentale Rezitative. In dem das Hörerlebnis einleitenden Kommentar sollten den Schülern in Verbindung mit dem kurzen Anspielen der zitierten Themen aus den drei vorangegangenen Sätzen auch die Worte, die Beethoven in seinen Skizzenbüchern den Rezitativen zuordnet,[27] mitgeteilt werden; zu-

[27] Konzertbuch Orchestermusik, Band 1, 1972, S. 179.

gleich damit aber sind sie darauf zu orientieren, die in den instrumentalen Antworten und Gesten ausgedrückte Zurückweisung, die keiner Worte bedarf (weshalb der Komponist sie auch nicht in die Partitur schrieb), herauszuhören.[28]

3.5. Musikalische Antefacta

Die Einbeziehung von Antefacta in Form von Zitat, Anagramm und Variationsthema in ein musikalisches Kunstwerk schafft dem Hörer besonders günstige Bedingungen, musikalische Bedeutungszusammenhänge zu erfassen – vorausgesetzt, die musikalische Gestalt und ursprüngliche Bedeutung des Zitats sind ihm bekannt bzw. er kann das verwendete Variationsthema als solches identifizieren.
Diese Tatsache bildet auch ein wichtiges Motiv von Komponisten der Vergangenheit und Gegenwart, derartiges vorgeformtes musikalisches Material in ihre Werke einzubeziehen. Bei jenen Werken, in denen es dem Komponisten darum geht, menschheitsbewegende Ideen im Sinne des gesellschaftlichen Fortschritts zu vermitteln, verbindet sich dieses Motiv oft mit dem Bestreben, diese Aussagen ideologisch-ästhetisch zu präzisieren (Siegmund-Schultze 1977, S. 73ff.). So zitiert auch Beethoven – der in seinem übrigen sinfonischen Werk weniger durch Zitate als durch das Aufgreifen von Intonationen revolutionärer Märsche, Tänze und Lieder die Verständigung mit seinen Zeitgenossen anstrebte – zur Präzisierung der Ideenprogrammatik seiner „Sinfonia eroica“ (1804) in deren 4. Satz das überaus freudige und beschwingte Contretanz-Thema, mit dem er bereits im Finale seiner Ballettmusik „Die Geschöpfe des Prometheus“ (1801) die frohen Empfindungen der zu neuem Leben erweckten Menschen zum Ausdruck gebracht hatte.
In neuerer Zeit tritt dieses Bestreben ideologisch-ästhetischer Präzisierung mittels des Zitats vor allem im sinfonischen Schaffen von Dmitri Schostakowitsch deutlich hervor, wofür unter anderem seine 11. Sinfonie „Das Jahr 1905“ mit der zitathaften wie auch motivisch-thematischen Einbeziehung von Revolutionsliedern ein herausragendes Beispiel darstellt. Die Motive für die Einbeziehung von Zitaten revolutionärer Arbeiterlieder und Volkslieder in Ernst H. Meyers „Mansfelder Oratorium“ und Paul Dessaus Melodram „Lilo Herrmann“ liegen weniger in dem Bestreben, das ideologisch-ästhetische Anliegen zu präzisieren. Die Zitate der bekannten und den Hörer unmittelbar bewegenden Lieder bilden hier gleichsam den ästhetischen Gegenpol zu den wortgebundenen, weitgehend dokumentarischen Darstellungen, deren Inhalt auf diese Weise vom Hörer noch tiefer erlebt wird. Zugleich äußert sich in der Einbeziehung dieser Lieder die enge Beziehung der Komponisten zum musikalischen Erbe.
Von den zahlreichen Werken, in denen Paul Dessau Zitate verwendet, sei wegen des besonderen Gewichts des angeführten Antefactums und einer möglichen Einbeziehung des Werkes in den Musikunterricht der Oberstufe sein Orchesterwerk „In memoriam Bertolt Brecht“ (ETERNA 820552) hervorgehoben. Der vom Komponisten mit dem Motto „Der Krieg soll verflucht sein“ überschriebene Mittelteil zitiert instrumental die Melodie des Geschäftsliedes aus Brechts Stück „Mutter Courage und ihre Kinder“.

[28] Vgl. auch das verbale Prozeßbild zu diesem Satz im Abschnitt 4.5.4.

Dieser Teil, eingerahmt von einem expressiven Lamento, mit dem das Werk einsetzt, und dessen erweiterter abschließender Wiederholung, ist zugleich das Kernstück der dreiteiligen Komposition. Die Courage-Melodie bildet hier den von Trompeten und Posaunen intonierten Cantus firmus. Mit ihm werden gleichsam die Argumente lautstark heraustrompetet, mit denen die großen Verdiener am Kriege diejenigen, durch die sie verdienen, immer wieder locken (wie auch die Marketenderin Mutter Courage): mit Ruhm, Abenteuer, Gewinnbeteiligung. Die Kontrapunkte zum Cantus firmus, das hektische Stimmengewirr der Pikkoloflöte, der Hörner und Streicher, verraten, was der „kleine Mann" am Krieg verliert: seine Gesundheit, sein Leben, seine Menschlichkeit. (Vgl. Spieler 1966.)
Bereits die drei letztgenannten Werke, die zu den ersten bedeutenden Kompositionen des sozialistischen Realismus in der Deutschen Demokratischen Republik gehören, weisen auf den wichtigen Beitrag hin, den musikalische Antefacta zur Konstituierung des emotional-gedanklichen und ästhetischen Gehalts eines Werkes und zu dessen Übermittlung an den Hörer leisten können, sowie auf die vielfältigen Möglichkeiten ihrer Integrierung in die musikdramaturgische Gesamtkonzeption. Seitdem entstand eine Fülle von Kompositionen, die auf diese Weise Probleme unserer Zeit in einem spannungsreichen und ästhetisch reizvollen Verhältnis zur musikalischen Tradition reflektieren und zugleich eine Brücke zum Hörer schlagen. Die Bedeutungspalette reicht hierbei von der spielerisch-flüchtigen, witzig-parodistischen Aufnahme bekannter Melodien, wie im 3. Satz von Siegfried Matthus' Violinkonzert (1969), bis zum kämpferischen Protest, wie in Friedrich Schenkers Sinfonie „In memoriam Martin Luther King" (1969/70)[29] mittels der bedeutungsvollen Verwendung der Lutherschen Choralweise „Ein feste Burg ist unser Gott". Sehr eindrucksvoll läßt ein Bericht Gerhard Rosenfelds über die Entstehung seines 2. Violinkonzerts (1973)[30] erkennen, wie stark gerade die Wahl und die Art der Einbeziehung eines Zitats mit dem Bestreben eines Komponisten verbunden sein kann, mittels der Musik sein Bekenntnis gegenüber dem Hörer abzulegen und die humanisierende Kraft der Musik wirksam werden zu lassen:

„Ich bedenke: Das Zitat wird in meine Musik den Faktor ‚Vergangenheit' einführen. Die Tonfolge ist fast jedem Hörer geläufig, und ist sie es nicht, so ist doch der plötzlich sanfte musikalische Gestus unverkennbar. Mit oder ohne Textassoziation wird man auf rechte Weise deuten, was ich meine. Was alles ist mit ‚O Freunde, nicht diese Töne' im Bewußtsein lebendig? Ideale deutscher Klassik: Goethe, Schiller, Mozart, Beethoven – heute wie damals die Gegenhaltung zu Brutalität, Menschenverachtung, rücksichtslosem Machtmißbrauch so bedenkenswert, so sehr beherzigenswert. ‚O Freunde, nicht diese Töne' steht auch für Goethes Forderung: ‚Edel sei der Mensch, hilfreich und gut! Denn das allein unterscheidet ihn von allen Wesen, die wir kennen.' All das mag mitschwingen, wenn dieses Beethoven-Zitat sich

[29] NOVA 885105
[30] NOVA 885106

so unerwartet nach meinem brutalen Orchester-Crescendo artikuliert. Die Passage ‚Nicht diese Töne' werde ich, von Beethoven abweichend, wiederholen, sehr leise, noch mehr Nachdenken, Bedenken des Vorangegangenen fordernd."

Aber so will Rosenfeld sein Konzert nicht abschließen:

„Der Blick auf unsere Vergangenheit ist nur von gegenwärtigem Empfinden her sinnvoll und produktiv. Gegenwart auf dem Grunde der Vergangenheit soll die Violine wachrufen, im Tonmaterial, in den Intervallfolgen so unverändert wie bisher in diesem Konzert. Im Orchester klingt es-g-b, die Violine will alle übrigen der zwölf Töne unserer chromatischen Skala verwenden. Sie wird nicht in der Assoziation ‚Vergangenheit' aufgehen, sie wird sich mit ihr konfrontieren – eine in die Zukunft hinein gerichtete Frage, ein Sichbehaupten. ‚Edel sei der Mensch' – das möchte heute gelebt sein." (Rosenfeld 1981, S. 110f.)

Da Zitat und Anagramm vorwiegend auf Grund der durch sie assoziierbaren Bedeutungen in die Gesamtaussage integriert werden – oft in dialektischer Konfrontation mit dem musikalischen Umfeld –, ergibt sich für den Musiklehrer die Aufgabe, seine Schüler zum Erkennen des jeweiligen Zitats oder Anagramms zu befähigen, sei es durch Vorsingen oder instrumentale Darbietung, sei es durch aktive Beteiligung der Klasse am musizierpraktischen Nachvollzug. Das gilt ebenso für die alte Weise „Ich stand auf hohem Berge", die in Paul Dessaus Melodram „Lilo Herrmann" Lilos Heimatliebe bei ihrer Überführung nach Plötzensee ergreifend zum Ausdruck bringt,[31] wie für das Volkslied „Es geht eine dunkle Wolk herein"[32], das Günter Kochan im 3. Satz seines Konzerts für Orchester (1962) zitiert, und das Anagramm B-A-C-H (einschließlich dessen Oktavversetzung und modifizierter Umkehrung) in Friedrich Goldmanns 1. Sinfonie (1972/73), wo es sowohl als vielfältig exponiertes Zeichen der Verehrung für den großen Meister wie auch als Grundlage phantasievoll-schöpferischer Motivverarbeitung fungiert.[33]

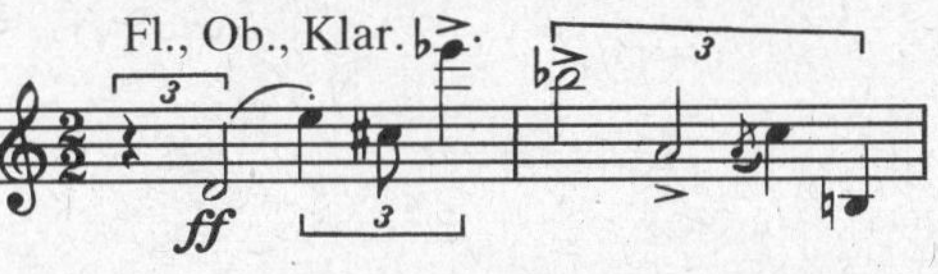

Handelt es sich beim Antefactum um ein Variationsthema, so ist es ratsam, dieses nicht nur teilweise oder insgesamt von den Schülern reproduzieren zu lassen, sondern es als Material für ihre eigene gedankliche und musizierpraktische Vorwegnahme von Variationsmöglichkeiten zu verwenden (vgl. 4.4.3.). Musikwerke mit Antefacta erleichtern stets die Deutung musikalischer Zusammenhänge sowie die Diskussion über grundsätzliche ästhetische Fragen, insbesondere über das Verhältnis von Tradition und Fortschritt in der Musik. Andererseits gilt es, darauf zu achten, daß eine einseitige Konzentration auf Zitat, Anagramm und Variationsthema bei der Rezeption derartiger Stücke vermieden wird. Wichtig ist, daß den Schülern die Funktion von Antefacta innerhalb des Werkes bewußtgemacht wird und sie auf diese Weise besser den Gesamtprozeß emotional-gedanklich nachvollziehen und deuten können.

[31] Melodie im „Zupfgeigenhansl", 1982, S. 81 („Ich steh auf einem hohen Berg").

[32] Ebenda, S. 6; Lehrbuch Musik, Klasse 11/12, S. 258.

[33] Analyse bei Frank Schneider 1979, S. 351ff.

Hinweise für die Klassen 5 und 6

Musikalische Antefacta begegnen den Schülern im Musikunterricht erstmals in den Klassen 5 und 6, hier vor allem als Themen von Variationsreihen[34]. Variationsthemen – auch als Antefacta – haben jedoch nur in Ausnahmefällen die symbolische Zeichenfunktion von Zitaten (zum Beispiel in Paul Dessaus Bach-Variationen von 1963). Meist dienen sie dem Komponisten ausschließlich als das Ausgangsmaterial für Umformungen und Verwandlungen, in denen er seine Ideen verwirklichen und seine kompositorische Schöpferkraft entfalten kann. In begrenztem Umfang können jedoch auch Variationsthemen eine symbolische Zeichenfunktion erfüllen, nämlich insofern, als ihre charakteristischen Gattungsmerkmale (als Volkslied, Tanz oder Marsch) auf ein entsprechendes Inhaltspotential (vgl. 3.6.) verweisen und mitunter auch zugleich auf bestimmte Haltungen und Präferenzen des Komponisten gegenüber dem musikkulturellen Erbe und der Musik seiner Zeit.

Eine Voraussetzung dafür, daß die Schüler den ästhetischen Gehalt dieser Instrumentalwerke erleben und entsprechend den für diese Klassenstufen gestellten Aufgaben an ihnen die unterschiedlichen Möglichkeiten des Variierens und der Variationsgestaltung kennenlernen, ist ihr vielseitiger aktiver Umgang mit dem Variationsthema. Dieser schließt das Nachsingen des Themas durch die Schüler sowie ihre eigenen gedanklichen und elementar-improvisatorischen Vorausnahmen von Variationsmöglichkeiten an mindestens einem der Werkbeispiele ein.[35] Solche Tätigkeiten schärfen den Sinn für die vom Komponisten geschaffenen Variationen und deren unterschiedlichen Gehalt. Zugleich gewinnen die Schüler Einblick in die „Werkstatt" des Komponisten, in den Prozeß seines schöpferischen Umgangs mit dem musikalischen Material.

In Klasse 6 ergibt sich darüber hinaus die Möglichkeit, den Schülern am Beispiel der Verwendung einer Volksweise in zwei unterschiedlichen Werken musikalische Eindrücke zu vermitteln, die die tiefe Verbundenheit Joseph Haydns mit den Volksliedern seiner Heimat erkennen lassen. Zugleich erleben sie diese Volksliedweise in zweifacher Funktion: im Andante der Sinfonie „Mit dem Paukenschlag" als Thema einer Variationsreihe, in der Arie des Simon aus den „Jahreszeiten" als eigentliches Zitat.

Nach dem ersten Anspielen des Anfangs der Arie einschließlich der ersten Takte des Zitats (Takt 1 bis 20), auf das die Schüler meist freudig überrascht beziehungsweise erstaunt reagieren, können vor der Gesamtdarbietung die folgenden Höraufgaben gestellt werden:

- Nach welcher Textstelle erklingt das Zitat zuerst? (Nach „... dem Pfluge flötend nach".) In welchem Abschnitt erklingt es nicht? (Teil B: „In abgemeßnem Gange dann...") Wo erklingt es erneut und wie lange? (Von der Wiederaufnahme des leicht veränderten A-Teils bis zum Abgesang: „...flötend nach, flötend, flötend...", 12. Takt vor dem Schluß.)
- Welche Instrumente spielen das Zitat? (1. Violine und Holzbläser, vor allem Flöte)

[34] Mozart: Variationen über „Ah, vous dirai-je, maman" (Klasse 5, Stoffeinheit 7); Schwaen: Volkslieder-Streichquartett, 1. Satz (ebenda); Schubert: Variationssatz aus dem „Forellenquintett" (ebenda); Haydn: Andante aus der Sinfonie G-Dur Nr. 94 (Klasse 6, Stoffeinheit 7); Tschaikowski: Sinfonie Nr. 4, 4. Satz (Klasse 6, Stoffeinheit 10).

[35] Vgl. hierzu die ausführliche Darstellung im Abschnitt 4.4.3.

Im anschließenden Gespräch liegt der Schwerpunkt auf der Frage: „Was mag den Komponisten bewogen haben, die fröhliche Volksliedweise hier nochmals (10 Jahre später) zu verwenden?“ Bei der Beantwortung sollte außer dem unmittelbaren textlichen Anlaß und Bezug vor allem die Haltung des Komponisten ins Spiel gebracht werden: seine enge Beziehung zur Volksmusik, seine Freude an dieser Volksliedweise und ihrer Kombination mit der Gesangsmelodie des Simon, sein Humor, sein Bestreben, die Zuhörer mit seiner Musik zu erfreuen, wobei er auch Überraschungen (wie in der Sinfonie „Mit dem Paukenschlag“) einbezieht.

Hinweise für die Klassen 7/8 und 9/10
Werke mit Antefacta als Variationsthemen, Zitaten oder Anagrammen sind im Lehrplan Musik für *Klasse 7* nicht vorgesehen. Um so mehr sollte die Möglichkeit genutzt werden, die Wiederaufnahme von bekannten Themen in zeitgenössische Adaptionen in den Unterricht einzubeziehen, ihre Einschätzung durch problemorientierende Aufgabenstellungen anzuregen und damit zur Geschmacksbildung unserer Schüler beizutragen. Stofflich günstige Anknüpfungspunkte ergeben sich durch die der Tanzmusik gewidmete Stoffeinheit 10 sowie durch die Behandlung von Ausschnitten aus Chatschaturjans Musik zu dem Ballett „Gajaneh“ (Stoffeinheit 6). Hier können eine Reihe interessanter Adaptionen mit dem Original sowie untereinander verglichen werden (vgl. 4.3.).[36]
Wichtige Erfahrungen und Eindrücke über Möglichkeiten instrumentaler Musik, ohne Verwendung des Wortes mittels des Zitats oder der Verarbeitung von Liedweisen Aussagen und Appelle zu formulieren, erhalten die Schüler in *Klasse 8* mit Gersters „Festouvertüre 1948“. Hierbei kann die Orientierung der Schüler auf ein differenziertes Erkennen von Gesamtzitat, Teilzitat und Verarbeitung an Hand einiger Ausschnitte und auf eine Begründung dieser unterschiedlichen Verwendung der Arbeiterliedweisen das Erlebnis dieses Werkes vertiefen und zugleich Kenntnisse über unterschiedliche Kompositionsweisen vermitteln (vgl. auch 4.3. und 4.5.4.).
In *Klasse 9* sollte bereits vor der Einführung in Dessaus Melodram „Lilo Herrmann“ (Stoffeinheit 1) den Schülern das alte Volkslied „Ich stand auf hohem Berge“ (vgl. S. 95) eindrucksvoll vorgetragen werden, um dessen Zitat und Verarbeitung im Teil „Überführung nach Plötzensee“ zum tief bewegenden Erlebnis werden zu lassen und die Phasen der Einführung und Erarbeitung nicht durch den Liedvortrag unterbrechen zu müssen.
In *Klasse 10* lernen die Schüler Reiner Bredemeyers „Bagatellen für B.“[37] (Stoffeinheit 7) als ein Werk kennen, in dem ein Komponist unserer Gesellschaft anläßlich des 200. Geburtstages Beethovens seine Verehrung für den großen Meister auf originelle und vergnügliche Weise zum Ausdruck bringt und Möglichkeiten zeigt, sich produktiv von ihm anregen zu lassen. Bredemeyer verarbeitet hier collageartig Teile aus Beethovens Bagatellen op. 119 Nr. 3 (A l’Allemande mit Coda) und aus op. 126 Nr. 2 (Allegro und Cantabile) und zitiert die kraftvollen Eröffnungsakkorde von Beethovens 3. Sinfonie zu Beginn des sieben Min. umfassenden kleinen Werkes.

[36] Die Frage, ob und inwieweit Adaptionen ikonische oder symbolische Zeichenfunktionen erfüllen, kann nur im jeweiligen Einzelfall entschieden werden. Als Nachgestaltungen akustisch-musikalischer Erscheinungen der Wirklichkeit dürften sie jedoch vorrangig den ikonischen Zeichen zuzuordnen sein. Für die pädagogische Führung von Schülerdiskussionen zur Einschätzung von Adaptionen ist diese Frage kaum von Belang.
[37] Analyse bei Schneider 1979, S. 208ff.

Interessanterweise ergab ein Unterrichtsversuch (Dölling 1982), daß es in diesem speziellen Falle günstig ist, die Schüler vor dem ersten Hörerlebnis nicht mit den verwendeten Zitaten bekannt zu machen, zumal dies einen relativ hohen zeitlichen Aufwand für die Phase der Einführung bedeutet. Statt dessen erklärte die Lehrerin nach Hinweisen zur Biographie des Komponisten und zum Entstehungsanlaß einige neue Arten der Instrumentierung und Klangerzeugung, ließ die Schüler raten, wer wohl mit der Widmung „für B." gemeint sein könne (ohne die Frage zunächst zu beantworten), stellte vor dem Hören die Frage, ob ihnen an dem Werk gewohnte oder ungewohnte Klänge auffielen, und zeigte ihnen während der Darbietung eine Folie mit einem vereinfachten Prozeßbild (siehe 4.5.3., S. 155). Die ersten Meinungsäußerungen fielen sehr unterschiedlich aus:
- „Ich habe das Gefühl, als störten sich die Instrumente"
- „Ungewohnte Klänge, aber auch Bekanntes"
- „Seltsame Übergänge" und anderes

Erst jetzt spielte die Lehrerin die zitierten Originalstellen vor und erklärte die Widmung. Insgesamt konnte nach nochmaligem Hören festgestellt werden, daß die Schüler für diese Musik interessiert und aktiviert worden waren und sogar zum Teil Spaß dabei empfanden. Offensichtlich ist die Tatsache, daß ein vorheriges Kennenlernen der Originale hier nicht nötig war, darauf zurückzuführen, daß das kleine Werk das Spannungsverhältnis zwischen Traditionellem und Neuem durch die angewendete Montagetechnik sehr offensichtlich macht und überdies die vertrauten Klänge Beethovenscher Musik ein relativ großes Gewicht erhalten.

3.6. Gattungsspezifische Merkmale

Bezogen sich die bisher gekennzeichneten ikonischen und symbolischen Zeichen auf einzelne Komponenten oder Abschnitte innerhalb eines größeren musikalischen Zusammenhangs, so können gattungsspezifische Zeichenfunktionen von einer Komposition in ihrer Komplexität wahrgenommen werden, insoweit sie eine bestimmte musikalische Gattung repräsentiert.
Musikalische Gattungen[38] besitzen eine ausgeprägte, historisch entstandene, unter veränderten gesellschaftlichen Bedingungen in gewissem Umfang auch modifizierbare, dennoch charakteristische Struktur mit einem entsprechenden spezifischen Inhalts-, Funktions- und Wirkungspotential. Das Erkennen der Zugehörigkeit eines Klangbeispiels zu einer bestimmten musikalischen Gattung schafft daher stets günstige Voraussetzungen, in seinen Gehalt einzudringen und ihn zu deuten.
Das gilt bereits für die prärezeptive Phase, in der das zu Gehör kommende Werk als Ouvertüre, Rondo, Sinfonie oder Konzert angekündigt wird und der Schüler somit die Möglichkeit erhält, sich zumindest gedanklich auf das neue Werk einzustellen oder sich sogar über seine Hörerwartung zu äußern.
So weist die Gattungsbezeichnung *Ouvertüre* auf ein Eröffnungsstück überwiegend festlichen Charakters, das *Rondo* auf ein heiter-tänzerisches Instrumentalstück, in

[38] Die Begriffe Gattung und Genre werden gegenwärtig in der musikwissenschaftlichen Literatur noch nicht eindeutig beziehungsweise in übereinstimmender Weise voneinander abgegrenzt. Auf jeden Fall ist der Begriff Genre dem der Gattung untergeordnet. Wir verwenden deshalb hier den Begriff Gattung als zentrale differenzierende Kategorie innerhalb der Musik (Mehner 1979, S. 265).

dem die wiederholte Begegnung mit einem Thema überdies die Freude des Wiedererkennens auslöst.
Die Ankündigung einer *Sinfonie* weckt eine Fülle von Vorstellungen und Erwartungen: Es wird ein großräumiges, konfliktgeladenes Werk mit breitem Ausdrucksspektrum erklingen, das sich durch Dynamik und Zielgerichtetheit der dramaturgischen Entwicklung auszeichnet und auf bedeutsame Haltungen und Ideen weist.
Die Gattungsbezeichnung *Konzert* assoziiert dagegen die Vorstellung einer überwiegend heiter-gelösten Haltung, eines virtuosen, abwechslungsreichen Werkes, in dem es zu einem Dialog, einem Mit- und Gegeneinander mehrerer Klangpartner kommt.
Sowohl im Falle der Bestätigung wie der teilweisen Nichtbestätigung dieser Vorstellungen begünstigen gattungsspezifische Kenntnisse und Einstellungen eine interessierte und sachkundige Musikrezeption und Musikdiskussion. Die Vermittlung soliden Wissens über musikalische Gattungen und entsprechende Formtypen, wie sie vom Lehrplan Musik in Verbindung mit dem Kennenlernen einer repräsentativen Auswahl von Werken des humanistischen Erbes, des sozialistischen Gegenwartsschaffens und progressiver bürgerlicher Komponisten gefordert wird, stellt somit eine wichtige Bedingung für das Wirksamwerden der symbolischen Zeichenfunktion von Gattungsmerkmalen und damit für ein genußreiches, bewußt wertendes Musikerleben dar[39] und gehört zu den selbstverständlichen Aufgaben des Musiklehrers.
Als besonders wichtig erweist sich das Erkennen und Unterscheiden von Gattungsmerkmalen, wenn sie in das einer anderen Gattung zugehörige Werk integriert sind und dort eine symbolische Zeichenfunktion zu erfüllen haben. Häufig trifft dies auf Volksliedmerkmale unterschiedlicher nationaler Prägung zu. So konstituiert sich der Ideengehalt der sinfonischen Dichtung „Finlandia" von Sibelius fast ausschließlich aus der symbolischen Zeichenfunktion von Gattungsmerkmalen des finnischen Volksliedes. Auch die emotional-gedankliche Aussage der 12. Sinfonie von Schostakowitsch beruht zu einem beträchtlichen Teil auf der symbolhaften, variantenreichen Gestaltung von Unterdrückung, Kampf und Befreiungsvision mittels Gattungsmerkmalen russischer Volksliedweisen. Bereits diese beiden Beispiele lassen deutlich werden, daß ein lebendiger Umgang mit dem Volkslied des eigenen Landes wie dem anderer Völker nicht nur das Singen, sondern auch das Erlebnis von Werken der Instrumentalmusik bereichert.
Bei der Vermittlung von Kenntnissen zur Gattungsspezifik ist es gerade wegen der durch ihren Zeichencharakter gegebenen Deutungsmöglichkeit wichtig, nicht nur einseitig die Form, sondern stets die Einheit von Gattungsinhalt und Gattungsform zu beachten, denn „Gattungsformen (sind) zugleich gehaltvolle Formen ..., der Gegenstandsbereich, den sie abbilden, ihre Themen, Motive und Inhalte sind eine verallgemeinerte Auswahl aus der menschlichen Fülle der Wirklichkeit". (Lexikon der Kunst, Stichwort „Kunstgattungen") Das ist vor allem bei der Vermittlung von Kenntnissen über solche Gattungen wichtig, die sich, wie zum Beispiel das Rondo, durch einen relativ konstanten Formtyp auszeichnen. Hier ist es der heitere, oft übermütige tänzerische Charakter, der das Rondo für die Funktion eines Kehraus besonders geeignet macht und der den Schülern schon bei ihrer ersten Begegnung

[39] Vgl. die systematische Darstellung in: Methodik Musikunterricht, 1979, S. 61ff.

mit einem Rondo, dem Finale aus Beethovens Klavierkonzert in C-Dur (Klasse 5, Stoffeinheit 4), bewußt werden sollte.
Damit hängt ein zweiter zu berücksichtigender Gesichtspunkt zusammen: Für die Deutung gattungsspezifischer Merkmale ist es stets von besonderem Interesse, inwieweit der Komponist den jeweiligen Normen einer Gattung entspricht, in welcher Hinsicht und warum er von ihnen abweicht oder sie sogar sprengt. Gerade hier erweist sich in vielen Fällen das Schöpfertum des Tonsetzers und sein Bestreben, die tradierte Form seiner Idee gefügig zu machen. Dies gilt für die schöpferische Umgestaltung des Sonatenhauptsatzes in der „Leningrader Sinfonie" von Schostakowitsch, in Beethovens 5. Sinfonie, in Haydns „Lerchenquartett" oder in Goldmanns 1. Sinfonie ebenso wie für Eislers „offene Schlüsse" im „Solidaritätslied" und im Lied „Lenin" oder für die Verbindung von Lied, Rezitativ und Chanson in seinem „Lob des Kommunismus". Die gedankliche Auseinandersetzung mit diesem Problem ist stets eine Möglichkeit, tief in den ideelichen und ästhetischen Gehalt eines Werkes einzudringen und das Musikerleben zu intensivieren.
Schließlich sei darauf hingewiesen, daß eine Orientierung auf Gattungsbesonderheiten, ihre Inhalte, ihre Formen, Funktionen und Wirkungen stets die sich im Musikleben abzeichnenden Entwicklungstendenzen musikalischer Gattungen und die ihnen zugrunde liegenden kulturellen Prozesse und Bedürfnisse berücksichtigen sollte.
Zu solchen Entwicklungstendenzen gehört die gegenseitige Annäherung und Wechselwirkung verschiedener Gattungen, wie sie zwischen Sinfonie und Instrumentalkonzert seit dem Beginn der sechziger Jahre deutlich hervortritt, so im Schaffen Ernst H. Meyers, der diese Entwicklung mit seinen seit 1961 geschaffenen großen Orchesterwerken wesentlich mitbestimmt hat (zum Beispiel im Poem für Viola und Orchester von 1962), im Werk Günter Kochans (Konzert für Orchester von 1962) und Paul Dessaus (unter anderem Bach-Variationen von 1963).
Eine weitere wichtige Entwicklungstendenz betrifft die Annäherung von Gattungen der Unterhaltungsmusik und der sogenannten „ernsten" Musik, so etwa in der Produktion „Die Sixtinische Madonna" der Gruppe Elektra von 1979 (Komponist und Arrangeur: Bernd Aust; Amiga 855802).
Zu den neuen Tendenzen in der Entwicklung der Gattungen gehört auch die Herausbildung neuer Gattungen, wie zum Beispiel in der szenischen Kammermusik Friedrich Schenkers.
In der Orientierung auf diese und andere Entwicklungstendenzen musikalischer Gattungen bietet sich eine hervorragende Möglichkeit, unsere Jugend für eine aktive Auseinandersetzung mit musikkulturellen Fragen zu interessieren und zu befähigen.

4. Musikhören als pädagogisch geleiteter Prozeß

4.1. Das Verhältnis von Schülertätigkeiten und pädagogischer Führung im Bereich Musikhören

Das Hauptanliegen der pädagogischen Führung des Musikhörens im Unterricht besteht darin, daß sich die Schüler die ästhetisch-ideologische Wirkungspotenz musikalischer Kunstwerke zunehmend bewußt und selbständig erschließen und damit ein genußvolles Musikerleben ermöglichen, das ihre Persönlichkeit bereichert.
Dieses Ziel orientiert auf die dialektische Subjekt-Objekt-Beziehung in der musikalischen Rezeption, auf das Verhältnis des aktiven, des tätigen Hörers zu dem ihn bereichernden Musikwerk. Eine solche Beziehung erfordert seitens des Rezipienten entsprechende Einstellungen sowie auf musikrezeptivem Wissen und Können beruhende Verhaltens- und Verfahrensweisen und äußert sich in der zunehmenden Beherrschung der für einen aktiven, sachkundigen und erlebnisreichen Umgang mit Musik wesentlichen geistigen und geistig-praktischen Tätigkeiten. Die pädagogische Führung des Musikhörens im Unterricht richtet daher ihr besonderes Augenmerk auf die Aktivierung, Entfaltung und Ausbildung dieser Tätigkeiten des Schülers und ihrer Verlaufsqualitäten.
Schülertätigkeiten im Bereich Musikhören sind vielfältig determiniert. Es zählen dazu einerseits jene geistigen Operationen, die unsere Analyse des Erkenntnisprozesses beim Musikhören deutlich werden ließen, wie unter anderem das Verfolgen, Wiedererkennen und Voraushören musikalischer Verläufe (vgl. Abschnitt 2.2.3.). Ferner gehören dazu die wesentlich objektbestimmten Anforderungen, wie das Analysieren von Struktur- und Formbeziehungen und das Erfassen des ideologisch-ästhetischen Gehalts und der Aussage musikalischer Zeichen (vgl. Kapitel 3.). Auch jene Aktivitäten sind als Schülertätigkeiten zu leiten und auszubilden, die im Zuge weiterer Ausprägung und Differenzierung musikkultureller Prozesse, Bedürfnisse und Interessen an Bedeutung gewinnen, wie das Sammeln von musikhistorischen, biographischen und werkspezifischen Informationen in Nachschlagewerken, Werkeinführungen zu Schallplatten und anderem als Vorbereitung auf ein kollektives oder individuelles Musikerlebnis oder das Diskutieren über Musikwerke, ihre Interpretation, deren Bewertung und musikkulturellen Stellenwert in der postrezeptiven Phase. Schließlich zählen dazu eine Reihe weiterer didaktisch-funktional bestimmter Tätigkeiten, die zusätzlich zu den genannten im Unterricht mobilisiert werden und oft in enger Verbindung mit dem Hörprozeß eine besondere Akzentuierung erfahren. Es sind dies Tätigkeiten, durch die musikalische Prozesse verbal, musikpraktisch, bewegungsmäßig, visuell oder graphisch nachvollzogen oder antizipiert werden und die auf diese Weise die emotional-gedankliche, genußvolle Auseinandersetzung mit dem musikalischen Kunstwerk fördern sowie die Phantasie des Schülers bereichern. Eine letzte Gruppe von Schülertätigkeiten im Bereich Musikhören dient dem Erwerb, der Anwendung, Festigung und Systematisierung musiktheoretischen, formenkundlichen, musikhistorischen, musikästhetischen Wissens und Könnens sowie entsprechender Arbeitstechniken und Verfahrenskenntnisse.
Dem Musiklehrer obliegt es, diese Schülertätigkeiten gemäß den Zielen sozialistischer Persönlichkeitsbildung und den vom Lehrplan für das Musikhören gestellten

Anforderungen zu leiten und zu entwickeln. Hierfür hat er entsprechende Aufgabenstellungen und pädagogische Vermittlungen zu planen und im Unterricht als Impulse einzusetzen, die die Schülertätigkeiten auslösen, akzentuieren, steuern und kontrollieren. Insofern bilden Aufgabenstellungen und pädagogische Vermittlungen als Ausdruck des dialektischen Verhältnisses von führender Rolle des Lehrers und aktiver Tätigkeit des Schülers den entscheidenden Kristallisationspunkt für die Förderung eines zunehmend selbständigen, sachkundigen, genußvollen und erlebnisreichen Umgangs unserer Schüler mit musikalischen Kunstwerken.
Es erscheint sinnvoll, Aufgabenstellungen und pädagogische Vermittlungen unter übergreifenden inhaltlich-funktionalen Gesichtspunkten zusammenzufassen und zu ordnen. Auf diese Weise kann einerseits das Wesentliche ihres Aufforderungscharakters deutlich herausgearbeitet und an Unterrichtsbeispielen beschrieben, zum anderen die Flexibilität ihres Einsatzes zur Steuerung und Entwicklung unterschiedlicher Schülertätigkeiten kenntlich gemacht werden.
Die folgende Übersicht enthält sechs unterschiedliche Typen von Aufgabenstellungen bzw. pädagogischen Vermittlungen zum Musikhören im Unterricht:

- Erfahrungsaktualisierende
- problemorientierende
- musizierpraktisch-aktivierende
- informativ-orientierende
- analytisch-erschließende
- werturteilsbildende

Aufgabenstellungen und Vermittlungen, die als verschiedene Arten der *Tätigkeitsführung* ausgewiesen sind. Die Übersicht kennzeichnet ferner ihre Stellung innerhalb der *didaktischen Phasen* des Unterrichtsprozesses (Einführung, Arbeit am neuen Stoff, Festigung/Anwendung/Systematisierung), ihre *Funktion* im Unterrichtsprozeß sowie die durch sie auszulösenden wichtigsten *Schülertätigkeiten.*

Tätigkeitsführung im Bereich des Musikhörens

Didaktische Phase	Funktion	Tätigkeitsführung	Schülertätigkeiten
Einführung	– Sicherung des Ausgangsniveaus	– erfahrungsaktualisierend	– Wiedererkennen musikalischer Verläufe, Reaktivieren von Wissen und Können
	– Zielstellung, Zielmotivierung, Hörorientierung	– problemorientierend	– Aufbauen einer Hörerwartung, Diskutieren möglicher Gestaltungsweisen beziehungsweise Problemlösungen
	– erster Höreindruck (Detail, Ausschnitt oder Gesamtdarbietung)	– musizierpraktisch-aktivierend	– musizierpraktisches beziehungsweise bewegungsmäßiges Erproben, Ergänzen oder Reproduzieren musikalischer Verläufe
		– informativ-orientierend	– Aufnehmen, Sammeln beziehungsweise Darlegen von historisch-biographischen, musiktheoretischen, formenkundlichen, musikästhetischen und musikkulturellen Fakten und Zusammenhängen – hörendes, visuelles oder graphisches Verfolgen musikalischer Verläufe

Didaktische Phase	Funktion	Tätigkeitsführung	Schülertätigkeiten
Arbeit am neuen Stoff	– Erschließen des Werkes – Kenntnisvermittlung – klangliche Demonstration von Details, Ausschnitten und vom Gesamtwerk	– informativ-orientierend – analytisch-erschließend/musizierpraktisch-aktivierend	– hörendes, visuelles oder graphisches Verfolgen musikalischer Verläufe – Beschreiben, Charakterisieren und Vergleichen von Motiven/Themen, Abschnitten/Sätzen – Entwickeln beziehungsweise Ausfüllen von Tafelbildern oder Arbeitsblättern – Kennzeichnen und Begründen der Funktion von Teilprozessen im Gesamtwerk und der musikdramaturgischen Konzeption – Einordnen des Werkes in den historischen und aktuellen gesellschaftlichen Zusammenhang – Deuten musikalischer Zeichen und des Ideengehalts – musizierpraktisches beziehungsweise bewegungsmäßiges Nachvollziehen, Ergänzen oder produktives Umsetzen musikalischer Verläufe
Festigung, Anwendung, Systematisierung	– Erlebnisvertiefung, Kenntniserweiterung und -sicherung – Einstellungsstabilisierung – abschließende Darbietung (Gesamtwerk oder wesentliche Abschnitte)	– erfahrungsaktualisierend – informativ-orientierend – werturteilsbildend	– Zusammenfassen, Anwenden, Verallgemeinern und Systematisieren werkbezogenen Wissens und Könnens – Erwerben beziehungsweise Demonstrieren erweiternden biographischen und entstehungskundlichen Wissens – Vergleichen verschiedener Interpretationen desselben Werkes beziehungsweise des angeeigneten Werkes mit einem anderen – Austauschen und Begründen von Meinungen zur subjektiven Bedeutsamkeit, zum Ausdrucks- und Ideengehalt, zur künstlerischen Gestaltung und zum sozialfunktionalen Stellenwert. Kollektives Erarbeiten, Begründen und Formulieren eines Werturteils

4.2. Erfahrungsaktualisierende Tätigkeitsführung

Aufgabenstellungen und pädagogische Vermittlungen, die den Schüler dazu veranlassen, sich seines bereits erworbenen Wissens und Könnens bewußt zu werden, sich Musikerlebnisse und Eindrücke aus vielfältigen musikkulturellen Kommunikationsbeziehungen und -formen erneut zu vergegenwärtigen, besitzen im Musikunterricht einen bedeutsamen Stellenwert. Dies resultiert bereits aus dem Charakter des Lernens, bei dem es stets darum geht, vorhandenes Wissen und Können durch Wiederholung, Übung und Anwendung zu stabilisieren und neue Kenntnisse und Fähigkeiten, Vorstellungen und Einsichten in das vorhandene System des Wissens und Könnens einzuordnen. Für den Bereich des Musikhörens im Unterricht bestehen zwei weitere Gründe für die Notwendigkeit erfahrungsaktualisierender Impulse, die sich aus dem spezifischen musikalischen Gegenstandsbereich ergeben:

Erstens geht es um eine möglichst häufige Aktualisierung von Musikeindrücken, das heißt von Tonstücken in ihrer Gesamtheit, von einzelnen Abschnitten, Themen oder Motiven, um das Einprägen und Wiedererkennen zu üben und damit das musikalische Gedächtnis als unerläßliche Voraussetzung jeglicher musikalischer Tätigkeit und Erlebnisfähigkeit zu entwickeln (vgl. Abschnitt 2.2.3.3.).
Zweitens haben erfahrungsaktualisierende Impulse im Bereich Musikhören die Funktion, die Beziehung zu den mannigfaltigen außerschulischen musikkulturellen Einflußsphären und musikalischen Eigenaktivitäten der Schüler herzustellen und ihre reichen Potenzen für einen lebensverbundenen Musikunterricht zu nutzen. Ohne diese Beziehung ist es auch – namentlich in den oberen Klassen – kaum möglich, bestehende Einseitigkeiten und Vorurteile unserer Jugendlichen gegenüber bestimmten musikalischen Gattungen oder einzelnen Werken abzubauen, ihre musikalische Erlebnisfähigkeit zu differenzieren und zu sensibilisieren und ihr musikrezeptives Verhalten als eine Persönlichkeitsqualität zu entwickeln, die den aktiven und zunehmend selbständigen Umgang mit musikalischen Kunstwerken unterschiedlicher Gattungen und Genres zur subjektiven Bereicherung anstrebt und verwirklicht.
Dementsprechend sind erfahrungsaktualisierende Aufgabenstellungen und Vermittlungen so zu gestalten, daß sie bei der Reaktivierung und Stabilisierung von Wissen und Können aus dem unterrichtlichen wie außerunterrichtlichen Bereich stets auch die musikalischen Interessen und Einstellungen der Schüler mit in Rechnung stellen, sie gegebenenfalls unmittelbar zum Ansatzpunkt geeigneter Handlungsimpulse werden lassen.
Zunächst kann davon ausgegangen werden, daß erfahrungsaktualisierende Impulse im Musikunterricht, die nicht eng auf den Lernstoff begrenzt sind, sondern die Gesamtheit musikkultureller Beziehungen und Eigenaktivitäten des heranwachsenden Menschen im Auge haben, gute motivationale Voraussetzungen zu seiner Aktivierung besitzen – sprechen sie doch die Schülerpersönlichkeit in ihrer Subjektivität an einschließlich ihres Freizeitverhaltens sowie individueller Interessen und Neigungen.
Hinzutreten muß jedoch, daß derartige Aktivierungsimpulse mit der Zielstellung des Unterrichts so verknüpft sind, daß ihr Sinn nicht nur objektiv begründet ist, sondern auch dem Schüler einleuchtet.
Unter diesem Gesichtspunkt seien im folgenden einige Beispiele erfahrungsaktualisierender Aufgabenstellungen beziehungsweise Vermittlungen dargestellt.
Mit relativ breit gefächerten Erfahrungen im Bereich der Tanzmusik kann bei den Schülern bereits vor der Behandlung dieser Thematik in den eigens dafür vorgesehenen Stoffeinheiten 8 der Klasse 6, „Der unterschiedliche Gebrauch von Tänzen“, und 10, Klasse 7, „Standardtänze als wesentlicher Bestandteil unseres Gesellschaftstanzes“, gerechnet werden. Es ist daher günstig, zu Beginn dieser Stoffeinheiten diese Kenntnisse aufzugreifen und an sie anzuknüpfen. Da es in beiden Stoffeinheiten vor allem um die Herausarbeitung der Funktionen verschiedener Tänze innerhalb des kulturellen Lebens geht, kann an Hand einer vorbereiteten Folge von Klangbeispielen die Aufgabe gestellt werden, die Art des heutigen Gebrauchs der dargebotenen Tänze zu bestimmen. Vorgegeben werden (unter Anpassung an das jeweilige unterschiedliche Erfahrungspotential in den beiden Klassenstufen) Begriffe wie Volkstanz, Gesellschaftstanz, Turniertanz, Bühnentanz (aus

Ballett und Oper), Modetanz, Konzertstück (Satz aus Suite oder Sinfonie). Die anschließende, für die Schüler zum Teil überraschende Feststellung, daß einige der Tänze (zum Beispiel Polka, Walzer) mehrere der genannten Funktionen erfüllen, kann in einer kurzen Diskussion zu einer wichtigen Erkenntnis führen: Tanzmusik gibt es in den unterschiedlichsten Bereichen des Musiklebens, in der Volksmusik und beim geselligen Beisammensein, in Oper und Ballett, in Orchester- und Kammermusik, zum Tanzen und zum Zuhören. So kann es auch keine starren Grenzen zwischen sogenannter „leichter“ Musik und „schwerer“ Musik, zwischen Unterhaltungsmusik und „ernster“ Musik geben.

An Stelle oder in Verbindung mit der vom Lehrer vorbereiteten Klangfolge hat es sich auch bewährt, die Schüler selbst ihnen bekannte Tanzbezeichnungen zusammentragen zu lassen (eventuell mit Aufzeichnungen einiger Beispiele auf dem Kassettenrecorder), die der Lehrer in unterschiedlichen Gruppen (deren Ordnungsprinzip vorerst nicht bekanntgegeben wird) an der Tafel fixiert:

- nach ihrem Herkunftsland und ihrer Blütezeit (lateinamerikanische Tänze in einer Gruppe),
- nach ihrer den Tanz charakterisierenden oder nicht charakterisierenden sprachlichen Benennung (1. Gruppe: deutet auf die auszuführende Schrittfolge beziehungsweise Bewegung, zum Beispiel Menuett, Jitterbug – engl. „Zitterwanze“; 2. Gruppe: gibt keinen Hinweis zur Ausführung),
- nach ihrem heutigen Gebrauch.

Die Schüler sollen das gewählte Ordnungsprinzip zunächst herausfinden. Der Schwerpunkt des folgenden Unterrichtsgesprächs ist auf jeden Fall wiederum auf die heutige Gebrauchsfunktion mit der oben genannten Schlußfolgerung (keine scharfe Trennung von „schwerer“ und „leichter“ Musik) zu lenken.

Die folgende Übersicht „Heutiger Gebrauch, Blütezeit, Herkunft, Tempo und Takt wichtiger Tänze“ dient der Information des Lehrers, kann jedoch auch auszugsweise als Tafelbild, Folie oder Arbeitsblatt der Schüler verwendet werden. Vor allem im letzten Fall sollte den Schülern das Ausfüllen der Spalte „Bemerkungen“ weitestgehend selbst überlassen bleiben. Die Aufstellung kann jederzeit durch weitere Tänze ergänzt werden.

Heutiger Gebrauch, Blütezeit, Herkunft, Tempo und Takt wichtiger Tänze

Tanzname	Takt, Tempo	Herkunft/ Blütezeit	heutiger Gebrauch	Bemerkungen
Allemande	$\frac{4}{4}$, mäßig bewegt	Deutschland, 16./17. Jh.	Konzertstück: Satz der Suite	oft bei J. S. Bach und G. F. Händel
Courante	ungeradtaktig, schnell	Frankreich, 17./18. Jh.	Konzertstück: Satz der Suite	
Sarabande	ungeradtaktig, langsam	Mexiko (?), Spanien, 17./18. Jh.	Konzertstück: Satz der Suite, auch Satz/Satzteil anderer Instrumentalwerke oder als Lied/Arie	

Tanzname	Takt, Tempo	Herkunft/ Blütezeit	heutiger Gebrauch	Bemerkungen
Gigue	$\frac{3}{8}$, $\frac{6}{8}$, $\frac{12}{8}$, schnell	England, 17./18. Jh.	Konzertstück: Satz der Suite	oft bei J. S. Bach und G. F. Händel
Gavotte	geradtaktig, mäßig bewegt	Frankreich, 17./18. Jh.	französischer Volkstanz, Konzertstück, oft Satz der Suite	auch 3. Satz in Prokofjews Klassischer Sinfonie
Menuett	$\frac{3}{4}$, mäßig bewegt	Frankreich, 17./18. Jh.	Konzert- und Unterhaltungsstück: oft Satz der Suite, Sinfonie, Sonate	meist 3. Satz in Haydns und Mozarts Sinfonien usw.; bei Beethoven: Scherzo
Polonaise	a) $\frac{3}{4}$, b) $\frac{4}{4}$, } mäßig bewegt	Polen, a) 18./19. Jh. b) 19./20. Jh.	a) festlicher Gesellschaftstanz; Konzertstück, auch Lied/Arie b) geselliger Brauch des Durchschreitens der Räume nach beliebiger marschartiger Musik	viele schöne Beispiele von Chopin
Mazurka	$\frac{3}{4}$, mäßig bewegt	Polen, 18./19. Jh.	polnischer Nationaltanz; Konzert- und Unterhaltungsstück	viele schöne Beispiele von Chopin
Gopak	$\frac{2}{4}$, schnell	Ukraine	Nationaltanz, Bühnentanz (Oper, Ballett), Konzertstück (in der Suite)	Chatschaturjan: Gajaneh
Lesginka	$\frac{6}{8}$, sehr schnell	Kaukasus	Volkstanz, Bühnentanz (Oper, Ballett), Konzertstück (in der Suite)	Chatschaturjan: Gajaneh
Trepak	$\frac{2}{4}$, sehr schnell	Rußland	Volkstanz, Bühnentanz (Oper, Ballett), Konzertstück (in der Suite)	Tschaikowski: Nußknacker-Suite
Furiant	Wechsel von $\frac{2}{4}$ und $\frac{3}{4}$, sehr schnell	Böhmen, 19. Jh.	Volkstanz; Konzert- und Unterhaltungsstück	bedeutende Meister: Smetana und Dvořák
Polka	$\frac{2}{4}$, schnell	Böhmen, 19. Jh.	Volkstanz; Konzert- und Unterhaltungsstück	

Tanzname	Takt, Tempo	Herkunft/ Blütezeit	heutiger Gebrauch	Bemerkungen
Galopp	$\frac{2}{4}$, sehr schnell	Deutschland, 19. Jh.	Gesellschaftstanz, Bühnentanz in Oper und Operette, Konzert- und Unterhaltungsstück	auch „Schnellpolka“ genannt
Walzer a) Wiener Walzer b) langsamer Walzer	$\frac{3}{4}$, a) schnell b) langsam	Deutschland, 19./20. Jh.	a) und b) Gesellschaftstanz/Turniertanz (Standardtanz); Bühnentanz in Operette und Musical; Konzert- und Unterhaltungsstück	a) berühmte Komponisten: J. Strauß, Tschaikowski, Chatschaturjan, Prokofjew
Foxtrott	geradtaktig, schnell	USA, 20. Jh.	Gesellschaftstanz/Turniertanz (Standardtanz)	marschähnlicher Rhythmus
lateinamerikanische Tänze: · Tango	geradtaktig, langsam	Argentinien, 20. Jh.	Gesellschaftstanz, Turniertanz (Standardtanz), auch als Konzert- und Unterhaltungsstück	gleichzeitig verschiedene Rhythmen (polyrhythmisch)
· Rumba · Cha-cha-cha	geradtaktig, mäßig bewegt	Kuba		
· Samba · Jive (Jitterbug)	geradtaktig, schnell	Brasilien / USA (20. Jh.)	Gesellschaftstänze, Turniertänze	vielfältiger Einsatz von Schlaginstrumenten
· Paso doble	$\frac{2}{4}$, $\frac{3}{4}$, schnell	Spanien		
Diskotanz (kein bestimmter Stil, sondern Sammelbegriff)	nicht festgelegt (verschiedene Rock- und Beatmusik u. a.)	Frankreich, 20. Jh.	in Diskotheken, Jugendklub- und FDJ-Veranstaltungen zum Tanzen und zur Unterhaltung	geleitet von dem Diskomoderator, verbunden mit Wortbeiträgen, Quizrunden usw. sowie mit Lichteffekten

In Vorbereitung der Zusammenfassung und Vertiefung von Kenntnissen über die Instrumente des Sinfonieorchesters (Kl. 6, Stoffeinheit 9) oder im Zusammenhang mit der Erarbeitung eines Orchesterwerkes (Kl. 6, Stoffeinheit 10; Kl. 7, Stoffeinheit 7; Kl. 8, Stoffeinheit 2 und 3; Kl. 9, Stoffeinheit 2 und 5; Kl. 10, Stoffeinheit 4 und 7) sollten die Voraussetzungen geschaffen werden, daß sich die Schüler die (laut Fernsehzeitung angekündigte) Darbietung eines Orchesterwerkes im Fernsehen anschauen und anhören.

Entsprechend der vorzubereitenden Stoffeinheit können hierfür aus den aufgeführten Fragen die geeigneten als Hausaufgaben gestellt werden:
1. Zur Kameraführung: Welche Ausschnitte hat die Kamera ins Bild gebracht (Orchester, Dirigent, einzelne Musiker mit ihren Instrumenten, Instrumentendetails, das Publikum)? Wurde die Kamera so geführt, daß die Leistungen der Musiker und des Dirigenten sowie die Reaktionen beim Publikum deutlich wurden, oder hättest du dir eine andere Kameraführung gewünscht? Begründe deinen Standpunkt!
2. Zu den Musikern und Instrumenten: Was beeindruckte dich an den Leistungen der Musiker? Welche Instrumente konntest du besonders beobachten? Beschreibe deine Eindrücke und Beobachtungen! (Im Falle eines Solokonzertes:) Gab es einen Abschnitt, bei dem der Solist längere Zeit ohne Orchesterbegleitung musizierte? Was fiel hierbei in bezug auf seine Spielweise auf?
3. Zum Dirigenten: Inwiefern verdeutlichte der Dirigent seine Interpretation auch für den Hörer (Veränderung im Tempo, in der Dynamik, Akzentgebungen, Einsätze der Instrumente)?
4. Überlege, ob die bildliche Übertragung dein Musikerlebnis verstärkt hat! Begründe deine Feststellung!
Je nach der zu behandelnden Stoffeinheit motiviert die Beantwortung der Fragen mit anschließender kurzer Diskussion unmittelbar die Vermittlung, Präzisierung oder Systematisierung von Kenntnissen über die Orchesterinstrumente, über Aufbau, Gestaltungsweise und Besetzungsfragen in Solokonzert (einschließlich Kadenz!), Concerto grosso, Ouvertüre oder Sinfonie. Der Vorteil derartiger erfahrungsaktualisierender Aufgabenstellungen besteht darin, daß an eine außerschulische Musikerfahrung der Schüler angeknüpft wird, die durch Einbeziehung der visuellen Komponente günstige Voraussetzungen für eine erlebnishafte Musikrezeption bietet, und daß die Fragen auf eine subjektive Auseinandersetzung aller Schüler zielen, indem sie ein relativ breites Spektrum von Interessen berühren, das heißt außer audiovisuellen Beobachtungen auch solche auf technischem Gebiet (Kameraführung, Spieltechnik, Instrumentenbau) erfordern.
Auch vor der ersten umfassenden Erarbeitung einer Oper (Klasse 8, Stoffeinheit 5) sollten musikkulturelle Erfahrungen der Schüler durch entsprechende Aufgabenstellungen aktiviert werden. Die laut Lehrplan in Klasse 8 vorgesehene Oper „Der Freischütz" kann durch Lortzings „Zar und Zimmermann" oder Smetanas „Verkaufte Braut" ausgetauscht werden, sofern die Möglichkeit zum Besuch einer Aufführung dieser Opern durch die Schüler besteht. Auch zum Besuch weiterer Opern sind die Schüler anzuregen. An einzelne Schüler oder an eine Schülergruppe kann der Auftrag ergehen, sich einen Überblick über den Spielplan des Jahres zu verschaffen.
An diesem Spielplan ist festzustellen:
– Ist eine der genannten Opern in ihm enthalten?
– Welche anderen Opern der drei Komponisten Weber, Lortzing oder Smetana stehen auf dem Spielplan?
– Ordne die auf dem Spielplan stehenden Opern nach der zeitlichen Folge ihrer Entstehung! Benutze dabei das Opernbuch!
– Welche Opern kommen für einen gemeinsamen Opernbesuch in eine engere Wahl? Begründe deinen Vorschlag, nachdem du dich im Opernbuch über wesentliche Züge der Handlung und die Hauptpersonen dieser Opern informiert hast!

Zahlreiche erfahrungsaktualisierende Aufgabenstellungen ergeben sich aus der Würdigung bedeutender Komponisten anläßlich von Jubiläen und Gedenktagen oder aus den regelmäßig oder zu außergewöhnlichen Anlässen stattfindenden Musikfestspielen und Musikwettbewerben; sie sollten zugleich als Impulse für ein bewußtes und aktives Verhalten gegenüber den Massenmedien genutzt werden.
So wurden anläßlich des 250. Geburtstages von Joseph Haydn 1982 vor der Erarbeitung des 1. Satzes seines Streichquartetts op. 64 Nr. 5 (Lerchenquartett) in Klasse 9 (Stoffeinheit 3) den Schülern die Aufgaben erteilt,

- aus dem Rundfunk- und Fernsehprogramm der laufenden und kommenden Woche alle Werke des Meisters in einer Aufstellung zu erfassen,
- die vertretenen musikalischen Gattungen in der Reihenfolge ihrer Werkanzahl zu ordnen,
- sich über die drei am häufigsten auftretenden musikalischen Gattungen im Sachwörterverzeichnis des Musiklehrbuchs oder in einem anderen Nachschlagewerk zu informieren,
- (besondere Aufgabe an zwei Schüler:) den Mitschülern Vorschläge für das Abhören einiger Sendungen durch Bekanntgabe der betreffenden Werke und Sendezeiten an der Wandzeitung zu unterbreiten.

Die Aufstellung ergab, daß Sinfonien, Klaviersonaten und Streichquartette am häufigsten vertreten waren. Die erfahrungsaktualisierende Erörterung zu Beginn der dem Lerchenquartett Haydns gewidmeten Stunde konnte (in Verbindung mit dem wiederholenden Anspielen des 2. Satzes der Sinfonie „Mit dem Paukenschlag") folgende Ausgangssituation schaffen:

- Sinfonien, Streichquartette und Klaviersonaten haben im Schaffen Haydns sowohl qualitativ wie quantitativ einen hohen Stellenwert (104 Sinfonien, 83 Streichquartette, 52 Klaviersonaten) und bereichern zusammen mit seinen beiden großen Oratorien „Die Schöpfung" und „Die Jahreszeiten" in besonderem Maße unser Musikleben.
- Die mehreren Sinfonien wie auch dem zu Gehör kommenden Streichquartett später beigegebenen programmähnlichen Bezeichnungen lassen auf die Volksverbundenheit des kompositorischen Schaffens J. Haydns schließen (Sinfonie Nr. 45 „Abschiedssinfonie", Nr. 73 „Die Jagd", Nr. 82 „Der Bär", Nr. 83 „Die Henne", Nr. 100 „Militärsinfonie", Nr. 101 „Die Uhr").
- Besetzung des Streichquartetts, Aufbau des Sonatenhauptsatzes und Satzfolge der Sonate (und damit auch des Streichquartetts) konnten rationell wiederholt werden, da die Schüler diese Kenntnisse bereits selbständig reaktiviert hatten.

Alle drei Wissenskomplexe leiteten unmittelbar in die Erarbeitung des Streichquartettsatzes und förderten Selbständigkeit und Intensität analytisch-synthetisierender Auseinandersetzung der Schüler mit dem Werk.
Bei denjenigen erfahrungsaktualisierenden Aufgabenstellungen, die im wesentlichen auf die Wiederholung und Festigung des bereits in vergangenen Unterrichtsstunden und Schuljahren erarbeiteten Unterrichtsstoffes begrenzt sind, besitzt die Aktualisierung von Werkkenntnissen, das heißt die wiederholende Darbietung des Klangbeispiels selbst, das unbedingte Primat. In Verbindung mit ihm, sich gründend auf seine sinnlich-klangliche Anschauung und Beeindruckung, kann auch das Bereitstellen der für die Arbeit am neuen Stoff notwendigen Kenntnisse zu be-

stimmten musikalischen Gestaltungsweisen, zur Gattungsspezifik oder zur historischen und biographischen Einordnung meist effektiver erfolgen, als wenn diese Kenntnisse ohne klingendes (auch gesungenes) Beispiel abgerufen werden sollen. Das setzt allerdings eine gezielte Akzentuierung und Konzentrierung auf das Wesentliche sowohl bei der Auswahl des Klangbeispiels wie bei der Hörorientierung der Schüler voraus. Keineswegs müssen und können *alle* in der Vorbereitungsphase zu reaktivierenden Kenntnisse am Musikbeispiel selbst nochmals demonstriert werden, wirkt dies doch über seine klangsinnliche und ästhetische Qualität hinaus auch als Impuls zur assoziativen Bereitstellung des seinerzeit in Verbindung mit dem Musikwerk erworbenen Wissens.
So kann das wiederholende Anspielen der Coda aus Beethovens Egmont-Ouvertüre (1 Min., 30 Sek.) in Vorbereitung auf die Erarbeitung des 1. Satzes seiner Klaviersonate op. 10 Nr. 1 (Klasse 8, Stoffeinheit 3) sehr wohl Kenntnisse über Beethovens revolutionäre Haltung und ihre Widerspiegelung in seiner Musik wie auch über Möglichkeiten musikalischer Kontrastgestaltung reaktivieren.
Ebenso vermag eine Klangfolge kurzer, charakteristischer Beispiele von Tanz- und Volksliedintonationen sowie -zitaten aus den Schülern bekannten Werken, unter anderem von Smetana („Die Moldau"), Tschaikowski (4. Satz seiner 4. Sinfonie) und Chopin (Polonaise A-Dur), zu Beginn der Stoffeinheit 4 in Klasse 11 „Das Musikschaffen in verschiedenen europäischen Ländern und seine Bedeutung für die Stärkung des Nationalbewußtseins und für die Herausbildung nationaler Kulturen im 19. Jahrhundert" die Schüler unmittelbar auf die Auseinandersetzung mit dieser Thematik zu orientieren, indem sie dazu aufgefordert werden, das diese Werke ästhetisch und historisch Verbindende zu kennzeichnen.
Das letzte Beispiel verweist darauf, daß viele der in früheren Klassenstufen erarbeiteten Kenntnisse auch in der Oberstufe verfügbar sein sollen. Dies zu gewährleisten und damit die Voraussetzungen für ein zunehmend sachkundiges, erlebnisreiches und selbständiges Erschließen musikalischer Kunstwerke zu schaffen bildet eine der entscheidenden Funktionen erfahrungsaktualisierender Aufgabenstellungen.
Ein hierbei in der Praxis immer wieder auftretendes Problem besteht darin, daß ein wesentlicher Teil des auch in den späteren Schuljahren verfügbar zu haltenden Grundwissens in den jeweils für zwei Jahre konzipierten Musiklehrbüchern dieser Klassenstufen nicht nochmals enthalten ist. Auch die jedem Lehrbuch angefügten Sachwortverzeichnisse können diese Lücke nicht schließen, wenngleich auch sie einen wichtigen, noch nicht immer genügend genutzten Hebel zur Reaktivierung früher erworbener Kenntnisse darstellen. Aus diesem Grunde steht die Frage nach der Art und Weise einer sinnvollen und zugleich rationellen schriftlichen Fixierung musikalischen Grundwissens durch die Schüler selbst.
Bewährt hat sich die Führung eines Schnellhefters von Klasse 5 bis 10 mit einer nicht nach der Reihenfolge des Schuljahresstoffes, sondern nach Gesichtspunkten der Stoffsystematik geordneten Anlage, so daß den einzelnen Stoffgebieten jederzeit Ergänzungen (auch in Form von Arbeitsblättern) eingefügt werden können. Dabei sollte der Inhalt knapp, das heißt stichwortartig oder in Form von Übersichten und Diagrammen, gefaßt sein und in erster Linie dasjenige Wissen einbeziehen, das der Schüler in späteren Stoffeinheiten aktivieren muß (zum Beispiel zum Volkslied oder zum Sonatenhauptsatz) oder das ihm als Rezeptionsanleitung bei

der Erschließung neuer, unbekannter Werke dienen kann (zum Beispiel Systematisierungen zu Möglichkeiten des Wort-Ton-Verhältnisses oder grundlegenden musikdramaturgischen Gestaltungsweisen). Im Zusammenhang mit der Darstellung analytisch-erschließender Aufgabenstellungen (4.6.) wird hierauf näher eingegangen.

Als eine Gliederungsmöglichkeit hat sich die folgende bewährt:

1. Musiktheoretisches Grundwissen
2. Volkslied
3. Arbeiter- und Jugendlied
4. Größere vokale Formen und Gattungen
5. Tanz
6. Größere instrumentale Formen und Gattungen
7. Komponisten und ihre Werke

7.1. Deutsche Komponisten der Vergangenheit
7.2. Komponisten der DDR
7.3. Russische und sowjetische Komponisten
7.4. Komponisten anderer Länder

(Zur Anlage eines entsprechenden Schnellhefters siehe Schulz 1978.)

Eine ordentliche Führung dieses Wissensspeichers erfordert kontinuierliche Kontrollen des Musiklehrers (jeweils in Verbindung mit den mündlichen Leistungskontrollen), vor allem aber die ständige Nutzung im Zusammenhang mit erfahrungsaktualisierenden Impulsen sowohl im Unterricht selbst wie bei der Anfertigung von Hausaufgaben und in Vorbereitung von Leistungskontrollen, so daß den Schülern der Nutzen dieses Wissensspeichers immer wieder bewußt wird. Der Wert schriftlich fixierter Übersichten und Zusammenfassungen zum Wesen und zu den Merkmalen bestimmter musikalischer Gattungen und Formen (im Schülerschnellhefter, als Tafelbild oder Folie) besteht vor allem darin, daß sie als heuristische Denkhilfen bei der Erschließung neuer, unbekannter Werke der gleichen Gattung oder Form dienen können. Dies trifft unter anderem auf das Rondo und den Aufbau des Sonatenhauptsatzes zu.

Mehr als bisher gilt es jedoch, im Zusammenhang mit erfahrungsaktualisierenden Aufgabenstellungen auch die Kenntnisse der Schüler zu übergreifenden musikdramaturgischen Zusammenhängen zu systematisieren. Unsere Schüler erleben in vielen Musikwerken, wie Kontraste und Konflikte, Veränderungen, Steigerungen und Zurücknahmen gestaltet werden. Die Systematisierung dieses Wissens nützt ihnen insbesondere bei der Erschließung zeitgenössischer Werke, in denen weder Themen noch Motive als rezeptionsleitende Strukturelemente wirksam werden. Im Zusammenhang mit der Darstellung analytisch-erschließender Aufgabenstellungen (Abschnitt 4.6.) wird hierauf näher einzugehen sein.

4.3. Problemorientierende Tätigkeitsführung

Die Entwicklung schöpferischen Denkens und Handelns stellt eine wesentliche Seite der Herausbildung allseitig entwickelter, bewußt handelnder Persönlichkeiten dar. Die Persönlichkeit kann sich nur dann allseitig entfalten, wenn sie die Fähig-

keit zum selbständigen und schöpferischen Handeln besitzt. „Wesentlicher Inhalt des schöpferischen Denkens sind Problemlösungsprozesse. Die Persönlichkeit erkennt selbständig Probleme beziehungsweise übernimmt übertragene Problembearbeitungen, sucht nach Lösungswegen, bewertet und definiert gefundene Lösungen. Ihrer Form nach handelt es sich vorwiegend um die neuartige Verbindung bisher unverbundener Elemente in einer Art, die zur Lösung des Problems führt." (Mehlhorn 1980, S. 273)
Problemorientierende Impulse sind daher in allen Fächern in besonderem Maße geeignet, dem Schüler selbständige Denkleistungen abzuverlangen und seine schöpferischen Fähigkeiten zu entwickeln. Namentlich seit dem VIII. Pädagogischen Kongreß von 1978, auf dem die wichtigsten Aufgaben bei der Erhöhung der Qualität des Unterrichts im Zusammenhang mit der Analyse der gewachsenen gesellschaftlichen Voraussetzungen und Ansprüche für die weitere Ausprägung selbständig denkender und handelnder Persönlichkeiten herausgearbeitet wurden (M. Honecker 1979, S. 56ff.), haben sich zahlreiche Lehrer sowie Wissenschaftler auf den Gebieten der Psychologie und Pädagogik den Fragen der problemhaften Unterrichtsgestaltung gewidmet.[1]

„Erfahrene Lehrer benutzen die in den Lehrplänen gegebenen Möglichkeiten, die Schüler zum selbständigen, schöpferischen Denken zu befähigen. Sie vermitteln nicht nur fertiges Wissen, sondern machen den Schülern auch Probleme bewußt, die sie gemeinsam mit ihnen lösen. Sie stimulieren das Suchen unterschiedlicher Lösungswege, alternatives Denken und bewerten originelle, neuartige Ideen besonders hoch. Sie verstehen es, ein Anspruchsniveau zu schaffen, bei dem schöpferisches Denken, Risikofreudigkeit moralisch höher bewertet werden als das Streben nach Sicherheit in ausgefahrenen Gleisen. Unter solchen Bedingungen, bei einem solchen Stil der pädagogischen Arbeit beweisen viel mehr Schüler Einfallsreichtum, Phantasie, schöpferische Fähigkeiten und Begabungen, als gemeinhin angenommen wird." (Neuner in "Neues Deutschland" Nr. 101/1980).

Dieser hohe Stellenwert eines problemorientierten Unterrichts bei der Ausbildung von selbständigem Denken, Einfallsreichtum und Phantasie macht es erforderlich, die besonderen Bedingungen, Ziele und Schwerpunkte für problemorientierende Aufgabenstellungen beim Musikhören im Unterricht genauer zu kennzeichnen, um sie effektiv und bedingungsadäquat einsetzen zu können.
Auszugehen ist zunächst von der Spezifik des musikalischen Aneignungsprozesses. Erlebnishaftes, genußvolles Hören musikalischer Kunstwerke erfordert stets schöpferisches Verhalten des Rezipienten in mehrfacher Hinsicht: Es äußert sich in der Hörerwartung (vgl. 2.2.3.3., S. 46f.), in der Rekonstruktionstätigkeit (vgl. S. 44f.) sowie in der Deutung musikalischer Zeichen und der Wertung des Ideengehalts eines musikalischen Kunstwerkes als dem Ergebnis intensiver emotional-gedanklicher Auseinandersetzung mit der Komposition (vgl. 3.1., S. 60).
Die Ziele und Aufgaben des Musikhörens im Unterricht richten sich in erster Linie auf die Ausbildung dieser in dialektischer Einheit wirkenden schöpferischen Komponenten des Musikhörens als den entscheidenden persönlichkeitsbildenden Faktoren musikrezeptiver Tätigkeit. Damit stimmt die Funktion problemorientierter Aufgabenstellungen, die sich stets in der Förderung von selbständigem und schöpferi-

[1] Vgl. insbesondere die Jahrgänge 1980/81 der Zeitschrift „Musik in der Schule" und 1979 bis 1982 der Zeitschrift „Pädagogik".

schem Denken, von Einfallsreichtum und Phantasie erfüllt, unmittelbar mit den wesentlichen Zielen und Aufgaben der pädagogischen Führung des Musikhörens im Unterricht überein.
Aus dieser Tatsache ist keineswegs abzuleiten, daß problemorientierende Impulse beim Musikhören im Unterricht häufiger als andere pädagogische Aufgabenstellungen einzusetzen seien. Dem widerspricht bereits die Forderung nach einer variantenreichen, unterschiedliche Seiten der Schülerpersönlichkeit berücksichtigenden Unterrichtsführung und vor allem der gerade im Musikunterricht notwendige hohe Stellenwert sinnlich-emotionaler Komponenten, wie sie vorrangig in musikalisch-praktischen Schülertätigkeiten (vgl. 4.4.), aber auch bei den bereits dargestellten erfahrungsaktualisierenden Aufgabenstellungen in Erscheinung treten (vgl. 4.2.), ferner im unmittelbar praktischen Umgang mit dem musikalischen Material bei der Realisierung analytisch-erschließender Aufgabenstellungen (vgl. 4.6.). Dennoch vermag die dargestellte Korrespondenz zwischen der Spezifik des musikalischen Aneignungsprozesses und den daraus erwachsenden Hauptzielen des Musikunterrichts einerseits und der Funktion problemhafter Aufgabenstellungen andererseits das Gewicht problemorientierender pädagogischer Impulse beim Musikhören im Unterricht zu kennzeichnen und auf ihre inhaltlichen Schwerpunkte zu orientieren.
Problemorientierende Impulse sollten vor allem dort eingesetzt werden, wo es besonders notwendig ist, bei den Schülern ein aktives Rezeptionsverhalten zu entwikkeln – sei es, daß es sich um ein relativ schwer zu rezipierendes Werk handelt (etwa eine zeitgenössische Komposition oder ein kammermusikalisches Werk), oder sei es, daß ein bestimmter inhaltlicher, gestalterischer oder funktionaler Aspekt des Werkes besonders ausgeprägt ist, dessen Erkenntnis das Rezeptionsvermögen des Schülers auch im Hinblick auf das Erschließen anderer Werke bereichert. Stets zielen problemorientierende Impulse darauf, den Schüler über die Intensivierung der aktuellen Rezeption eines Werkes hinaus zur Auseinandersetzung mit einem musikästhetischen oder musikkulturellen Problem anzuregen, das seine Fähigkeit und Bereitschaft zur zunehmend selbständigen Auseinandersetzung mit Werken der Musik insgesamt fördert, das heißt beim Schüler übertragbares Wissen und Können entwickelt.
Problemorientierende Impulse müssen daher inhaltlich und in ihrer Form so angelegt sein, daß sie den Schüler nicht nur zum intensiven Hören, sondern auch zur prä- und postrezeptiven emotional-gedanklichen Auseinandersetzung und Diskussion anregen. Das schließt zugleich ein, daß sich ihr gedanklicher Anspruch und mitunter auch zeitlicher Aufwand für die Auseinandersetzung mit peripheren Fragen kaum lohnen dürfte, sondern daß sie auf Wesentliches, auf bedeutsame Erkenntnisse gerichtet sind.
Problemorientierende Impulse können nur dann wirksam werden, wenn die Schüler das jeweilige Problem zu ihrem eigenen machen und an seiner Lösung interessiert sind. Das erfordert zum einen, daß dieses Problem mittels seiner Attraktivität und subjektiven Neuheit ihre Einbildungskraft und Phantasie zum Durchspielen verschiedener Lösungswege, zur Äußerung und Begründung von Vermutungen anregt. Zum anderen erfordert es ein bestimmtes Maß an Wissen und Können, auf dessen Grundlage das Durchspielen von Lösungswegen und Vermutungen erst möglich wird. Kann mit diesem grundlegenden Wissen und Können nicht gerechnet werden,

so machen sich im Zusammenhang mit dem problemorientierenden Impuls oder zuvor entsprechende erfahrungsaktualisierende Aufgabenstellungen und Vermittlungen durch den Lehrer notwendig.
Ein **erster Schwerpunkt** problemorientierender Impulse ist die *fiktive Einbeziehung der Schüler in die konzeptionelle Phase des kompositorischen Schaffensprozesses.* Der Schüler sieht sich also dem gleichen Problem gegenübergestellt, das der Komponist zu bewältigen hatte. Damit sich der Schüler eine entsprechende Hörerwartung aufbauen kann, müssen einige Fakten zum Anliegen der Komposition vorgegeben werden; aus den verschiedenen Möglichkeiten, diese konzeptionell-kompositorisch zu berücksichtigen, und aus der hierbei entstehenden vielfältig determinierten Widerspruchssituation konstituiert sich das zu lösende Problem.
Vorgegeben werden kann der konkrete *Anlaß* bzw. *Auftrag* für die Komposition, wodurch die Schüler zugleich auf die gesellschaftliche Funktion sowie auf weltanschaulich-ideologische Aspekte kompositorischer Vorhaben orientiert werden.
So führt zum Beispiel der Anlaß des Festes zur 100. Wiederkehr der Revolutionstage von 1848 für das Entstehen von Ottmar Gersters „Festouvertüre 1948" zur Erörterung der Problemfrage: Wie kann ein Musikwerk festlichen Charakters, das zur Zeit der Gründung der DDR geschaffen wurde, ohne Verwendung des Wortes, auf eine für alle Hörer unmißverständliche Weise (auch für diejenigen, die bislang kaum Instrumentalmusik in einem Konzert hörten) das opferreiche Ringen der Arbeiterklasse um ihre Befreiung, ihre Hoffnungen und Appelle zum Ausdruck bringen?
Die vorherige Wiederholung einiger Arbeiterlieder legt den Schülern deren instrumentale Verwendung nahe. Weitere Überlegungen und Vorschläge der Schüler, die sie jeweils auch begründen sollen, beziehen sich auf folgende Fragen: Welche Arbeiterlieder könnten zitiert oder verarbeitet werden? Sollten sie vollständig oder nur in einzelnen ihrer Abschnitte einbezogen werden? In welcher Lautstärke sollten sie erklingen (*pp* bis *ff*)? Welche Instrumente könnten für einzelne Lieder vorrangig eingesetzt werden? In welcher Reihenfolge sollten die Lieder erklingen, wenn das Stück sowohl kämpferische wie auch nachdenkliche Abschnitte und am Schluß eine große Steigerung enthalten soll?
Die am besten begründeten Vorschläge der Schüler werden an der Tafel stichwortartig festgehalten, wobei es günstig ist, zwei Varianten zu fixieren, um die Vielfalt der Lösungsmöglichkeiten anzudeuten:

1. Vorschlag			2. Vorschlag		
Liedfolge (G, St, R)[2]	Lautstärke	Instrumente	Liedfolge (G, St, R)	Lautstärke	Instrumente

Das nach dieser Vorbereitung erklingende Werk wird infolge des möglichen Vergleichs mit eigenen Entwürfen von den Schülern mit besonderem Interesse aufgenommen. Sowohl das Eintreffen wie das Nichteintreffen der geäußerten Vorstellun-

[2] G = gesamte Melodie, St = Strophe, R = Refrain

gen regt die Schüler zu einer ertragreichen postrezeptiven Diskussion an. Ihr Wert besteht vor allem darin, daß diejenigen von Gerster verwendeten Gestaltungsmittel, die von den Schülern zuvor kaum oder gar nicht vermutet wurden (Simultankopplung zweier Liedzitate, Sequenzierungen, kanonische Stimmführungen und andere), von ihnen nun in höherem Maße als Ausdruck kompositorischer Meisterschaft und als spezifische Möglichkeiten sinfonischer Gestaltung und Aussage erkannt und bewertet werden.[3]

Einen weiteren Ausgangspunkt für die Einbeziehung der Schüler in die Konzeptionsphase eines musikalischen Kunstwerkes und für den Aufbau einer ausgeprägten Hörerwartung mit entsprechenden Problemdiskussionen bilden auch *Äußerungen des Komponisten zu seinem Werk.* So enthält der Bericht Ernst H. Meyers zum Entstehen seines „Mansfelder Oratoriums" (vgl. 4.5.2., S. 148), geschaffen anläßlich der 750-Jahr-Feier des Mansfelder Kupferschieferbergbaus, wichtige Hinweise für die Zielstellung des Werkes. Es sollte

- allen Hörern, vor allem den Bergarbeitern, für die das Werk geschaffen wurde, denen aber in der Zeit des Faschismus ein verfälschtes Geschichtsbild vermittelt worden war, die schwere Vergangenheit durchschaubar und ihre Hintergründe begreiflich machen,
- dazu beitragen, daß die neuen Aufgaben, die es „in unserem Lande der befreiten Arbeit" zu erfüllen galt, in ihrer vollen Bedeutung erfaßt werden,
- in einer „Sprache" komponiert sein, die verständlich ist und nachdenklich macht.

Von diesen konzeptionellen Hinweisen aus können die folgenden Problemfragen entwickelt werden: Welche bedeutsamen historischen Ereignisse im Kampf der revolutionären Arbeiterklasse wären besonders geeignet, die Vergangenheit „durchschaubar" zu machen? Welche Art musikalischer Gestaltung könnte sowohl „verständlich" sein wie auch „nachdenklich" stimmen?

Die Beantwortung der ersten Frage führt mit entsprechenden Ergänzungen durch den Lehrer relativ schnell zur Hauptgliederung des Oratoriums. Der Schwerpunkt der Problemfrage betrifft die musikalische Gestaltung. Meistens erfolgen Vorschläge zum mehrstimmigen oder solistischen Gesang bekannter Arbeiterlieder oder zu ihrer instrumentalen Verarbeitung. Die hiermit entwickelte wertgerichtete Hörerwartung kann durch die zusätzliche Aufgabe, einzelne kurze Klangbeispiele eines vorbereiteten Tonbandes mit Werkausschnitten den verschiedenen historischen Epochen zuzuordnen, noch vertieft werden (Olias 1981, S. 414).

Besonders eng verbindet sich eine problemorientierte Auseinandersetzung mit den Äußerungen Carl Maria v. Webers über die beiden gegensätzlichen Elemente, die er in seiner Oper „Der Freischütz" gestalten wollte,[4] mit dem bewußten Hören der Klangbeispiele, zumal das in diesen Bemerkungen zum Ausdruck kommende Ringen des Komponisten um die kompositorische Verwirklichung seiner Idee die eigenen antizipatorischen Überlegungen der Schüler unmittelbar anregt. So berichtet Annelies Klingenberg über eine solche Heranführung der Schüler an Rezitativ und Arie des Max, bei der sich die Schüler auf der Grundlage von Zitaten aus den kon-

[3] Eine ähnliche problemorientierende Aufgabenstellung demonstriert L. Schubert am Beispiel von Fritz Geißlers 5. Sinfonie (1979, S. 364ff.).

[4] Enthalten in den Unterrichtshilfen Musik, Klassen 7/8, Ausgabe 1974, S. 145.

zeptionellen Überlegungen Webers vor dem ersten Hörerlebnis zu Möglichkeiten der Instrumentation, Rhythmik und Lautstärke äußerten, sich während des Hörens Notizen zu erkannten musikalischen Gestaltungsmitteln und ihrer Beziehung zur inhaltlich-gedanklichen Aussage machten und anschließend ihre Lösungen mit den von Weber genannten möglichen Ausdrucksmitteln vergleichen konnten.[5] Den Erfolg dieser Variante problemorientierender Tätigkeitsführung führt die Autorin darauf zurück, „daß möglichst schnell volle und ungeteilte Aufmerksamkeit der Schüler für den jeweiligen Stoff erreicht wird, daß sie echt berührt und dadurch zur schöpferischen Auseinandersetzung mit Musik geführt werden“ und daß sie aus dieser Problemsituation heraus „mehr oder weniger selbständig zu der notwendigen Erkenntnis gelangen“. (Klingenberg 1980, S.70)

Weitere Möglichkeiten der Einbeziehung der Schüler in die konzeptionale Phase einer Komposition bestehen darin, sie, ausgehend vom *Programm*[6] eines Instrumentalwerkes oder vom *Text* einer wortgebundenen Komposition, mittels problemorientierender Impulse Möglichkeiten musikalischer Gestaltung gedanklich durchspielen zu lassen, die oft auch mit musizierpraktischen Realisierungen verbunden sein können (vgl. Brock/Herberger 1978, S. 119 ff.). Dies gilt auch für *instrumentale Formmodelle* wie Variationsreihe und Rondo (vgl. 4.4.).

Ein **zweiter Schwerpunkt** für problemorientierende Unterrichtsführung bietet sich dort an, wo ein musikalisches Kunstwerk *eine andere als die auf Grund bisheriger Hörerfahrungen zu erwartende Gestaltung* aufweist. Dies trifft zum Beispiel auf die Finallösung der 7. Sinfonie von Prokofjew zu (Klasse 12, Stoffeinheit 3).

Damit dieser Widerspruch allen Schülern bewußt wird und eine anschließende Problemdiskussion provoziert, müssen vor der ersten Darbietung des Werkes die Kenntnisse der Schüler über die Finallösungen der ihnen bekannten Sinfonien aktualisiert werden (Schlußsteigerung, Lösung von Konflikten, Siegesbewußtsein, jubelnde Freude oder feierliche Verkündung hoher Menschheitsideale, wie beispielsweise in Beethovens 9. Sinfonie). Die postrezeptive Phase gilt dann der Kennzeichnung und Charakterisierung der ungewöhnlichen Finallösung sowie der Äußerung und Begründung von Vermutungen, was den Komponisten zu dieser lyrischen Gestaltung bewogen haben mag (L. Schubert 1981, S. 56). Hierbei sollten die Schüler auch erfahren, daß es kurz nach Entstehung dieser Sinfonie im Jahre 1952 Stimmen gab, die Prokofjew eine andere Schlußfassung vorschlugen; der Komponist schuf auch eine den gewohnten Finallösungen entsprechende zweite Fassung, hat sich aber schließlich doch zu der ersten, versonnen-träumerischen Lösung bekannt (Prokofjew 1965, S. 405). Die Diskussion trägt zu der Erkenntnis bei, daß in bedeutenden Kompositionen das ideelich-ästhetische Anliegen des Komponisten sich stets die ihm gemäße musikalische Form schafft, und sei diese auch noch so ungewöhnlich.

Eine ähnliche Problemsituation kann auch dann entstehen und für den Erschließungsprozeß produktiv werden, wenn die Schüler an ein erklingendes Werk auf Grund seiner zuvor erfolgten historischen Einordnung sowie aus der Kenntnis anderer Werke desselben Komponisten mit deutlich hervortretendem Bezug zur ge-

[5] Diese Äußerungen waren beim ersten Zitat ausgespart worden und wurden erst jetzt verlesen.

[6] So läßt Herbert Schurig (1981, S. 20) die Schüler vor dem Hören von Smetanas sinfonischer Dichtung „Die Moldau“ Ideen für die musikalische Gestaltung eines Flusses mit entsprechenden Instrumentierungsvorschlägen entwickeln.

sellschaftlichen Wirklichkeit entsprechende Erwartungen geknüpft haben, die sich nicht erfüllen. Ein solcher Widerspruch entsteht besonders leicht beim Hören von Instrumentalwerken derjenigen Komponisten, die, wie Paul Dessau, Hanns Eisler und Ernst H. Meyer, mit ihren Liedern und Songs unmittelbar auf gesellschaftliche Ereignisse reagierten und verändernd eingriffen.

Vor der Erschließung von Hanns Eislers „Kleiner Sinfonie" (Klasse 11, Stoffeinheit 1) erhielten die Schüler folgendes Tafelbild mit der Anführung der den Schülern bereits bekannten Songs (Gebauer 1979, S. 63ff.):

Hanns Eisler (1898–1962)
1930 – Solidaritätslied
1932 – Kleine Sinfonie
1934 – Einheitsfrontlied

Es veranlaßte die Schüler zur Äußerung verschiedener Vermutungen über den Inhalt der Kleinen Sinfonie: Darstellung des Faschismus, der sozialen Lage der Arbeiterklasse und anderes.

Die ungewöhnliche musikalische Gestaltung des zunächst vorgeführten 3. Satzes der Kleinen Sinfonie wirkte verblüffend auf sie, wobei ihre Reaktionen sehr unterschiedlich waren und vom Vergnügen über ein Sich-lustig-Machen bis zur Ablehnung reichten. Gerade aber diese spontanen und widersprüchlichen Äußerungen boten Ansatzpunkte dafür, sich eingehender um das Eindringen in dieses Werk zu bemühen. Weitere Überlegungen im Zusammenhang mit der Entstehungszeit führten sie zu der Meinung, daß der Komponist hier eine distanzierende, kritische Haltung einnimmt, was durch den Hinweis des Lehrers, Eisler habe hier dem indifferenten Verhalten neoklassizistisch komponierender Künstler gegenüber seinen kritischen Spott zum Ausdruck bringen wollen, bestätigt wurde. Mit Interesse suchten die Schüler dann in den anderen Sätzen auch eine Alternative zu dieser spöttischen Haltung, die sie differenziert erfaßten.

Eine **dritte Variante** problemorientierender Tätigkeitsführung rechnet mit dem Widerspruch, der sich bei der *Charakterisierung eines aus seinem Zusammenhang gelösten Themas* und der völlig anderen Haltung, die dieses Thema als Teil eines größeren Zusammenhangs erkennen läßt, ergibt.

Erika Schubert begann ihre Einführung in die „Leningrader Sinfonie" von Schostakowitsch (Klasse 10, Stoffeinheit 4), indem sie zunächst lediglich das Invasionsthema einstimmig auf dem Klavier vorspielte und die Schüler aufforderte, es zu charakterisieren und ihre Meinung zu begründen. Es wurde auf diese Weise sehr genau verfolgt und in seinen wichtigsten Gestaltungsmerkmalen beschrieben, jedoch unterschied sich seine Charakterisierung und Deutung (heiter, keck, ironisch und anderes) von der Absicht des Komponisten. Dieser Widerspruch offenbarte sich den Schülern bereits beim Anhören der 5. Variation als zweitem Klangbeispiel, dessen Charakterisierung anders ausfiel und zugleich sehr widersprüchliche Einschätzungen bei ihnen hervorrief. Hieraus konnte die Problemstellung entwickelt werden, die im Zusammenhang mit der Darbietung weiterer Abschnitte des Satzes die Schüler sehr anschaulich zu der Erkenntnis führte, daß ein Thema nicht außerhalb seines musikalischen Zusammenhangs charakterisiert werden kann, daß Kenntnisse über die musikdramaturgische Gesamtanlage und die Gattung des Werkes sowie über sein sozial-historisches Umfeld (Zeit und Anlaß der Entstehung

usw.) zur Werkerschließung und Deutung seines Ideengehalts notwendig sind. (Vgl. E. Schubert 1980, S. 405ff.)
Aus einer solchen Problemsituation heraus, die entsprechend auch bei der Einführung in andere Werke der Instrumentalmusik geschaffen werden kann, ist es möglich, daß die Schüler – mit einem hohen Anteil selbständiger geistiger Arbeit – sich eine auch auf die Erarbeitung anderer Werke übertragbare Orientierungsgrundlage zusammenstellen, die alle wichtigen Gesichtspunkte für die Erschließung eines musikalischen Kunstwerkes enthält.
Die **vierte Variante** einer Problemsituation bildet das *Aufstellen einer These,* deren problemhafter Inhalt *zur Überprüfung,* das heißt zur Bestätigung oder Widerlegung drängt.
Eine solche Problemsituation erweist sich vor allem als günstiger Ausgangspunkt für die Vertiefung, Verallgemeinerung und Systematisierung gewonnenen Wissens, indem die bei der Erschließung eines oder mehrerer musikalischer Kunstwerke gefundenen und vorgebrachten Urteile zeitweise in Frage gestellt werden, sich bewähren oder zum Teil auch einer Revision unterzogen werden müssen.
In der abschließenden Phase der Behandlung des 1. Satzes von Dvořáks Sinfonie Nr. 9 „Aus der Neuen Welt“ (Klasse 11, Stoffeinheit 4) stellte der Musiklehrer folgende Frage: „Manche Musiker meinen, Dvořák sei mit dieser Sinfonie der Begründer der amerikanischen Musik. Wie beurteilen Sie das?“[7] Bei der Beantwortung gab es zunächst widersprüchliche Meinungen, da einige Schüler die Verarbeitung amerikanischer Melodien in den Vordergrund stellten, andere jedoch die in der Sinfonie enthaltenen Klänge der böhmischen Heimat des Komponisten (L. Schubert 1981, S. 55f.). So erforderte die Problemlösung nicht nur die Aktualisierung des einschlägigen Wissens der Schüler (wobei auch ihre Kenntnisse über den Beitrag Gershwins zur Entwicklung der amerikanischen Musik zur Sprache kamen), sondern vor allem ein nochmaliges Hören und Beurteilen der wichtigsten Themen des 1. Satzes und ihrer Verknüpfungen.
Von hohem Wert für die Überwindung von Einseitigkeiten im Musikkonsum unserer Jugendlichen[8] sind Problemsituationen, die in ihnen innere Widersprüche zwischen bereits verfestigten musikkulturellen Bedürfnissen und Geschmacksrichtungen und der Einsicht hervorrufen, daß eine Erweiterung der musikkulturellen Interessen zur Bereicherung ihres Lebens beitragen kann und zugleich ein gesellschaftliches Erfordernis darstellt. Eine solche Einsicht kann sich jedoch nur dann entwikkeln und für das musikalische Rezeptionsverhalten produktiv werden, wenn dem Schüler ein Ansatz zur Lösung dieses Widerspruchs gegeben wird. Dieser Ansatz besteht in der Erkenntnis des Schülers, daß eine Zuwendung zu denjenigen musikalischen Gattungen und Genres, die der sogenannten „schweren“ oder „ernsten“ Musik zugeordnet werden, nicht die Aufgabe seines Anspruchs an die Genußfunktion musikalischer Kunst bedeutet, die für ihn (wie auch für jeden anderen Hörer) stets das dominierende Motiv des Musikhörens ist (Kaden 1981, S. 368). Dabei muß ihm bewußt werden, daß der Genuß entsprechend unterschiedlicher Spezifik, Funktion

[7] Günstig ist es, bei dieser Problemstellung das Originalzitat eines Zeitgenossen Dvořáks zu verlesen. (Hetschko 1965, S. 154)
[8] Untersuchungsergebnisse des Zentralinstituts für Jugendforschung weisen aus, daß das Beat- beziehungsweise Rockinteresse bei Schülern der Klassen 9 und 10 weiterhin den ersten Platz vor dem Interesse an Schlagermusik einnimmt. (Hahn 1982, S. 263)

und Besetzung der einzelnen musikalischen Gattungen und Genres auch eine unterschiedliche Ausprägung besitzt und zum Beispiel bei Werken der Kammermusik oder Sinfonik konzentriertes, mitunter mehrmaliges Hören und auch oft eine intensive geistige Auseinandersetzung erfordert.
Aus diesem Grunde bewähren sich Problemsituationen, bei denen in Verbindung mit dem vom Lehrplan vorgesehenen Werk auch eine oder mehrere von dessen Bearbeitungen beziehungsweise Adaptionen dargeboten werden.
In der Oberstufe kann im Anschluß an die Darbietung der Klangbeispiele mit dem Zitat einer provokanten These die Problemdiskussion angeregt werden, zum Beispiel mit dem folgenden, das der Einführung in die Schallplatte „Variations on Classics“[9] entnommen ist:

„Der Preis, den ein bedeutendes Werk für seine Berühmtheit zahlen muß, ist sehr einfach zu benennen: Es wird zum öffentlichen Besitz. Es beginnt ein eigenes Leben zu führen, unabhängig vom Komponisten oder der Idee, die er mit dem Werk verband, unabhängig von den Umständen, unter denen es entstand. Die Menschen beginnen, es auf der Straße oder beim Rasieren zu pfeifen oder zu summen, und jeder solcher ‚Interpret‘ bewältigt auf seine oder ihre Weise mehr oder weniger die schwierigeren Details der melodischen Linie oder der rhythmischen Vorlage. Die gleichen berühmten Melodien, die unseren Vorfahren aus den Leierkästen entgegenklangen, überfluten uns heute aus Radio, Plattenspieler oder Tonbandgerät. Im modernen Sprachgebrauch gibt es sogar bestimmte Bezeichnungen für sie: abgedroschen (hackneyed) oder – noch jüngeren Datums – verbraucht (worn off). Die letzte Bezeichnung macht zugleich deutlich, daß die so beschriebenen Melodien jedem gegenüber, der sie als bloßes Material betrachtet, an dem er seinen oder ihren natürlichen Spieltrieb und seine oder ihre Neuerungs- oder Fabuliersucht testen kann, völlig wehrlos sind.“ (Lubomir Dorużka 1975)

Anknüpfend an das Für und Wider der in dieser These enthaltenen Gedanken, sollte sich die Diskussion in erster Linie folgenden drei Problemen zuwenden:
1. Welche Funktionen erfüllen die verschiedenen Fassungen eines Werkes, und welchen Gattungen beziehungsweise Genres gehören sie an?
Erfüllt die Bearbeitung oder Adaption eine andere Funktion als die Originalkomposition (zum Beispiel als Musik zum Tanzen oder als Unterhaltungsmusik im engeren Sinne), so kann sie nicht mit den Wertmaßstäben der sogenannten „ernsten Musik“ gemessen werden. Dies trifft zum Beispiel auf die Adaption „Bach ’75“ der Rockgruppe Electra mit der Verwendung von Themen aus J. S. Bachs Brandenburgischem Konzert Nr. 2 zu.[10] Sie ist jedoch auch dann nicht maßstab- und kritiklos zu rezipieren, sondern mit den Maßstäben ihrer Funktions- und Gattungsspezifik.
Bereits eine Diskussion dieses Problems der prinzipiellen Anerkennung unterschiedlicher Funktionsspezifik der Musik und entsprechender differenzierter Wertmaßstäbe an Hand konkreter Klangbeispiele ist in mehrfacher Hinsicht nützlich: Sie bezieht das ausgeprägte Interesse unserer Jugendlichen an Beat-, Rock- und Schlagermusik als wesentliche Komponente ihrer Freizeitgestaltung und damit als Bestandteil unseres musikkulturellen Lebens mit ein und orientiert zugleich unsere Schüler auf eine flexible Einstellung und aktives Verhalten gegenüber dem komplexen musikkulturellen Geschehen.
2. Eignet sich die verwendete Vorlage für die Adaption in einem Stück der Tanz- oder Unterhaltungsmusik?

[9] Supraphon 4161464
[10] AMIGA 855501

Es kann davon ausgegangen werden, daß allgemein beliebte, einprägsame Kompositionen tänzerischen oder unterhaltenden Charakters sowie Folkloremusik sich dafür als geeignet erweisen (Herberger 1977, S. 209ff.). Hier wären die Adaptionen von Chatschaturjans „Säbeltanz“[11], Mozarts „Türkischem Marsch“[12], des Rondos aus seiner „Kleinen Nachtmusik“[13], des „Tempo di Minuetto“ aus Beethovens Sonate für Klavier op. 49 Nr. 2 und des Minuets aus Händels „Wassermusik“[14] einzureihen. Weniger geeignet für solche Adaptionen sind dagegen im allgemeinen Musikstücke ausgesprochen lyrischen Charakters mit starkem emotionalem Gehalt, wie etwa Robert Schumanns „Träumerei“ oder Edvard Griegs „Solvejgs Lied“ in den überdies schwülstigen und kitschigen Bearbeitungen durch Kisielewski und Tomaszewski[15].

Eine Gegenüberstellung der Originale mit den negativen Adaptionsbeispielen kann hier auf sehr einprägsame Weise zur Geschmacksbildung beitragen.

Kann den Schülern bereits an diesen negativen Beispielen demonstriert werden, daß gehaltvolle Stücke lyrischen Charakters gegenüber einer Adaption in einem Stück der Tanz- oder Unterhaltungsmusik „völlig wehrlos sind“ (vgl. das Zitat auf S. 119), so wird eine Diskussion unter Anführung von den Schülern bekannten Adaptionsbeispielen auch die Einsicht vermitteln können, daß Werke, die zum Symbol hoher Menschheitsideale geworden sind, wie zum Beispiel die 5. oder die 9. Sinfonie Beethovens, zur Adaption als Tanz- oder Unterhaltungsmusik völlig ungeeignet sind. Dies sollte auch damit begründet werden, daß in diesen meist sinfonisch angelegten Werken einzelne Themen (die in einer Adaption aus dem Zusammenhang gelöst werden) samt ihrer Verarbeitung und Entwicklung fest in die dramaturgische Gesamtanlage und damit in die ideeliche Konzeption integriert sind. In der Vorstellung des Hörers assoziiert sich auch mit dem Erklingen einzelner der ihm vertrauten Themen – mehr oder weniger intensiv – der gedanklich-emotionale Gehalt des Gesamtwerkes, der ihm teuer ist, und kollidiert mit dem neuen, völlig konträren Kontext.

3. Welche Maßstäbe sind an eine Bearbeitung oder Adaption selbst zu stellen?

Auf jeden Fall sollte sie – unter Beachtung ihrer eigenen Funktions- und Gattungsspezifik – die Vorlage „in neuem Licht, in neuer, unverwechselbarer Qualität“ erscheinen lassen (Behrendt 1976, S. 254), sich also durch Originalität auszeichnen. Hierfür gibt es einen weiten Spielraum. Bei Beat- und Rock-Bearbeitungen und -Adaptionen ist auf jeden Fall eine originelle Hervorkehrung der rhythmisch-metrischen Komponenten zu beachten sowie ein einfallsreiches Arrangement. Handelt es sich bei der Bearbeitung um Programmusik, die sich auf eine entsprechende Vorlage stützt, so kann insbesondere die Verwendung neuer und interessanter klanglich-instrumentatorischer Möglichkeiten einschließlich elektroakustischer Realisation dem Programm neue Seiten abgewinnen.

Zur Demonstration der Mannigfaltigkeit und Originalität klanglicher Nuancierungen einschließlich des sinnvollen Einsatzes elektroakustischer Errungenschaften eignet sich ein Vergleich von drei Fassungen der „Bilder einer Ausstellung“ von

[11] Gruppe Electra, AMIGA 855501; Joseph Vobruba Orchester („Variations on Classics“), Supraphon 4161464.

[12] Gruppe Electra, a. a. O.

[13] Joseph Vobruba Orchester, a. a. O.

[14] The linha singers, Supraphon 1131323.

[15] Marek und Vacek, veriton SXV – 835.

Modest Mussorgski (1874): des Originals für Klavier[16], der Orchesterfassung von Maurice Ravel (1922)[17] und der Bearbeitung für Synthesizer von Isao Tomita[18] aus jüngster Zeit. Den Schülern sollte dabei auch deutlich werden, daß die Vertiefung des ästhetischen und emotional-gedanklichen Gehalts eines Werkes nicht von dem Aufgebot und Abwechslungsreichtum klanglich-instrumentatorischer Komponenten abhängt, sondern daß jede dieser Fassungen ihre aus der Besetzung sich ergebenden Vorteile und Begrenzungen besitzt.
So kann bei der originalen Klavierfassung in der Interpretation durch Peter Rösel besonders die Durchsichtigkeit des Satzes und die Präzision der Artikulation hervorgehoben werden, die zum Beispiel den Gegensatz zwischen der herrischen Rede des reichen Juden Goldenberg und dem kläglichen Bitten seines Landsmannes Schmuyle deutlich werden läßt. Die Stärke der Orchesterfassung Ravels liegt nicht in dieser Prägnanz und Durchsichtigkeit, wohl aber in einer Reihe reizvoller, dem Programm entgegenkommender klangfarblicher Effekte, wie zum Beispiel der Holzbläserbesetzung beim „Tanz der Küchlein in ihren Eierschalen". Die Bearbeitung des Japaners Isao Tomita unter Verwendung eines leistungsfähigen Synthesizers, mit dem sich mehrere Millionen Klang- und Geräuschvarianten erzeugen lassen, erreicht eine beeindruckende Fülle von Klangwirkungen. Mehrfach rücken sie in die Nähe naturalistischer Effekte, deren spezifische und besonders interessante Ausprägung darin besteht, daß sie zum Beispiel auch die wortlosen „Untertöne" menschlicher Rede hervorzukehren und zu charakterisieren vermögen, so das aufgeblasene, bösartige Quaken und Schnarren des Goldenberg und die weinerlich-klägliche Gestik des Schmuyle (auch unter Einbeziehung von Glissandi), die in Verbindung mit den gleichzeitig im Hintergrund ertönenden langgezogenen Hallklängen gleichsam das Elend selbst verkörpert. Auch die akustischen Äußerungen des urwüchsigen und ungebändigten Lebensdranges der Küken sind mit drastischen Mitteln dargestellt.

4.4. Musizierpraktisch-aktivierende Tätigkeitsführung

4.4.1. Inhalt und Funktion musizierpraktisch-aktivierender Tätigkeitsführung

Eigene musizierpraktische Aktivitäten der Schüler, die sowohl vokale, instrumentale, bewegungsmäßige und sprachrhythmische Nachvollzüge gehörter Musik wie auch elementar-improvisatorische Tätigkeiten als Formen schöpferisch-produktiver Schülerleistungen umfassen, haben eine wesentliche erlebnis- wie erkenntnisfördernde Funktion bei der Entwicklung ihres musikalischen Rezeptionsvermögens. Dies resultiert aus dem unmittelbaren sinnlichen Bezug musikalisch-praktischer Tätigkeit zum Objekt der musikalischen Rezeption und der dadurch bewirkten unmittelbaren subjektiven Zuwendung zu ihm. Im Falle elementarer improvisatorischer Aktivitäten der Schüler tritt noch die Freude am Erproben der eigenen Kräfte

[16] ETERNA 826269
[17] ETERNA 826449
[18] AMIGA 855880

im spielerisch-phantasievollen Umgang mit musikalischem Material und an der erfolgreichen Verwirklichung produktiv-schöpferischer Aufgaben hinzu.
Musizierpraktische Schülertätigkeiten, die vom Lehrer im Hinblick auf die Intensivierung und Vertiefung des musikalischen Rezeptionserlebens angeregt und gefördert werden, lassen sich entsprechend ihrer engeren oder loseren Beziehung zum anzueignenden Werk drei unterschiedlichen Gruppen zuordnen, auf die in den Abschnitten 4.4.2. bis 4.4.4. an Hand von Beispielen näher eingegangen wird.
Eine *erste Gruppe* bilden die musizierpraktisch-interpretativen Schülertätigkeiten, bei denen die Schüler sich singend, musizierend, sprachrhythmisch, bewegungsmäßig beziehungsweise pantomimisch an der Darbietung des anzueignenden musikalischen Kunstwerkes selbst beteiligen.
Eine *zweite*, vielfältig einsetzbare und bewährte *Gruppe* musizierpraktischer Schülertätigkeiten umfaßt das singende, musizierende, sprachrhythmische oder bewegungsmäßige Nachvollziehen, Ergänzen oder Umgestalten von Melodien oder Rhythmen des anzueignenden Werkes.
Der Bezug der *dritten Gruppe* musizierpraktischer Schülertätigkeiten zum anzueignenden Werk ist relativ lose, stellt jedoch hohe Ansprüche an das schöpferische Verhalten der Schüler. Er besteht darin, daß die Schüler die musikdramaturgische Gestaltung beziehungsweise das Formmodell eines gehörten oder zu hörenden Werkes selbständig erproben oder sich durch die Textgestaltung beziehungsweise die in ihm enthaltenen Personencharakterisierungen und Darstellungen von Vorgängen zu einer freien Improvisation anregen lassen.
Alle drei Gruppen ermöglichen – wenngleich mit unterschiedlichem Anteil – sowohl reproduktive als auch produktiv-schöpferische Schülerleistungen einschließlich elementarer improvisatorischer Tätigkeit, wobei die Übergänge zwischen Mit- und Nachvollzug, Ergänzung und Erfindung mitunter fließend sind, wie es sich etwa bei der rhythmischen Begleitung eines Musikstückes mit Klingendem Schlagwerk zeigt.
Bilden Aufgaben zum musizierpraktischen Nachvollzug der im anzueignenden Musikwerk enthaltenen Liedzitate, Themen, Motive und Rhythmen einen überall im Musikunterricht erfolgreich verwirklichten und unverzichtbaren Bestandteil musikalischer Führungstätigkeit, so gibt es gegenüber der Einbeziehung elementar-improvisatorischer Schülertätigkeiten – die sich oft aus jenen reproduktiven Tätigkeiten unmittelbar ergeben oder entwickeln lassen – noch ungerechtfertigte Vorbehalte. Sie erklären sich zum Teil aus dem vermeintlich zu hohen zeitlichen Aufwand für diese Tätigkeiten, vor allem aber aus ungenügenden Einsichten in ihren Wert.
Experimentelle Untersuchungen zur Funktion elementarer improvisatorischer Schülertätigkeit bei der Aktivierung des musikalischen Rezeptionsprozesses konnten nachweisen, daß das Einbeziehen dieser Schüleraktivität in den Prozeß der Aneignung und Erschließung musikalischer Kunstwerke nicht nur die Rezeption des einzelnen Werkes vertieft, sondern einen erlebnishaften Umgang mit Musik insgesamt fördert. (Förster 1980)
So erfolgten in *Klasse 3* in Vorbereitung auf den „Regenspruch" von Kurt Schwaen Darstellungsimprovisationen zum Thema Regen auf Instrumenten des Klingenden Schlagwerks, die vor allem auf das Erkennen der Funktion der gleichmäßigen rhythmischen Gestaltung in der Klavierbegleitung des Liedes zielten, ferner Versu-

che, über sprachrhythmische Improvisation des Textes diesen mit einer Melodie zu versehen und eine ostinate rhythmische Begleitung zu erfinden.
Auf der Grundlage des textlichen Inhalts von „Peter und der Wolf“ (Stoffeinheit 12) wurden die Schüler in der prärezeptiven Phase zum selbständigen Erfinden von „Charaktermotiven“ für einzelne Personen und Tiere angeregt, im Falle des Peter auch postrezeptiv zur improvisatorischen Nachgestaltung des bereits gehörten Motivs beziehungsweise zum Erfinden eines „ähnlichen“ Motivs; auch zur freien elementaren Improvisation von Handlungsvorgängen, zum Beispiel zum „Streit zwischen Ente und Vogel“ (vgl. 3.4.), wurden Impulse gegeben. Zur Klangerzeugung standen viele Möglichkeiten zur Verfügung: Singstimme, Körperinstrumente, Klavier und Instrumente des Klingenden Schlagwerks. Entsprechende elementare Improvisationen wurden in Verbindung mit der Erarbeitung von Liedern aus der heiteren Tierliederfolge „Besuch im Zoo“ von Hans Sandig (Stoffeinheit 15) durchgeführt. Schließlich zielten zahlreiche improvisatorische Ergänzungsübungen darauf, die Fähigkeit zu entwickeln, Bewegungs- und Ausdrucksmerkmale in Marsch und Tanz zu erkennen und zu unterscheiden, so im Zusammenhang mit den beiden „Soldatenmärschen“ von Schumann und Tschaikowski und dem Marsch „Der kleine Trompeter“ (Stoffeinheit 10), den für das Musikhören bestimmten Liedern „Ich trage eine Fahne“ und „Wann wir schreiten Seit an Seit“ (Stoffeinheit 16) sowie dem Menuett aus Leopold Mozarts „Kindersinfonie“, dem Menuett G-Dur und dem Marsch D-Dur aus dem Notenbüchlein für Anna Magdalena Bach.
Der ermittelte Leistungsanstieg in diesen Klassen, der auch mit einer positiven Entwicklung der Einstellung zum Musikunterricht verbunden war, betraf eine Reihe der für die musikalische Rezeption wesentlichen Fähigkeiten, so vor allem

- die Fähigkeit des Einprägens und Wiedererkennens gehörter Musik (Gedächtnisfähigkeit),
- die Fähigkeit zur Unterscheidung einfacher Rhythmen und Tonhöhenverläufe und ihrer Zuordnung zum Notenbild,
- die Fähigkeit zu erkennen, in welcher Weise eine Melodie verändert wurde (Vorspielen von Thema und 1. Variation des Forellenquintetts von Schubert, je die Takte 1 bis 16),
- die Fähigkeit zum Erkennen und Unterscheiden charakteristischer Ausdrucks- und Bewegungsmerkmale (marschartig–tänzerisch) an erstmals gehörten Klangbeispielen,
- die Fähigkeit zur Semantisierung eines erstmals gehörten Klangbeispiels, indem ihm eine angemessene Überschrift zugeordnet wird (zum Beispiel Schumann: „Wilder Reiter“, Ernst H. Meyer: „Ein wenig traurig“ aus dem „Tagebuch eines kleinen Mädchens“).

In der Entwicklung jeder einzelnen dieser Fähigkeiten zeigte sich bei den Versuchsklassen ein höherer Leistungsanstieg als in den Kontrollklassen, in denen diese methodische Variante nicht angewendet wurde. Damit wird deutlich, daß die elementare Improvisation zumindest für die Entwicklung grundlegender rezeptiver Fähigkeiten und für das bewußte und erlebnisreiche Musikhören eine günstige Bedingung darstellt.[19]

[19] Entsprechende zur Zeit laufende Untersuchungen in der Mittel- und Oberstufe lassen darauf schließen, daß auch in diesen Klassenstufen das Rezeptionsvermögen durch die Einbeziehung elementarer improvisatorischer Tätigkeiten als Formen schöpferisch-produktiver Schülerleistungen gefördert werden kann.

Hervorzuheben ist hierbei ferner die ebenfalls nachgewiesene Tatsache, daß es unter den Bedingungen der Einbeziehung elementarer Improvisation möglich ist, auch leistungsschwache Schüler zu wesentlich höheren Leistungen zu führen. „In dieser Entwicklungstendenz äußert sich unseres Erachtens auch die lernpsychologische Bedeutung der im Zusammenhang mit elementarer Improvisation in stärkerem Maße gebotenen Möglichkeit von Erfolgserlebnissen. Die bei der elementaren Improvisation das musikalische Lernen aktivierenden *Erfolgssituationen, in denen auch der sprachlich und gesanglich weniger erfolgreiche Schüler eine Bestätigung finden kann* (Hervorhebungen – H. B.), betrachten wir deshalb als eine nachweislich sehr gute Bedingung für die erfolgreiche Kenntnisaneignung und Fähigkeitsentwicklung." (Förster 1980, S. 181)

4.4.2. Musizierpraktisch-interpretative Schülertätigkeiten

Die engste Verbindung von Schülertätigkeit und Klangbeispiel wird dann vollzogen, wenn die Schüler auf die eine oder andere Weise selbst an der Interpretation beteiligt werden. Eine solche Verbindung findet schon dann statt, wenn das erklingende Musikstück mit geeigneten Instrumenten des Klingenden Schlagwerks begleitet wird. Sehr gut eignen sich hierfür Stücke mit tänzerischen, marschartigen oder ostinaten Rhythmen. So kann bereits Paul Dessaus Stück „Der Harmonikavirtuose" (Klasse 1, Stoffeinheit 1) die Musizierlust der Schüler anregen, indem sie dazu angeleitet werden, es auf einfache Weise, zum Beispiel mit Klanghölzern und Triangel, zu begleiten. Ebenfalls verträgt beispielsweise das Stück „Leierkasten" aus den „Puppentänzen" von Schostakowitsch (Klasse 5, Stoffeinheit 5; Klasse 7, Stoffeinheit 3) durchaus ein Mitmusizieren durch Päuklein und Klanghölzer:

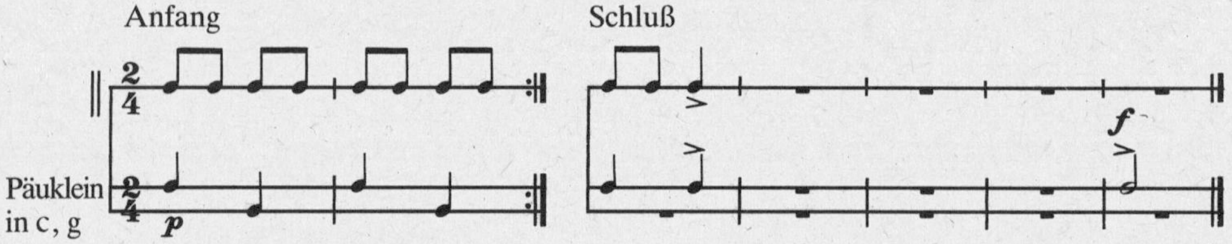

Takt 1 bis 10 sowie Takt 27 bis 33 Takt 34 bis Schluß

Dies unterstreicht die der Überschrift entsprechende ostinate Begleitfigur und kann zugleich den motivierenden Übergang zur Darbietung der Orchesterfassung von L. Atowmjan bilden. Wird das Ergebnis auf Tonband aufgenommen, so besteht die Möglichkeit eines dreifachen Vergleichs. Dieser sollte – im Falle einer soliden musizierpraktischen Leistung – nicht zuungunsten der mit Klingendem Schlagwerk begleiteten Klavierfassung ausfallen – ist sie doch geeignet, sowohl die Funktion des Stückchens als „Puppentanz" wie seinen Charakter als „Leierkasten" voll zur Geltung zu bringen. Hieraus kann sich bei den Kindern die Erkenntnis anbahnen, daß der Wert der Bearbeitung eines Musikstückes keineswegs von dem „Glanz" oder gar der Menge der Instrumente abhängt, sondern davon, wie diese dem Charakter und der Funktion des betreffenden Musikstückes entspricht.
Weitere Möglichkeiten, die Schüler an der Interpretation eines für das Musikhören bestimmten Klangbeispiels teilnehmen zu lassen, bestehen insbesondere bei bewe-

gungsmäßigem, gestischem oder pantomimischem Mitvollzug, der von erfahrenen Lehrern bei rhythmisch profilierten Stücken wie auch bei solchen mit phantasieanregendem Programm (das nicht in jedem Falle den Schülern mitgeteilt werden muß) gewinnbringend angeregt wird. Als eines von vielen Beispielen sei hier die pantomimische Mitgestaltung von Prokofjews musikalischem Märchen „Peter und der Wolf" (Klasse 3, Stoffeinheit 12) genannt, die den Schülern großen Spaß macht. Sie bietet sich besonders deshalb an, weil vielen Kindern dieser Klassenstufe das Stück schon vom Kindergarten her bekannt ist und das Erproben eigener bewegungsmäßiger beziehungsweise pantomimischer Gestaltungen bei ihnen ein neues und zugleich engeres Verhältnis zu dieser Musik schafft. Auch eine pantomimische oder bewegungsmäßige Gestaltung der Ausschnitte aus Humperdincks Oper „Hänsel und Gretel" (Klasse 4, Stoffeinheit 4), in die auch das Singen der Lieder „Ein Männlein steht im Walde" und „Brüderlein, komm, tanz mit mir" einbezogen wird, stellt eine lohnende, immer wieder auf neue Weise zu lösende Aufgabe dar.
Seit der Mitte der sechziger Jahre erhielt diese Art des schöpferischen Umgangs unserer Schüler mit der gehörten oder zu hörenden Musik wertvolle Impulse aus der außerschulischen Ensemblearbeit mit Kindern und Jugendlichen und aus dem kompositorischen Schaffen einer Reihe unserer Komponisten (Brock 1979 a, S. 321 ff.). Zwei herausragende Beispiele seien dafür genannt.
Seit 1965 besteht das Kinder- und Jugendensemble „Musik und Bewegung" am Haus der Jungen Talente in Berlin, dessen musikalische Leitung in den Händen des Komponisten Gunther Erdmann liegt und das gegenwärtig vier Altersgruppen von 3 bis 14 Jahren umfaßt. Im Hinblick auf das Aufgreifen von Anregungen aus der Arbeitsweise dieses Ensembles für die Gestaltung des Musikunterrichts der allgemeinbildenden polytechnischen Oberschule ist von besonderem Interesse, daß die in diesem Ensemble vereinigten Kinder und Jugendlichen nicht auf Grund ausgeprägter musikalischer Eignung ausgesucht wurden, sondern daß jeder, der Lust zum Mitmachen und anhaltendes Interesse zeigt, mitwirken darf.
Dennoch konnte das Ensemble bei vielen Darbietungen im In- und Ausland seine erstaunliche Leistungsfähigkeit unter Beweis stellen. In der Arbeit dieses Ensembles werden rhythmische Bewegungsbeispiele mit dem Singen und mit dem Spiel einfach handhabbarer Instrumente verbunden. Gunther Erdmann schreibt über seine Arbeit:

> „Wenn ich mit den Jüngsten im großen Sendesaal des Rundfunks Lieder und Instrumentalstücke produziere, dann ist dies für mich in erster Linie Genuß an der Phantasie der Kinder, verbunden mit musikalischem Spaß. Solches Genießen hat mit Erkennen und Wissen zu tun, die Heranwachsenden bereits im Vorschulalter anzuregen, ihre natürliche Bewegungs- und Singefreudigkeit zu entwickeln. Zu den ursprünglichen Regungen des Kindes gehört sein Spieltrieb. Musik intensiviert und regelt ihn und weckt schon in einem allerersten Stadium das Formgefühl. Es lernt, seine Bewegungen rhythmisch zu ordnen. Krachmachen, Geräusche erzeugen ist eine kindliche Urlust. Da gibt es für Komponisten ein reiches Feld zu bestellen." (Erdmann 1979, S. 353)

Ein typisches Ergebnis der Arbeit dieses Ensembles ist das Instrumentalstückchen „Hopp, hopp, ho"[20], das sich aus einem Bewegungsspiel zu dem kleinen Lied „Pferde laufen hopp, hopp, hopp" (vgl. Unterrichtshilfen Musik, Klasse 1, S. 92) entwickelte. Die Kinder hatten zu diesem Lied eine instrumentale Begleitung im-

[20] SCHOLA 875076, NOVA 885136

provisiert, die Erdmann bei seiner endgültigen Bearbeitung in Form der aleatorisch eingesetzten Vogelstimmen und Glocken zum Teil verwendete.
Ein zweites herausragendes Beispiel ist die 1972 ins Leben gerufene Arbeitsgemeinschaft „Kindermusiktheater“ am Haus der Jungen Pioniere „Georg Schwarz“ in Leipzig unter der künstlerischen Leitung von Kurt Schwaen. Der Komponist schuf für diese Gruppe eine Reihe wertvoller szenischer Musikspiele (Brock 1979 b, S. 328ff.), deren persönlichkeitsbildende Wirkung in der Probenarbeit, in vielen Aufführungen vor Kindern und deren Angehörigen sowie im Gesamtverhalten der singenden und spielenden Kinder – unmittelbar ablesbar an ihrer phantasievollen und begeisterten Teilnahme – immer erneut hervortrat (Schwaen 1979). Auch die Aufnahme in diese Arbeitsgemeinschaft wurde stets in erster Linie durch das Interesse der Kinder, nicht durch ihre musikalischen Leistungen bestimmt, die jedoch durch die Mitwirkung in hohem Maße gefördert wurden (Iske 1978, S. 78ff.).
Bei der Erarbeitung der szenischen Kantate „König Midas“ von Kurt Schwaen[21] (Klasse 5, Stoffeinheit 3) können die Schüler in mehrfacher Hinsicht zu interpretativen Tätigkeiten angeregt werden, die nur geringen Zeitaufwand erfordern und das Musikerlebnis wesentlich vertiefen. So kann nach einer knappen Information über die griechische Sage vom eitlen und habgierigen König Midas ein Schüler als Sprecher der ankündigenden Worte „Es war einmal ein König Midas…“ bestimmt werden. Dazu muß er sich die Einsätze seines zweimal von wenigen instrumentalen Takten unterbrochenen Textes im Lehrbuch (S. 27) markieren. Der sich anschließende kurze Chor „Midas, Midas, komm empor!“ mit dem für die musikalische Gestaltung dieser Kantate bedeutsamen Quintruf (der im weiteren Verlauf wiedererkannt werden sollte) kann von den Schülern mit Hilfe des Notenbildes nach einer kurzen Probe ebenfalls selbst dargeboten werden. Eine auf diese Weise mögliche geschlossene Darbietung des gesamten Einleitungsstückes, vom Musiklehrer auf dem Klavier begleitet, erhöhte ihre Spannung auf den weiteren Verlauf des Geschehens, auf die musikalische Gestaltung und die Interpretation und förderte die aktive Auseinandersetzung mit den musikalischen Gestaltungsmitteln.
Als weitere, ebenfalls erfolgreich erprobte Möglichkeiten, die Schüler durch musizierpraktische interpretative Tätigkeiten an diesem Stück zu aktivieren, sind zu nennen:
- Interpretation auch der sich anschließenden Nr. 2 der Kantate, „Ich bin der König Midas, Kinder“, mit dem Wechsel von Midas und Chor, wobei der Musiklehrer die gesungene Selbstvorstellung des Midas sowie die Klavierbegleitung übernimmt und die Schüler den Chor sprachrhythmisch interpretieren:

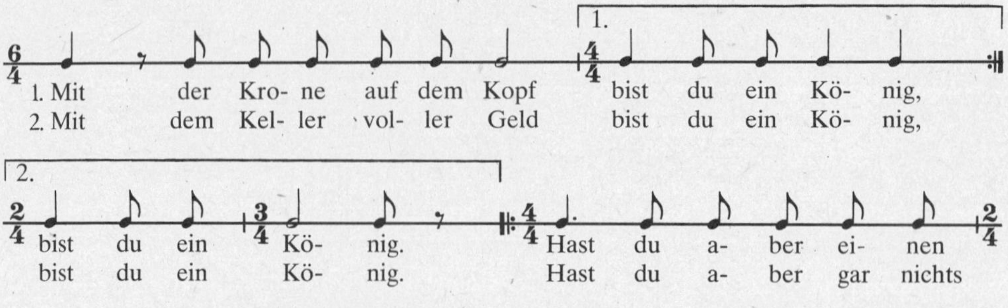

21 Klavierauszug bei VEB Friedrich Hofmeister Musikverlag, Leipzig 1961, Bestell-Nr. 62031a; SCHOLA 875002.

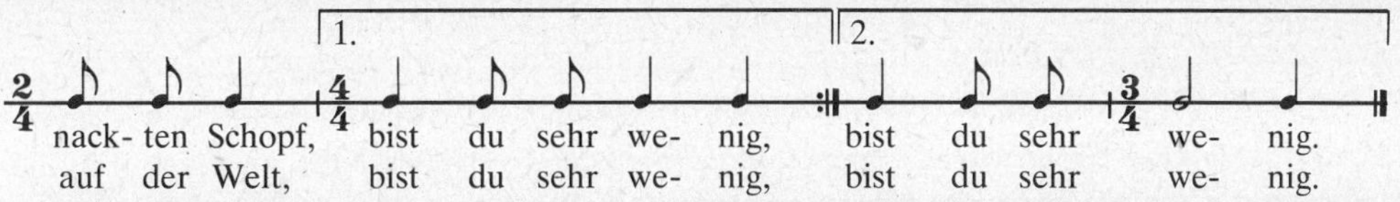

- Begleiten der zweimaligen Ankunft des Bacchus (Nr. 3 und 8) entsprechend den Angaben im Klavierauszug mit Klanghölzern während des Anhörens der Kantate;
- pantomimische Gestaltung der Szene (Nr. 7), in der König Midas die fatalen Folgen seines törichten Wunsches, daß alles, was er anfaßt, zu Gold wird, zu spüren bekommt.

Besonders intensiv wird die Phantasie der Schüler gefordert, wenn sie dazu angeregt werden, Instrumentalstücke pantomimisch zu gestalten. Geeignet sind dafür Stücke, die sich durch unterschiedliche melodische beziehungsweise rhythmisch-metrische Gestaltung in mehrere Abschnitte gliedern lassen oder in denen die deutlich gegeneinander abgesetzte Klangfarbe und melodisch-rhythmische Gestaltung einzelner Instrumente beziehungsweise Instrumentalgruppen assoziative Deutungen und pantomimische Handlungen ermöglichen. In diesen Fällen ist es meistens nicht nötig und – um der Phantasie breiten Spielraum zu lassen – auch nicht immer günstig, eine Programmüberschrift vorzugeben. Dies trifft zum Beispiel auf Kurt Schwaens „Weckruf der Pioniere" zu (Klasse 4, Stoffeinheit 1), wenngleich der Komponist hierzu selbst außer der Überschrift eine mögliche genaue Ausdeutung gibt (Lehrbuch Musik, Klasse 4, S. 7). Erfahrungen mit der pantomimischen Gestaltung dieses Stückchens erwiesen, daß viele Schüler den signalhaften Charakter des zehnmal rhythmisch unverändert erklingenden Themas schon beim ersten Hören erkennen,

zumal ihnen zuvor in mehreren Liedern die Quarte in ihrer Signalfunktion begegnete, unter anderem in Gerd Natschinskis „Wir tragen die blaue Fahne" (Klasse 3, Stoffeinheit 16) und Wolfgang Richters „Früh, wenn die Fanfaren klingen" (Klasse 3, Stoffeinheit 18). Dadurch erfassen sie auch den ganz anders gestalteten kurzen Mittelteil mit seiner stufenweise aufwärts führenden, schnellen und leichten Laufbewegung sowie die Wiederkehr des Signalteils, also insgesamt die Form A B A. Das zuvor gesungene Pionierlied Siegfried Bimbergs „Guten Tag, du neuer Morgen" (Lehrbuch Musik, Klasse 4, S. 6) trägt dazu bei, die Phantasie in ein Pionierlager mit seinem morgendlichen Weckruf, dem allmählichen Erwachen der Kinder und ihrem Herauslaufen aus den Zelten zu lenken. Für eine pantomimische Darstellung im Musikunterricht wählt man am günstigsten zwei Schüler aus, die zweimal abwechselnd, beim 5. und 6. Signal (Takt 9/10) gemeinsam (weil noch niemand aufgestanden ist!) das Blasen markieren (Schwaen 1979, S. 76); für die Darstellung der schlafenden, erwachenden und schließlich schnell aus ihren Zelten hervorkommenden Pioniere genügen drei bis vier Schüler. Die im Schlußteil wiederholten Signale werden von den Schülern unterschiedlich gedeutet:
a) Die Kinder aus den entfernteren Zelten sind noch immer nicht gekommen, und

deshalb stellen sich die beiden Bläser in einer anderen Ecke der Klasse auf, damit sie gehört werden.
b) Alle schreiten zum Frühsport, an der Spitze die beiden Bläser.
Sicherlich gibt es noch viele andere Varianten für die pantomimische Gestaltung. Ihr großer Wert ist offenkundig: Er besteht vor allem in dem unmittelbaren, da geistig und körperlich vollzogenen, erlebnishaften Umgang mit gehörter Musik, ferner in der hierbei erforderlichen konzentrierten Wahrnehmungsleistung, ohne die musikbezogene pantomimische Aktionen nicht möglich sind.
Auch die nicht agierenden Kinder gewinnen dabei, indem sie den Verlauf kritisch und mit gespannter Aufmerksamkeit verfolgen und ihre Beobachtungen und Vorschläge anschließend mitteilen.
Auf die besondere Eignung von zwei Instrumentalstücken aus jüngster Zeit für eine pantomimische Interpretation durch Schüler sei hier noch hingewiesen. Es sind dies Gerd Natschinskis Stück „Die Katzenfamilie und der Hund" und Günter Kochans „Versteck"[22]. In beiden Stücken regen aufeinander bezogene Aktionen klangfarblich gegensätzlicher Instrumente zur pantomimischen Gestaltung an. So kommt es in Natschinskis Stück zu dem Versuch eines Angriffs auf die friedliche Katzenfamilie (Holzbläser) durch den Hund (Tuba), der sich jedoch schließlich knurrend zurückziehen muß. Das Stück „Versteck", eine „Szene für Pikkoloflöte und Tuba", könnte allerdings eine ganz andere Bezeichnung haben, handelt es sich doch eher um eine in unterschiedlicher Heftigkeit geführte Auseinandersetzung zwischen zwei sehr gegensätzlichen Charakteren, was auch in der pantomimischen Darstellung von Schülern der Klasse 5, die hierbei ihre Phantasie frei entfalteten, zum Ausdruck kam (Sperber 1982).
Musizierpraktische Schülertätigkeiten als Interpretationsleistungen können ferner mit großem Gewinn und relativ geringem zeitlichem Aufwand auch in Form melodramatischer Gestaltungsweisen eingesetzt werden, das heißt als freie oder rhythmisch gebundene Deklamation zur Musik.
Großes Vergnügen bereitet den Schülern die eigene Interpretation von Brechts und Weills „Moritat von Mackie Messer" zur Klavierbegleitung[23] des Lehrers (Klasse 9, Stoffeinheit 7), wobei der durchgehend wiederholte Rhythmus erleichterte Bedingungen schafft.[24]

Die Vielzahl der Strophen[25] ermöglicht solistische Deklamationsleistungen einer entsprechenden Anzahl von Schülern, wobei einer nuancenreichen individuellen sprachrhythmischen Gestaltung – mit eventuellen Übergängen zum Gesang oder auch einer durchgehend gesanglichen Interpretation – breiter Spielraum gegeben

[22] Beide Stücke enthalten auf SCHOLA 875076 und NOVA 885136 (Musik von Großen für Kleine).
[23] Brecht/Weill: Songs aus der Dreigroschenoper. VEB Lied der Zeit Musikverlag, Berlin 1969; Aufbau-Verlag, Berlin 1961.
[24] Die geringfügigen rhythmischen Varianten im originalen Notentext brauchen in der Interpretation nicht berücksichtigt zu werden.
[25] Das Lesebuch Klasse 9/10 enthält 9, die Song-Ausgabe des Aufbau-Verlages 11 Strophen.

ist. Eine anschließende kurze Einschätzung der Schülerdarbietungen sollte nicht eine bestimmte Art der Interpretation als Richtmaß nehmen, sondern davon ausgehen, daß die Interpretation die Aussage des Songs (Kennzeichnung der Verlogenheit der kapitalistischen Ausbeuterklasse, die die Mißstände ihrer Gesellschaftsordnung verschleiert beziehungsweise rechtfertigt) auf unterschiedliche Weise wirksam werden lassen kann: im schlichten Bänkelsängerton, in einer entlarvend-hintergründigen, mehr von der Sprachintonation als vom Singen bestimmten Darbietung, in einem virtuos-eigenwilligen Jazz-Titel.
Damit ist zugleich der breite Rahmen für die sehr unterschiedlichen Interpretationen durch Wolf Kaiser[26], Bertolt Brecht[27], Louis Armstrong[28] und Ella Fitzgerald[29] abgesteckt. Auf jeden Fall wird nach den eigenen Interpretationsversuchen der Schüler der für diese Stoffeinheit vorgesehenen Darbietung durch Wolf Kaiser ein weit höheres Maß an Interesse und Verständnis entgegengebracht. Zur Vergrößerung der Vergleichsbasis ist es günstig, eine weitere der auf Schallplatte vorliegenden angeführten Interpretationen hinzuzuziehen.

4.4.3. Musizierpraktische Schülertätigkeiten als Nachvollzug, Ergänzung oder Umgestaltung von Elementen des anzueignenden Musikwerkes

Die Hauptfunktion dieser musizierpraktischen Tätigkeiten besteht im Vertrautwerden des Schülers mit einigen für das Verständnis der anzueignenden Komposition wesentlichen musikalischen Erscheinungen. Indem einzelne Themen und Motive des Werkes von den Schülern rhythmisch nachvollzogen, gesungen, musiziert, ergänzt oder auch umgestaltet werden, prägen sie sich dem Gedächtnis ein und werden beim Hören des Gesamtwerkes wiedererkannt. Dadurch besteht auch die Voraussetzung dafür, daß sie in ihrem dramaturgischen Stellenwert, ihrer Aussage und ihrem Wirklichkeitsbezug leichter erfaßt werden. Enthält eine Komposition Zitate, die der Komponist aus der Volksmusik oder aus einem anderen Musikwerk als symbolhafte Zeichen übernahm, die jedoch als Zitate vom Schüler nicht erkennbar sind und für das Verständnis des Gesamtwerkes und die Deutung seines Ideengehalts wesentlich sind, so hat ein musizierpraktischer Nachvollzug durch die Schüler noch eine zusätzliche Funktion: er muß die Eigenständigkeit dieses musikalischen Gebildes verdeutlichen und es als Antefactum ausweisen (vgl. die im Abschnitt 3.5., S. 96f., gegebenen Beispiele!).
Da musizierpraktische Schülertätigkeiten, die auf das Vertrautwerden mit der musikalischen Gestaltung eines Musikwerkes zielen, den Hauptanteil musizierpraktischer Aktivitäten im Bereich Musikhören ausmachen, ist ihr variantenreicher Einsatz zu beachten. Wenngleich bei diesen Schülertätigkeiten die Forderung einer präzisen musikantischen Leistung nicht im Vordergrund steht, so gibt es andererseits eine Reihe von Realisierungsmöglichkeiten mit bestimmtem ästhetischem Eigenwert, die berücksichtigt werden sollten.

[26] SCHOLA 875025
[27] LITERA 860238
[28] PANTON 80150076
[29] AMIGA 850055

So ist bei Melodien mit latenter harmonischer Grundlage gelegentlich auch eine zweistimmige Reproduktion, die mit besonders interessierten Schülern (vor allem der Musikschulen) individuell vorbereitet wurde, durchaus sinnvoll, vor allem dann, wenn es sich um ein Thema handelt, das – über die aktuelle Rezeption hinaus – zum festen Besitz der Schüler werden soll, wie das Moldau-Thema aus Smetanas sinfonischer Dichtung (Klasse 6, Stoffeinheit 10).[30]
Auch die Orchester-Variationen op. 56a von Johannes Brahms (1873) gewinnen für die Schüler von Anbeginn ihrer Erarbeitung (Klasse 10, Stoffeinheit 2) an Attraktivität, wenn das ihnen zugrunde liegende Thema des 2. Satzes („Choral St. Antonii") aus Joseph Haydns Divertimento in B-Dur (um 1765) zweistimmig von Schülern und Lehrer gesungen oder musiziert wird (mit Hinzufügung der Baßstimme auf dem Klavier):

In einigen Fällen trägt auch das gleichzeitige Singen und Taktieren dazu bei, daß die Schüler die Schönheit einer Melodie voll erfassen, so etwa bei dem Thema des Air aus Händels „Wassermusik" (Klasse 9, Stoffeinheit 2), dessen Verbindung von ausgewogener Kantabilität und sanfter Synkopierung sich ihnen gerade in der teilkörperlichen Bewegung mitteilt:

Andere Themen können mittels ausschließlich sprachrhythmischen Nachvollzugs ihre besondere Eindringlichkeit erweisen – eine Art der Reproduktion, die den Neigungen von Schülern der Oberstufe nachkommt und überdies der vielfältigen Einbeziehung sprachrhythmischer und sprachintonatorischer Elemente in zeitgenössischen Musikwerken entspricht.
So kann mit den Schülern vor dem Hören des Finales von Paul Dessaus Oper „Die Verurteilung des Lukullus" (Klasse 11, Stoffeinheit 2) der oft wiederholte Refrain des Schlußchores „Ah ja, ins Nichts mit ihm!", in dem das Urteil über den Eroberer Lukullus und alle Kriegsbrandstifter gesprochen wird, als Sprechchor gestaltet wer-

[30] Vgl. die mehrstimmige Wiedergabe in den Unterrichtshilfen Musik, Klasse 5/6 (1979), S. 149.

den. Der sprachrhythmische Nachvollzug (möglichst mit Klavierbegleitung – Klavierauszug, S. 154) ist hier besonders angebracht, weil Dessau selbst die Eindringlichkeit dieses Urteilsspruchs dadurch steigert, daß er bei dessen letzter Wiederholung von der vokalen zur sprachrhythmischen Mehrstimmigkeit überwechselt (ebenda, S. 167ff.) und damit die gesamte Oper abschließt.
Eine solche sprachrhythmische Reproduktion kann sogar – ganz im Sinne des Originals, wenngleich in vereinfachter Form – kanonisch von zwei Schülergruppen vollzogen werden, wobei auf möglichst exakte Einhaltung des vorgegebenen Rhythmus[31] durch beide Gruppen zu achten ist:

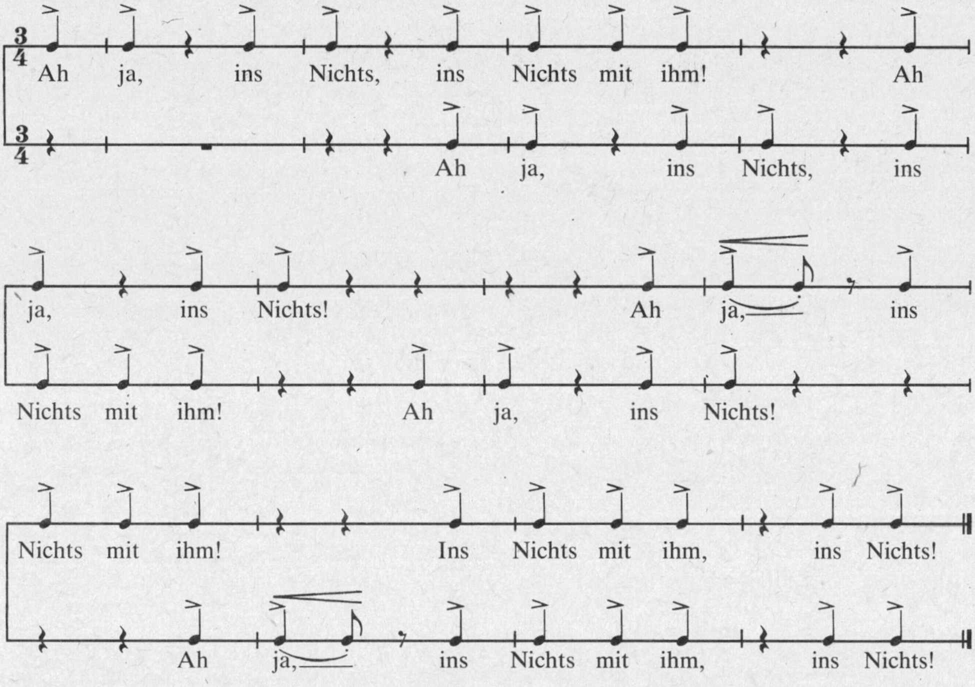

Eine besonders intensive musizierpraktische Realisierung erfordern *Variationsthemen,* sollen sie doch nicht nur in ihrer originalen Gestalt, sondern auch in vielfältigen Abwandlungen hörend wiedererkannt werden. Am Beispiel von Mozarts Variationen über das französische Kinderlied „Ah, vous dirai-je, maman“, KV 265 (Klasse 5, Stoffeinheit 7), sei dies angedeutet. Diesem Werk kommt aus didaktisch-methodischer Sicht besondere Bedeutung zu, da die Schüler an ihm zum ersten Male Variationen kennenlernen und Verständnis für das Prinzip des Variierens gewinnen sollen. Dabei muß davon ausgegangen werden, daß die Schüler nicht ohne weiteres einsehen, warum eine schöne Melodie, wie zum Beispiel diese weit verbreitete Volksweise, vom Komponisten überhaupt vielfältig verändert worden ist (Freitag 1982, S. 2). Der wichtige Hinweis des Lehrers, daß das Ausprobieren unterschiedlicher Veränderungen dem Komponisten Spaß macht, weil er dabei seine Phantasie und sein kompositorisches Können erproben kann, muß daher auch

[31] An Stelle des Taktwechsels tritt zur Vereinfachung (jedoch unter Beibehaltung der Noten- und Pausenwerte des Originals) durchgehend der Dreivierteltakt (vgl. Lehrbuch Musik, Klasse 11/12, S. 43).

durch eigene musizierpraktische Erfahrungen der Schüler ergänzt werden. Die im folgenden hierfür aufgeführten Möglichkeiten, die zur Auswahl angeboten werden, betreffen die unterschiedliche Reproduktion des Themas selbst, verschiedene elementare Formen mehrstimmiger Gestaltung sowie die elementar-improvisatorische Abwandlung der Liedweise:

- Singen der schlichten Melodie mit Hilfe des Notenbildes auf neutrale Silben oder auf Text mit oder ohne Klavierbegleitung.[32]
- Spielen der Melodie auf dem Glockenspiel, einem anderen Stabspiel oder auf der Blockflöte beziehungsweise im Wechsel dieser Instrumente.
- Begleiten des Liedes mit Rhythmusinstrumenten.
- Begleiten des Liedes durch den Bordun-Orgelpunkt f–c (Päuklein, Stabspiel oder Klavier) oder (und) durch die ostinate Tonfolge f'–c"–f"–c" (auf je zwei Viertel der Melodie ein Begleitton).
- Singen des Liedes im Kanon, damit zugleich Vorbereitung auf den anfänglich kanonisch geführten Satz von Mozarts 9. Variation:

- Der Lehrer singt das folgende alte Kinderlied vor, die Kinder singen es nach, spielen die Melodie auf einem Stabspiel oder der Blockflöte und erkennen den Unterschied zur originalen Melodie ($^3/_4$-Takt statt $^2/_4$-Takt):

[32] Enthalten in: Deutsche Volkslieder für Singstimme und Klavier. VEB Edition Peters, Leipzig 1981, S. 335 (Text: „Morgen kommt der Weihnachtsmann“). Lehrbuch Musik, Klasse 2 (1983), S. 18 (Das Abc). – Fremdsprachige Fassungen des Liedes siehe: Chantons la France. Volk und Wissen Volkseigener Verlag, Berlin 1969, S. 29 (französisch). Musik, Lehrbuch für die 3. Klasse. Moskau 1973, S. 31 (russisch).

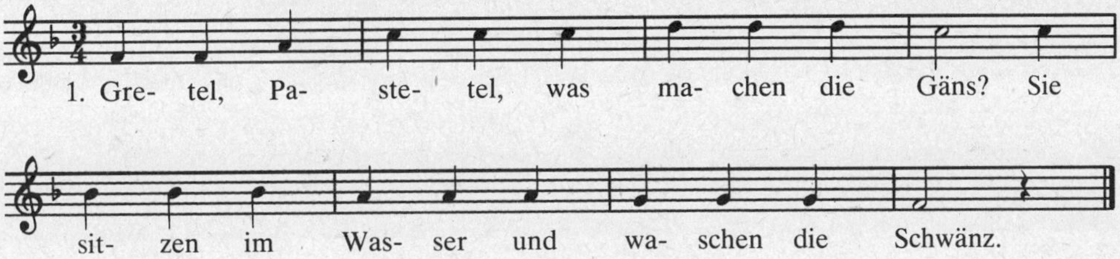

2. Gretel, Pastetel, was macht eure Kuh?
Sie steht in dem Stalle und brummt immer „muh".

3. Gretel, Pastetel, was macht euer Hahn?
Er steht auf dem Miste und kräht, was er kann!

– Erfinden weiterer Veränderungen des Themas, vor allem rhythmischer Art, eventuell auf der Grundlage musizierpraktischer Impulse des Lehrers, zum Beispiel:

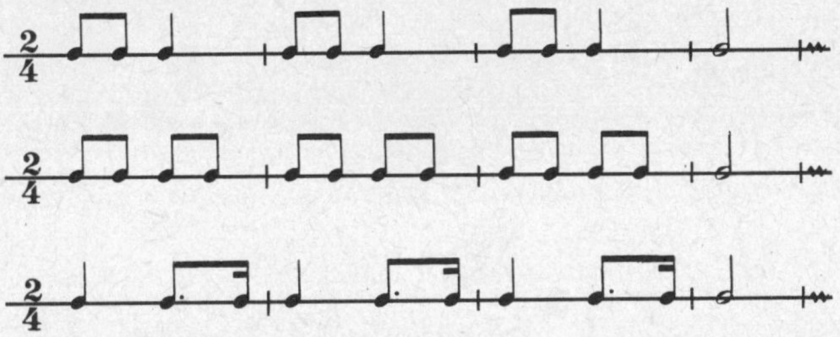

– Die Schüler versuchen, beim Hören der Variationen von der Schallplatte die Melodie mitzusummen; anschließend stellen sie mit Hilfe des Notenbildes im Lehrbuch fest, warum das bei der 8. Variation nicht möglich ist.

Das Nutzen einiger der angeführten Möglichkeiten bildet die Grundlage für das musizierpraktische Erarbeiten sowie das Erlebnis auch anderer Variationswerke. Entsprechende musizierpraktische Schüleraktivitäten sollten jedoch auch bei ihrer Erarbeitung[33] vom Lehrer angeregt werden, um das Verständnis der Schüler für den phantasievollen, schöpferischen Umgang des Komponisten mit dem von ihm gewählten Thema zu vertiefen.

4.4.4. Musizierpraktische Schülertätigkeiten als selbständig-freie Improvisationen oder Erprobungen musikdramaturgischer Gestaltungsweisen beziehungsweise des Formmodells eines gehörten Werkes

Geben bei den beiden zuvor genannten Gruppen musizierpraktischer Aktivitäten der Schüler die Themen oder Motive eines musikalischen Kunstwerkes in ihrem Rhythmus, Metrum und Tonhöhenverlauf die Vorlage für reproduktive und in be-

[33] Variationssatz aus Schuberts Forellenquintett (Klasse 5, Stoffeinheit 7); Andante aus Haydns Sinfonie „Mit dem Paukenschlag" (Klasse 6, Stoffeinheit 7); 4. Sinfonie, 4. Satz von Tschaikowski (Klasse 6, Stoffeinheit 10); Russischer Tanz von Chatschaturjan (Klasse 7, Stoffeinheit 6); Haydn-Variationen von Brahms (Klasse 10, Stoffeinheit 2).

grenztem Maße auch produktive, das heißt elementare improvisatorische Schülertätigkeiten, so erfolgen die musizierpraktischen Schülerleistungen dieser Gruppe entweder ohne jegliche kompositorische Vorlage, oder es werden nur grundlegende dramaturgische Gestaltungsweisen beziehungsweise das Formmodell eines gehörten Werkes als Anregung für eigenständig-freie Gestaltungsversuche verwendet. Ansatzpunkte für entsprechende Impulse können demnach sein:
- ein Text,
- die Charakterisierung von Personen (oder Tieren),
- Vorgänge aus unterschiedlichen Lebensbereichen,
- musikdramaturgische Gestaltungsweisen oder ein Formmodell.

Musizierpraktisch aktivierende Impulse des Lehrers zur *improvisatorischen Vertonung von Texten* können bereits in der prärezeptiven Phase eine intensive Auseinandersetzung mit dem Gehalt, der Intonation des gesprochenen Textes und Möglichkeiten der Wort-Ton-Beziehung bewirken und auf diese Weise das Verständnis für das vom Komponisten gestaltete Vokalwerk vertiefen; dazu trägt in der Erarbeitungsphase überdies der Vergleich zwischen den (auf Tonband aufgenommenen) Improvisationsleistungen der Schüler und dem Werk des Komponisten bei.

Zur improvisatorischen Gestaltung durch Schüler eignen sich vor allem knappe sprachliche Formulierungen. Texte in gebundener Sprache (Reime, Sprüche, Verse von Gedichten) können für vokal-melodische Erfindungen erleichterte Bedingungen schaffen, da sie ihnen als rhythmisch-formale Modelle dienen. Andererseits ist darauf zu achten, daß gebundene Texte die Schüler nicht zu einer ausschließlich symmetrischen Vier- oder Achttaktigkeit der Melodiebildung verleiten, die die Lebendigkeit musikalischen Geschehens einschränkt und zudem nicht geeignet ist, unsere Schüler für die in zeitgenössischer Musik vielfältig verwirklichte Asymmetrie und Aperiodizität aufzuschließen.[34]

Als lohnend erwiesen sich Schülerimprovisationen vor der Rezeption von Kurt Schwaens szenischer Kantate „König Midas" (Worte: Günter Kunert) in Klasse 5. So wurden nach dem Erzählen der Fabel durch den Lehrer die beiden handelnden Personen, König Midas und Gott Bacchus, im Unterrichtsgespräch kurz charakterisiert: Midas als protzig und geldgierig, Bacchus als fröhlich und hilfsbereit. Die Schüler erhielten sodann die Aufgabe, zwei an der Tafel vorgegebene Zweizeiler (vereinfachte Formulierungen des Originaltextes) zu vertonen, mit denen sich Midas und Bacchus nach Art alter Volksstücke vor Beginn der Kantate dem Publikum (der Klasse) vorzustellen hatten. Dabei sollten sie zugleich versuchen, die beiden Personen zu charakterisieren – auch durch eventuelle Wiederholung einzelner Wörter. Mit großem Eifer gingen die Schüler zunächst an die Festlegung der Betonungen und der rhythmisch-metrischen Gestaltung:

Midas

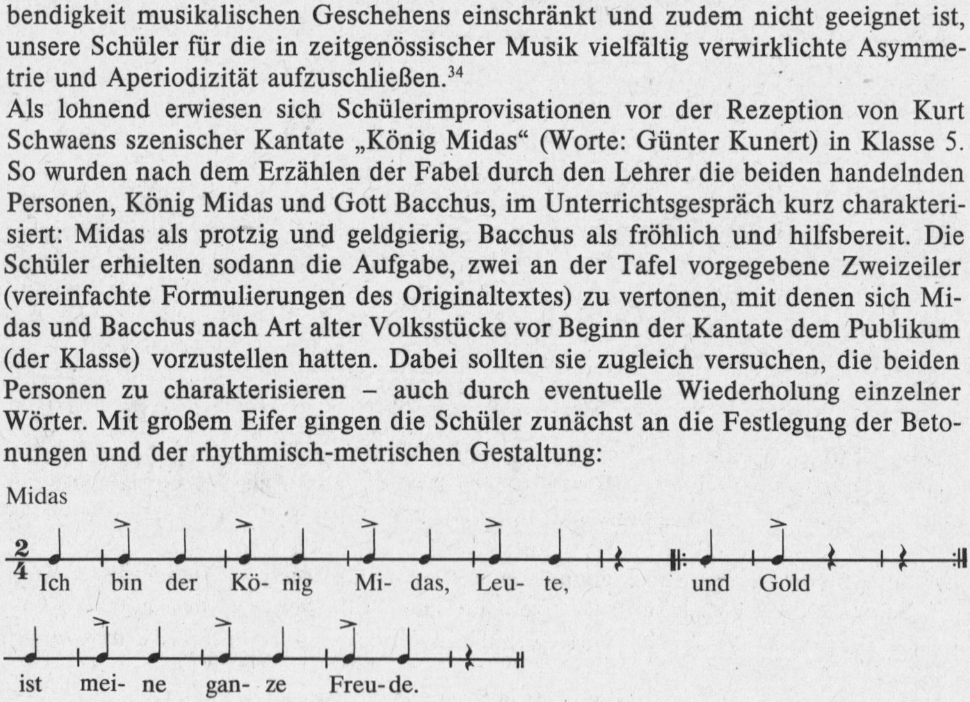

[34] Vgl. zu diesem Gesichtspunkt die im Abschnitt 6.3.2. angeführten Textimprovisationen.

Bacchus

Bereits in dieser Form wurden charakterisierende Unterschiede in Metrum, Rhythmus und Tempo deutlich. Als besonders gelungen konnte der im Beispiel aufgeführte Vorschlag eines Schülers aufgegriffen werden, die Worte „und Gold“ zu wiederholen und die danach entstehenden Pausen durch „gleißende“ Triangelschläge auszufüllen; diese sollten im ostinaten Wechsel mit Zimbeln die ganze Vorstellung des Königs Midas begleiten.
Entsprechend verlangten die Schüler auch bei der Selbstvorstellung des Bacchus die Einfügung von Pausen, um die durchgehend ostinat begleitende Röhrenholztrommel gut heraushören zu können:

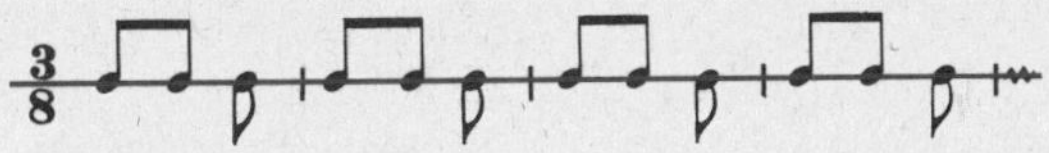

Auf der Grundlage dieser rhythmisch-metrischen und klangfarblichen Erprobung gab es auch eine Reihe einfacher melodischer Improvisationen. Vor dem ersten Hören der szenischen Kantate traten die beiden Schüler mit den besten Improvisationsleistungen als König Midas und Gott Bacchus vor die Klasse, um die Darbietung mit ihrer gesungenen Selbstvorstellung, begleitet von vier Schülern mit Instrumenten des Klingenden Schlagwerks, einzuleiten. Je ein Gongschlag vor dem Einsatz der beiden Darsteller bot den feierlichen Rahmen.
Musizierpraktisch-*improvisatorische Charakterisierungen von Personen oder Tieren* können auch ohne die Bindung an einen bestimmten Text erfolgen. In diesem Falle ist jedoch vorher eine besonders intensive verbale Charakterisierung durch die Schüler notwendig. Sollen die Schüler zum Beispiel „Charaktermotive“ oder „Erkennungsmotive“ (Förster 1980, S. 148) für die einzelnen Gestalten aus „Peter und der Wolf“ erfinden, so sind deren Verhaltensweisen und Eigenschaften möglichst genau zu benennen und an der Tafel zu fixieren. Hierbei ist Wert auf die musikalisch umsetzbare Kennzeichnung von Bewegungen, Gesten und akustischen Attributen zu legen, zum Beispiel:
- *Peter:* unternehmungslustig, flink, fröhlich, unerschrocken, hohe Stimme;
- *Großvater:* gutmütig-brummig, besorgt, geht langsam, schüttelt den Kopf, tiefe Stimme;
- *Vögelchen:* zwitschert fröhlich, flattert unruhig umher.

Hieraus ergeben sich sowohl Hinweise für die Auswahl geeigneter Instrumente (Klingendes Schlagwerk, Körperinstrumente, wenn möglich auch Einbeziehung von Flöte und Blasharmonika) wie für die Tonhöhenlage und das Tempo der zu erfindenden Motive.
Entsprechend sollte auch bei musizierpraktisch-improvisierenden Charakterisierungen in Verbindung mit anderen Stücken vorgegangen werden, so in Klasse 3 bei

„Knecht Ruprecht“ von Schumann, Teilen aus der Tierliederfolge von Hans Sandig und bei dem Stück „Im Bienenkorb“ von Kuno Petsch; in Klasse 4 bei den Stücken „Der Elefant“ von Saint-Saëns, „Wilder Reiter“ von Schumann oder bei der Charakterisierung der Hexe aus Humperdincks Oper „Hänsel und Gretel“ (vgl. auch 6.3.1. und 6.3.6.).

Bei all diesen ohne textlichen Anreiz zu vollziehenden elementaren Schülerimprovisationen ist es anfangs günstig, ein oder mehrere Elemente musikalischer Gestaltung in präzisierter Form vorzugeben, so etwa einen bestimmten Rhythmus, einen begrenzten Tonraum (bei Stabspielen Stäbe herausnehmen) oder sogar eine Auswahl und die Reihenfolge des Einsatzes der Instrumente.

Bei zunehmender Vertrautheit mit den verschiedenen Möglichkeiten musizierpraktisch-improvisatorischer Tätigkeit verringert sich der Aufwand für entsprechende vorbereitende Maßnahmen wesentlich, und die Improvisationsleistungen steigen.

Besonders wirksame – wenngleich bisher noch ungenügend erschlossene – Formen elementarer Improvisation sind *musikalische Umsetzungen von Vorgängen aus der Natur, der Umwelt oder aus dem zwischenmenschlichen Bereich,* da sie dem prozessualen Wesen der Musik entsprechen. Die Schüler erschließen sich hierbei zugleich *grundlegende musikdramaturgische Gestaltungsweisen* wie Steigerung/Rückentwicklung, Wiederholung, Veränderung und Gegensatz. Deren sinnlich-praktische Verwirklichung schafft einen unmittelbaren Zugang zu dramaturgischen Zusammenhängen gehörter Instrumentalmusik und begünstigt das Erfassen ihres emotional-gedanklichen Gehalts. Die lehrplanbezogenen Anknüpfungspunkte und Zielsetzungen derartiger Schüleraktivitäten sind vielfältig. Insbesondere können die im Lehrplan für das Musikhören vorgesehenen Stücke, deren Programm einen bestimmten Vorgang assoziiert, den Schülern als unmittelbare Anregung für eigene musikalische Umsetzungen dienen. Zur musizierpraktisch-improvisatorischen Gestaltung von Steigerung/Rückentwicklung können zum Beispiel alle Stücke anregen, deren Programm ein Näherkommen beziehungsweise Sich-Entfernen assoziiert, etwa Wohlgemuths „Wir fahren mit der Eisenbahn“ oder Erdmanns „Hopp, hopp, ho“, aber auch Passagen aus Smetanas sinfonischer Dichtung „Die Moldau“. Zur improvisatorischen Gestaltung von Wiederholung, Veränderung und Kontrast regen besonders solche Stücke an, die die Vorstellung eines Gesprächs beziehungsweise eines Streits erwekken, so unter anderem Kochans „Versteck“ (Szene für Pikkoloflöte und Tuba) und Gerd Natschinskis „Die Katzenfamilie und der Hund“[35]. Vor allem in der Mittel- und Oberstufe ist es jedoch auch möglich, musikdramaturgische Gestaltungsweisen aus nicht programmgebundenen Instrumentalstücken zum Ausgangspunkt eigener praktischer Umsetzungen mit dem zur Verfügung stehenden Instrumentarium zu nehmen, zum Beispiel den Gegensatz Tutti/Soli im Concerto grosso, einen spannungsgeladenen Übergang oder eine Finallösung. Entsprechende Improvisationsleistungen der Schüler werden sich jedoch auch in diesen Fällen entweder von der Vorstellung einer realen Lebenssituation anregen lassen oder aber ein bestimmtes psychisches Verhalten (zum Beispiel freudige Erwartung oder eine innere Konfliktsituation) zum Ausgangspunkt nehmen.

Schließlich können auch die laut Lehrplan aus der Musiklehre im Zusammenhang mit Musikhörbeispielen zu vermittelnden Kenntnisse (Bewegungs- und Ausdrucks-

[35] Beide enthalten auf SCHOLA 875076 und NOVA 885136 (Musik von Großen für Kleine).

merkmale der Musik; Wiederholung/Gegensatz, Frage/Antwort in einfachen Liedformen; crescendo/decrescendo) durch entsprechende Schülerimprovisationen bewußter und dauerhafter angeeignet werden.
Musizierpraktisch-aktivierende Impulse des Lehrers, die darauf gerichtet sind, unsere Schüler grundlegende musikdramaturgische Gestaltungsweisen erproben zu lassen, stellen also keine peripheren pädagogischen Maßnahmen dar, sondern tragen wesentlich zur Erfüllung der Lehrplanziele bei.
Das trifft ganz besonders auf die Befähigung unserer Schüler zur aktiven und sachkundigen Auseinandersetzung mit Werken der zeitgenössischen Musik zu. Hier ist es nicht möglich, über den musizierpraktischen Nachvollzug, die Ergänzung oder Veränderung von Themen oder Motiven des anzueignenden Werkes eine bewußte Rezeption vorzubereiten, da klar herauslösbare Themen oder Motive in diesen Werken meist nicht enthalten sind. Eine musizierpraktische Erarbeitung muß sich daher auf das Erfassen einiger der angeführten grundlegenden musikdramaturgischen Gestaltungsweisen orientieren. Der Möglichkeit, sie als Modelle für eigene Gestaltungsversuche zu nutzen, kommt die Tatsache entgegen, daß ihre überwiegend vom Klanglich-Gestischen bestimmten Erscheinungsfomen in elementarster Form auch mit dem den Schülern zur Verfügung stehenden Instrumentarium angedeutet werden können. Dies hängt damit zusammen, daß „motivische und thematische Entwicklungen entfallen. Statt ihrer wird ein Ton, eine strukturelle Tongruppe, eine Klangfläche zum Ereignis, das in Beziehung zu bringen ist zum vorausgegangenen und folgenden Ereignis. Ereignisbeziehungen können eng sein oder locker und brauchen auch gar nicht zu bestehen. Auf Aktion folgt Reaktion, das ist sicher…“ (Treibmann 1981, S. 10)
Ferner wird eine elementar-improvisatorische Gestaltung neuartigen Klanggeschehens dadurch begünstigt, daß das Klangmaterial „nicht nur Klangerscheinungen mit periodischen Schwingungen wie Töne und Klänge, sondern auch unperiodische Schwingungen wie Geräusche und Knalle (umfaßt). Komponisten erleben bewußt die sie umgebende Umwelt…“ (Ebenda, S. 12) Hinzu treten vielfältige unkonventionelle Arten der Klangerzeugung.
Wenn daher der Schüler angeregt wird, grundlegende musikdramaturgische Gestaltungsweisen zeitgenössischer Instrumentalmusik mit dem ihm zu Gebote stehenden Instrumentarium zu verwirklichen, so ist es gleichzeitig nötig, seine Klangerfahrungen zu erweitern und seinen Klangsinn zu sensibilisieren. Dies schließt das eigene Erproben und Unterscheiden vielfältiger Arten der Erzeugung von Klängen und Geräuschen ein – sowohl mit dem Klingenden Schlagwerk, den Körperinstrumenten und anderen leicht handhabbaren Instrumenten wie an Hand von Gegenständen und Materialien wie Klingeln und Flaschen, mit Reis, Erbsen oder Büroklammern gefüllten Schachteln und Büchsen, Papier, Holz und Metall.
Dies erfolgt am günstigsten bereits in den Klassen 1 bis 4, wo sich sowohl innerhalb des Unterrichts selbst (vor allem in Verbindung mit der Erarbeitung elementarer Bewegungs- und Ausdrucksmerkmale) wie auch außerunterrichtlich reiche methodische Ansatzpunkte für spielerisch-lustbetontes Erproben ergeben (vgl. 6.3.6.). Aber auch in den folgenden Klassenstufen bieten sich, vor allem in Verbindung mit Fragen der Instrumentenkunde und der Instrumentation und gegebenenfalls unter Nutzung von Ergebnissen außerunterrichtlicher Arbeitsgruppen und Arbeitsgemeinschaften (vgl. 6.3.1. und 6.3.4.), hierfür Möglichkeiten.

Besonders günstig wirken sich Schülerimprovisationen auf die Rezeption eines zeitgenössischen Instrumentalwerkes aus. So wurde in einer 9. Klasse die Rezeption des 1979 uraufgeführten Orchesterstückes „Unterhaltung zweier Schlagzeuger“ von Ottomar Treibmann (Dauer: 9 Min.) über die Montage von Geräuschen, Klängen und Tönen, die die Schüler auf der Grundlage einer vom Lehrer vorgegebenen „Kompositionsskizze“ in Form einer musikalischen Unterhaltung improvisierten und auf Tonband aufnahmen, vorbereitet.
Dieses methodische Vorgehen erbrachte weitaus bessere Rezeptionsergebnisse als die in zwei Parallelklassen eingesetzten methodischen Varianten, die keine Improvisation einbezogen. Außerdem herrschte in dieser Klasse eine hervorragende Disziplin, die der Lehrer damit erklärte, „daß alle Schüler stellenweise schöpferisch tätig waren und ein großes Erfolgserlebnis durch die gelungene Aufnahme der ‚Komposition‘ geschaffen wurde“. (Ruhland 1980, S. 34)
Die Schüler hatten vor dieser Stunde die Aufgabe erhalten, Gegenstände mitzubringen, auf denen man Geräusche, Klänge oder Töne erzeugen kann. Zu Beginn des Unterrichts stellte jeder Schüler sein „Instrument“ gegenständlich und akustisch vor: außer Instrumenten des Klingenden Schlagwerks waren es Flaschen, Topfdeckel, Gläser, eine Klingel, die Pfeife eines Teekessels, Küchengeräte sowie einige mit viel Fleiß selbst gebastelte Instrumente, zum Beispiel ein gitarrenähnliches Instrument mit einer Pappröhre als Resonanzkörper. Die folgende „Kompositionsskizze“ wurde den Schülern zur Anregung und Orientierung für ihre Improvisation mittels Polylux gezeigt und erläutert:

Solisten = x, y, z
Klasse in 6 Gruppen geteilt = I, II, III, IV, V, VI (nach Ähnlichkeit der Klangfarben geordnet)
P = Pause; Zahlen = Anzahl der Schläge

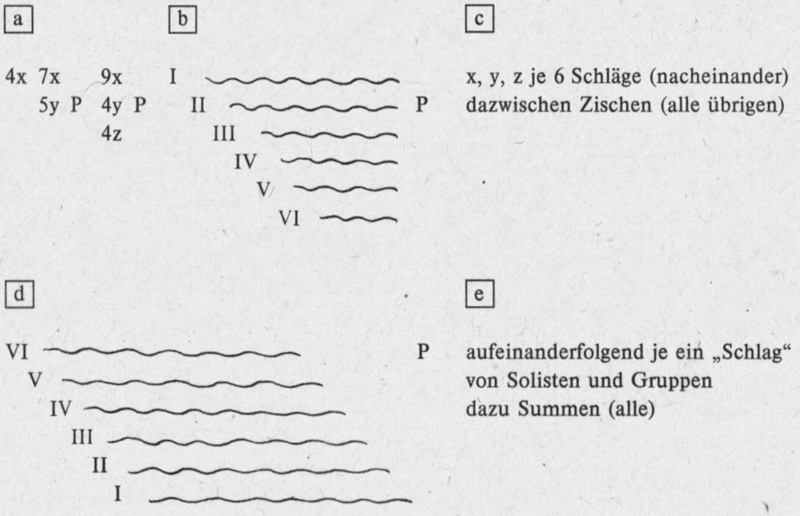

a) Gespräch von 3 Einzelpersonen
b) beginnendes Streitgespräch einer größeren Menschengruppe
c) Gespräch der 3 Einzelpersonen mit Zuhörern
d) auf und ablaufendes Streitgespräch einer größeren Menschengruppe
e) Abspann, nachgestellte Vorstellung der Teilnehmer (Nach Ruhland 1980, S. 27)

Die Improvisationsergebnisse dieses Beispiels lassen erkennen, daß Verlaufsskizzen für die Bewältigung elementarer improvisatorischer Gestaltungsaufgaben eine wesentliche Hilfe darstellen. Ihre Anlage kann sehr unterschiedlich sein und unterliegt (wie auch Klangpartituren zeitgenössischer Instrumentalmusik) keinen festen Normen. Der Lehrer verwendete im obigen Beispiel lediglich Buchstaben und Zahlen, da es sich um den ersten derartigen Versuch in dieser Klasse 9 handelte und die Einbeziehung graphischer Symbole die Kenntnis ihrer Bedeutung vorausgesetzt hätte. Dennoch gelang es ihm mit dieser Skizze, den unterschiedlichen Einsatz der Instrumente beziehungsweise Instrumentengruppen, die ungefähre Klangdichte, Steigerung und Rückentwicklung sowie den dramaturgischen Gesamtablauf zu fixieren und auf diese Weise einerseits einem chaotischen Durcheinander vorzubeugen, zugleich aber den Schülern genügend Spielraum für selbständiges Erproben vor allem in bezug auf Dynamik, Rhythmus, Tonhöhe und Umgang mit dem jeweiligen „Instrument“ im Sinne der gestellten Aufgabe zu geben.
Eine völlig konträre Erscheinungsform weist die folgende Verlaufsskizze für eine Darstellungsimprovisation zum Thema „Herannahendes und wieder vorüberziehendes Gewitter“ auf, die mit Schülern einer Klasse 3 in Vorbereitung der Rezeption von Schwaens „Regenspruch“ als Tafelbild erarbeitet wurde und bei deren Realisierung die Kinder „besondere Begeisterung“ an den Tag legten (Förster 1980, S. 223). Hier wurde eine graphische Veranschaulichung mit illustrativen Elementen angestrebt, die dem Rezeptionsverhalten dieser Altersstufe entgegenkommt.

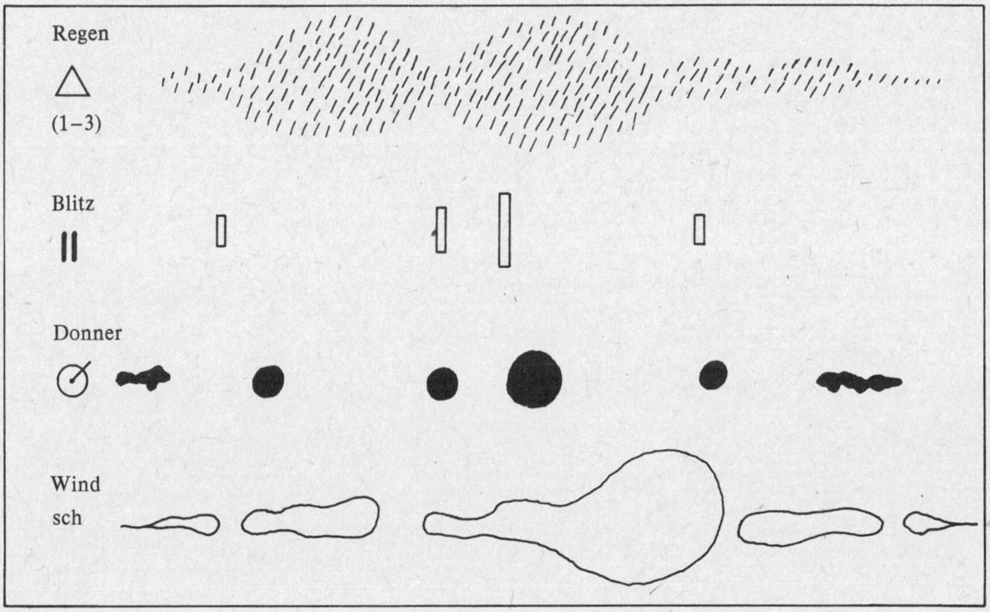

Für eine kontinuierliche, zeitökonomische und zielgerichtete Verbindung musizierpraktisch-improvisatorischer Tätigkeiten mit dem Prozeß der Aneignung und Erschließung von Musikwerken, insbesondere zeitgenössischen Kompositionen, erscheint es jedoch notwendig, daß die Schüler auf ein bestimmtes, immer wieder in gleicher Bedeutung einsetzbares und leicht verständliches System graphischer Aufzeichnung mit möglichst wenig verschiedenen Zeichen orientiert werden. Dieses müßte ungefähre Angaben zur Klangfarbe, Lautstärke, Dauer, Höhe und Dichte (gleichzeitiges Erklingen mehrerer Töne) enthalten sowie geeignet sein, „Modelle allgemeinster Formungserscheinungen“ (Treibmann 1981, S. 7) graphisch widerzuspiegeln, das heißt das Wesentliche eines musikalischen Gesamtablaufs zu verdeutlichen. Unter diesem Gesichtspunkt können zum Beispiel die folgenden Symbole nützlich sein:

1. *Punktklänge* (kurze, nicht nachhallende Klänge) in unterschiedlicher Lautstärke, Tonhöhe und zeitlicher Folge: 

Erzeugung: Klangstäbe, Holzblocktrommel, Rahmen- und Handtrommel, Röhrenholztrommel, Päuklein, Xylophon

2. *Nachhallklänge* in unterschiedlicher Lautstärke, Tonhöhe und Dauer:

Erzeugung: Metallinstrumente des Klingenden Schlagwerks (Glockenspiel, Metallophon, Zimbeln, Hängebecken, Triangel)

3. *Liegeklänge* in unterschiedlicher Lautstärke, Länge und Tonhöhe:

Erzeugung: Blockflöte, Blasharmonika, Streich- und Blasinstrumente

4. *Bewegungsklänge* (ununterbrochene Bewegung eines Tones oder Geräusches oder mehrerer Töne/Geräusche in gleichbleibender Lautstärke – leise/laut – oder im Crescendo/Decrescendo):

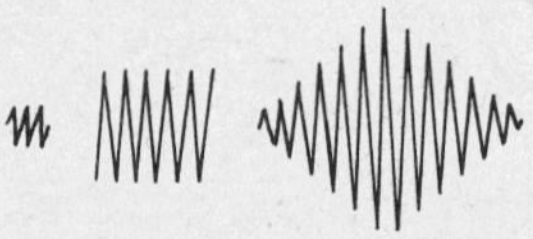

Erzeugung: Schellentrommel, Wirbel auf Päuklein mit zwei Schlegeln, schnelles Spiel der Finger auf Päuklein oder Handtrommel, Triller in der oberen Schenkelspitze des Triangels, schnelles Tremolo mit zwei Schlegeln auf Hängebecken, Xylophon oder Metallophon (Hängebecken oder vorderes freiliegendes Ende der Klangplatte zwischen den beiden Schlegeln)

5. *Gleitklänge* oder *Glissando* (aufwärts, abwärts):

Erzeugung: auf Instrumenten mit festen Tonhöhen

6. *Schichtklänge* oder *Cluster* (gleichzeitiges Erklingen mehrerer eng nebeneinanderliegender Töne):

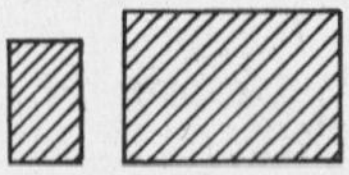

Erzeugung: unter anderem auf Stabspielen durch Schlagen mit der Kante eines Klangstabes gleichzeitig auf mehrere Stäbe. Ein Cluster als Bewegungsklang:

7. *Schwellklänge/Abschwellklänge* (mehrdimensionale Klangsteigerung beziehungsweise Zurücknahme durch Lautstärke, Dichte, Tempo, Tonhöhe):

8. *Zunehmende/abnehmende Lautstärke* (crescendo/decrescendo):

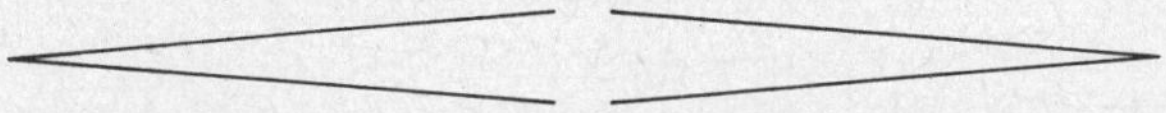

Mit Hilfe dieser wenigen Zeichen können im Unterricht und in außerunterrichtlichen Arbeitsgruppen (vgl. 6.3.1. und 6.3.4.) nicht nur unterschiedliche Klangfarben und Arten der Klangerzeugung erprobt, sondern auch kleine Klangpartituren zusammengestellt werden, die *musikdramaturgische Gestaltungsweisen* oder *den gesamten Formablauf des anzueignenden Werkes* modellieren und zur eigenen improvisatorischen Umsetzung anregen. Bereits mit zwei Instrumenten des Klingenden Schlagwerks lassen sich zum Beispiel auf der Grundlage der folgenden Veranschaulichung eines sich zu einem Streit verdichtenden Zwiegesprächs verschiedene Möglichkeiten musikalischer Steigerung (durch Zunehmen der Lautstärke, zunehmend schnellen Wechsel der beiden Instrumente, Tempobeschleunigung) und Kontrastierung (durch Klangfarbe und Klangerzeugung) klanglich erproben:

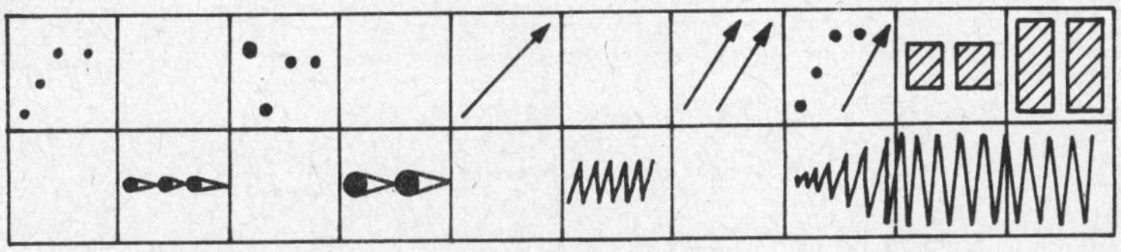

Entsprechend können auch aus unterschiedlichen Abschnitten bestehende Formabläufe, zum Beispiel die Dacapo-Form mit kontrastierendem Mittelteil (A B A) oder die Rondoform[36] improvisatorisch erprobt werden.

Ein weiteres Anwendungsgebiet musizierpraktisch-improvisatorischer Schülertätigkeit auf der Grundlage einer visuellen Veranschaulichung wesentlicher klanglicher Ereignisfolgen ist die aktive Analyse[37]. Sie besteht darin, daß nach dem Hören des zu erarbeitenden Werkes gemeinsam mit den Schülern in einer graphischen Übersicht die wichtigsten klanglichen Ereignisfolgen in stark vereinfachter Form festgehalten werden und die „Hörpartitur" für eigene improvisatorische Realisierungen

[36] Ein instruktives Beispiel für improvisatorische Erprobung der Rondoform auf der Grundlage einer Verlaufsskizze bietet Olias (1978, S. 530).

[37] Die aktive Analyse ist eine seit langem bewährte Methode des Kompositionsunterrichts (vgl. u. a. Reuter 1950, S. 121ff.).

durch die Schüler genutzt wird. Unterrichtliche Erprobungen derartiger aktiver Analysen in Verbindung mit dem Anfang von Krzystof Pendereckis „Den Opfern von Hiroshima“ (1959) und Friedrich Schenkers „Landschaften für großes Orchester“ (1974) haben gezeigt, daß auf diese Weise insbesondere das Interesse an Werken zeitgenössischer Musik gefördert werden kann (Olias 1981, S. 583f.). Als ein besonders geeignetes Beispiel hierfür bietet sich der 1. Teil von Udo Zimmermanns Orchesterwerk „Mutazioni per orchestra“ (1973) an, da sich eine Modellierung seines Verlaufs in einer stark vereinfachten Form auf den Einsatz von Punkt-, Bewegungs- und Schwellklängen reduzieren läßt, deren Ereignisfolgen auch mit Instrumenten des Klingenden Schlagwerks zu bewältigen sind (vgl. Olias 1978, S. 532):

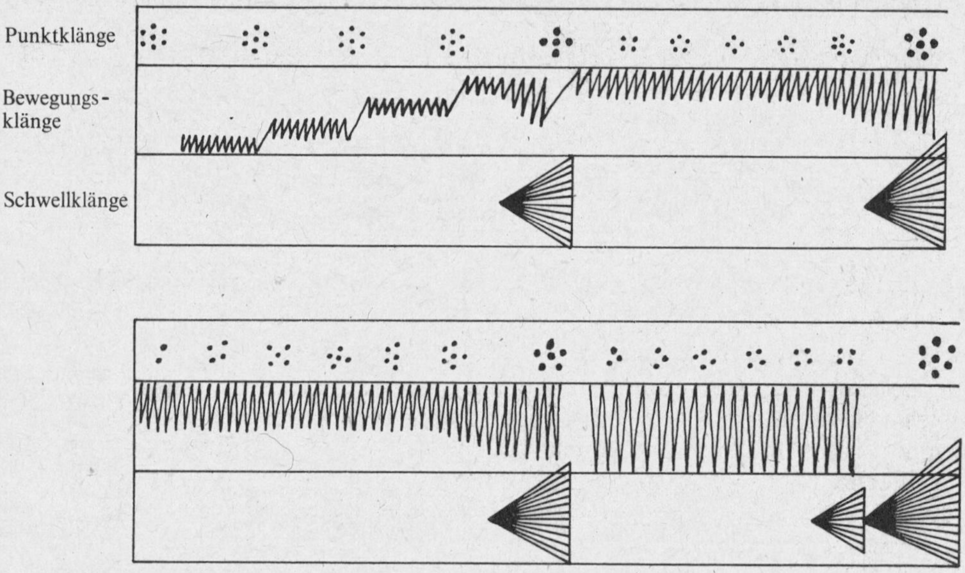

4.5. Informativ-orientierende Tätigkeitsführung

4.5.1. Zur Funktion informativ-orientierender Tätigkeitsführung

In Unterrichtsabschnitten, in denen subjektiv Neues an die Schüler heranzutragen ist, dessen Aneignung durch problemorientierende, musizierpraktisch-aktivierende oder analytisch-erschließende Aufgabenstellungen nicht möglich oder zu aufwendig ist, tritt die informativ-orientierende Tätigkeitsführung in Aktion. Da das Neue hierbei in vielen Fällen durch den Musiklehrer selbst dargeboten wird und der Schüler vorwiegend rezeptiv tätig ist, kommt es in besonderem Maße darauf an, die verbalen Ausführungen, visuellen Orientierungshilfen sowie die Auswahl, Anordnung und akustische Wiedergabe der Klangbeispiele so zu gestalten, daß der Schüler zur aktiven geistigen Auseinandersetzung mit dem Gebotenen angeregt und befähigt wird. Zugleich sollten alle Möglichkeiten genutzt werden, die Schüler selbst am Auffinden und Bereitstellen von musikbezogenen Informationen zu beteiligen, sei es mit Hilfe des Lehrbuchs und anderer Wissensspeicher, durch gut angeleitete,

knappe Schülervorträge oder durch eigenes graphisches Nachvollziehen musikalischer Verläufe.
Jedes den Schülern erstmalig darzubietende Werk macht es erforderlich, ihnen zuvor die notwendigen Kenntnisse zu vermitteln, auf denen aufbauend sich ein aktiver Erschließungsprozeß entwickeln kann. Neben reaktivierten Kenntnissen (vgl. 4.2.) können dies *Sachinformationen zur Entstehung, zum Anliegen, zu Elementen der kompositorischen Gestaltung des Werkes sowie zu seinem historisch-biographischen und gattungsgeschichtlichen Umfeld* sein. Diese Informationen erfolgen teils vor dem ersten Hören, teils in Verbindung mit dem nachfolgenden Erschließungsprozeß.
In engem Zusammenhang mit diesen Sachinformationen stehen als weitere Ausprägung informativ-orientierender Tätigkeitsführung *Verlaufsorientierungen* mit entsprechenden Aufgabenstellungen, insbesondere in Form visueller *Prozeßbilder.*
Die pädagogische Führung der Erstrezeption eines Werkes erfolgt stets zunächst unter informativ-orientierendem Aspekt. Jedoch kann die informativ-orientierende Tätigkeitsführung auch die methodische Hauptakzentuierung eines größeren Stundenabschnitts oder einer ganzen Unterrichtsstunde bilden, indem an die Stelle einer intensiven, differenzierten Werkbetrachtung durch die Schüler die *informatorische Darbietung, Kommentierung und Einschätzung eines Musikwerkes oder einer Werkreihe* durch den Lehrer tritt. Solche Unterrichtsphasen sollten zugleich dazu dienen, den Schülern beispielhaft zu demonstrieren, welche wesentlichen Aspekte bei der Auseinandersetzung mit einem musikalischen Kunstwerk und seiner Wertung zu berücksichtigen sind und welchen Anteil hieran das eigene Engagement des Hörers, seine subjektive emotionale und gedankliche Zuwendung zum Werk, besitzt. Auf diese Weise vermitteln derartige Werkdemonstrationen nicht nur einen quantitativ hohen Anteil an Sachinformationen – im Falle der Darbietung mehrerer Kompositionen auch von Werkkenntnissen –, sondern verdeutlichen den Schülern zugleich Verfahrensweisen musikalischer Werkbetrachtung, die ihnen Anregungen und Orientierung für den eigenen Umgang mit musikalischen Kunstwerken innerhalb und außerhalb des Unterrichts bieten.

4.5.2. Werkbezogene Sachinformationen

Sachinformationen, die in Vorbereitung oder in Verbindung mit der Werkerschließung zur Komposition selbst oder zu ihrem historisch-biographischen oder gattungsgeschichtlichen Umfeld gegeben werden, können – bei angemessener Auswahl und interessanter Vermittlung – mit einem relativ hohen Grad von Aufgeschlossenheit bei unseren Schülern rechnen.[38]
Aus der Ende 1977 vom Zentralinstitut für Jugendforschung Leipzig durchgeführten Befragung von 1000 Besuchern öffentlicher Diskotheken geht hervor, daß mindestens 82% der Besucher (Jugendliche überwiegend im Alter zwischen 14 und 17 Jahren) außer den Musiktiteln auch Wortbeiträge über Beatgruppen, Gesangsin-

[38] Im Jahre 1981 ergab eine schriftliche anonyme Befragung bei 250 Schülern der Klassen 7 bis 10 an der POS Wusterhausen durch den Musiklehrer Andreas Golde, daß 80 bis 81% der Schüler dieser Klassenstufen vom Wert werkbezogener historisch-biographischer Informationen überzeugt sind (wobei es zwischen den Prozentzahlen in den einzelnen Klassenstufen keine nennenswerten Schwankungen gab).

terpreten, Musikrichtungen und aktuelle Musiktendenzen in der Diskothek hören wollen. Etwa 25% erwarten darüber hinaus auch Informationen zu wichtigen örtlichen kulturellen Ereignissen und Veranstaltungen (Hahn 1979, S. 514). Entsprechende Ergebnisse brachte eine vom Zentralinstitut 1976 durchgeführte umfangreiche Untersuchung zur Motivation für das Musikhören bei POS-Schülern, Lehrlingen, jungen Facharbeitern und Studenten: 68% der befragten Jugendlichen begründeten ihr Interesse am Musikhören damit, daß sie über „aktuelle Richtungen auf dem Musikmarkt" informiert sein wollen (Hahn 1977, S. 517). Wenngleich bei den Befragten das Interesse für Beat und Schlager und die damit zusammenhängenden Informationen überwiegt, so berechtigt die hiermit belegte hohe Bedeutung des Informationsbedürfnisses als ein Motiv für das Hören von Musik in Verbindung mit musikpädagogischen Erfahrungswerten doch zu der Annahme, daß auch Informationen über aktuelle Tendenzen in anderen Musikbereichen, vor allem auf dem Gebiet des Chansons, aber auch über neue sinfonische und konzertante Musik, über unsere besten Interpreten, Komponisten und Ensembles beachtliche, jedoch noch nicht immer genügend genutzte Potenzen für die Stimulierung des Musikinteresses im Unterrichtsprozeß besitzen. (Hahn 1977, S. 519)
Neben Fragen der Entwicklung von Tanz- und Unterhaltungsmusik stoßen gegenwärtig vor allem *Informationen über instrumentenkundliche, akustische, tontechnische und auch aktuelle kompositorische Fragen* im Zusammenhang mit dem Wirken und der Entwicklung unserer zeitgenössischen Komponisten und Interpreten auf das Interesse unserer Schüler der Klassen 6 bis 12. Die von der Zeitschrift „Musik in der Schule" mit dem Artikel „Atonalität?" (Rienäcker 1980, S. 165) eröffnete Reihe „Wir klären Fachbegriffe", ferner die entsprechenden Artikel im Jugendlexikon Musik (Brock/Kleinschmidt 1984) erfassen somit nicht nur ein wichtiges Feld der Weiterbildung des Musiklehrers, sondern kommen auch dem speziellen musikbezogenen Informationsbedürfnis vieler Schüler entgegen.
Die sinnvolle Einbeziehung dieser Informationen in den Prozeß der Aneignung und Erschließung musikalischer Kunstwerke wird in der Regel am effektivsten durch den Musiklehrer selbst erfolgen. Jedoch sollte nicht darauf verzichtet werden, in einzelnen Fällen auch interessierte Schüler oder Schülergruppen der Oberstufe auf die genannten Materialien zu verweisen und sie unter gezielter Vorgabe einiger Schwerpunkte mit der Information ihrer Mitschüler im Unterricht zu beauftragen, so etwa in Verbindung mit Eislers Lenin-Kantate und seiner Deutschen Sinfonie (Klasse 10, Stoffeinheit 8; Klasse 11, Stoffeinheit 1), mit Schönbergs „Ein Überlebender aus Warschau" (Klasse 12, Stoffeinheit 2) oder Ausschnitten aus Matthus' Oper „Der letzte Schuß" (Klasse 12, Stoffeinheit 4) über Fragen der Dodekaphonie (Grabs 1980, S. 251), bei der Erschließung von Katzers „Baukasten", Bredemeyers „Bagatellen für B." (Klasse 10, Stoffeinheit 7) oder Geißlers 5. Sinfonie (Klasse 12, Stoffeinheit 4)[39] über die Aleatorik (Kneipel 1981, S. 94), im Zusammenhang mit Goldmanns 1. Sinfonie (Klasse 10, Stoffeinheit 7) über Clusterbildungen (Kneipel 1981, S. 176), bei der Behandlung von Fragen der Tanz- und Unterhaltungsmusik, des Jazz oder der Instrumentenkunde über elektronische Musik (Katzer 1981, S. 252) oder den Synthesizer (Lakomy 1982, S. 29).

[39] Vgl. hierzu Lothar Schuberts Ausführungen zur Erarbeitung von Geißlers 5. Sinfonie (Schubert 1979, S. 366), die auf die Notwendigkeit verweisen, jeweils die inhaltliche Funktion dieser kompositorischen Mittel im Werk herauszuarbeiten.

Zu berücksichtigen ist im Musikunterricht auch das in den letzten Jahren besonders stark hervorgetretene *Interesse unserer Schüler an Orgelmusik* und an allen die Klangerzeugung und den Bau dieses Instruments betreffenden Fragen. Das geschieht am günstigsten in Verbindung mit der informatorischen Darbietung von Händels Orgelkonzert in F-Dur op. 4 Nr. 4 (Klasse 9, Stoffeinheit 2), mit einem Komponistenporträt J. S. Bachs, in dem besonders seine Orgelmusik berücksichtigt wird,[40] oder an Hand eines zeitgenössischen Orgelwerkes in der 4. Stoffeinheit der Klasse 12 „Aus dem sozialistisch-realistischen Musikschaffen der DDR (II)".
Sachinformationen zum Bau und zur Klangerzeugung der Orgel, für die sich von Klasse 9 an oft einzelne Schüler oder Schülergruppen interessieren, können mit Hilfe des Jugendlexikons Musik (Brock/Kleinschmidt 1984) und anderer geeigneter Nachschlagewerke gewonnen werden (Aufbau; Funktion von Windwerk/Gebläse, Regierwerk mit Manualen und Pedal, Pfeifenwerk; Register, Mixturen; Bedeutung der Registerbezeichnungen usw.).
Informativ-orientierende Tätigkeitsführung mittels Sachinformationen zum Werk und zu seinem Umfeld erfordert stets eine rationelle und zugleich einprägsame Stoffvermittlung im Dienste der Vertiefung des Erschließungsprozesses. Diese Funktion darf sie nicht aus dem Auge verlieren, sie darf sich nicht verselbständigen, sondern sie muß sich auf das Wesentliche beschränken und das Wissen stets in engem Bezug zum konkreten Kunstwerk vermitteln, wie es der VIII. Pädagogische Kongreß als bedeutsames Postulat an jeden kunstpädagogischen Unterricht herausstellte (M. Honecker 1979, S. 90). Wenig effektiv sind Sachinformationen auch dort, wo sie nicht durch methodische Vielfalt, zum Beispiel durch den Wechsel von Lehrerdarbietung und Schülerarbeit, zwischen stiller Arbeit am Text, verbaler und visuell-graphischer Vermittlung den Lerneifer und das Leistungsvermögen der Schüler stets aufs neue herausfordern.
Beispiele für eine *rationelle, abwechslungsreiche und erziehungswirksame Einbeziehung werkbezogener Sachinformationen* sowie der anderen Formen informativ-orientierender Tätigkeitsführung bietet ein Bericht zur Behandlung der Stoffeinheit 2 in Klasse 10 „Vokal- und Instrumentalmusik des 19. Jahrhunderts als Ausdruck großer Gefühlstiefe und Volksverbundenheit" (Helm 1979, S. 110 ff.).
Diese Stoffeinheit erfordert auf Grund ihrer Stoffülle einen relativ hohen Anteil an informativ-orientierenden Aufgabenstellungen und Vermittlungen.
Die Stoffeinheit ist in folgender Weise gegliedert:

1. Stunde

E	„Am Brunnen vor dem Tore" (Volkslied)
E	Einführung in die Stoffeinheit
W/E	Schubert: „Der Lindenbaum"
W	Schubert: „Die Forelle"

2. Stunde

F	„Am Brunnen vor dem Tore"
E	Brahms: „Waldesnacht"
E	Brahms: „Variationen für Orchester über ein Thema von J. Haydn"

[40] Die Schallplatte „Klangwelt der Orgel" (ETERNA 826804) enthält instruktive Klangbeispiele mit genauer Angabe der Registrierung, so auch zu Bachs Toccata und Fuge d-Moll, BWV 565, ferner Angaben zum Aufbau der Orgel.

3. Stunde
W/K „Am Brunnen vor dem Tore“
E Schumann: „Aufschwung“
Zusammenfassung der Stoffeinheit

Als Sachinformationen in Verbindung mit entsprechenden Tätigkeiten und Darbietungen werden einbezogen:
- Informationen mittels Folien zur historischen Situation,
- Informationen mittels des Lehrbuchs zur Herkunft beziehungsweise Entstehung, zum Text und zur musikalischen Gestaltung von Klangbeispielen sowie zum Schaffen, zur Haltung (Brahms) und zu Selbstzeugnissen der Komponisten (Brahms, Schumann),
- Informationen mittels Tafelbild oder Folie zur Vorstellung und Ankündigung von Titel, Komponist und Entstehungszeit der zu erschließenden Werke,
- Informationen mittels der Porträts der Komponisten (Brahms, Schumann),
- Informationen durch Lehrervortrag beziehungsweise Erläuterung (zur gesellschaftlichen Haltung Schumanns; zum Begriff „freie Variation“).

Als weitere Form informativ-orientierender Tätigkeitsführung werden Verlaufsorientierungen an Hand des Notenbildes und eines Schemas (in Buchstabensymbolen) zur Rondoform von Schumanns „Aufschwung“ sowie informatorische Darbietungen von Klangbeispielen in den Unterricht einbezogen.

In allen drei Stunden wird der Bezug zwischen den Klangbeispielen und der Haltung des Komponisten einerseits und den historisch-gesellschaftlichen Verhältnissen andererseits durch die *Darbietung einer historischen Übersicht*[41] auf Folie hergestellt (vgl. die Skizze auf S. 147).

Am Beispiel unterschiedlicher Möglichkeiten der Verwendung dieses Unterrichtsmittels kann verdeutlicht werden, daß eine gut gestaltete sachinformierende Folie keineswegs allein den angestrebten Erfolg gewährleistet, sondern in erster Linie die Art und Weise ihres unterrichtlichen Einsatzes. Führt eine einmalige komplexe Darbietung dieser oder anderer derartiger Übersichten zu Beginn der Stoffeinheit häufig zu einer zeitlichen Überfrachtung der ersten Unterrichtsstunde mit historischen Fakten auf Kosten des Musikhörens und – infolge fehlender Musikeindrücke – zu einem ungenügenden In-Beziehung-Setzen von Musik und Zeitgeschehen, so kann diese Übersicht bei etappenweiser Darbietung (mittels Überdeckung) entsprechend dem jeweiligen Erkenntnisstand der Schüler in den einzelnen Unterrichtsphasen und in engem Bezug zum Klangbeispiel in unaufdringlicher, zeitökonomischer und zugleich das Musikerlebnis fördernder Weise ihre Wirksamkeit entfalten.

Hannelore Helm setzt die Folie in vier Varianten ein:
1. Stunde
- *Grundfolie* (nur Zeitleiste mit Markierung der Befreiungskriege und des Wiener Kongresses):
  Einsatz simultan mit der Lehrerfrage, ob und inwiefern die von den Schülern am Volkslied („Am Brunnen vor dem Tore“) herausgearbeiteten Ausdrucksmerkmale der Einsamkeit, Sehnsucht und Heimatliebe für die Haltung des Volkes im 19. Jahrhundert typisch sind.

[41] Entnommen den Unterrichtshilfen Musik, Klassen 9/10, Ausgabe 1973, S. 116.

Erkenntnis: Das Volk fühlte sich in seinen Hoffnungen getäuscht, man flüchtete in die Natur, um Trost zu suchen.

- *1. Überdeckung* (Schuberts Lebensdaten):
  Einsatz nach der Erarbeitung seines Liedes „Der Lindenbaum".

2. Stunde

- *2. Überdeckung* (Brahms' Lebensdaten, Markierung der historischen Ereignisse 1848 bis 1890):
  Einsatz in Verbindung mit dem Vergleich von Brahms' „Waldesnacht" und Schuberts „Lindenbaum" und der Herausarbeitung des Ausdrucksgehalts des Chorliedes (Wehmut, Innigkeit, Naturverbundenheit).
  Erkenntnis: Auch in der zweiten Hälfte des 19. Jahrhunderts wurden die Hoffnungen des Volkes bitter getäuscht.

3. Stunde

- *3. Überdeckung* (Schumanns Lebensdaten):
  Einsatz in Verbindung mit dem Lesen von Schumanns Tagebuchaufzeichnungen zur Verbindung von Kunst und Leben (Lehrbuch, S. 128) und einem knappen Lehrervortrag zur gesellschaftlichen Haltung und Wirksamkeit Schumanns und als Vorbereitung auf das Hörerlebnis seines Klavierstücks „Aufschwung".

Historische Übersicht zum 19. Jahrhundert (Folie mit drei Überdeckungen)

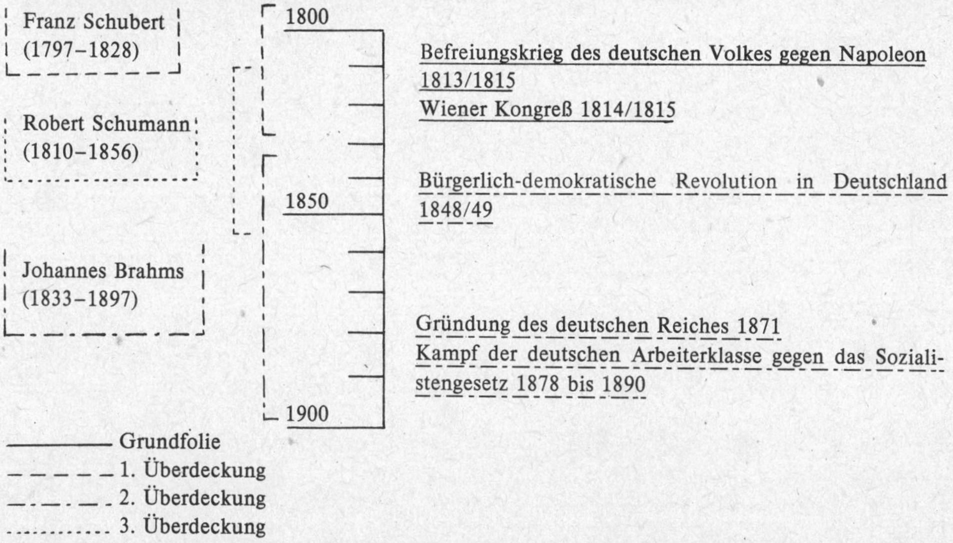

Die von Hannelore Helm in die Unterrichtsführung dieser Stoffeinheit einbezogenen *Lehrbuchinformationen* werden sämtlich in selbständiger Schülerarbeit angeeignet. Eine jeweils präzise und akzentuierte Aufgabenstellung („Lesen Sie, was über die Herkunft der Melodie des Volksliedes ‚Am Brunnen vor dem Tore' auf Seite 124 ausgesagt ist!" oder: „Informieren Sie sich über die Haltung des Komponisten Johannes Brahms auf Seite 135!") mit anschließender Auswertung, vor allem aber der enge und von den Schülern als sinnvoll erkannte Bezug dieser informatorischen Aufgaben zu den mehrfach erklingenden Werken oder Werkausschnitten trägt zur Vertiefung des Erschließungsprozesses bei.

Beispielhaft ist ferner die Verbindung informatorisch-orientierender Aufgabenstellung mit anderen Formen pädagogischer Führung. So lautet die Hausaufgabe zur ersten Stunde der Stoffeinheit: „Erkennen Sie in dem Lied auf Seite 124 des Lehrbuchs (‚Am Brunnen vor dem Tore')
a) die Widerspiegelung der Gedanken und Gefühle des Volkes,
b) die typischen musikalischen Volksliedmerkmale!"
Hierbei geht es im Sinne erfahrungsaktualisierender Aufgabenstellung (vgl. 4.2.) zugleich um das Anwenden des in der 1. Stoffeinheit erworbenen Wissens über Inhalt und Gestaltung des Volksliedes, darüber hinaus auch um eine analytisch-erschließende Aufgabe (vgl. 4.6.), die unmittelbar in das neue Stoffgebiet einführt und für dessen wirksame Bewältigung Vorlauf schafft.
Von besonderem Wert für den erlebnishaften Umgang mit Werken der Musik sind stets die durch *Selbstzeugnisse der Komponisten* vermittelten Informationen, da sie nicht nur kompetente Hinweise zur Haltung und zum Schaffen des Komponisten geben, in einzelnen Fällen sogar Einblick in seine „Werkstatt", sondern in ihrer subjektiven Unmittelbarkeit den jugendlichen Hörer emotional ansprechen. Nehmen diese Selbstzeugnisse auf das zu erarbeitende Werk Bezug, so lassen sich mit ihrer Hilfe in der prärezeptiven Phase überdies Hörerwartungen bei den Schülern aufbauen, die dazu führen, daß das Werk besonders aufmerksam und interessiert rezipiert wird. Diese auch an Hand der Einbeziehung der Äußerungen von Siegfried Matthus über sein Violinkonzert bestätigte Erscheinung (vgl. 2.2.3.3., S. 46) sollte das kontinuierliche Sammeln und stetes informatives Nutzen von Komponistenaussagen, insbesondere in Verbindung mit der Erschließung zeitgenössischer sinfonischer Musik, zum Anliegen jedes Musiklehrers machen.
Aus der Fülle der erfolgreich im Unterricht verwendeten Selbstzeugnisse seien noch zwei weitere als Beispiele angeführt.
1. Zur Einbeziehung in den Prozeß der Erschließung des Mansfelder Oratoriums von Ernst H. Meyer (Klasse 8, Stoffeinheit 7):

„Die Arbeit am Mansfelder Oratorium begann im Frühjahr 1950... Nachdem ich über Jahre und Jahrzehnte hin von Menschen in diesem Deutschland gehetzt, bedroht und wie irgendein schmutziges Insekt geschmäht worden war, gab es mir einen großen Auftrieb, einen solchen Auftrag gerade in meiner Heimat erfüllen zu können. Stephan Hermlin, Autor des Textes, und ich fuhren ins Mansfelder Kupferbergbaugebiet, um die Menschen kennenzulernen, für die das Werk geschaffen werden sollte, die prächtigen Bergarbeiter und auch die Funktionäre in der Leitung der VVB. Jetzt zeichnete sich das Arbeitsziel deutlich ab: Zu den Menschen, die durch die Nazizeit gegangen sind, mußte man in einer Sprache sprechen, die sie verstehen, die sie nachdenklich macht: es galt dazu beizutragen, daß sie die schwere Vergangenheit ganz durchschauen und ihre Hintergründe begreifen, daß sie ihre neuen Aufgaben in unserem Lande der befreiten Arbeit ganz erfassen können. All dies war mir immer gegenwärtig, während ich an diesem Werk arbeitete..." (E. H. Meyer 1979, S. 218)

2. Zur Kennzeichnung der Haltung Beethovens und seines Schicksalsbegriffs in Verbindung mit der 5. Sinfonie (Klasse 9, Stoffeinheit 5) aus zwei Briefen Beethovens an seinen Jugendfreund Dr. Franz Wegeler in Bonn:

„Wien, 29. Juni 1801
Mein guter, lieber Wegeler!
...Um Dir einen Begriff von dieser wunderbaren Taubheit zu geben, so sage ich Dir, daß ich mich im Theater ganz dicht am Orchester anlehnen muß, um den Schauspieler zu verstehen. Die hohen Töne von Instrumenten, Singstimmen, wenn ich etwas weit weg bin, höre ich nicht: im Sprechen ist es zu verwun-

dern, daß es Leute gibt, die es niemals merkten, da ich meistens Zerstreuungen hatte, so hält man es dafür. Manchmal auch hör' ich den Redenden, der leise spricht, kaum, ja, die Töne wohl, aber die Worte nicht; und doch sobald jemand schreit, ist es mir unausstehlich. Was nun werden wird, das weiß der liebe Himmel... *Ich will, wenn's anders möglich ist, meinem Schicksal trotzen, obschon es Augenblicke meines Leben geben wird, wo ich das unglücklichste Geschöpf Gottes sein werde.*
Ich bitte Dich, von diesem meinem Zustande niemandem, auch nicht einmal der Lorchen etwas zu sagen, nur als Geheimnis vertrau ich Dir's an..."[42]

„Wien, 16. November 1801
Mein guter Wegeler!
...Nur halbe Befreiung von meinem Übel, und dann – als vollendeter, reifer Mann komme ich zu Euch, erneuere die alten Freundschaftsgefühle. So glücklich, als es mir hienieden beschieden ist, sollt Ihr mich sehen, nicht unglücklich. – Nein, das könnte ich nicht ertragen, *ich will dem Schicksal in den Rachen greifen; ganz niederbeugen soll es mich gewiß nicht.* – O es ist schön, das Leben, tausendmal leben!..."[43] (Hervorhebungen von H. B.)

Den gleichen Wert wie diese Selbstzeugnisse können auch *Erlebnisberichte des Musiklehrers* über persönliche Begegnungen mit Komponisten und Interpreten sowie über die Wirkung, die das Werk auf ihn selbst beim ersten Hören ausübte, ferner *aktuelle Musikkritiken,* die zur eigenen Stellungnahme herausfordern, für die aktive Zuwendung unserer Schüler zum musikalischen Kunstwerk besitzen.
In Vorbereitung von Stoffeinheiten und Unterrichtsstunden, die der Erschließung von Werken des Musiktheaters gewidmet sind, geht es um den Erwerb von Sachinformationen zur Fabel, zu den wichtigsten Personen, dem Ort und der Zeit des Geschehens. Dies kann als Hausaufgabe an Hand der Lehrbuchangaben, gegebenenfalls auch weiterer Literatur, wie Opern- und Operettenführer, geschehen, sollte jedoch, hierauf aufbauend, stets durch eine anschauliche und einprägsame dramaturgische Skizze ergänzt werden, die sich auf das Wesentliche der Personenbeziehungen beschränkt, den Unterricht von längeren Erläuterungen zugunsten der Musik entlastet und geeignet ist, in Verbindung mit den anzueignenden Werkausschnitten als Gedächtnisstütze zur Reproduktion der Fabel zu dienen. Als ein Beispiel sei die im Zusammenhang mit der Erschließung von Ausschnitten aus Smetanas Oper „Die verkaufte Braut" (Klasse 8, Stoffeinheit 5; Klasse 11, Stoffeinheit 4) einsetzbare dramaturgische Skizze angeführt:

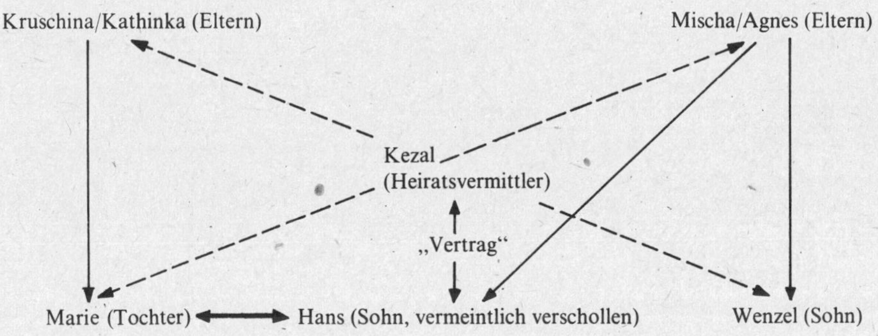

[42] Enthalten in: L. van Beethoven, Briefe. Eine Auswahl. Henschelverlag, Berlin 1969, S. 20.
[43] Ebenda, S. 24

Die Skizze kann entweder als Folie beziehungsweise Tafelbild oder als Bestandteil eines Arbeitsblattes für die Hand der Schüler verwendet werden. Ist sie als Tafelbild oder auf einem Arbeitsblatt notiert, werden die in Klammern gesetzten Angaben oder die verbindenden Pfeile ausgespart und von den Schülern selbst auf der Grundlage der als Hausaufgabe erfolgten Information in einem Opernführer ergänzt. Erfahrungsgemäß prägen sich mit Hilfe derartiger informativer dramaturgischer Skizzen auch die Hörbeispiele fester ein.[44]

4.5.3. Prozeßbilder als Verlaufsorientierungen

Elementare Grundlage erlebnishafter Rezeption ist die Wahrnehmung des klingenden musikalischen Ereignisses. Sie vermag zwar nicht allein Voraussetzungen für ein intensives Musikerlebnis zu schaffen; wesentlich dafür sind auch entsprechende Einstellungen bereits vor dem aktuellen Hörprozeß und musikbezogenes Grundwissen. Jedoch können alle diese Komponenten nicht losgelöst von der lebendigen Anschauung, das heißt von den auditiven Wahrnehmungs- und Denkleistungen im Prozeß des Hörens wirksam werden. Diese Tatsache lenkt den Blick auf die Konzentrierung der Wahrnehmungstätigkeit selbst. Dabei geht es darum, Möglichkeiten bereitzustellen, die zunächst überwiegend spontan-affektive und unreflektierte Zuwendung der Schüler zum musikalischen Werk (vgl. 2.2.2.1.) zu einer zunehmend sinnerfassenden zu qualifizieren, das heißt den Bewußtseinsgrad der Wahrnehmung zu erhöhen.
In bezug auf das Erfassen einzelner Motive, Themen und kurzer Abschnitte vermag der Einsatz des Notenbildes hierzu beizutragen. Jedoch ist sein Veranschaulichungsgrad – namentlich für komplexe musikalische Ereignisfolgen und die Verdeutlichung rezeptionsleitender musikalischer Komponenten – im Unterricht begrenzt. Für eine Orientierung auf musikalische Zusammenhänge und die dialektische Prozessualität der Musik bietet sich daher der Einsatz von visuellen Orientierungshilfen in Form von *Prozeßbildern* an.
Als Prozeßbilder bezeichnen wir Übersichten, die den musikalischen Verlauf in vereinfachter Form visuell veranschaulichen und daher während des Hörprozesses als visuelle Orientierungshilfen eingesetzt werden können (Brock 1979 d, S. 313 ff.). Wir unterscheiden:
- graphische Prozeßbilder (zum Beispiel Kurven zur Veranschaulichung des Tonhöhenverlaufs),
- Prozeßbilder als Abfolgen von Buchstabensymbolen, zum Beispiel zur Kennzeichnung der Lied- oder Rondoform,
- verbalisierte Prozeßbilder, die in übersichtlicher und knapper Form den musikalischen Verlauf mit Worten kennzeichnen,
- aufbereitete Notenbilder zur Veranschaulichung kurzer musikalischer Abläufe (zum Beispiel farbiges Herausheben von Melodiebausteinen, Klammern zur Markierung der Gliederung),
- Prozeßbilder als Kombination mehrerer der genannten Veranschaulichungselemente, auch als Lesestreifen bezeichnet.

[44] Weitere dramaturgische Skizzen in Kapitel 5.

Prozeßbilder sollen auf wesensbestimmende Merkmale des anzueignenden musikalischen Kunstwerkes orientieren. Indem die Schüler mit ihrer Hilfe zum Beobachten bestimmter wesentlicher Erscheinungen des musikalischen Prozesses angeleitet werden, verbindet sich ihre Wahrnehmung mit aktiver Denkarbeit.
Dabei kann sich die Formalisierung des musikalischen Verlaufs wegen der notwendigen Faßlichkeit und Überschaubarkeit des Prozeßbildes stets nur auf einige wenige musikalische Merkmale beschränken, wobei zugleich diejenigen Gesichtspunkte im Vordergrund stehen müssen, die aus der Sicht der Linienführung des Lehrplans besonderes Gewicht erhalten, etwa das Konzertieren mehrerer Klanggruppen im Konzert oder das wiederholte Erklingen eines Fugenthemas und seine Übernahme durch die verschiedenen Instrumentalstimmen. Bei der Gestaltung und dem Einsatz von Prozeßbildern ist daher stets davon auszugehen, daß sie in bezug auf Vollständigkeit kein Äquivalent für die Notenschrift bieten wollen, in bezug auf die Herausarbeitung und Akzentuierung musikalischer Gestaltungsmerkmale auch keinen Ersatz für analysierend-erschließende Tätigkeit anstreben, sondern eine eindeutig *informativ-orientierende Funktion* besitzen und ein methodisches Hilfsmittel darstellen, das seine Aufgabe nur durch ein hohes Maß an Faßlichkeit und Überschaubarkeit erfüllen kann.
Unter dem Gesichtspunkt einer angemessenen visuellen Darstellung der Prozessualität musikalischer Kunstwerke sowie der Überschaubarkeit und Faßlichkeit bieten *graphische Prozeßbilder* im Vergleich zu verbalisierten oder aus Buchstabensymbolen bestehenden Prozeßbildern besonders günstige Voraussetzungen für die Tätigkeit des visuellen Nachvollziehens musikalischer Verläufe.
Graphische Prozeßbilder eignen sich besonders für die Veranschaulichung
- der Übernahme eines Themas durch verschiedene Stimmen im polyphonen Satz oder in der Cantus-firmus-Variation,
- von Klangfarbenveränderungen und Kontrasten (im Concerto grosso und Solokonzert, beim Wechsel chorischer und solistischer Besetzungen in Kantate und Oratorium, in zeitgenössischen Werken),
- des Tonhöhenverlaufs,
- der Teiligkeit (Gliederung) von Musikwerken.

Als Anregung für eigenes Gestalten und Erproben graphischer Prozeßbilder werden im folgenden einige der wiederholt erfolgreich eingesetzten dargestellt.[45]
Bereits in Klasse 5 kann in Verbindung mit dem Hören des Variationssatzes aus Schuberts „Forellenquintett" (Stoffeinheit 7) das folgende graphische Prozeßbild eingesetzt werden:

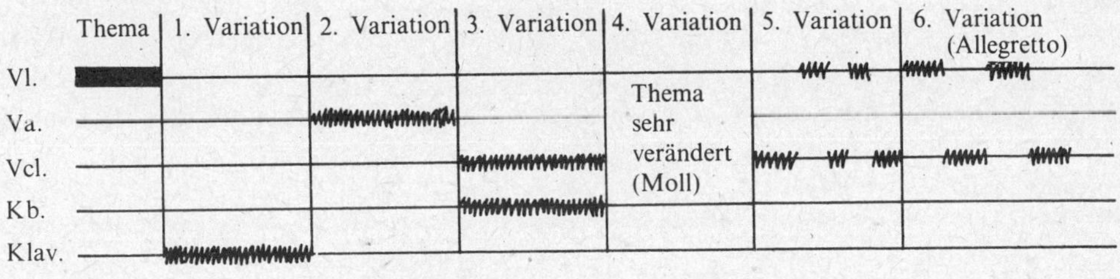

[45] Vgl. hierzu die Berichte der Forschungsgruppe Musikerziehung in Brock 1979 e.

Die Markierung der das jeweilige Instrument bezeichnenden Linie erfolgt in Auswertung der Höraufgabe, das melodietragende Instrument herauszuhören, nach jedem einzelnen Teil. Eine andere Möglichkeit des Einsatzes besteht im Zusammenhang mit einer wiederholenden Darbietung des Klangbeispiels.
Von Klasse 6 an bietet sich für die anschauliche Unterscheidung von polyphoner und homophoner Setzweise in Verbindung mit dem Singen der polyphonen Sätze der Lieder „Nun will der Lenz uns grüßen" (Lehrbuch Klasse 5/6, S. 104) beziehungsweise „Wenn alle Brünnlein fließen" (Lehrbuch Klasse 7/8, S. 154) zum Vergleich das Begleiten des einstimmigen Klassengesangs mit einer homophonen zweiten Stimme oder einem homophonen Instrumentalsatz an. Um die sich anschließende begriffliche Gegenüberstellung der beiden Setzweisen auch visuell zu verdeutlichen, leisten zwei einfache graphische Prozeßbilder zum Tonhöhenverlauf der beiden Stimmenpaare, die oft auch von Schülern selbst an der Tafel gezeichnet werden können, gute Dienste.[46] Um den Gegensatz der beiden Themen des 1. Satzes aus der Sonate c-Moll op. 10 Nr. 1 von Beethoven zu verdeutlichen, verwendet Olias in Klasse 8, Stoffeinheit 3, das folgende graphische Prozeßbild:

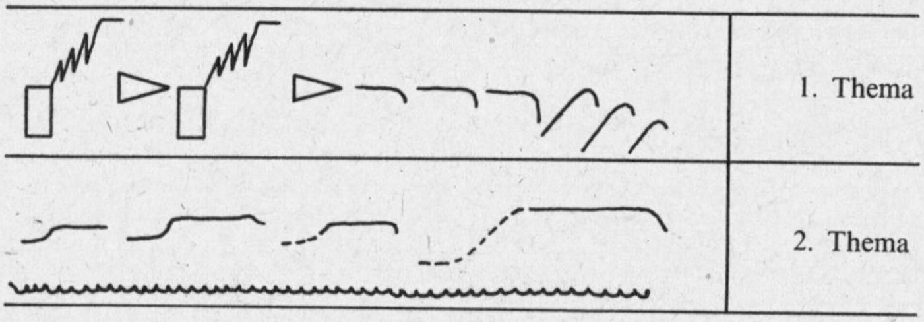

Auf diese Weise prägt sich der für die klassische Sonatenhauptsatzform konstitutive Themengegensatz den Schülern besonders gut ein.
In Klasse 9 gewinnt der Einsatz graphischer Prozeßbilder auf Grund entsprechender stofflicher Anforderungen (viele Werke mit polyphonem Anteil, Concerto-grosso-Prinzip) einen besonders hohen Stellenwert. Bei der Erarbeitung von Bachs Fuge c-Moll aus dem Wohltemperierten Klavier, Teil I (Klasse 9, Stoffeinheit 2), kann das folgende Prozeßbild angewendet werden. Themeneinsätze:

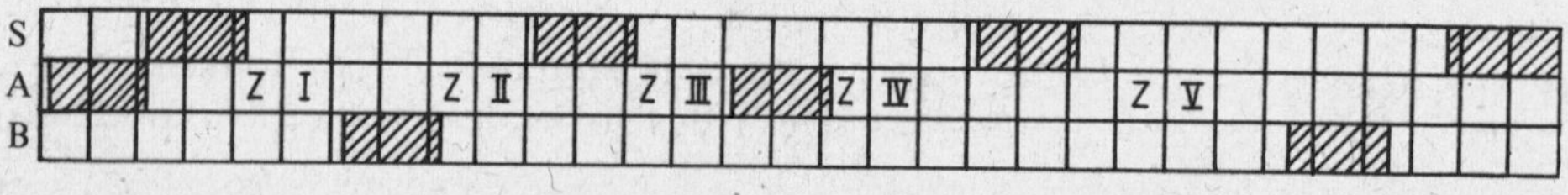

(S = Sopran, A = Alt, B = Baß, Z = Zwischenspiel)

Das wiederholte Erklingen des Fugenthemas und seine Übernahme durch die drei Stimmen kann mit Hilfe dieser visuellen Orientierungshilfe besser wahrgenommen werden als bei auditivem Nachvollzug mit Hinzuziehung des Notenbildes. Auch ist beim zweiten Hörerlebnis das Mitzeigen durch einen Schüler möglich, wobei sich dieser durch seine erfolgreiche Tätigkeit bestätigt fühlt. Vor dieser Aufgabe sind die Schüler jedoch darauf hinzuweisen, daß auch die Zwischenspiele den Kopf des Fugenthemas verarbeiten und daher als Fugeneinsatz nur diejenigen Stellen gelten, an denen das gesamte Fugenthema erklingt.

[46] Vgl. die Skizzen in Brock/Zimpel 1970, S. 67.

Die in Verbindung mit dieser Fuge gewonnenen Eindrücke und Kenntnisse werden an weiteren polyphonen Werken dieser Zeit vertieft. Hierbei ist es möglich, die Schüler die verschiedenen Einsätze eines Themas nicht nur visuell, sondern teilweise auch graphisch nachvollziehen zu lassen.
Vor der Gesamtdarbietung des 2. Satzes von Bachs Brandenburgischem Konzert Nr. 2 (Klasse 9, Stoffeinheit 2) erhalten die Schüler ein Arbeitsblatt, auf dem nur der Einsatz der Violine skizziert ist:

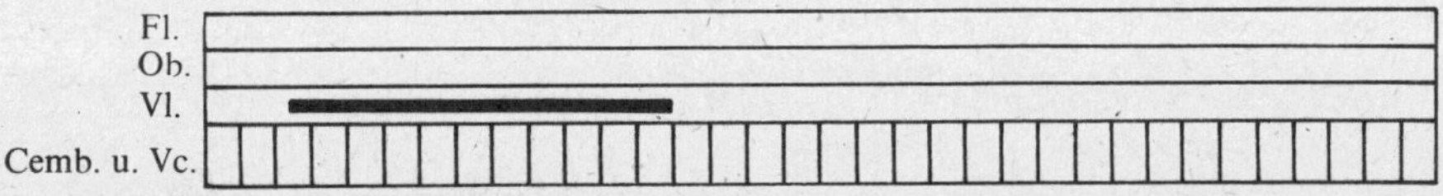

Ihre Aufgabe besteht darin, nach dreimaligem Hören des Satzanfangs die beiden weiteren Einsätze zu ergänzen[47]:

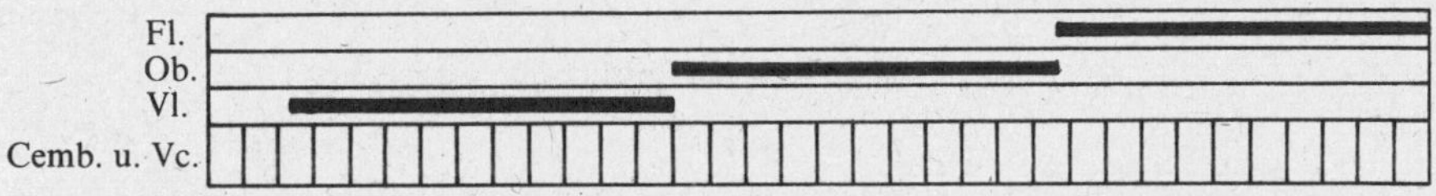

Ein solches Entdecken und praktisches Realisieren graphischer Entsprechungen besitzt für die Schüler einen besonderen Reiz und macht ihnen Freude. Bei der sich anschließenden Gesamtdarbietung des Satzes kann mit erhöhter Aufgeschlossenheit und Aufmerksamkeit gerechnet werden.
Ebenfalls gute Ergebnisse weist das graphische Ergänzen der wechselnden Einsätze von Trompete und Horn in einem Prozeßbild zu Händels Andante/Allegro aus seiner „Wassermusik“ auf (Klasse 9, Stoffeinheit 2):

a
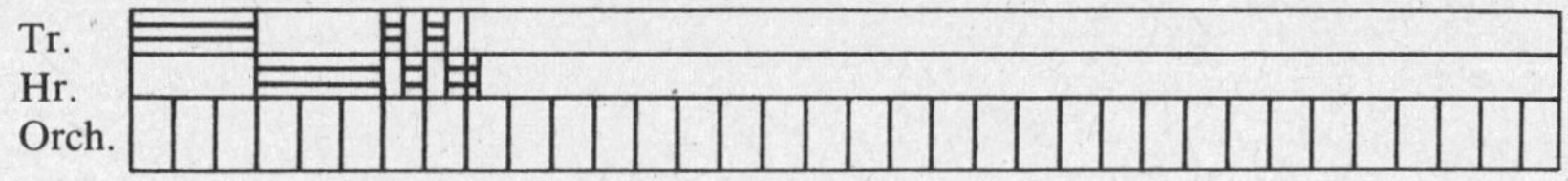

b
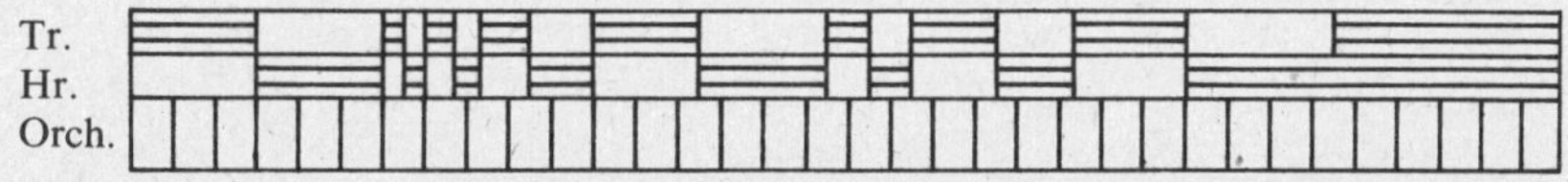

Obwohl hier die Einsätze im gesamten Stück zu ergänzen sind, von den Schülern also ein hohes Maß an konzentrierter Aufmerksamkeit gefordert wird, bleibt das Interesse an ihrer Lösung bestehen und führt zu guten Ergebnissen.[48] Auch in Verbindung mit der Erarbeitung des 2. Teils aus Haydns Oratorium „Die Jahreszeiten“, „Chor der Landleute“ (Klasse 9, Stoffeinheit 3), ist es günstig, den vorgegebenen Ansatz eines graphischen Prozeßbildes von den Schülern vervollständigen zu lassen. Die von Unger erarbeitete und als Bestandteil eines Arbeitsblattes eingesetzte graphische Vorgabe (1979, S. 85) verbindet zwei Aufgaben miteinander: das Unterscheiden von Klangfarben (Chorstimmen) und das Erkennen der Teiligkeit:

[47] Bei Erprobungen mit fünf 9. Klassen (132 Schüler) wurde die Aufgabe von 89,2% der Schüler fehlerfrei gelöst.
[48] In Untersuchungen lösten 52% der Schüler die Aufgabe fehlerfrei.

Teil	„Komm, holder Lenz" (Takt 1–44)	„Es nahet sich der holde Lenz" (Takt 45–62)	„Frohlocket ja nicht allzufrüh" (Takt 63–79)	(Takt 80–107)
Sopran	——————→			
Alt	——————→			
Tenor	——————→			
Baß	——————→			
Teil	A			

Folgende Fragen und Aufgaben sind in Verbindung mit dem graphischen Prozeßbild auf dem Arbeitsblatt enthalten:

- Wie setzt Haydn hier die Chorstimmen ein? Führen Sie die Skizze zu Ende!
- Kennzeichnen Sie durch Großbuchstaben das Verhältnis der anderen Teile zum A-Teil (Wiederholung, Veränderung, Kontrast?)!
- Konnten Sie weitere Gegensätze in der Gestaltung zwischen den Takten 45 bis 62 und 63 bis 79 feststellen?
  Weitere Gegensätze: ja nein (Nichtzutreffendes streichen!)
  Wenn ja, welche?______________________________

Besonderen Wert besitzen graphische Prozeßbilder für die Veranschaulichung *zeitgenössischer Instrumentalmusik* im Musikunterricht, da durch sie die Rezeptionserwartung und das Rezeptionsverhalten der Schüler von vornherein auf die Dominanz von Bewegung, Klangfarbe und klangräumliche musikalische Erscheinungsformen gegenüber thematisch-motivischen Entwicklungen orientiert und damit das Verständnis für diese veränderte Kompositionsweise gefördert wird. Die bisherigen unterrichtlichen Erfolge beim Einsatz graphischer Prozeßbilder sollten Anlaß sein, sie vor allem zur Förderung des Erlebens zeitgenössischer Musik zu entwickeln und einzusetzen.[49]
Unter diesem Gesichtspunkt wurde der Einsatz eines graphischen Prozeßbildes für die Heranführung der Schüler an Bredemeyers „Bagatellen für B." (Klasse 10, Stoffeinheit 7) erfolgreich erprobt (siehe Seite 155). Nach einer kürzeren Erläuterung der verwendeten graphischen Zeichen bezog es der Lehrer als visuelles Hilfsmittel beim ersten Anhören des Werkes wie auch in der Erschließungsphase ein (Dölling 1982, S. 39ff.)[50].
Ein Unterrichtsversuch (Fischer 1982) bestätigt die Annahme, daß bereits von Klasse 7 an die Einbeziehung graphischer Prozeßbilder beziehungsweise eigener graphischer Vollzüge durch die Schüler das Erschließen zeitgenössischer Instru-

[49] Vgl. zur graphischen Umsetzung neuer musikalischer Gestaltungsweisen auch Abschnitt 4.4.4.

[50] Das hier wiedergegebene Prozeßbild ist eine präzisierte Neufassung unter Anlehnung an das Prozeßbild von Olias (1981, S. 582).

Reiner Bredemeyer: Bagatellen für B.

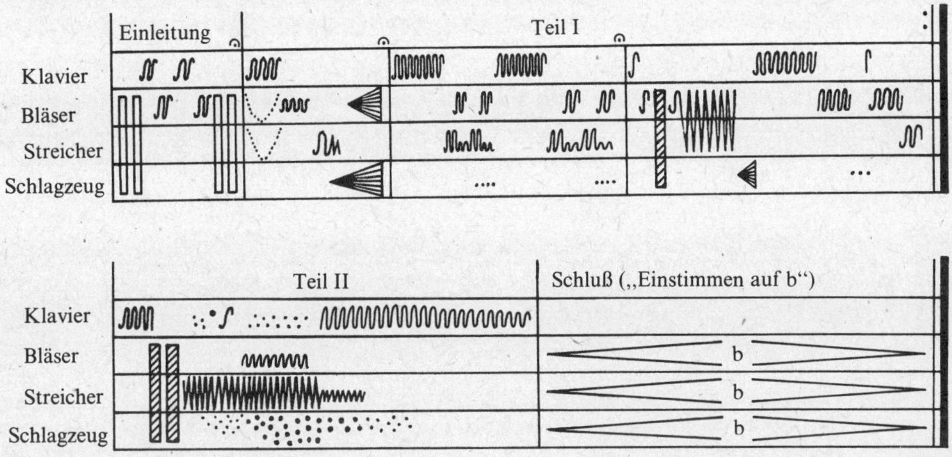

Zeichenerklärung

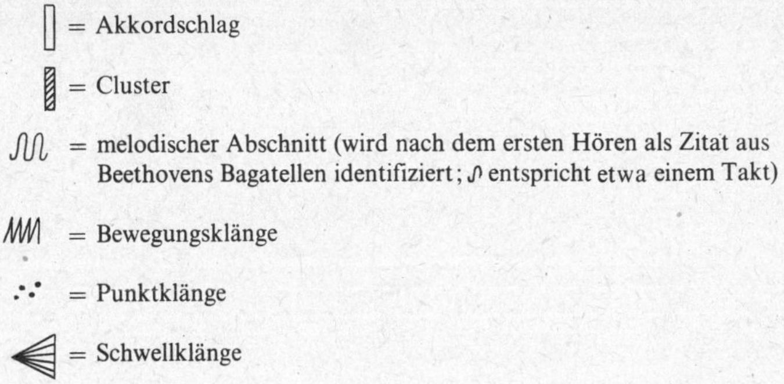

mentalmusik begünstigt. Den Schülern war vor dem Anhören des abschließenden Teils von Ottomar Treibmanns „Capriccio 71"[51] (vom Schlagzeugsolo bis zum Schluß – Dauer 3 Min.) die Aufgabe erteilt worden, sich eine eigene graphische Orientierungshilfe zu diesem Ausschnitt anzufertigen, für die sie graphische Notierungsweisen verschiedenster Art, auch unter Einbeziehung von Farben, verwenden konnten – ähnlich, wie sie in einem modernen Partiturbild anzutreffen sind.[52] Die Schüler hörten das Klangbeispiel zweimal, um ihre Zeichen und Symbole überprüfen zu können. Diese Aufgabe bereitete ihnen offensichtlich Freude, konzentrierte ihre Wahrnehmungstätigkeit und führte in einer Reihe von Fällen auch zu Lösungen, aus denen ersichtlich ist, daß Schüler dieser Klassenstufen bereits in der Lage sind, bestimmte typische Erscheinungsformen zeitgenössischer Instrumentalmusik, wie Flächen, Impulse und Dichten, zu unterscheiden und graphisch (auf unterschiedliche Weise) wiederzugeben. Als wichtigstes Ergebnis konnte jedoch eine positive Einstellung zu dieser Musik erreicht werden sowie der Erwerb von Erfahrun-

[51] NOVA 885158

[52] Den Klassen war in einer der vorangegangenen Stunden ein solches Partiturbild gezeigt worden.

gen für das Hören weiterer Werke anspruchsvoller zeitgenössischer Instrumentalmusik.
Das Erfassen von Aufbau und Gliederung eines Musikwerkes kann durch *Prozeßbilder in Form von Buchstabensymbolen* wesentlich erleichtert werden. Ihr Einsatz gehört deshalb zum bewährten Bestandteil informativ-orientierender Tätigkeitsführung. Bei zu häufiger Verwendung derartiger visueller Orientierungshilfen, verbunden mit einer Überbewertung des Erkennens von Formgliederungen, besteht jedoch die Gefahr eines schematischen musikalischen Denkens zuungunsten emotional-gedanklicher Zuwendung zum lebendigen prozessualen Geschehen. Gerade beim Einsatz dieser Art von Prozeßbildern erscheint es daher wichtig, ihre ausschließlich informativ-orientierende Funktion zu beachten. Unter diesem Gesichtspunkt können sie zum Beispiel beim ersten Bekanntmachen mit der Rondoform gute Dienste leisten, wie der Einsatz der folgenden von Olias entwickelten Skizze zum Rondo aus Beethovens Klavierkonzert in C-Dur (Klasse 5, Stoffeinheit 4) erkennen läßt. Dieses Prozeßbild besitzt den Vorteil, auf einfache Weise zugleich auch die beiden unterschiedlichen Ebenen Orchester und Solist zu veranschaulichen und außerdem im Vergleich mit dem hinzugefügten abstrakten Rondoschema die Schüler die Lebendigkeit und Vielfalt der Umsetzung beziehungsweise Handhabung von Formmodellen durch unsere großen Meister ahnen zu lassen (Olias 1982, S. 162):

Ludwig van Beethoven: Rondo aus dem Klavierkonzert C-Dur

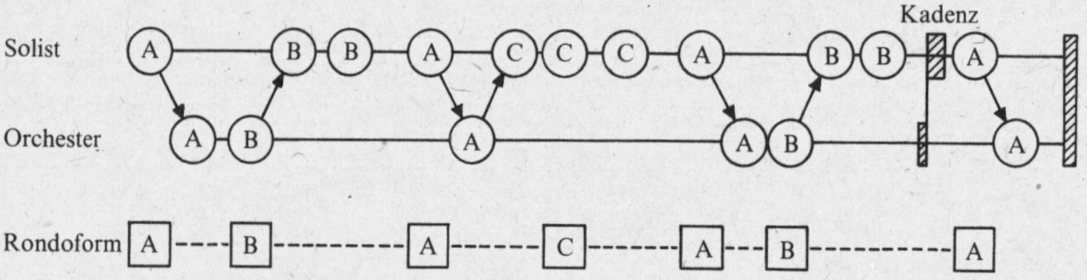

Hier wie auch beim Einsatz anderer derartiger Prozeßbilder ist es möglich und günstig, einzelne der Felder zum eigenen Ausfüllen durch die Schüler freizulassen. Auch bei dem folgenden, überwiegend aus Buchstabensymbolen bestehenden Prozeßbild, das beim Hören des 3. Satzes aus Beethovens 5. Sinfonie (Klasse 9, Stoffeinheit 5) eingesetzt wurde, geht es darum, den Schülern das Begreifen des Aufbaus zu erleichtern, um damit zugleich ihre Aktivität auf einen bestimmten, für das Erlebnis des Satzes besonders wichtigen Abschnitt zu orientieren (Brock 1979 d, S. 319).

Ludwig van Beethoven: 5. Sinfonie, 3. Satz

A	B	A′	Überleitung
1. und 2. Thema	3. Thema (dreistimmiges Fugato)	1. und 2. Thema	?

Die Schüler konzentrieren sich auf diese Weise auf die in der Überleitung verwendeten Mittel musikalischer Steigerung (Dynamik, Klangfarbe, Tonhöhenverlauf) als überaus spannungsgeladenen Übergang zum jubelnden Einsatz des Finales.

Auf ein *verbalisiertes Prozeßbild* wird im folgenden Abschnitt im Zusammenhang mit der überblicksmäßigen Betrachtung größerer Werke eingegangen.
Prozeßbilder können in allen Unterrichtsabschnitten nutzbringend eingesetzt werden: bei der ersten Begegnung mit dem musikalischen Kunstwerk, beim nochmaligen Hören während der Arbeit am neuen Stoff zur Verdeutlichung und Vervollständigung des Hörbefundes, auch bei der Vertiefung des gewonnenen Wissens, zum Beispiel über gattungs- oder epochenspezifische Gestaltungsprinzipien. Auch die Kontrolle und Bewertung von Schülerleistungen kann durch ihre Einbeziehung abwechslungsreich und zugleich rationell gestaltet werden (vgl. Abschnitt 5.2.).
Tätigkeiten visuellen und graphischen Nachvollziehens musikalischer Verläufe mit Hilfe von Prozeßbildern sind eine wichtige Reserve zur Aktivierung der musikalischen Wahrnehmung, die es zunehmend auszuschöpfen gilt. Zugleich tragen sie zur Vielfalt sinnvoller Schülertätigkeiten bei, indem einem Übergewicht der Verbalisierung musikalischer Erscheinungen entgegengewirkt und die Selbständigkeit und Bewußtheit der Schüler bei der Rezeption musikalischer Kunstwerke erhöht wird. Besondere Aufmerksamkeit sollte dem graphischen Nachvollziehen durch die Schüler selbst gewidmet werden.

4.5.4. Informativ-orientierende Werkbetrachtung

Jede musikalische Werkbetrachtung im Unterricht hat zunächst informativ-orientierenden Charakter. Dieser besteht entweder darin, daß durch die Darbietung des Gesamtwerkes oder eines seiner Abschnitte eine erste komplexe emotionale Beeindruckung angestrebt wird oder daß die Schüler mittels Höraufgabe oder Prozeßbild auf bestimmte Aspekte konzeptioneller oder gestalterischer kompositorischer Arbeit orientiert werden, die einen gleichermaßen attraktiven wie faßlichen „Einstieg" ermöglichen beziehungsweise als richtungweisend für den folgenden Erschließungsprozeß betrachtet werden können.
Die folgende informativ-orientierende Werkeinführung zielt vor allem auf komplexe emotionale Beeindruckung der Schüler. Nachdem die Musiklehrerin die Schüler mit dem Beginn des Poems „Lilo Herrmann" von Friedrich Wolf bekannt gemacht hat (Klasse 9, Stoffeinheit 1), folgt ohne Kommentar und Höraufgabe die Darbietung der „Überführung nach Plötzensee", des zweiten Teils aus Paul Dessaus Melodram, dessen starke emotionale Wirkung auf die Schüler die Ausgangssituation für das Eindringen in die Spezifik dieses Werkes und die analytisch-erschließende Tätigkeitsführung bietet. Die Pädagogin schreibt:

„Überprüfen wir unseren Unterricht:
Allzu oft steht noch Stoffliches zu sehr im Vordergrund (Ausschnitte, Teile oder Sätze eines Werkes werden im gleichen Zeitvolumen oder oft in der gleichen Methode ‚behandelt'). Die erste Darbietung, oft der erste Eindruck eines Werkes für den Schüler, wird vielfach zu stark belastet mit Aufgaben zur Erarbeitung des musikalischen Materials, das jedoch allein für den Schüler nicht bedeutsam wird. In sein Inneres dringt, was ihm nahe ist und hilft, deshalb müßte jede Begegnung mit Musikwerken etwas Einmaliges in sich haben." (Klingenberg 1981, S. 396)

Diese grundsätzliche Forderung gilt auch für die Planung der informativ-orientierenden Einführung in Werke, deren erste Darbietung nicht mit einer ähnlich starken Resonanz wie das genannte Beispiel seitens der Schüler rechnen kann und diese daher nicht zum alleinigen Ausgangspunkt weiteren aktiven Umgangs mit dem Werk genommen werden kann, sondern die Schüler zum konkret-gegenständlichen Beobachten auffordert. Die hierfür einzusetzenden informativ-orientierenden Aufgaben müssen daher in besonderem Maße motivationale Faktoren sowie den Kenntnisstand und das Leistungsvermögen der Schüler berücksichtigen, damit durch sie Erfolgserlebnisse gewonnen werden, die einen aktiven Umgang mit dem musikalischen Kunstwerk fördern.

Als informativ-orientierende Höraufgabe vor der ersten Begegnung mit Ottmar Gersters „Festouvertüre 1948" bewährt sich zum Beispiel die Frage, welche Arbeiterlieder in diesem Werk verarbeitet wurden und welche Instrumente sie vortragen, da den Schülern alle im Werk zitierten Lieder bekannt sind und es ihnen Freude bereitet, sie in ihrer wortlosen Form zu identifizieren (Klasse 8, Stoffeinheit 2). Ebenso positiv wirkt sich die informativ-orientierende Frage nach den vier Soloinstrumenten im 1. Satz von Bachs 2. Brandenburgischen Konzert und der Reihenfolge, in der sie sich dem Hörer erstmals vorstellen, auf lernaktives Verhalten und eine emotionale Zuwendung zum Werk aus (Klasse 9, Stoffeinheit 2).

Beide angedeuteten Arten informativ-orientierender Werkbetrachtung stellen somit äußerst wichtige Stationen auf dem Wege zur Aneignung und Erschließung musikalischer Kunstwerke dar.

Neben dieser jeden Aneignungs- und Erschließungsprozeß im Bereich Musikhören einleitenden informativ-orientierenden Vorgehensweise kann auch von vornherein eine in sich abgeschlossene, überblicksmäßige musikalische Werkbetrachtung geplant sein. Eine solche Werkbetrachtung ist keineswegs nur unter dem Gesichtspunkt rationeller Unterrichtsgestaltung und der zeitlichen Bewältigung stofflicher Anforderungen zu betrachten. Sie besitzt auch pädagogischen Eigenwert, über den sich Klingberg im Zusammenhang mit der generellen Einschätzung darbietender Lehrmethoden äußert:

> „In der darbietenden Lehrmethode liegen große Möglichkeiten, die erzieherische Kraft des Lehrerwortes wirksam werden zu lassen. Vor allem die Lehrererzählung und die Schilderung sind geeignet, einer Unterrichtsstunde jenen unwiederholbaren Glanz pädagogischer Gestaltungskraft zu geben, der für die Schüler zum nachhaltigen Erlebnis wird. Große Ereignisse der Geschichte und Gegenwart, das Bild hervorragender Persönlichkeiten, die Wiedergabe eines Kunstwerkes und anderes werden in vielen Fällen durch einen geschlossenen ‚Vortrag' wirksamer vermittelt werden können als durch andere Methoden." (Klingberg 1974, S. 310)

Hinzu tritt die Möglichkeit der vom Lehrer selbst dargebotenen informativ-orientierenden Werkbetrachtung, den Ansprüchen, die der Umgang mit musikalischen Kunstwerken außerhalb der Schule an den Schüler stellt – in Konzerten, Einführungsvorträgen, bei kulturell-künstlerischen Veranstaltungen und Feierstunden unterschiedlicher Art wie auch beim Lesen von Programmheften, Schallplattentexten, Konzert- und Opernführern –, weitgehend zu entsprechen und auf sie vorzubereiten. Es kommt deshalb darauf an, derartige Werkbetrachtungen so informativ, anregend und engagiert zu gestalten, daß sie dem Schüler als Vorbilder für eigene musikrezeptive Verhaltens- und Verfahrensweisen gelten können.

Der Lehrplan enthält eine Reihe von Stoffeinheiten, deren Werke durch variablen Einsatz sowohl differenziert analysierender Schülertätigkeit wie informativ-orien-

tierender Lehrerdemonstration wesentlich stärker beeindrucken, als wenn einseitig das erste Verfahren angewendet wird. Dies trifft zum Beispiel auf die der „Pflege des kulturellen Erbes als Anliegen sozialistischer Kulturpolitik“ gewidmete Stoffeinheit 2 in Klasse 9 mit den Werken Bachs, Händels und Telemanns zu. Hier sollten – bei Sicherung der Erarbeitung von Kenntnissen über das Fugen- und Concerto-grosso-Prinzip als wichtige musikalische Gestaltungsweisen zur Zeit der frühbürgerlichen Aufklärung an Hand einzelner Sätze – einige der Werke oder Werkteile im Überblick in einer Lehrerdemonstration vermittelt werden. Auf diese Weise können epochenspezifische Besonderheiten sowie historisch-biographische und musikkulturelle Bezüge (auch unter Verwendung von Tonbildreihen) zusammenhängend und auf eindrucksvolle Weise dargestellt werden. Auch besteht die Möglichkeit, zu einem der Meister ein zusammenhängendes Komponistenporträt unter Einbeziehung zusätzlicher Werke, auch der Orgelmusik (vgl. 4.5.2., S. 145), zu vermitteln.
Leistungskontrollen konnten ermitteln, daß Schüler der Klasse 9 bei derartigen Werkdemonstrationen und Komponistenporträts nicht nur in der Lage sind, ihr zuvor in analysierender Tätigkeit gewonnenes Wissen selbständig anzuwenden, sondern auch in besonderem Maße dazu angeregt werden.

Auf andere Weise wird der Wechsel von demonstrierender Werkbetrachtung durch den Lehrer und analysierender Schülertätigkeit bei der Erschließung der Haydn-Variationen von Johannes Brahms (Klasse 10, Stoffeinheit 2) wirksam. Da es sich hier um „freie“ Variationen handelt, die Art der Verarbeitung des Themas für die Schüler also nicht ohne weiteres durchhörbar ist, erweist es sich als effektiv, wenn der Lehrer die Verwandlung des Themas in einzelnen Variationen durch Demonstration auf dem Klavier und in Verbindung mit dem Lehrbuch selbst verdeutlicht, die Schüler auf diese Weise in die „Werkstatt“ des Komponisten führt und Einblick in sein Schaffen nehmen läßt. Im Anschluß daran wird die Aufgabe gestellt, an einer der noch nicht erläuterten Variationen (am günstigsten am Finale) die Art der Verwandlung mit Hilfe des Lehrbuchs (S. 132) selbst herauszufinden. In diesem Falle kann also die vorausgehende Demonstration des Lehrers als unmittelbarer Initiator für eigene Analysetätigkeit der Schüler wirken.

Eine besonders anspruchsvolle Aufgabe stellt sich für den Lehrer mit der Betrachtung des 4. Satzes von Beethovens 9. Sinfonie (Klasse 9, Stoffeinheit 5), zumal dieser Satz aus zeitökonomischen Gründen im Rahmen schulischer Musikerziehung das gesamte Werk zu repräsentieren hat und auch der Umfang dieses Satzes (Dauer: 25 Min.) sich nur schwer den unterrichtlich gesteckten engen Grenzen einfügt. Dies erfordert auf jeden Fall äußerste Einschränkung des gesprochenen Kommentars, andererseits aber verlangt der tiefe Ideengehalt und der kunstvolle Aufbau des Satzes ein Mindestmaß an informierenden Hinweisen, um bereits diese erste Darbietung des Werkes zu einem Erlebnis werden zu lassen. Aus diesem Grunde gibt es zahlreiche Versuche des Einsatzes einer geeigneten visuellen Orientierungshilfe im Prozeß des Hörens. Eine solche Orientierungshilfe kann keine Durchleuchtung des komplexen, vielfältig gegliederten Aufbaus des Satzes mit entsprechend hohem Abstraktionsgrad anstreben, zumal eine Analyse des Werkes nicht beabsichtigt ist, sondern muß eine echte Hilfe für das Verfolgen des musikalischen Geschehens während der ersten Begegnung mit dem Werk sein, indem sie als verbalisiertes Prozeßbild in einfacher Form lediglich die Hauptabschnitte in der Reihenfolge ihres Erklingens mit ihren wichtigsten Erkennungsmerkmalen einschließlich der

Textanfänge anführt. Maßstab für die Angemessenheit eines solchen Prozeßbildes wie auch anderer Orientierungshilfen kann stets nur sein: Wie gelingt es den Schülern, sich in der folgenden Unterrichtsstunde an Hand der Übersicht das musikalische Geschehen ins Gedächtnis zu rufen, mit eigenen Worten knapp zu beschreiben und, hiervon ausgehend, ihren Höreindruck und ihre Gedanken zu dem Werk wiederzugeben? Mehrere Erprobungen des folgenden verbalisierten Prozeßbildes zeigten, daß dies den Schülern in beeindruckender Weise gelang und zu einem gehaltvollen Unterrichtsgespräch führte.

Beethoven: 9. Sinfonie, 4. Satz

I. Dialog
Orchester — Violoncello/Kontrabaß
– drohend (Bläser) → abwehrende Antwort (Rezitativ)
– noch drohender (Bläser) → abwehrende Antwort (Rezitativ)
Zitate:
– düster (1. Satz) → abwehrende Antwort (Rezitativ)
– unbeschwert (2. Satz) → abwehrende Antwort (Rezitativ)
– zart, innig (3. Satz) → abwehrende Antwort (Rezitativ)
Freudenmelodie (Anfang, Holzbläser) → zustimmende Antwort (Rezitativ)
II. Freudenmelodie (instrumental)
erklingt viermal, stets gesteigert, zuletzt als triumphierender Marsch
III. Dialog
Orchester — Bariton-Solo
– drohend → „O Freunde, nicht diese Töne!..."
IV. Freudenhymnus (vokal)
– Bariton-Solo: „Freude, schöner Götterfunken..."
  Chor: „Deine Zauber binden wieder ..." (Wiederholung)
– Bariton-Solo: „Wem der große Wurf gelungen..."
  Chor: „Ja, wer auch nur eine Seele sein nennt..." (Wiederholung)
– Soloquartett: „Freude trinken alle Wesen..."
  Chor: „Küsse gab sie uns und Reben..." (Wiederholung)
V. Geschwindmarsch mit Tenor-Solo und Freudenhymnus
– Geschwindmarsch („türkische" Musik: große Trommel/Triangel/Becken)
– Tenor-Solo: „Froh, wie seine Sonnen fliegen..."
  Männerchor: „Laufet, Brüder, eure Bahn..." (Wiederholung)
– instrumentales Zwischenspiel: kämpferisch erregt
– Chor: „Freude, schöner Götterfunken..."
VI. Seid umschlungen, Millionen – Freudenhymnus
Chor: „Seid umschlungen, Millionen..."
– „Ihr stürzt nieder, Millionen! Ahnest du den Schöpfer, Welt...?"
– „Seid umschlungen, Millionen..." } als
– „Freude, schöner Götterfunken..." } Doppelfuge
– „Ihr stürzt nieder, Millionen! Ahnest du den Schöpfer, Welt?..."
VII. Schlußsteigerung
– Soloquartett: „Freude, Tochter aus Elysium!"
– Soloquartett mit Chor: „Deine Zauber binden wieder...
  alle Menschen werden Brüder..."
– Chor: „Seid umschlungen, Millionen!..."
  „Freude, schöner Götterfunken!"

4.6. Analytisch-erschließende Tätigkeitsführung

4.6.1. Hauptaufgaben analytisch-erschließender Tätigkeitsführung

Analytisch-erschließende Tätigkeiten erfordern vom Schüler in Verbindung mit der Aktivierung seiner Gedächtnis- und Phantasievorstellungen einen relativ hohen Anteil geistiger Operationen (vgl. 2.2.3.4.), insbesondere jener, die dialektisches Denken, ein Denken in Zusammenhängen ausmachen. Die Schüler werden auf das Herausgliedern, Charakterisieren und Deuten einzelner musikalischer Gestaltungsmittel und Formverläufe gelenkt sowie auf ihren Stellenwert innerhalb übergeordneter Einheiten mit dem Ziel, durch die Auseinandersetzung mit dem Einzelnen den musikalischen Zusammenhang tiefer zu begreifen. Hierbei gilt es zugleich, alles bisher erworbene musiktheoretische, musikästhetische, musikhistorische und kulturpolitische Wissen und Können unmittelbar wirksam werden zu lassen und durch den Bezug auf das konkrete Klangbeispiel zu vertiefen. Analyse (Zergliederung) hängt also stets untrennbar mit Synthese (Vereinigung) zusammen und ist auf sie gerichtet.

Das Erfordernis dialektischen Denkens ergibt sich aus der Komplexität des Gegenstandes der Analysetätigkeit, bezieht sie sich doch auf die Struktur, Bedeutung und Funktion des musikalischen Kunstwerkes, auf seine Wirkung und Wertung, seine Historizität und Aktualität sowie auf seine Autor-Adressat-Beziehung.

Bereits diese paritätische Aufzählung und abstrakt-begriffliche Benennung der Gegenstandsbereiche analytisch-erschließender Tätigkeit lenken auf die Hauptprobleme, die die Tätigkeitsführung zu bewältigen hat:

- Es geht bei aller Berücksichtigung dieses vielfach in sich gegliederten Bedingungsgefüges um die *Konzentration auf Schwerpunkte* analytischer Tätigkeit.
- Es geht darum, den Analyseprozeß so zu führen, daß das zeitweilige Zurücktreten des komplexen musikalischen Erlebnisses durch die *Freude* der Schüler *am Entdecken* der Schönheit einzelner musikalischer Abschnitte und ihrer wechselseitigen Kombinationen sowie am Auffinden von Deutungsmöglichkeiten kompensiert wird.
- Es geht darum, den Schülern die sich aus der Komplexität des Gegenstandsbereichs ergebenden wesentlichen Aufgaben und Verfahren analytisch-erschließender Tätigkeit schrittweise bewußtzumachen und sie auf diese Weise zu *befähigen, sich ein musikalisches Kunstwerk in zunehmendem Maße selbständig zu erschließen.*

Zum *ersten* Problem:

Bei der Kennzeichnung der Schwerpunkte analytisch-erschließender Tätigkeit unserer Schüler ist zu berücksichtigen, daß analytische Betrachtungen hier fast ausschließlich auf auditiver Grundlage vollzogen werden müssen. Das erfordert die Garantie steter klanglicher Orientierung durch wiederholte Darbietungen von musikalischen Ausschnitten oder durch musizierpraktische Schülertätigkeiten. Zugleich schließt es von vornherein eine bis ins Detail vordringende Analyse von Strukturelementen aus (die für eine musikwissenschaftliche Analyse mitunter wichtige Teilerkenntnisse liefern können) und beschränkt die Analysetätigkeit der Schüler in Übereinstimmung mit den Zielen und Aufgaben der jeweiligen Stoffeinheiten auf einzelne musikalische Erscheinungen, die für das Erfassen des Wesens und der Aussage des Werkes und damit für die Intensivierung des Musikerlebens bedeutsam sind. In jedem Falle rückt in das Zentrum analytisch-erschließender Betrachtung die „materialwertige und ausdrucksspezifische Gestalt“ (Mayer 1981, S. 37) des musikalischen Kunstwerkes als eine die Wirklichkeit widerspiegelnde Vergegenständlichung menschlicher Wesenskräfte und zugleich als ein „lebendiger Organismus eigener Ordnung“ (Goldschmidt 1976, S. 248), dessen ästhetischer und ideelich-emotionaler Gehalt sich als Aussage, als Botschaft jedoch erst in der Wirkung auf den Hörer realisiert.

Dieses Bedingungsgefüge zwischen dem klingenden beziehungsweise stets in der Vorstellung des Schülers reproduzierbaren musikalischen Gebilde und dem aktiv tätigen, seine Subjektivität ins Spiel bringenden Hörer, der das Werk auf sich wirken läßt, der es deutet und wertet, bildet somit den Schwerpunkt analytisch-erschließender Tätigkeitsführung. Dabei sind alle oben aufgeführten Gegenstandsbereiche stets – wenn auch nicht immer explizit durch entsprechende spezielle Aufgabenstellungen – für die Orientierung des Musikhörens mitbestimmend, jedoch bei der Analyse einzelner Werke unterschiedlich akzentuiert. So erhalten die historischen, biographischen und musikgeschichtlichen Bezüge innerhalb der analytisch-erschließenden Tätigkeit dort größeres Gewicht, wo sie die Durchleuchtung des Beziehungsgefüges von Struktur und Bedeutung eines Klangbeispiels wesentlich fördern, wie etwa bei den Sinfonien Beethovens, oder wo sie die historische und aktuelle gesellschaftliche Funktion und Wirkung einer Komposition verdeutlichen und damit zur Werturteilsbildung beitragen, wie bei Ernst H. Meyers „Mansfelder Oratorium“.

In anderen Fällen, bei denen ein unmittelbarer Niederschlag historischer Zusammenhänge im Werk selbst kaum nachweisbar ist, werden historische Bezüge im Rahmen erfahrungsaktualisierender und informativ-orientierender Tätigkeitsführung zwar einen wichtigen Stellenwert haben, um das allgemeine historische und musikgeschichtliche Umfeld eines Werkes und bestimmte epochenspezifische Merkmale zu verdeutlichen, jedoch innerhalb der analytisch-erschließenden Tätigkeit selbst zurücktreten, um kurzschlüssigen Analogien vorzubeugen und der phantasievollen und zugleich am Klangbeispiel selbst orientierten Kennzeichnung, Charakterisierung und Deutung durch den Schüler weiten Spielraum zu sichern.

Das *zweite* angeführte Problem, das das Vergnügen analytischer Tätigkeit trotz des Vorherrschens kognitiver Komponenten betrifft, hat Bertolt Brecht in mehreren seiner Schriften zur Kultur und Kunst beschäftigt. Die Antwort, die Brecht unter Bezugnahme auf poetische, dramatische und bildkünstlerische Werke gibt, kann als richtungweisend auch für die Musikrezeption insgesamt wie für die pädagogische Lenkung musikanalytischer Arbeit im besonderen gelten, betont sie doch die Einheit von Produktivität und Vergnügen im Umgang mit Kunst. In seinem auf die Bildhauerkunst bezogenen Aufsatz „Betrachtung der Kunst und Kunst der Betrachtung“ (1939) bezieht er den Genuß nicht nur auf das komplexe Erlebnis des Kunstwerkes als in sich abgeschlossenes Produkt, sondern ausdrücklich auch auf eine aktive und produktive Analysetätigkeit, wobei er diese zugleich als Bedingung für den vertieften Genuß eines Kunstwerkes betrachtet:

„Die Betrachtung der Kunst kann nur dann zu wirklichem Genuß führen, wenn es eine Kunst der Betrachtung gibt ... Der Kunst liegt ein Können zugrunde und es ist ein Arbeitenkönnen ... Wenn man zum Kunstgenuß kommen will, genügt es ja nie, lediglich das Resultat einer künstlerischen Produktion bequem und billig konsumieren zu wollen; es ist nötig, sich an der Produktion selbst zu beteiligen, selbst in gewissem Umfang produktiv zu sein, einen gewissen Aufwand an Phantasie zu treiben, seine eigene Erfahrung der des Künstlers zuzugesellen oder entgegenzuhalten und so weiter ... So ist es nötig, die Mühen des Künstlers mitzumachen, in abgekürztem Verfahren, aber doch eingehend ... Es ist lehrreich – und auch *genußreich* –, wenigstens im Bild die verschiedenen Phasen festgehalten zu sehen, die ein Kunstwerk, die Arbeit geschickter und beseelter Hände, durchläuft, und etwas von den Mühen und Triumphen ahnen zu können, die der Bildhauer bei seiner Arbeit erlebte...“ (Brecht 1966, I., S. 338ff.; Hervorhebung – H. B.)

In ähnlichem Sinne äußert sich Dessau, fußend auf seinen achtjährigen Erfahrungen unterrichtlicher Tätigkeit an einer polytechnischen Oberschule, zur musikanalytischen Tätigkeit mit Schülern:

„Musik ist in ihrer Kompliziertheit der Wissenschaft gleichzusetzen, sie hat spezifische Gesetze, die gelehrt und befolgt werden müssen. Es ist also nicht einfach, sich mit Musik zu befassen, es wird aber erleichtert, wenn man es *mit Vergnügen* betreibt ... Dadurch, daß die Kinder angehalten werden, sich produktiv mit der Musik zu beschäftigen, wird ihr Genuß beim Anhören von Musik gesteigert sein und ihre Freizeitgestaltung eine neue Qualität erreichen...“ (Dessau 1974, S. 181/182; Hervorhebung – H. B.)

Unter produktiver Beschäftigung mit Musik in Verbindung mit dem Musikhören versteht Dessau hier vor allem die weitgehende Verbindung musizierpraktischer Tätigkeiten – einschließlich elementarer Improvisation – mit der Musikrezeption, deren fördernde Wirkung auf die Qualität des Musikhörens im Abschnitt 4.4. dieses Kapitels dargestellt ist. Das durch schöpferische musizierpraktische Tätigkeit bewirkte Vergnügen am Analyseprozeß hat zwei Ursachen: Zum einen bereitet der Vollzug dieser Tätigkeit selbst den Schülern auf Grund der durch sie gegebenen Möglichkeiten lustvoll-spielerischen, produktiven Umgangs mit musikalischem Material Freude, zum anderen kann schöpferische musizierpraktische Tätigkeit selbst als analytisch-erschließende Tätigkeit fungieren, damit zugleich eine begriffliche Umsetzung von Analyseergebnissen ersetzen und auf diese Weise den Analyseprozeß abwechslungsreich und lebendig gestalten.
Die Einbeziehung schöpferischer musizierpraktischer Tätigkeit stellt nur eine der Möglichkeiten dar, das Vergnügen der Schüler an der Bewältigung analytischer Aufgaben und damit eine produktive Haltung gegenüber dem musikalischen Kunstwerk zu fördern. Wichtig ist auch die *Variabilität der Höraufgaben.* So ist es für den Schüler wenig attraktiv, bei der Beschäftigung mit den einzelnen Sätzen eines Werkes aus Gründen der systematischen Erfassung in einem Tafelbild stets die gleichen Fragen – etwa nach Takt, Form und Ausdruckscharakter – zu beantworten; vielmehr sollten auch die Höraufgaben die Originalität des einzelnen Satzes oder Werkes widerspiegeln.
Wichtig ist es ferner, daß der Schüler den Erfolg seiner eigenen Arbeit erlebt, sei es an Hand eines Prozeßbildes, das er verfolgen beziehungsweise vervollständigen kann, oder eines Arbeitsblattes, dessen Leerstellen er auszufüllen in der Lage ist, einer inhaltlichen Deutung und begrifflichen Formulierung, die sich bestätigt, oder der Lösung eines in der Einführungsphase gestellten Problems (vgl. 4.3.).
Schließlich geht es darum, dem Schüler im gesamten Analyseprozeß, vor allem aber bei der abschließenden Zusammenfassung, die Möglichkeit zur selbständigen verbalen Äußerung und Begründung des eigenen Standpunktes zu geben (vgl. 4.7.).
Damit wird das eingangs angeführte *dritte* Problem berührt, die Frage, wie die analytisch-erschließende Tätigkeitsführung so motiviert und gelenkt werden kann, daß

sie nicht nur auf das Hörerlebnis einer bestimmten Komposition gerichtet ist, sondern sich zugleich als ein Lernprozeß erweist, dessen Ergebnisse dem Schüler ein zunehmend selbständiges Erschließen musikalischer Kunstwerke unterschiedlicher Gattungen und „Handschriften" ermöglicht.
Es geht also um die Frage, inwieweit es möglich ist, dem Schüler auf der Grundlage sicherer und übertragbarer Kenntnisse in Verbindung mit der Herausbildung einer interessierten, aktiven Einstellung zur Rezeption von Musik Anleitungen für die eigene Gestaltung seiner Rezeptionstätigkeit zu geben. Derartige Anleitungen müssen vor allem darauf gerichtet sein, die Subjekt-Objekt-Dialektik im Analyseprozeß zu fördern, das heißt, sie müssen sowohl grundlegende Erscheinungen und Funktionen des musikalischen Objektes selbst berücksichtigen als auch die selbständige, schöpferische, persönlichkeitsfördernde Auseinandersetzung des Schülers mit dem ideelich-emotionalen und ästhetischen Gehalt des Werkes. Insofern kann es sich bei einer solchen Vermittlung auch nicht um einen Algorithmus mit einer festgelegten Folge von Schritten handeln, sondern um eine heuristische Anleitung, deren Inhalt die Schüler zur weitgehend selbständigen Analyse anregt. Sie muß neben Hinweisen zu den von den Schülern bei der aktiven Auseinandersetzung mit dem Klangbeispiel zu vollziehenden geistigen Tätigkeiten auch Angaben über dessen mögliche Eigenschaften enthalten und auf diese Weise „einen Anreiz geben, die Unbestimmtheit der Anweisung ... zu vervollständigen". (Wörterbuch der Psychologie, 1981, Stichwort „heuristische Regeln", S. 260)
Diese Angaben zu „möglichen Eigenschaften" des anzueignenden Musikwerkes müssen einen hohen Verallgemeinerungsgrad besitzen, damit sie auf unterschiedliche Werke anwendbar sind. Das bedeutet, daß es sich vor allem um die das Wesen musikalischer Kunst in ihrer Einheit von Inhalt und Form bestimmenden Merkmale handeln muß. Damit orientieren heuristische Anleitungen zum Erschließen von Werken der Musik auf die Intensivierung des aktuellen Hörprozesses in Einheit mit der Anwendung, Systematisierung und Vertiefung *grundlegenden musikästhetischen Wissens.* Von diesem Wissen hängt in beträchtlichem Maße ab, inwieweit die sinnliche Wahrnehmung zugleich eine sinnerfassende wird und der Schüler in der Lage ist, die musikalischen Erscheinungen in ihr historisches, biographisches und musikspezifisches Beziehungsfeld einzuordnen, sie zu deuten und zu werten.
Vor allem geht es um Wissen über die klanglich-rhythmische Prozessualität der Musik, über ihr *Potential an wesentlichen musikdramaturgischen Gestaltungsweisen* und den damit verbundenen Widerspiegelungsmöglichkeiten (vgl. Kapitel 3). Dieses Wissen ist von elementarer Bedeutung für eine sachkundige, erlebnisreiche Rezeption und ist auf jedes instrumentale und vokale Werk anwendbar. Im Musikunterricht wird es jedoch mitunter noch einseitig unter dem Gesichtspunkt der Abfolge, Verarbeitung und Verknüpfung einzelner Themen und Motive vermittelt. Auch die Orientierung der Schüler auf bestimmte Formtypen, wie Rondo, Sonatenhauptsatz, Variationsreihe oder Fuge, trägt dem prozessualen Wesen der Musik nicht genügend Rechnung, wenn sich in Verbindung damit den Schülern nicht die entscheidenden musikdramaturgischen Zusammenhänge innerhalb eines Satzes oder (bei zyklischen Werken) zwischen den Sätzen und die ihnen zugrunde liegende ideeliche Konzeption verdeutlichen. Hierzu gehören solche übergreifenden Prinzipien wie Steigerung und Zurücknahme, plötzliche oder allmähliche Veränderung, Wiederholung und Perpetuierung, Kontrast und Konflikt in der Mannigfaltigkeit ihrer

Ausprägung mittels der musikalischen Grundelemente Tempo, Metrik und Rhythmus; Tonhöhe, Tonalität, Setzweise und Harmonik; Dynamik, Klangfarbe und Artikulation. Eine solche Orientierung auf grundlegende musikdramaturgische Gestaltungsweisen erleichtert es den Schülern, zum emotional-gedanklichen und ästhetischen Gehalt des Werkes vorzudringen und ihn zum eigenen Erlebnisbereich in Beziehung zu setzen. Besonderes Gewicht besitzt die Orientierung der Schüler auf musikdramaturgische Prinzipien für die Rezeption zeitgenössischer Musikwerke, in denen klangräumliche und rhythmische Komponenten gegenüber thematisch-motivischen Bezügen dominieren.

In engem Zusammenhang mit der Anleitung der Schüler zum Erfassen grundlegender musikdramaturgischer Gestaltungsweisen erweist sich vor allem in der Oberstufe auch ihre Orientierung auf *rezeptionsleitende musikalische Zeichen und Zeichenkomplexe* und ihre potentiellen Bedeutungsfelder in Verbindung mit ihrer Einordnung in das sozial-historische Umfeld als geeignet, die Schüler zum selbständigen Erschließen musikalischer Kunstwerke zu befähigen.[53]

Ein weiterer Komplex grundlegenden musikästhetischen Wissens, dessen Verallgemeinerung und Systematisierung die Selbständigkeit der Schüler bei der Auseinandersetzung mit Werken der Musik fördert, betrifft die *Dialektik von Disponibilität zur Synthese und Eigenständigkeit der Musik,* wie sie sich besonders vielfältig im *Wort-Ton-Verhältnis* äußert. Die Mannigfaltigkeit, in der die Verbindung von Wort und Ton dem Schüler innerhalb und außerhalb der Schule in unterschiedlichen Gattungen und Genres begegnet, die Tatsache, daß sich die Möglichkeiten dieser Verbindung ständig weiterentwickeln (man denke an die Versuche neuer Musik, die Sprache nicht in ihrer begrifflichen, sondern in ihrer lautlichen Dimension einzubeziehen), und die Notwendigkeit, angesichts der Qualitätsunterschiede gerade im Bereich wortgebundener Musik Grundlagen für die Herausbildung von Wertmaßstäben bei unseren Schülern zu schaffen, machen die Vermittlung übertragbaren Wissens über die möglichen Beziehungen von Wort und Ton zu einer wichtigen musikpädagogischen Aufgabe.

Theoretische und empirische Untersuchungen zur Vermittlung von Verfahrenskenntnissen für das selbständige Erschließen musikalischer Kunstwerke und zum Einsatz entsprechender heuristischer Anleitungen[54] knüpfen an Forschungen insbesondere sowjetischer Wissenschaftler an, die die Entwicklung selbständiger Lerntätigkeit mittels übertragbarer Orientierungsgrundlagen im Bereich der naturwissenschaftlichen Fächer, der Mathematik und im Sprachunterricht beziehungsweise aus allgemein didaktischer Sicht untersuchten.[55] Hierbei geht es darum, die Vorherrschaft eines einseitig induktiven Vorgehens im Unterricht zu überwinden, indem die Schüler mit der Methode des Aufsteigens vom Abstrakten zum Konkreten die allgemeinen Prinzipien eines gegebenen Gegenstandes erfassen (in unserem Fall des Wesens der Musik in ihrer Einheit von Inhalt und Form), die es ihnen ermöglichen, deren spezifische Ausprägung im Einzelfall (im einzelnen Kunstwerk) weitgehend selbständig aufzudecken.

[53] Vgl. die systematische Darstellung unterschiedlicher ikonischer und symbolischer Zeichen in den Abschnitten 3.1. bis 3.6.

[54] Diese Untersuchungen werden seit 1979 an der Karl-Marx-Universität Leipzig durchgeführt (vgl. Brock 1979 d und e sowie 1981).

[55] Vgl. u. a. Galperin 1980, Leontjew 1975, Dawydow 1977.

Heuristische Anleitungen für den Analyseprozeß können in mündlicher oder schriftlicher Form erfolgen. Für eine zunehmende Interiorisierung ihres Inhalts und für ihren operativen und wiederholten Einsatz im Unterricht erweist sich jedoch die schriftliche Fixierung in Form überschaubarer Übersichten als besonders effektiv.
In unseren Untersuchungen konnte nachgewiesen werden, daß die in den Übersichten enthaltene Orientierung auf das Wesen musikalischer Erscheinungen und Prozesse die Aktivität und Selbständigkeit der Schüler in der analytisch-erschließenden Tätigkeit und bei der Bildung ihres Werturteils stimuliert und steuert. Die Orientierung leitet sie an, sich auf wesentliche Aspekte in der Analysetätigkeit zu konzentrieren, zugleich aber gewährt ihnen der hier verwirklichte relativ hohe Abstraktionsgrad einen breiten Spielraum für das In-Beziehung-Setzen der einzelnen darin angedeuteten Merkmale zueinander sowie für vielfältige Assoziationen und Deutungen. Dies hat zur Folge, daß der im Musikunterricht noch häufig vorherrschende kurzschrittige Wechsel von Lehrerfrage und Schülerantwort zugunsten eines stärkeren Anteils selbständiger und zusammenhängender Schüleräußerungen zurücktritt.
Im folgenden Abschnitt sollen an einigen Beispielen methodische Schritte und Ergebnisse der Vermittlung von Verfahrenskenntnissen zum Erschließen musikalischer Kunstwerke dargestellt werden.

4.6.2. Vermittlung von Verfahrenskenntnissen für die Erschließung von musikalischen Kunstwerken mit Hilfe heuristischer Anleitungen

Die folgende Übersicht wurde als relativ allgemein gehaltene heuristische Anleitung für eine musikadäquate und zugleich subjektorientierte Rezeption von Werken der Instrumentalmusik in Klasse 7 erarbeitet, jedoch auch erfolgreich in den Klassen 8 und 9 eingesetzt:

Die Musik gestaltet mit Tönen	
innere und äußere Bewegungen in ihrem wechselhaften Verlauf:	
– *sichtbare Bewegungen:*	z. B. aufsteigend/absteigend
– *hörbare Bewegungen* (aus Natur und Umwelt):	z. B. schleppendes Gehen; schnelles oder stockendes Atmen; Wind und Regen
– *Gemütsbewegungen:*	z. B. von tiefster Traurigkeit bis zum Jubel
– *Bewegungen (Schweifen) der Phantasie:*	z. B. eine Melodie, einen Rhythmus weiterspinnen, wiederholen
– *Bewegungen des Denkens:*	z. B. Gegensätze aufeinanderprallen lassen, durch eine Steigerung auf ein Ziel zusteuern
Welche Bewegungen gestaltet der Komponist in diesem Werk? Welche Bewegungen werden in mir ausgelöst?	

Bei der Erschließung von Beethovens Egmont-Ouvertüre (Klasse 7, Stoffeinheit 7) führt das Bestreben, eine unmittelbare gedankliche Verbindung zwischen der Musik und den mit der niederländischen Unabhängigkeitsbewegung zusammenhängenden historischen Ereignissen herzustellen, oftmals dazu, daß weder der musikalische Verlauf in seiner Differenziertheit von den Schülern genügend erfaßt wird noch daß ihnen genügend Spielraum für ihre eigenen Gedanken, Empfindungen und Assoziationen gegeben wird. Der Einsatz der heuristischen Anleitung sollte deshalb darauf zielen, die Schüler das Werk in erster Linie als dreizehnjährige Hörer unserer Zeit, unserer sozialistischen Gesellschaft, mit *ihren* erfahrungs-, interessen- und altersbedingten Einstellungen erleben zu lassen und ihnen zugleich auch eine Anleitung für das Musikhören schlechthin zu geben.
Der Einsatz der Übersicht wurde in Verbindung mit der Erschließung von Beethovens „Gefangenenchor“ vorbereitet. Im Ergebnis seines Vergleichs mit dem entsprechenden Szenenfoto (Musiklehrbuch Klasse 7/8, S. 75) erkannten die Schüler (im Gegensatz zur bildnerischen Gestaltungsweise) die Möglichkeit der Musik, vielfältige innere und äußere Bewegungen zu gestalten: die Bewegungen des Heraustretens und Zurückweichens der Gefangenen, ihre sich zwischen Trostlosigkeit, Angst und Hoffnung bewegenden Gefühle und Gedanken, die Bewegungen des gleichsam hörbaren stockenden Atmens („Sprecht leise, haltet euch zurück...“) und der hoffnungsvoll strömenden Melodie des ersten Gefangenen („Wir wollen mit Vertrauen...“). Gegen Ende der Stunde wurde ihnen die oben angeführte Übersicht ohne die beiden am Schluß enthaltenen Fragen als Folie dargeboten mit der Maßgabe, zu jeder der genannten Bewegungsarten Beispiele aus ihrem musikalischen Erfahrungsschatz zusammenzutragen. Zu den ersten drei aufgeführten Gruppen von Bewegungen wurden zahlreiche Beispiele genannt. Jedoch war es den Schülern dieser Klassenstufe neu, daß auch Bewegungen des Denkens und der Phantasie ohne Worte musikalisch gestaltet werden können, zumal diese Bewegungen zuvor nicht am Beispiel des Gefangenenchors konkretisiert werden konnten. Nach entsprechenden Hinweisen des Lehrers führten jedoch die Schüler auch zu diesen Bewegungsaspekten musikalische Beispiele an.
Diese Erfahrung ist von prinzipieller Bedeutung, gibt sie doch Hinweise dafür, unter welchen Bedingungen den Schülern Verallgemeinerungen über wesentliche musikalische Erscheinungsformen deduktiv, das heißt ohne eine vorherige unmittelbare Ableitung aus einem musikalischen Beispiel, vermittelt und erst danach bekannten Werken zugeordnet werden können. Spätestens von Klasse 7 an, wo die Schüler bereits genügend Hörerfahrungen und entsprechende musikspezifische Kenntnisse erworben haben und auch das notwendige Maß an Abstraktionsfähigkeit vorhanden ist, ist dies möglich.
In der folgenden Stunde erhielten die Schüler nach einer kurzen Erläuterung zur Entstehung der Egmont-Ouvertüre und zum Stoff des Dramas die Aufgabe, sich nach zweimaligem Anhören der langsamen Einleitung schriftlich darüber zu äußern, welche Bewegungen Beethoven in dieser Musik mit welchen musikalischen Mitteln gestaltet und welche Bewegungen die Musik in ihnen selbst auslöst. Als heuristische Anleitung wurde ihnen wiederum die Übersicht, diesmal mit den angeführten Fragen, als Folie gezeigt.
Im Vergleich zu den schriftlichen Antworten der Schüler zweier Kontrollklassen, die dieselben Hinweise zur Entstehung und zum Stoff der Egmont-Ouvertüre erhal-

ten hatten, sich jedoch über Ausdruck, Wirkung und Gestaltungsmittel der Einleitung ohne vorherige heuristische Anleitung äußern sollten, zeigten die Versuchsklassen signifikant bessere Leistungen sowohl hinsichtlich des Erfassens der musikalisch gestalteten Gegensätze wie in bezug auf eine werkadäquate und zugleich subjektorientierte Deutung. Die meisten Antworten aus den Kontrollklassen ließen dagegen erkennen, daß sich die Schüler beim Hören fast ausschließlich darauf konzentriert hatten, die Tyrannei der spanischen Unterdrücker in der Musik wiederzufinden, wobei sowohl eine werkadäquate Kennzeichnung und Deutung der zarten und hoffnungsvollen Klänge wie ein subjektives In-Beziehung-Setzen zum Klangbeispiel unterblieb.[56] Hier eine Auswahl der schriftlichen Antworten aus den 7. Klassen (Versuchsklassen) je einer Schule in Leipzig und Wolmirstedt:

Carola, Leipzig
Mir kommt alles so vor, als ob die Flöten und die lieblichen Geigentöne (in der Mitte) erzählen, wie schön doch die Heimat ist und daß man dort herrlich leben kann. Aber die dumpfen Töne im Hintergrund beweisen doch, daß das Volk unterdrückt lebt.

Der Anfang des Einleitungsstückes, wo die Geigen ganz tiefe Töne haben, drückt ganz genau aus, wie die Menschen unterdrückt, wie sie sich immer wieder gegen die Tyrannen aufrichten und wieder unterworfen werden. Also drückt es doch, meiner Meinung nach, äußere und innere Bewegungen (seelische Qualen z. B.) aus.

Tabea, Leipzig
Ich stelle mir bei der Einleitung vor, daß B. vielleicht Gemütsbewegungen schildert. Mir scheint die Musik traurig und daß irgend etwas Aufregendes passieren wird. Der Gegensatz zwischen den ersten und den darauffolgenden Takten ist ergreifend, zuerst kräftige und laute Töne, aber dann etwas leisere und zarte Töne, die etwas Trauriges oder auch Sehnsucht und vielleicht auch etwas ausdrücken, was B. dabei empfunden hat. Er greift nach einigen Takten wieder zu den kräftigen Tönen, indem er die zarten Töne anschwellen läßt...

Schüler aus Wolmirstedt[57]
Es könnte ein Sturm sein, der sich legt. Und man sieht dann, was er angerichtet hat. Die Musik ist traurig (und wuchtig). Sie kann einen an Kämpfe und Niederlagen erinnern. Man könnte diese Melodie zu einem traurigen Film verwenden (in dem Film könnte es ein bißchen Hoffnung geben). Die Melodie hat einen schwermütigen Charakter. Die Musikinstrumente klingen hohl und dumpf. Die Musik kommt einem bekannt vor. Wie eine Geschichte.

Die gleiche heuristische Anleitung kann auch in Verbindung mit anderen Klangbeispielen der Klassen 8 und 9 erfolgreich eingesetzt werden, so zu Beginn der Erarbeitung von Bachs Präludium und Fuge c-Moll aus dem „Wohltemperierten Klavier“, Teil I. Stets stimuliert sie eine engagierte Auseinandersetzung der Schüler mit dem musikalischen Kunstwerk als wesentliche Voraussetzung für die nachfolgende mündliche analytisch-erschließende Tätigkeit, wie die folgenden schriftlichen Schülerantworten aus der Klasse 9 einer Leipziger Schule erkennen lassen:

Anke
Im Präludium gestaltet Bach Bewegungen der Phantasie. Im Präludium laufen meine Gedanken entweder zu Ereignissen der vorherigen Tage, an die ich mich besonders gern erinnere, oder ich stelle mir vor, wie ich zu dieser Zeit im Kosmos fliege. Alles Utopie. In der Fuge verwendet Bach außer der Bewegung der Phantasie auch die Bewegung des Denkens. Ich könnte mir vorstellen, daß mich jemand löchert, endlich

[56] Im Gegensatz zu den Schülern der Versuchsklassen, die sich sämtlich um eine angemessene Antwort bemüht hatten, ließen 9% der Schüler aus den Kontrollklassen die Fragen unbeantwortet.
[57] Hier erfolgten die Antworten anonym.

zu einer Entscheidung zu kommen, und dann auch das erreicht, was er will. Im Präludium ist aber auch ein Teil gewisser Gemütsbewegung enthalten ... Es ist, als ob man keine Ruhe finden kann. Bei dem Hören dieses Stückes möchte ich den Mann kennenlernen, der dieses Stück auf dem Klavier spielt...

Dirk

Im Präludium verwendet Bach die Bewegungen der Phantasie und Gemütsbewegungen, in der Fuge verwendet Bach Bewegungen des Denkens. Ich verspüre im Präludium die Bewegung der Phantasie. Durch das sehr schnelle Spiel erfüllte mich der Gedanke der schnellen Vergangenheit des Lebens im Gegensatz zum langen Bestehen der Welt.

In der Fuge verspürte ich die Bewegung des Denkens. Ich sah, wie zwei Parteien durch überlegtes Handeln zu einem guten Ende gelangen konnten.

Ilona

Das Präludium ist gekennzeichnet durch ein sehr schnelles Tempo. Einige Male wird die Musik langsamer, um dann von neuem mit großem Tempo einzusetzen ... Er drückt Bewegungen der Phantasie und des Denkens in seinem Werk aus. Im Präludium werden vielleicht einige Gemütsbewegungen wie zum Beispiel Freude ausgedrückt.

Es kann aber auch ein Streit damit ausgedrückt werden. Die schnelle Musik verkörpert zwei gegnerische Parteien. In der Fuge geht die Musik langsamer und geordneter ihren Lauf. Die Streitenden haben sich vielleicht geeinigt und streben nun dem gleichen Ziel entgegen. Während das Präludium mehr den Streit, die Diskussionen und die unterschiedlichen Charaktereigenschaften der Menschen ausdrückt, wird in der Fuge das geordnete Leben zum Ausdruck gebracht.

Bei der Vermittlung von Verfahrenskenntnissen für ein zunehmend selbständiges Erschließen musikalischer Kunstwerke in drei Leipziger 9. Klassen wurden die Schüler während des einjährigen lehrplangerechten Unterrichts wiederholt auf die differenzierte musikalische Prozessualität und Dramaturgie sowie ihre Möglichkeiten der Widerspiegelung insbesondere emotional-gedanklicher Vorgänge orientiert. Dies geschah

- durch die Formalisierung wesentlicher Erscheinungen des musikalischen Verlaufs in visuellen Prozeßbildern, die die Schüler während des Hörens verfolgten beziehungsweise selbst ergänzten (vgl. 4.5.3.);
- durch Übersichten, auf denen den wichtigsten musikdramaturgischen Erscheinungsformen (Kontrast, Veränderung, Wiederholung, Steigerung, Zurücknahme) Beispiele für ihre Gestaltung mittels Tempo/Takt/Rhythmus, Tonhöhe, Dynamik, Setzweise, Besetzung und Artikulation zugeordnet worden waren; beim Erschließen neuer Werke wurden sie wiederholt als heuristische Anleitungen eingesetzt und schließlich interiorisiert (Brock 1979 d, S. 313ff.);
- durch entsprechende Höraufgabenstellungen.

Bereits nach acht Monaten erwiesen diese Klassen bei der selbständigen analytischen Auseinandersetzung mit Werken, die bisher im Unterricht noch nicht analysiert worden waren, eine beachtliche Leistungsfähigkeit. Dies sei an Hand von zwei Beispielen der schriftlichen Beantwortung einer Frage zum 3. Satz von Beethovens 5. Sinfonie demonstriert, die keine einzelnen Spitzenleistungen, sondern die Mehrzahl der Antworten repräsentieren.

Frage: Wie erreicht Beethoven in der Überleitung vom 3. zum 4. Satz eine Spannungssteigerung? (Durch a) Dynamik, b) Instrumentierung, c) Artikulation, d) Melodieverlauf?)[58]

[58] Am Schluß der vorangegangenen Stunde waren der 3. und 4. Satz im Zusammenhang ohne Kommentierung dargeboten worden. Zur Beantwortung dieser Frage wurde die Überleitung den Schülern zweimal vorgespielt.

Anke

a) Anschwellen der Lautstärke, Baßinstrument im Hintergrund leise, Vl. steigert sich erst langsam, dann schnell
b) Pauken, Bässe im Hintergrund, Vl. im Vordergrund, Pauken und Bässe Klopfmotiv
c) Pauken und Bässe betonen jede Note stark, es wirkt mahnend durch Andeuten des Klopfmotivs
d) Melodieverlauf der Vl.: gleicher Melodieverlauf, wird immer um eine Sequenz höher gespielt, dadurch Erreichen einer Spannung

Jan

a) sehr langsames Anschwellen bis zum vollen Einsatz des Orchesters
b) Violine im Vordergrund, Orchester fast nur „background", Pauke erscheint als drohendes Donnergrollen
c) Orchester völliges legato, Vl. dagegen am Anfang etwas staccato, dann legato
d) Melodieverlauf der Vl. langsame Steigerung in immer höhere Tonlagen, jedoch stets im selben eindringlichen Rhythmus.

Die Orientierung der Schüler auf grundlegende musikdramaturgische Gestaltungsfaktoren, die niemals allein formbildend wirken, sondern in der Art und Weise ihrer Abfolge und Verknüpfung im musikalischen Kunstwerk stets zugleich dessen Aussage bestimmen, fördert das synthetisierende Erschließen und Werten musikalischer Kunstwerke, das heißt, die jeweilige einzelne musikalische Erscheinung in ihrer Funktion für das Gesamtwerk und seinen ideelich-emotionalen und ästhetischen Gehalt zu erfassen. Sie erleichtert ferner eine dem Musikwerk adäquate Einordnung in den historisch-gesellschaftlichen und biographischen Kontext und verhindert vordergründige, nicht musikgemäße Zuordnungen und Wertungen. So gab es auch zu der zusammenfassenden Frage: „Inwieweit gestaltet Beethoven in seiner 5. Sinfonie Gedanken und Gefühle, die uns noch heute bewegen?" keine klischeehaften Antworten. Die folgenden Beispiele schriftlicher Schülerantworten mögen dies andeuten:

Ljuba

Zum Nachdenken regt Beethoven in seiner V. an. Seine V. Sinfonie strahlt den Glauben an das Leben aus. Es liegt keine Resignation in ihr. Das ist auch für uns noch wichtig, daß man sich nicht mit dem begnügen soll, was ist, sondern weiter kämpfen soll. Man soll nie den Glauben an sich und die Menschen verlieren und optimistisch in der verteufeltsten Situation sein.

Hanka

Sein Werk ist einerseits voller Lebensfreude, dann voller Spannungen, vielleicht auch traurige Züge. Jeder Mensch hat Ärger, der aber durch Freuden übertrumpft wird. So kommt es auch in seinem Werk zum Ausdruck. Das Schicksalsmotiv klopft immer wieder an, aber es wird immer wieder verdrängt.

Während die Vermittlung von Verfahrenskenntnissen zum Erfassen des differenzierten Bewegungscharakters der Musik und ihrer wichtigsten musikdramaturgischen Erscheinungsformen am günstigsten in den Klassen 7 oder 8 in Verbindung mit den für diese Stufen vorgesehenen größeren Instrumentalstücken beginnt, können Verfahrenskenntnisse zum Erschließen wortgebundener Werke bereits von Klasse 5 oder 6 an vermittelt werden. Hierbei ist von vornherein die mehrfache Beziehung von Wort und Ton in Rechnung zu stellen:

– das Verhältnis von Singstimme und Instrumentalbegleitung zur begrifflich vermittelten Aussage des gesamten Textes oder einzelner Wörter,
– das Verhältnis zwischen textlicher und musikalischer Gliederung,
– das Verhältnis der Singstimme zum Tonfall, zum Rhythmus und zur Betonung

des gesprochenen Wortes (zum Beispiel im Rezitativ oder Chanson), mitunter auch zu dessen Klangfarbe (beispielsweise in Schuberts „Erlkönig").

In allen drei „Dimensionen" kann der spezifische Anteil der Musik sowohl am ästhetischen Gehalt wie auch an der Aussage des gesamten Werkes nachgewiesen werden.

Bereits in den ersten beiden Stoffeinheiten der Klasse 5 erfahren die Schüler bei der Liedbetrachtung mehrerer selbst gesungener Pionier- und Arbeiterlieder[59], welchen besonderen und hohen Anteil die Melodie der Singstimme und auch die Instrumentalbegleitung an der Aussage eines Liedes haben können und auf welche Weise er sich konstituiert: durch Rhythmus, Takt und Tempo, durch den Tonhöhenverlauf der Melodie, die Heraushebung bestimmter Textstellen oder Betonung einzelner Wörter, durch die Art und Weise des Liedaufbaus und seiner Gliederung (zum Beispiel Einteilung in Vorder- und Nachsatz, Strophe und Refrain und deren unterschiedliche Ausdrucksgestaltung), durch instrumentale Vorspiele. Alle diese Vertonungen reflektieren die begrifflich vermittelte Aussage des Textes und weisen auch Beziehungen zu dessen Gliederung auf, jedoch keine unmittelbare Übertragung von Tonfall, Betonung und Rhythmus des gesprochenen Wortes.

Eine solche Übertragung begegnet den Schülern erstmalig in Kurt Schwaens szenischer Kantate „König Midas" (Klasse 5, Stoffeinheit 3) im mehrmals erklingenden Rufmotiv (zum Beispiel zu Beginn bei den Worten „Midas, Midas, komm empor...") und im Rezitativ des Bacchus („Ich, Bacchus, nehme mein Geschenk zurück"). Dieses völlig neue Wort-Ton-Verhältnis sollte den Schülern bewußtgemacht werden, vor allem durch unterschiedliche Formen musizierpraktischer Aneignung, begegnet es ihnen doch später in zahlreichen vokalen Werken und auch in instrumentaler Transformation (vgl. 3.4.) als wichtiges, inhaltsträchtiges Element und soll von ihnen als solches auch erlebt werden.

Eine sehr effektive Variante zur musizierpraktischen Aneignung des Bacchus-Rezitativs besteht darin, daß man vor seiner Darbietung einzelne Schüler auffordert, den Text entsprechend der Bedeutung, die er für den weiteren Verlauf des Geschehens wie für die Lehre, die aus dem Stück zu ziehen ist, besitzt, langsam, deutlich und gewichtig zu sprechen, wobei die einzelnen Textzeilen wie in Schwaens Vertonung durch die doppelte leere Quinte es-b des Klaviers voneinander abgesetzt werden.[60] Die Klasse beurteilt, welche Deklamation den Inhalt am besten trifft: diejenige, in der keine einzige Silbe „verschluckt" wird, in der es auch Pausen gibt und die Tonlage hoch genug gewählt ist, um die Mitteilung des Bacchus zu einer wichtigen Ankündigung zu machen. Oft ergibt sich daraus sogar der Versuch, den ganzen Text improvisatorisch auf einige Töne zu singen. Auf jeden Fall wird die folgende Darbietung der originalen rezitativischen Fassung und ihr Vergleich mit eigenen Deklamationen den Schülern diese Art der Wort-Ton-Beziehung als wichtige musikalische Gestaltungs- und Ausdruckskomponente verdeutlichen.

Auf der Grundlage dieser musikalischen Erfahrungen und Kenntnisse über Beziehungen von Wort und Ton ist in Klasse 5 bereits eine Verallgemeinerung und Systematisierung zum potentiellen Anteil der Musik in Textvertonungen möglich, die in Form der folgenden Übersicht als heuristische Anleitung für das Erschließen weiterer vokaler Kompositionen wirksam werden kann:

[59] Vor allem „Hell scheint die Sonne", „Geh voran, Pionier" und „Ich trage eine Fahne".

[60] Das gesamte Rezitativ ist im Lehrbuch Musik, Klasse 5/6, S. 33, abgedruckt.

Musik in Textvertonungen

Singstimme und *Instrumentalbegleitung* können durch
- Tonhöhenverlauf und Lautstärke,
- Rhythmus/Takt/Tempo,
- Hervorhebung einzelner Wörter oder Textstellen,
- Aufbau und Gliederung der Melodie (zum Beispiel in Strophe und Refrain),
- instrumentales Vorspiel

↙ ↘

Stimmungen und Haltungen ausdrücken; Personen und Handlungen charakterisieren.

Die *Singstimme* kann
- dem gesprochenen Wort ähnlich sein (zum Beispiel Sprechgesang, gesungener Ruf),
- eine selbständige Melodie besitzen.

Vor dem Hören des ersten der für die Klassen 5 und 6 vorgesehenen begleiteten Sololieder Franz Schuberts wird den Schülern diese Übersicht zunächst in der Funktion einer erfahrungsaktualisierenden Aufgabenstellung (vgl. 4.2.) auf einer Folie dargeboten, wobei sie zu den aufgeführten Positionen einige der ihnen bekannten Klangbeispiele nennen sollen.
Die folgende analytisch-erschließende Tätigkeitsführung bezieht die Übersicht wiederholt ein, um die Schüler auf das Erkennen bestimmter, für das jeweilige begleitete Sololied wesentlicher Ausdrucks- und Gestaltungsmerkmale hinzulenken.
Beim Erkennen der musikalischen Nachgestaltung des wiegenden Rhythmus und klangfarblicher Elemente (helle und dunkle Vokale) aus Goethes Gedicht „Erlkönig“ in Schuberts Vertonung ergibt sich die Möglichkeit, die Übersicht zu ergänzen: Die Singstimme kann in Textvertonungen eine selbständige Melodie besitzen, aber zu gleicher Zeit auch Ähnlichkeiten zum gesprochenen Wort aufweisen.
Der Einsatz dieser Übersicht erwies sich auch in den Klassen 7 und 8 in Verbindung mit der Erschließung vokaler Klangbeispiele zur Förderung selbständiger Schülerarbeit und für die Überwindung kleinschrittiger Unterrichtsführung als günstig.[61]
Der Einsatz heuristischer Anleitungen in Form von Übersichten in den Klassen 9 und 10 kommt der zunehmenden Neigung und Fähigkeit zur Verallgemeinerung und Systematisierung bei den Schülern der Oberstufe entgegen (Lejtes 1974, S. 73ff.). So gestaltet sich beim Einsatz einer der folgenden Übersichten zu Möglichkeiten des Wort-Ton-Verhältnisses in diesen Klassenstufen die Analysetätigkeit besonders effektiv. Die erste Variante bewährte sich insbesondere bei der Erarbeitung einzelner Abschnitte aus Mozarts „Zauberflöte“[62], die zweite in Verbindung mit den Vertonungen von Eisler, Dessau und Asriel (Brock 1981, S. 51).

[61] Spätestens in Klasse 7 kann der Begriff „Sprechgesang“ durch „Rezitativ“ ersetzt werden, da dieser Begriff hier in Verbindung mit der Arie an Hand von Bachs „Kaffee-Kantate“ (Stoffeinheit 8) erarbeitet wird.

[62] Hierbei kam einer schnellen Verständigung über die Zuordnung der aufgeführten Positionen zu dem einzelnen Klangbeispiel die Gliederung in I a, b usw. entgegen.

Variante I (Klasse 9/10)

Möglichkeiten des Wort-Ton-Verhältnisses

I. Singstimme:

a) von der Betonung und vom Rhythmus des gesprochenen Wortes bestimmt: deklamatorisch

b) von der Gesamtaussage oder Stimmung des Textes bestimmt, relativ selbständige Gestaltung: melodiös

c) hebt einzelne Wörter hervor
- deklamatorisch
- durch Sinnausdeutung

Zwischen diesen Möglichkeiten gibt es vielfältige Verbindungen.

II. Instrumentalbegleitung:

a) ohne wesentlichen Beitrag zur Textaussage, tritt zurück

b) Textaussage wird illustriert, vertieft, kommentiert oder umgedeutet

Variante II (Klasse 9/10)

Möglichkeiten des Wort-Ton-Verhältnisses

Singstimme und *Instrumentalbegleitung* können den Textgehalt
- verdeutlichen (zum Beispiel durch Gliederung, Betonung, einfache Akkordbegleitung),
- illustrieren (durch Tonmalerei),
- vertiefen (durch Hervorhebung von Wesentlichem des Gehalts),
- ergänzen (zum Beispiel durch „offene Schlüsse“[63], die zum Weiterdenken aufrufen),
- auslegen und ihm dabei scheinbar widersprechen (zum Beispiel satirische Gestaltung eines gewichtigen Geschehens oder Gedankens,[64] freundliche Vermittlung eines ernsten Problems[65]).

Die angeführten Beispiele können nur als Anregungen gelten für weiteres schöpferisches Erkunden und Erproben von Möglichkeiten, unsere Schüler mit Hilfe von Verfahrenskenntnissen und durch den Einsatz entsprechender heuristischer Anleitungen zu einem zunehmend selbständigen und schöpferischen musikalischen Rezeptionsverhalten zu führen.

4.7. Werturteilsbildende Tätigkeitsführung

Alle Niveaustufen und Phasen des Musikerlebens schließen Wertungen der gehörten Komposition ein. Bereits spontane Reaktionen der Lust oder Unlust beim Wahrnehmen eines Musikwerkes sind Wertungen – wenngleich elementarer Art –, unabhängig davon, ob der Hörer über diese Gefühle der Zustimmung oder Ablehnung reflektiert oder sie begründen kann. Je mehr sich zum spontan-sinnlichen Musikerleben das Moment der Bewußtheit gesellt und jenes vertieft, desto höhere Qualität gewinnt auch die Wertung (vgl. 2.2.2.).
Insofern tragen alle dargestellten Arten der Tätigkeitsführung, die mit ihren differenzierten Aufgabenstellungen, Impulsen und Vermittlungen auf die Aktivität, Bewußtheit und zunehmende Selbständigkeit im Rezeptionsverhalten des Schülers ge-

[63] Beispiele: Eislers „Lenin“ und „Solidaritätslied“.
[64] Beispiel: Asriels „Der Fuchs und die Trauben“.
[65] Beispiel: Eislers „Lob des Kommunismus“.

richtet sind, zugleich zur Qualifizierung seines Wertungsvermögens und seiner Werturteilsbildung bei.

Das musikalisch-ästhetische *Werturteil* ist eine spezifisch ausgeprägte Form der Wertung,[66] die hier durch die folgenden Merkmale gekennzeichnet werden soll:

- Es ist eine verbal ausgedrückte Wertung.
- Von der ebenfalls verbalen, jedoch mehr oder weniger spontanen Meinungsäußerung unterscheidet sich das Werturteil dadurch, daß es auf einer synthetisierenden Reflexion über Aussage, Gestaltung, Funktion und Wirkung der Komposition beruht und somit die Begründung der vorgebrachten Wertung einschließt.
- Von einer unpersönlichen Wiedergabe angeeigneten Wissens über den dem Werk von der Gesellschaft zuerkannten und von ihr begründeten Wert und die ihm im Kulturleben eingeräumte Bedeutung unterscheidet sich das Werturteil insofern, als es sich auf eine individuell erlebte Beziehung des Rezipienten zum musikalischen Kunstwerk gründet, in der sich dieses für ihn als subjektiv bedeutsam oder auch belanglos erwiesen hat.

Dieser relativ hohe Bewußtseinsgrad eines Werturteils läßt erkennen, daß es – im Unterschied zu anderen Arten wertenden Verhaltens – erst in der Endphase des musikalischen Erschließungsprozesses erfolgen kann[67] und daß es zu seiner Qualifizierung einer differenzierten, speziell auf die Ausbildung des Urteilsvermögens zielenden unterrichtlichen Arbeit bedarf. Zusätzlich zu den bereits gekennzeichneten problemorientierenden, musizierpraktisch-aktivierenden und analytisch-erschließenden Aufgabenstellungen, die zugleich eine werturteilsbildende Funktion erfüllen, seien in folgendem noch zwei weitere besonders wirksame Arten werturteilsbildender Tätigkeitsführung angeführt.

Eine effektive Variante besteht in der Aufforderung an die Schüler, zwei Klangbeispiele miteinander zu vergleichen (verschiedene Interpretationen/Bearbeitungen/Adaptionen desselben Werkes; Vertonungen desselben Textes; in Inhalt oder Gestaltung vergleichbare Werke; Bearbeitung und Original; Schülerimprovisation und Original).[68] Vergleiche erfordern eine kritische Beobachtungshaltung des Rezipienten, indem sie ihn auf das Herausgliedern von Gemeinsamem, Unterschiedlichem oder Ähnlichem und damit auf ein Abwägen der sich hieraus für die beiden Klangbeispiele ergebenden Vor- beziehungsweise Nachteile, auf eine begründbare Bewertung orientieren. Dabei ist ein komplexes Erfassen der zu vergleichenden Klangbeispiele notwendig – ebenfalls eine wichtige Voraussetzung für die Bildung von Werturteilen, die stets in besonderem Maße einer komplexen Sicht bedürfen, um begründete Standpunkte zur künstlerischen Idee und Aussage des Werkes, seiner Gestaltung, Funktion und Wirkung zu entwickeln. Über eine intensive Arbeit am Klangbeispiel selbst gewinnt der Schüler zum Beispiel bei einem wertenden Vergleich von Kompositionen aus verschiedenen Epochen Klarheit darüber, daß Werturteile die unterschiedlichen Bedingungen berücksichtigen müssen, unter denen ein Werk entstand, sowie die hieraus resultierenden unterschiedlichen sozialen Funktionen, die es zu erfüllen hat. In dieser Hinsicht erweist sich unter anderem

[66] Vgl. auch die Definition bei Kaden (1979, S. 207).

[67] Vgl. die Übersicht „Tätigkeitsführung im Bereich des Musikhörens“ im Abschnitt 4.1., S. 102 f.

[68] Auch die in Verbindung mit problemorientierenden und musizierpraktisch-aktivierenden Aufgabenstellungen angeführten Vergleiche (vgl. 4.3., S. 111 ff. und 4.4.4., S. 133 ff.) erfüllen die Funktion wertorientierender Tätigkeitsführung. Siehe auch die Vergleiche im Abschnitt 5.4., S. 191 ff.

der Vergleich der beiden Eisler-Lieder „Lob des Lernens“ (1931) und „Gesang vom Lernen“ (1950) in Klasse 10, Stoffeinheit 8, als effektiv, vor allem dann, wenn er unter folgender Fragestellung vollzogen wird: „Welcher künstlerischen Gestaltungsmittel bedient sich Hanns Eisler, um der unterschiedlichen gesellschaftlichen Funktion des Lernens Ausdruck zu verleihen?“ (Witt 1981, S. 112)

In unseren Untersuchungen zeigte sich, daß Vergleiche zwischen einem relativ leicht und einem schwerer zu rezipierenden Klangbeispiel in besonderem Maße geeignet sind, ein wertendes Verhalten zu Werken mit neuen, ungewohnten musikalischen Gestaltungsmitteln herauszufordern, das zu begründeten Werturteilen führt. Offensichtlich bietet hier einerseits die durch das leicht verständliche bzw. bereits bekannte Klangbeispiel gegebene sichere Vergleichsbasis, andererseits die durch den Gegensatz der beiden Werke hervorgerufene Überraschung für die Schüler einen besonderen Anreiz, sich mit dem unbekannten und ungewohnten Klangbeispiel näher zu befassen. So wurden die Schüler einer 8. Klasse aufgefordert:

1. Paul Dessaus Kompositionen „Aufbaulied der FDJ“ (1949; Text: B. Brecht) und „Klein Li möchte schlafen“ (1970; Text: Rita Franke)[69] hinsichtlich Ausdruck, Anliegen, Kompositionsmittel (Singstimme/Instrumentalbegleitung/Gesamtaufbau/Interpretation) schriftlich zu vergleichen,
2. ihre persönliche Einstellung zu den Liedern kurz zu kennzeichnen und
3. die Frage zu beantworten: „Würdest du dich gern mit deinen Mitschülern und der Musiklehrerin über diese Musik austauschen?“

Die Beantwortung auf dem folgenden Arbeitsblatt (hier *kursiv* gesetzt) brachte in allen drei Positionen wichtige Aufschlüsse.

Arbeitsblatt für einen wertenden Vergleich in Klasse 8, Stoffeinheit 1, mit einem Beispiel der Beantwortung (Jan)

1. Vergleiche die Lieder Paul Dessaus „Aufbaulied der FDJ“ (Text: Bertolt Brecht) und „Klein Li möchte schlafen“ (Text: Rita Franke)!

	Aufbaulied der FDJ (komponiert 1949)	Klein Li (komponiert 1970)
Ausdruck	*aufrüttelnd, sehr lebhaft, heiter*	*eindringlich, auffordernd zum parteilichen Handeln, ergreifend*
Anliegen	*Lied für die Jugend zum Aufbau eines neuen Lebens*	*Lied gegen den Vietnamkrieg*
Kompositionsmittel:		
– Singstimme	*gemischter Chor – Singeklub*	*Solo (Kinderstimme)*
– Instrumentalbegleitung	*Schlagzeug, Gitarre, Klarinette*	*Gitarre*
– Gesamtaufbau	*singeklubmäßiger Aufbau*	*sehr einfach (Gesang Gitarre), trotzdem sehr einprägsam*
Interpretation	*locker, gelöst, aber auch energisch*	*wird von dem doch wahrscheinlich kleinen Mädchen hervorragend interpretiert*

[69] Beide Lieder auf NOVA 885034 (Paul Dessau: Rummelplatz; Kinderlieder, Jugendlieder).

2. Welches ist deine persönliche Einstellung zu den Liedern?

– Aufbaulied der FDJ:

Ich finde, es erfüllt genau die Absicht, die Brecht und Dessau damit hatten. Durch den beschwingten, heiter geschriebenen Text und die voll damit übereinstimmende Melodie gefällt mir dieses Aufbaulied.

– Klein Li möchte schlafen:

Ich kann nicht sagen, daß mir dieses Lied so gefällt oder daß es „schön“ wäre, wie man es im allgemeinen meint. Aber das ist sicher gar nicht die Absicht. Ich könnte mir keinen eindringlicheren Aufruf zum Handeln gegen den Vietnamkrieg denken.

---

3. Würdest du dich gern mit deinen Mitschülern und der Musiklehrerin über diese Musik austauschen?

a) ja*; warum? *Mich würden die Meinungen anderer dazu interessieren.*

b) nein*; warum nicht?

c) Ich kann mich zu dieser Frage nicht äußern.* (* = Zutreffendes unterstreichen!)

Auf der Basis der exakt ausgewiesenen Vergleichspunkte, die die Schüler auf eine konzentrierte Arbeit am Klangbeispiel orientierten, entwickelten sie durchweg persönliche Stellungnahmen. Damit waren günstige Voraussetzungen für die Herausbildung von Werturteilen in der anschließenden Diskussion gegeben. Die meisten der Stellungnahmen zum Lied „Klein Li möchte schlafen“ zeigen, daß die Schüler sich mit einem inneren Widerspruch auseinanderzusetzen hatten: ihrer Zustimmung zum textlichen Anliegen (Anklage gegen die Kriegsbrandstifter in Vietnam) und zur bewegenden Interpretation durch die Stimme eines kleinen Mädchens einerseits und ihrer Ablehnung einiger ungewohnter Gestaltungsmittel andererseits. Gerade aus diesem – offenbar als überwindbar empfundenen – Widerspruch ergab sich ihr Wunsch nach einem Meinungsaustausch. Hier einige weitere Beispiele aus den Antworten zur zweiten und dritten Frage[70]:

Heike:

Das Lied „Klein Li“ gefällt mir nicht so sehr wie das Aufbaulied. Die Begleitung gefällt mir nicht. Das Lied, der Text an und für sich ist sehr gut und regt zum Nachdenken an. Die Gitarrebegleitung wirkt so anstachelnd. Gut finde ich, daß das Lied von einem Kind gesungen wird, dadurch bekommt das Lied einen bittenden Ausdruck.

Man möchte auch die Meinung anderer Schüler über dieses Lied wissen und wie sie über dieses Lied denken. Ich finde, diese beiden Lieder sind es wert, daß man sich über sie unterhält.

Jens-Uwe:

Sehr eindringliche Kinderstimme, durch die zu plötzlichen Pausen erwartet man aber immer wieder etwas Neues, und jedesmal wird man „enttäuscht“. Ich meine, man könnte diese Pausen weglassen. Außerdem könnte die Frage „Warum?“ vielleicht etwas eindrucksvoller dargestellt werden. Insgesamt ein trotzdem sehr schönes Lied, vor allem eben durch die schöne Kinderstimme.

Ich bin für einen Meinungsaustausch. Die Musik ist interessant dargestellt, und durch den Text werden Probleme aufgeworfen, die auch für die heutige Zeit Gültigkeit besitzen.

In einigen Stellungnahmen, so auch in dem durch Jan ausgefüllten Arbeitsblatt (siehe oben), fällt die Fähigkeit beziehungsweise das Bemühen der Schüler auf, noch vorhandene Klischeevorstellungen von „schöner“ musikalischer Gestaltung zu überwinden. Dies erkärt sich vor allem daraus, daß vergleichende Betrachtungswei-

[70] Es werden nur die das Lied „Klein Li“ betreffenden Antworten zitiert.

sen von vornherein auf eine dialektische Auseinandersetzung sowohl mit übereinstimmenden oder ähnlichen als auch mit unterschiedlichen beziehungsweise völlig gegensätzlichen musikalischen Gestaltungsweisen orientieren und somit darauf hinwirken, einseitige und klischeehafte Vorstellungen abzubauen und sich auch Ungewohntem zu stellen. Auch hierzu zwei weitere Beispiele der Schülerantworten:

Halka:
Auch dieses Lied gefällt mir sehr. Durch seinen ungewöhnlichen Aufbau, die spärliche Begleitung und diese dringende Stimme des kleinen Mädchens läßt es den Hörer aufhorchen, er ist gezwungen zuzuhören. Der Zuhörer wird an einer empfindlichen Stelle getroffen. Wer wird schon Kinder gern leiden sehen. Die Lieder werfen Probleme auf, die es wert sind, darüber zu diskutieren, man soll seine Meinung sagen.

Ljuba:
„Klein Li möchte schlafen" gefällt mir sehr gut. Durch die Musik, die nicht harmoniert, kommt das kummervolle Kinderleben im Krieg zum Ausdruck.
Mich interessiert, wie andere über die Lieder denken.

Es kann davon ausgegangen werden – auch die angeführten Stellungnahmen beweisen es –, daß namentlich Schüler der Oberstufe ein ausgeprägtes Interesse am *Austausch persönlicher Meinungen und Standpunkte über Musik* und an der dadurch möglichen Qualifizierung des eigenen Werturteils besitzen. Die Anregung und Förderung eines solchen kollektiven Austauschs stellt somit eine weitere effektive Maßnahme werturteilsbildender Tätigkeitsführung dar. Die hierbei an den Schüler ergehende Aufforderung, eine Stellungnahme, ein Urteil über das gehörte Musikwerk zu formulieren, fördert stets seine Selbstverständigung über das Musikerleben, indem er auf diese Weise veranlaßt wird, das Gehörte in seiner Vorstellung wiederholt zu reproduzieren, sich vertieft mit ihm auseinanderzusetzen und Stellung zu beziehen. Gelingt die Entwicklung eines wirklich kollektiven Gesprächs, in dem sich die Schülerbeiträge aufeinander beziehen und der Lehrer sich nur einschaltet, wenn weiterführende Impulse, Korrekturen oder Zusammenfassungen notwendig sind, so ist darüber hinaus die Möglichkeit der Überprüfung, Differenzierung, Bestätigung, Vertiefung und Bereicherung des einzelnen Schülerurteils gegeben.
Werturteilsbildende Unterrichtsgespräche müssen sich auf einen aktiven gedanklich-emotionalen Umgang mit dem Musikwerk beziehen können und vom Schüler die Begründung seiner vorgebrachten Standpunkte am Werk selbst in seiner Komplexität von Aussage, Gestaltung, Funktion und Wirkung fordern. Dabei geht es sowohl darum, die Subjektposition des einzelnen Schülers zur Entfaltung zu bringen wie zugleich durch die Einbeziehung objektiver ästhetisch-musikalischer Wertkriterien Begrenztheiten, Einseitigkeiten und Vorurteile in der Beurteilung von Musik zu überwinden.
Ästhetisch-musikalische Wertkriterien stellen „Verallgemeinerungen praktischer Anforderungen an die Musik, musikalischer Bedürfnisse, Gestaltungen und Ideale dar und sind das Ergebnis eines langen historischen Prozesses" (Kaden 1979, S. 228). Sie sind somit objektiv bestimmt, jedoch in ihren Inhalten und Funktionen nicht ein für allemal festgelegt, sondern entsprechend den sich verändernden Anforderungen und Bedürfnissen der Gesellschaft wandelbar. Ästhetisch-musikalische Wertkriterien, die geeignet sind, im Musikunterricht der sozialistischen Schule die

Werturteilsbildung unserer jungen Generation zu fördern, müssen den heutigen Bedingungen und auch Perspektiven sozialistischer Musikkultur entsprechen, das heißt genügend Spielraum für die Bewertung auch neuer musikkultureller Erscheinungen lassen. Sie müssen sich für die Bewertung des zeitgenössischen Musikschaffens wie des musikkulturellen Erbes eignen und für unsere Schüler sowohl verständlich wie auch anwendbar sein. Unter diesem Gesichtspunkt können vor allem die folgenden als Komplexfragen formulierten *ästhetisch-musikalischen Wertkriterien* in die werturteilsbildende Tätigkeitsführung einbezogen werden:

- Inwieweit hat in dem Werk die Haltung des Komponisten zu den Lebensprozessen seiner Zeit musikalisch Gestalt gewonnen?[71]
- Zeichnet sich das Werk durch künstlerische Meisterschaft und Volksverbundenheit aus? Verbindet sich in ihm Originalität mit der schöpferischen Weiterführung wertvoller Traditionen?
- Vermag das Werk auf unser Fühlen und Denken einzuwirken und uns Impulse für unser Verhalten zu geben?

Außer diesen Wertkriterien, die im Hinblick auf unterschiedliche Gattungen präzisiert werden können, jedoch prinzipielle Gültigkeit für instrumentale und wortgebundene Musik, für das Tanzlied und die Sinfonie besitzen, tragen auch die Auseinandersetzung der Schüler mit Stellungnahmen bedeutender Persönlichkeiten zu einem Musikwerk, mit den in Berichten und Rezensionen enthaltenen Wertmeinungen, ferner der Stellenwert des Werkes innerhalb der Musikkultur und nicht zuletzt die engagierte und begründete Wertmeinung des Lehrers dazu bei, das individuelle Urteil der Schüler dem objektiven Wert des Werkes anzunähern.

5. Ermittlung und Einschätzung von Unterrichtsergebnissen im Bereich Musikhören

5.1. Stellenwert und Funktionen der Leistungskontrolle im Unterricht

In allen Phasen des Unterrichts gilt es zu beachten, daß nicht ein vielseitiges Tätigsein der Schüler allein – und sei es noch so gut und zielgerecht geplant – den Unterrichtserfolg garantiert. Hinzutreten muß eine stets wache und sensible Beobachtung und Einschätzung des Leistungsvermögens unserer Schüler sowie ihres Verhaltens zum musikalischen Gegenstand und zur eigenen musikbezogenen Tätigkeit. Wie anders soll der Musiklehrer sonst wissen, inwieweit das erforderliche Niveau des Wissens, Könnens und der Einstellung erreicht worden ist, das die Voraussetzung für die weitere Qualifizierung des Rezeptionsvermögens und entsprechender Verhaltensweisen bildet?

[71] Die Orientierung der Schüler auf die im Werk vergegenständlichte Haltung, die das Moment des Wertens einschließt, hat den Vorteil, daß sie damit herausgefordert werden, sich selbst wertend zum Werk in Beziehung zu setzen. (Vgl. 2.2.2.3., S. 36ff.)

Aus diesem Grund genügt es auch nicht, die Leistungsermittlung vorrangig auf einige Kontrollarbeiten zu konzentrieren. Der Erfahrungsbericht eines Schuldirektors in Auswertung seiner Hospitationen im Unterricht unterschiedlicher Fächer hat in dieser Hinsicht auch für den Musikunterricht Gültigkeit:

„Unsicher fühle ich mich bei der Auswertung der Hospitationsstunden dann, wenn es um die Einschätzung der Qualität der Lernergebnisse bei den Schülern geht... Erforderlich wäre... zu wissen, wie weit jeder einzelne Schüler in jeder Stunde das geplante Wissen tatsächlich verinnerlicht hat. Das ist eine sehr komplizierte, aber sehr wichtige Aufgabe. Noch gibt es auch an unserer Schule Kollegen, für die die Kontrollarbeit die erste Form der Rückkoppelung darstellt und die dann ganz überrascht sind über den hohen Anteil schlechter Noten... Hier müßte doch die Lösung darin liegen, jeden Lehrer dazu zu befähigen, in jeder Phase des Unterrichts nüchtern und sachlich einschätzen zu können, in welcher Qualität jeder einzelne Schüler das geplante Wissen im Gedächtnis hat.
Erleben wir nicht häufig, wie ein leistungsstarker Schüler am Stundenschluß eine inhaltlich gute und sprachlich gewandte Zusammenfassung gibt und wie dann geschlußfolgert wird, daß das jeder so gebracht hätte?“ (Anton 1981)

Ebensowenig, wie sich die Resultatsermittlung nur auf gelegentliche Kontrollarbeiten beschränken darf, sondern einen zwar unterschiedlich akzentuierten, jedoch stets präsenten Bestandteil des gesamten Unterrichts bildet, kann sie sich – insbesondere in den künstlerischen Fächern – auch nur auf das Wissen der Schüler beziehen. Vielmehr ist bei der Kennzeichnung des Inhalts der zu ermittelnden und einzuschätzenden Unterrichtsergebnisse von der komplexen Zielstellung des Musikhörens auszugehen. Diese richtet sich auf die Gesamtstruktur des musikalischen Rezeptionsverhaltens, die erkenntnis-, fähigkeits- und einstellungsorientierte Faktoren einschließt. Es kann daher als Resultatsermittlung auch nicht genügen, festzustellen, ob der Schüler ein Werk wiedererkennt, ob er es in sein historisch-biographisches Umfeld einordnen und werkspezifische sowie biographische Faktenkenntnisse nachweisen und anwenden kann. Der kollektive und individuelle Prozeß der Aneignung und Erschließung eines musikalischen Kunstwerkes wie auch seine Ergebnisse werden im Unterricht in entscheidendem Maße davon mitbestimmt, welches Maß an emotionaler Zuwendung, schöpferischer Phantasie und Wertgerichtetheit der einzelne Schüler ins Spiel bringt und produktiv werden läßt. Diese Komponenten musikalischen Rezeptionsverhaltens können – vor allem bei schriftlichen Leistungskontrollen – nicht mit einer Zensur bemessen werden. Um so mehr erfordern sie stete Beobachtung sowie Variabilität des pädagogischen Instrumentariums, das vom ermunternden Hinweis über ein anerkennendes Worturteil bis zu einer Bewertung reichen kann. Damit wird zugleich darauf eingewirkt, daß sich im musikalischen Rezeptionsverhalten des einzelnen Schülers einstellungsorientierte Faktoren mit entsprechendem Wissen und Können mehr und mehr zu einer dialektischen Einheit verbinden.
Die den Unterricht begleitenden Beobachtungen und Maßnahmen zur Resultatsermittlung und -bewertung sind nicht nur im Hinblick auf die Einschätzung des Schülers von Belang. Sie sind zugleich „Auftakt und Impuls für weitere didaktische Maßnahmen: einmal zur ‚Reparatur‘ entstandener ‚Schäden‘, vor allem aber zur Überprüfung des eingeschlagenen Weges und der Ableitung von Schlußfolgerungen für die weitere Arbeit“. (Klingberg 1974, S. 394)
So kann bereits die Reaktion auf die am Ende der Erarbeitung eines Musikwerkes – etwa des Präludiums mit Fuge c-Moll aus dem Wohltemperierten Klavier, Teil I

(Klasse 9, Stoffeinheit 2) – an die Schüler gerichtete Frage: „Wollen wir uns die Stücke noch einmal anhören?“ eine bedeutsame Rückkopplungsfunktion für die weitere Tätigkeitsführung des Lehrers besitzen, zumal wenn die Schüler angeregt werden, ihre Ablehnung oder ihre Zuwendung zum Stück zu begründen. Ähnliche Aufschlüsse ergeben sich bei sorgfältiger Beobachtung der Schülerreaktionen bereits während des Musikhörens selbst, ferner in Problemdiskussionen zur Vorbereitung auf ein Musikerlebnis und bei der postrezeptiven Bildung von Werturteilen. Schließlich vermitteln Übungen und Kurzkontrollen in mündlicher und schriftlicher Form zu Teilaspekten des erarbeiteten Stoffes, Kurzreferate einzelner Schüler sowie schriftliche Kontrollarbeiten als relativer Abschluß eines Stoffgebietes (Methodik Musikunterricht 1979, S. 235ff.) dem Lehrer reiche Informationen sowohl für die Beurteilung seiner Schüler wie für seine weitere pädagogische Tätigkeit.

Die Anerkennung der *Leistungskontrolle als eines immanenten Bestandteils des Unterrichts* sowie die Orientierung auf *ihre die allseitige Persönlichkeitsentwicklung des Schülers fördernde Funktion* stellen an ihre inhaltliche Gestaltung hohe Ansprüche. Folgende Hauptaspekte sind dabei zu berücksichtigen:

- Leistungskontrolle im Musikunterricht muß die geistige Aktivität *aller* Schüler der Klasse anregen. Dies betrifft auch die mündliche Leistungskontrolle, die sich meist in erster Linie einzelnen Schülern zuwendet. Die geistige Teilnahme aller Schüler kann durch die Aufforderung, die Leistung des zu kontrollierenden Schülers nach vorgegebenen Kriterien mitzubewerten, oder durch eine den Stoff betreffende ergänzende Fragestellung angeregt werden.
- Leistungskontrollen müssen so angelegt sein, daß sie sich fördernd auf die weitere Erziehungs- und Bildungsarbeit im Bereich des Musikhörens auswirken, sei es, daß sie die Neugier, das Interesse und die Bereitschaft für das Hören beziehungsweise die vertiefende Auseinandersetzung mit einem musikalischen Kunstwerk, insbesondere anspruchsvoller Instrumentalmusik des Erbes und der Gegenwart, erwecken oder sei es, daß sie zur Anwendung, Vertiefung und Systematisierung des erworbenen Könnens und Wissens beitragen und geeignet sind, den Schülern entsprechende Erfolgserlebnisse zu ermöglichen.
- Leistungskontrollen müssen deshalb interessant und abwechslungsreich gestaltet sein. Dies bezieht sich sowohl auf die Verwendung unterschiedlicher Formen, insbesondere kurzer, die Selbstkontrolle anregender und fördernder Übungen in schriftlicher, mündlicher oder kombinierter Form (zum Beispiel auf der Grundlage von Arbeitsblättern) wie auf die Einbeziehung aller in Verbindung mit dem Musikhören zu aktivierenden Schülertätigkeiten. Eine zunehmende Bedeutung erhalten hierbei jene Tätigkeiten, die das selbständige, schöpferische Lösen von Aufgaben fördern, wie ein vielseitiger musizierpraktischer Umgang mit musikalischem Material als Vorbereitung oder auf der Grundlage der zu erarbeitenden Klangbeispiele, das graphische Ergänzen beziehungsweise Nachvollziehen gehörter Musik und vor allem das selbständige Anwenden von Verfahrenskenntnissen bei einer aspekthaft-analytischen Aufgabenstellung (vgl. Abschnitt 4.6.2.).
- Der starke Anteil einstellungsorientierter Faktoren am musikalischen Rezeptionsverhalten, das stete Bemühen um ihre Qualifizierung im Hinblick auf ein genußvolles, wertgerichtetes und zugleich von schöpferischer Phantasie getragenes Musikerleben lassen es geboten erscheinen, nicht jede Leistungskontrolle unter dem Gesichtspunkt einer Zensierung vorzunehmen.

Der Musiklehrer wird bei Kenntnis der Bedingungen seines Klassenkollektivs im einzelnen Fall entscheiden können, ob der Wert einer lustbetonten, nicht unter dem Druck einer Zensierung stehenden Übung nicht höher einzuschätzen ist als ein Zensurenergebnis. Dagegen sollte in jedem Falle sein begründetes Worturteil die Schülerleistungen einschätzen.

Unter diesen Gesichtspunkten seien in den folgenden Beispielen einige erprobte Leistungskontrollen skizziert.

5.2. Ermittlung von Leistungen im Verfolgen von Klangbeispielen

Kontrollen dieser Art richten sich auf die Erkundung der Wahrnehmungsleistungen des Schülers als den grundlegenden Bedingungen erlebnishafter Rezeption (vgl. 2.2.3.2.). Sie können auf sehr unterschiedliche Weise erfolgen und dabei mit zusätzlichen Anforderungen verbunden werden.

Eine Möglichkeit besteht darin, daß die Schüler die Aufgabe erhalten, die erklingenden Beispiele bestimmten Notenbildern zuzuordnen, die nicht in der Reihenfolge des Erklingens dieser Stücke notiert sind. Damit wird den Schülern zugleich eine Leistung im Umgang mit dem Notenbild abverlangt, die sie nicht überfordert, sondern ihnen bewußtmacht, daß sie in der Lage sind, sich im Notenbild relativ zu orientieren (Lehrplan Musik, Klassen 5 bis 10, S. 17), und daß ihnen diese Fähigkeit beim Musikhören zugute kommt.

Für die inhaltliche Gestaltung einer solchen Leistungskontrolle kann zum Beispiel die unterschiedliche Reihenfolge der Sätze aus der Musik zum Ballett „Gajaneh“ von Aram Chatschaturjan im Lehrbuch Musik, Klasse 7 (S. 66 bis 70), und auf der Schallplatte (SCHOLA 875009) genutzt werden.

Nach einer kurzen Einführung in Entstehung, Fabel und Anliegen des Balletts wird der erläuternde Text zu den fünf Sätzen gemeinsam gelesen. Alle ihm eingefügten Notenbeispiele werden durch den Lehrer – eventuell auch durch geeignete und besonders vorbereitete Schüler – auf dem Klavier beziehungsweise mit Hilfe von Rhythmusinstrumenten zum Erklingen gebracht.

Nun formulieren wir unser gemeinsames Ziel:

- Die Satzfolge in der Schallplatteneinspielung ist eine andere, als wir sie aus dem Lehrbuch erfahren konnten. Die Ursache ist darin zu sehen, daß die fünf Stücke auf drei verschiedene Suiten verteilt sind, die der Komponist zusammenstellte. Versucht herauszufinden, in welcher Reihenfolge die Sätze in der Schallplattenaufnahme erklingen! Notiert das Ergebnis! Nutzt dabei alle Hilfen, die euch das Musiklehrbuch bietet!

Die Auswertung der schriftlichen Kontrollübung[1], die den Schülern viel Vergnügen bereitet, bietet interessante Ansatzpunkte für eine Unterrichtsdiskussion und bereitet die *weitere Arbeit am Werk* vor:

- Was meint ihr: Bei welchen Sätzen haben sich die wenigsten von euch geirrt?
- Wie erklärt ihr die Tatsache, daß das „Wiegenlied“ und der „Armenische Säbeltanz“ von (nahezu) allen richtig erkannt wurden, bei den anderen Sätzen aber häufiger Verwechslungen vorkamen?

[1] Die Reihenfolge auf SCHOLA 875009 ist: Lesginka – Wiegenlied – Gopak – Armenischer Säbeltanz – Russischer Tanz.

Den Schülern soll bewußt werden, daß es darauf ankommt, noch gewissenhafter mit dem Notenbild und verbalen Informationen zu einem Musikwerk umzugehen. Zugleich kann sich damit die Einsicht entwickeln, daß es für das tiefere Verständnis eines Musikwerkes oftmals von Vorteil ist, sich im Notenbild als der schriftlich fixierten Form musikalischer Produktionen aus Vergangenheit und Gegenwart mit einiger Sicherheit auszukennen. Diese Kontrolle löst neue Motivationen für die Aneignung musikalischer Kunstwerke aus.
Als Kontrollübungen zur Ermittlung von Leistungen im Verfolgen von Klangbeispielen können auch alle jene Aufgaben eingesetzt werden, bei denen der musikalische Verlauf von den Schülern am Notenbild gestisch mitvollzogen wird. Zur Überprüfung der einzelnen Schülerleistungen sowohl durch den Lehrer wie auch durch die nicht kontrollierten Schüler ist hierfür eine Übertragung von Ausschnitten aus dem Notenbild auf Folie notwendig. Der betreffende Schüler *zeigt* in Verbindung mit dem erklingenden Musikwerk beispielsweise, wie die Soloinstrumente im Andante des 2. Brandenburgischen Konzerts von J. S. Bach polyphon einsetzen (Lehrbuch Klasse 9/10, S. 24). Mehr und günstigere Möglichkeiten für solche Kontrollübungen bieten jedoch graphische oder auch verbalisierte Prozeßbilder, da sie sich auf längere musikalische Abschnitte und komplexere Vorgänge einschließlich des Wechsels unterschiedlicher Klanggruppen beziehen und auf Grund ihrer Faßlichkeit und Überschaubarkeit (die allerdings durch die Anlage gewährleistet sein muß) vom Schüler erfolgreicher nachvollzogen werden können.[2] Schließlich zählen zur Gruppe derjenigen Leistungskontrollen, die sich auf ein genaues Verfolgen von Klangbeispielen richten, auch alle jene schriftlichen oder mündlichen Übungen, die dem Wiedererkennen bereits bekannter Melodien, Themen und Motive dienen. So führt die den Schülern der Klasse 8 gestellte Aufgabe, die von Ottmar Gerster in seiner „Festouvertüre 1948“ verarbeiteten oder zitierten Arbeiterlieder in der Reihenfolge ihres ersten Erklingens zu notieren, in den meisten Fällen zu guten und zugleich für den Lehrer aufschlußreichen Ergebnissen.
Eine besonders günstige und im Unterricht bereits mehrfach erfolgreich erprobte Möglichkeit der Überprüfung von Hörleistungen besteht in der Anwendung des von Herberger entwickelten Ziffernprotokoll-Verfahrens im Unterricht (vgl. 2.3., S. 56ff.).[3] Die Anzahl der dabei vom Lehrer vorgegebenen Markierungspunkte richtet sich natürlich nach dem Leistungsstand der Klasse. Wichtig ist, daß die „Hörstationen“ nicht zu schnell aufeinander folgen. Zugleich sollte durch ihre Auswahl auf einige exponierte Stellen des Werkes hingewiesen werden.

5.3. Ermittlung des Niveaus musikbezogenen Wissens

Das Niveau des Wissens unserer Schüler über musikbezogene Fakten und Zusammenhänge wird vor allem bei der Erfüllung erfahrungsaktualisierender und informativ-orientierender Aufgabenstellungen ermittelt.[4] Das bedeutet, daß sich die Kontrolle von Kenntnissen sowohl auf die Wiederholung und Festigung der im Unterricht bereits angeeigneten Fakten und Zusammenhänge richtet wie auf selbstän-

[2] Es sei hier ausdrücklich auf die in den Abschnitten 4.4.4. und 4.5.3. enthaltenen Beispiele verwiesen.
[3] Vgl. auch Herberger 1981 b, S. 598ff.
[4] Vgl. die in den entsprechenden Abschnitten 4.2. und 4.5. enthaltenen Aufgaben.

dig zu erarbeitenden Stoff in Vorbereitung oder in Verbindung mit der Erschließung eines neuen Werkes und daß außerdem auch die Möglichkeit besteht, im außerunterrichtlichen Umgang mit Musik (Opern- und Konzertbesuch, Singeklub und anderes) zusätzlich erworbenes Wissen hierbei einzubeziehen.
In allen Fällen wird die Qualität der Schülerleistung durch eine Reihe von Faktoren pädagogischer Führung wesentlich mitbestimmt. Sie betreffen inhaltliche und motivationale Seiten der Aufgabenstellung, die Beachtung subjektiver Voraussetzungen der Schüler, aber auch wichtige orientierende Hinweise, wie die Schüler bei der Lösung der Aufgaben vorgehen müssen, sowie für die Form, in der sie ihr Wissen darbieten sollen. Zur Kontrolle des Wissensstandes *aller* Schüler eignen sich in erster Linie Aufgaben, die mit Hilfe des Musiklehrbuchs gelöst werden können. Neben den hier bereits formulierten Fragen bieten auch alle darin enthaltenen musikhistorischen, musikkulturellen und biographischen, musiktheoretischen und gattungsspezifischen Informationen Ansatzpunkte für erziehungswirksame Leistungskontrollen.
Damit die Schüler diese Materialien interessiert und erfolgreich benutzen, bewährt sich die Berücksichtigung der folgenden Gesichtspunkte:
- Das selbständige Durcharbeiten und die freie mündliche Wiedergabe längerer Abschnitte zur Biographie eines Komponisten oder zu allgemeinen und gattungsspezifischen Fragen der Musikentwicklung muß spätestens von Klasse 6 an vor einer entsprechenden Leistungskontrolle im Musikunterricht an einigen Beispielen geübt worden sein, wobei es darum geht, die Schüler auf das Erkennen und Wiedergeben der wesentlichen Aussagen des Textes (durch Unterstreichen oder andere Formen der Markierung) zu orientieren. Für das Durcharbeiten einer Komponistenbiographie können hierbei Schwerpunkte festgelegt werden, die der Schüler auch auf Darstellungen zum Leben und Schaffen anderer Komponisten übertragen kann. Damit wird ihm nicht nur die Lösung derartiger Aufgaben wesentlich erleichtert, sondern es werden auch Anhaltspunkte für die Bewertung seiner Leistungen durch das Klassenkollektiv und den Lehrer geschaffen. Als Schwerpunkte einer Komponistenbiographie können festgelegt werden:

  · Einflüsse auf die Entwicklung des Komponisten (Elternhaus, Herkunft, gesellschaftliche Situation),
  · wichtige Stationen aus seinem Leben und Schaffen,
  · Haltung des Komponisten und Bedeutung seines Schaffens,
  · Pflege seines Werkes in unserer Gesellschaft,
  · eventuell zusätzlich: Anführung eines oder mehrerer Werke des Komponisten, die der Schüler bereits gehört hat, und kurze Bemerkungen über persönliche Eindrücke.

  Bei anderen Texten müssen die Schwerpunkte im Zusammenhang mit der Aufgabenstellung stets neu festgelegt werden.
  So können die Orientierungen für das Durcharbeiten des umfangreichen Abschnitts „Carl Maria von Weber als Vorkämpfer einer nationalen Opernkunst" (Lehrbuch Klasse 7/8, S. 132f.) sich – je nach dem zuvor im Unterricht behandelten Stoff – entweder mehr auf die Kennzeichnung der Gattung Oper beziehen (Welche Künste wirken zusammen? Wer sind ihre Hauptträger? Welche Gesangsformen werden in ihr verwendet?) oder mehr auf ihre historische Entwicklung

(Wann, wo und in welcher Form entstand die Oper? Welche gesellschaftliche Stellung nahm sie im Laufe ihrer Entwicklung ein und wie spiegelt sich diese in ihren Stoffen wider?).

- Die in den Lehrbüchern enthaltenen zusammenfassenden grundsätzlichen Aussagen zur Bedeutung einzelner Komponisten, zu bestimmten Epochen der Musikentwicklung oder zu Problemen der Musikkultur, ferner die zitierten Aussprüche bedeutender Meister der Tonkunst über das Schaffen eines anderen Komponisten bilden wertvolle Anregungen beziehungsweise Ausgangspunkte für Ergebniskontrollen in schriftlicher oder mündlicher Form, vor allem in Verbindung mit der Zusammenfassung und Systematisierung. Sie machen es erforderlich, daß die Schüler Lehrbuchtexte, persönliche Aufzeichnungen, eventuell auch andere Materialien unter übergreifenden Gesichtspunkten gründlich durcharbeiten.

  Andererseits besteht gerade hier die Gefahr, daß die Schüler in mehr oder weniger abstrakten, unpersönlichen Formulierungen stehenbleiben. Das gilt selbst für die Beantwortung solcher Fragen, die ausdrücklich den Nachweis einer Aussage am klingenden Werk fordern, wie: „Weisen Sie an Hand der gehörten Werke von Bach, Händel und Telemann nach, weshalb die Pflege von Werken dieser Meister Anliegen sozialistischer Kulturpolitik ist!“ (Lehrbuch Musik, Klassen 9/10, S. 34) Deshalb ist es notwendig, den Schüler bei solchen Aufgabenstellungen darauf zu orientieren, daß eine überzeugende Beantwortung nur möglich ist, wenn er seine persönliche Einstellung zu dieser Musik mit entsprechender Begründung in seine Ausführungen einbezieht.
- Aufgaben zur Kontrolle des Wissensstandes sollten möglichst oft und vielfältig die Kombination verschiedener Lehrbuchinformationen erforderlich machen und anregen, vor allem die Einbeziehung des Sachwörterverzeichnisses und der synoptischen Tabellen (Klassen 9/10 und 11/12), aber auch von Texten unterschiedlicher Stoffeinheiten einschließlich der dazugehörigen Notenbeispiele. Insgesamt geht es – gerade in Verbindung mit der Vorbereitung von Leistungskontrollen – um die Anregung eines vielseitigen, zunehmend selbständigen Umgangs mit dem Lehrbuch unter gelegentlicher Hinzuziehung auch anderer Materialien, wie Jugendlexikon Musik, Opern- oder Konzertführer.
- Kurzreferate als individuelle Aufträge an einzelne Schüler, in denen Informationen vermittelt werden, die für die übrigen Schüler der Klasse neu sind, von ihnen aber dennoch aufgenommen und verarbeitet werden sollen, erfordern eine besonders sorgfältige methodische Vorbereitung.

  Zeitlich sollten sie auf 5 bis höchstens 10 Minuten (in der Oberstufe) beschränkt sein, was einen konzentrierten und überschaubaren Aufbau des Referats erforderlich macht. Stets sollte der referierende Schüler sein gedankliches Gerüst zuvor an die Tafel schreiben. Zusätzlich kann der Musiklehrer im Anschluß an den Schülervortrag eine eigene Aufstellung der Schwerpunkte auf Folie darbieten. Der Vergleich beider Gliederungen ist für die zuhörenden Mitschüler nicht nur anregend und instruktiv (wobei der Vergleich keineswegs einseitig zugunsten des Lehrers ausfallen muß!), sondern bietet auch gute Ansatzpunkte für die Bewertung des Referats. Bewährt hat es sich auch, wenn der referierende Schüler bereits einige Tage zuvor die Schwerpunkte seines Kurzreferats an der Musikwandzeitung bekanntgibt.

– Bei Leistungskontrollen zur Ermittlung des Niveaus musikbezogener Kenntnisse sollten vielfältige Möglichkeiten der Veranschaulichung von Sachverhalten genutzt werden: Merkmalsübersichten zu einzelnen Gattungen oder grundsätzlichen Möglichkeiten des dramaturgischen Verlaufs von Musik (vgl. 4.6.), Zeitleisten zur Verdeutlichung der Bezüge zwischen Musikschaffen und gesellschaftlicher Situation (vgl. 4.5.2.), einfache topographische Skizzen zur Andeutung der für das Schaffen eines Komponisten wichtigen Wirkungsstätten (zum Beispiel bei G. F. Händel) oder auch dramaturgische Skizzen zur Klärung von Personenkonstellationen und Handlungsbezügen in musikdramatischen Werken. Zum Einsatz dieser Form der Veranschaulichung sollen im folgenden einige Erfahrungen mitgeteilt werden.[5]

Das dialektische Zusammenwirken von Musik, Wort und Bühnenhandlung in Oper, Operette und Musical erfordert die Kenntnis der Fabel, des Handlungsverlaufs sowie wichtiger Faktoren des Figurenensembles. Dieses Wissen ist Voraussetzung für ein tieferes Verstehen des musikalischen Geschehens. Mit dem Einsatz einer *dramaturgischen Skizze* wird angestrebt, wesentliche Faktoren der Spielebene eines musikdramatischen Werkes in gedrängter, überschaubarer Form zu erfassen und graphisch zu gestalten. Ihr Einsatz führt dazu, daß sich die erarbeiteten Sachverhalte bei den Schülern nachhaltiger einprägen und auch zu einem späteren Zeitpunkt – zum Beispiel bei Wiederholungen oder bei der Einstimmung auf einen Theaterbesuch – rasch reaktiviert werden können.

In Verbindung mit der Leistungskontrolle sind dramaturgische Skizzen auf verschiedene Weise einsetzbar.

In Klasse 8 erhielten in Vorbereitung der Stoffeinheit 5, „Carl Maria v. Weber als Vorkämpfer einer nationalen Opernkunst“, alle Schüler den Auftrag, unter Zuhilfenahme des informierenden Textes im Musiklehrbuch und gegebenenfalls weiterer Literatur wie Opernführer usw. eine dramaturgische Skizze zum „Freischütz“ zu entwerfen und diese in der folgenden Unterrichtsstunde vorzustellen, zu kommentieren und auf ihre Vollständigkeit und Zweckmäßigkeit hin zur Diskussion zu stellen. Die vom Schüler erbrachte Leistung wurde abschließend auf der Grundlage einer Selbst- und Fremdeinschätzung bewertet. Im Ergebnis der Diskussion entstand eine redigierte Fassung, die für die weitere Arbeit am „Freischütz“ gut verwendet werden konnte (siehe S. 186 oben).

In Klasse 9 hatten die Schüler die Hausaufgabe erhalten, den Lehrbuchtext (S. 69 bis 72) zur „Fledermaus“ von Johann Strauß durchzuarbeiten und sich auf einen freien Vortrag zur Handlung dieser Operette vorzubereiten. Eine vom Musiklehrer als Projektionsfolie gestaltete dramaturgische Skizze erhielt in der Kontrollphase die Funktion einer Gedächtnisstütze beziehungsweise eines Stichwortzettels.

Dagegen enthält die folgende dramaturgische Skizze zu Mozarts „Zauberflöte“ Leerstellen, die vom Schüler auszufüllen sind (siehe S. 186 unten).

[5] Vgl. auch die dramaturgische Skizze zu Smetanas Oper „Die verkaufte Braut“ in 4.5.2., S. 149.

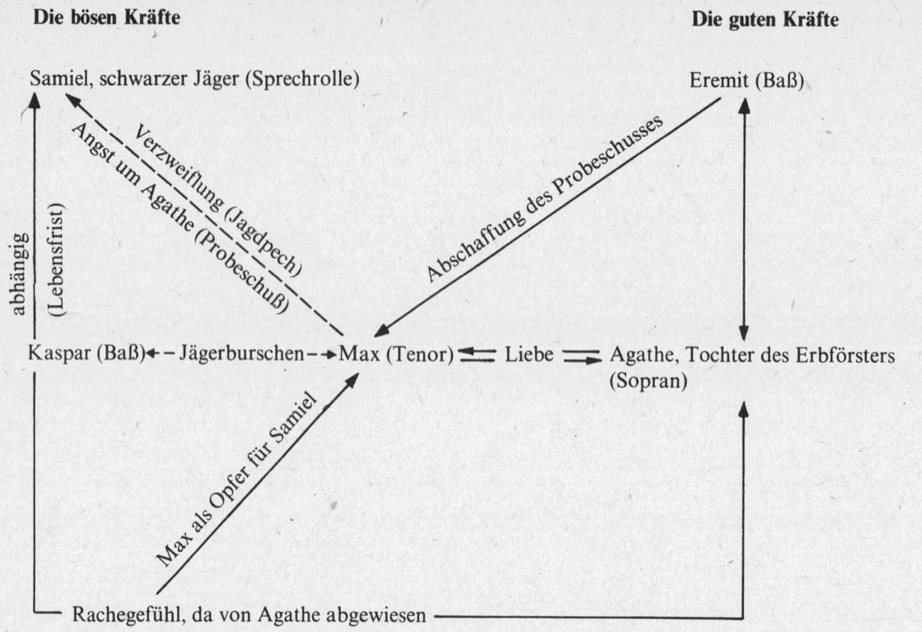

Zeit: nach dem Dreißigjährigen Krieg; Ort: Dorf und Wald in Böhmen

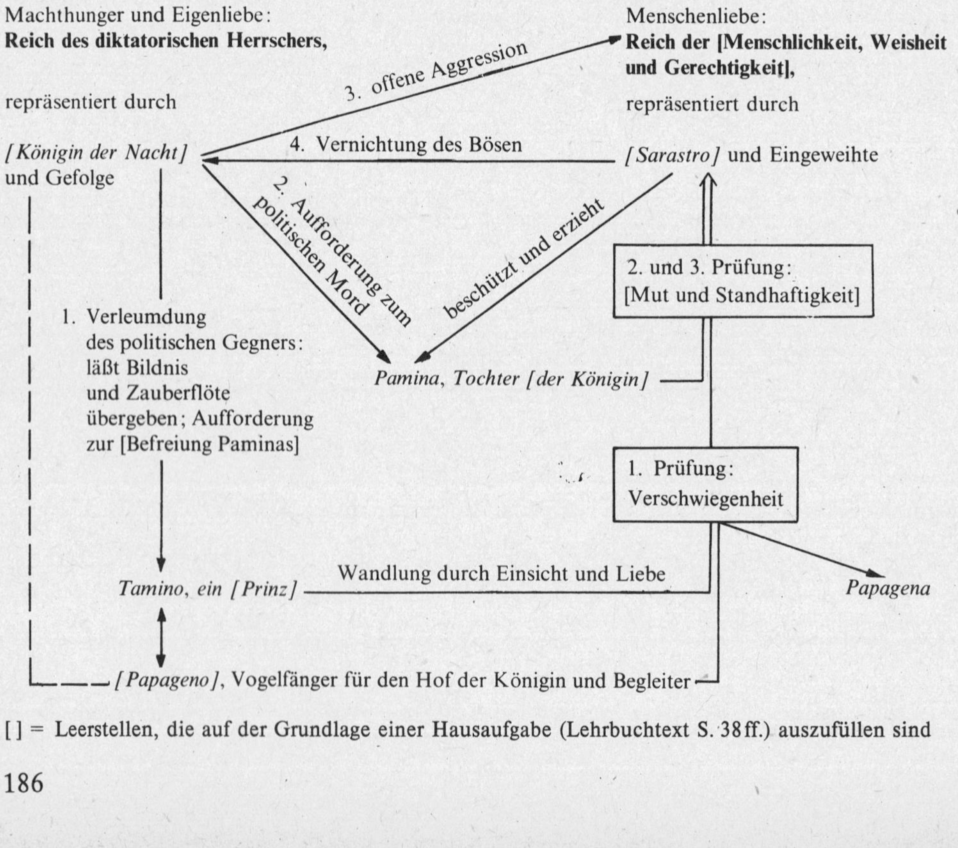

[ ] = Leerstellen, die auf der Grundlage einer Hausaufgabe (Lehrbuchtext S. 38 ff.) auszufüllen sind

5.4. Ermittlung von Leistungen im selbständigen Erschließen eines musikalischen Kunstwerkes

Neben der Erkundung und Einschätzung von Wahrnehmungsleistungen im aktuellen Hörprozeß sowie des Niveaus musikbezogenen Wissens richtet sich die Resultatsermittlung auch auf relativ komplexe Leistungen beim Erschließen musikalischer Kunstwerke. Ihre stete Beobachtung und Beurteilung ist immanenter Bestandteil musikpädagogischer Führungstätigkeit, jedoch entziehen sich die meisten der Unterrichtssituationen, die auf die Förderung eines zunehmend selbständigen, komplexen Umgangs mit Musik gerichtet sind, einer exakten Bewertung oder gar Zensierung von Schülerleistungen.
Ausnahmen bilden hierbei zwei Formen analytisch-erschließender Schülertätigkeit: die *Arbeit mit Arbeitsblättern,* deren Aufgaben auf eine relativ komplexe Analysetätigkeit der Schüler zielen, und der *Vergleich eines unbekannten mit einem bereits erarbeiteten vergleichbaren Musikwerk* beziehungsweise *mehrerer Interpretationen* eines bekannten Werkes.
Arbeitsblätter sind bereits in der Unterstufe für Leistungskontrollen einsetzbar. Schon hier richten sie sich auf das Erkennen und Bezeichnen mehrerer Merkmale, die für ein bestimmtes Musikstück charakteristisch sind, das heißt auf relativ komplexe musikalische Vorgänge. So berichtet Irmgard Krauthoff von Untersuchungen in den Klassen 2 und 3, in denen die Kinder an Hand von Arbeitsblättern dazu geführt wurden, musikalische Merkmale unterschiedlicher Ebenen zu erkennen und mittels vorbereiteter Legekärtchen den dafür vorgesehenen Feldern des Arbeitsblattes zuzuordnen.
Schon in Klasse 2 sind es Merkmale der Teiligkeit, der Instrumentierung und des Bewegungscharakters, wie in folgendem Arbeitsblatt, das beim Hören des Stückes „Sniderdanz" (Klasse 2, Stoffeinheit 3) mit Erfolg eingesetzt wurde; außerdem ordnet die beigefügte Überschrift – vom Lehrer zuvor erklärt – das Stück dem Erfahrungsschatz „Volkstanz – Volksmusik" zu (Krauthoff 1980, S. 122ff.)[6]:

Sniderdanz – Schneidertanz (Volkstanz)

Teile	A	B	C	D	A
Hervortretende Instrumente	Trompeten und Geigen abwechselnd	Klarinette	Geigen	hohe Flöte	Trompeten und Geigen abwechselnd
Bewegungscharakter	stampfend	schwingend	hüpfend	drehend	stampfend

Die Kontrolle mittels Arbeitsblatt kann sich bei anderen Stücken der Unterstufe auch schon auf das Erkennen weiterer „charakteristischer Merkmale" beziehen, so

[6] Vorgegeben wurden nur Überschrift und linke Spalte. Jedes Kind erhielt Legekärtchen für die Teile (zweimal A, je einmal B, C, D), mit Begriffen für die Instrumente (darunter zwei Kärtchen für „Trompeten und Geigen abwechselnd") und für den unterschiedlichen Bewegungscharakter (zweimal „stampfend", je einmal „drehend", „hüpfend" und „schwingend").

auf die Lautstärke, den Tonhöhenverlauf und die Unterscheidung führender und begleitender Instrumente (ebenda, S. 124 bis 126). Jede Entscheidung, die der Schüler bei der Lösung der Aufgaben trifft, ist für den Lehrer überschau- und kontrollierbar, wobei die in den folgenden Klassen mögliche Beschriftung anstelle der Kärtchen die Leistungskontrolle noch erleichtert.
In der Mittel- und Oberstufe erweitern sich die Möglichkeiten eines Arbeitsblattes, die Ergebnisse aktiver Auseinandersetzung des Schülers mit einem musikalischen Kunstwerk sowohl zu fördern als auch widerzuspiegeln. Das wiederholt erfolgreich eingesetzte Arbeitsblatt zur analytischen Erschließung von Ausschnitten aus Richard Wagners Oper „Die Meistersinger von Nürnberg" (Klasse 10, Stoffeinheit 3) möge das verdeutlichen.[7] Die Inhalte der Fragen dieses Arbeitsblattes beziehen sich auf wesentliche Aspekte musikalischer Analyse. Der Einsatz der Fragen und Aufgaben kann sehr variabel gestaltet werden. So eignen sich die Fragen 1, 3d, 6b und 7 als Hausaufgaben; die 2. Aufgabe erfordert aufmerksames Verfolgen und Konspektieren eines Kurzvortrags (von Schüler oder Lehrer); die Aufgaben 3b und c, 4, 5 und 6 richten sich auf Hörbefunde, die übrigen betreffen Systematisierungen und zusammenfassende Wertungen im Unterricht.
Für eine unterrichtsbegleitende Leistungskontrolle einschließlich exakter Zensierung ergibt sich somit reiches Material, wobei die Möglichkeit besteht, einzelne Lösungen (durch zeitweises Einsammeln der Blätter) gesondert zu werten oder aber das aus dem Arbeitsblatt ersichtliche Gesamtergebnis zu zensieren.

Richard Wagner: Die Meistersinger von Nürnberg
Oper in 3 Aufzügen – Text: Richard Wagner – Uraufführung 1868 in München

1. *Zur Bedeutung des progressiven bürgerlichen Musikschaffens im 19. Jahrhundert*

   a) Welche Folge hatte die kapitalistische Entwicklung für das Musikleben, und welche Funktion gab die Bourgeoisie der massenhaft produzierten und verbreiteten „leichten" Unterhaltungsmusik?

   ____

   ____

   b) Wogegen richteten sich die fortschrittlichen Komponisten, unter ihnen auch Richard Wagner?

   ____

2. *Der Meistergesang – Kunstform des deutschen Stadtbürgertums im 14.–16. Jahrhundert*
Fertigen Sie stichwortartige Notizen zum Kurzvortrag an!

____

____

____

3. *Das Meistersinger-Vorspiel*
   a) Sie haben die Inhaltsangabe zur Oper im Lehrbuch gelesen. Entwickeln Sie – von Hans Sachs als Zentralfigur ausgehend – eine dramaturgische Skizze der wichtigsten Spieler und Gegenspieler!

   ______________ Hans Sachs, Schuh- ______________
   ______________ macher und Poet dazu ______________

[7] Ein weiteres Arbeitsblatt zu J. S. Bachs 2. Brandenburgischem Konzert siehe S. 196.

b) Ordnen Sie die folgenden Motive, die als *Leitmotive* eine wichtige Funktion besitzen, den beiden Personengruppen zu! Kennzeichnen Sie den Ausdrucksgehalt der Motive!

1 

2 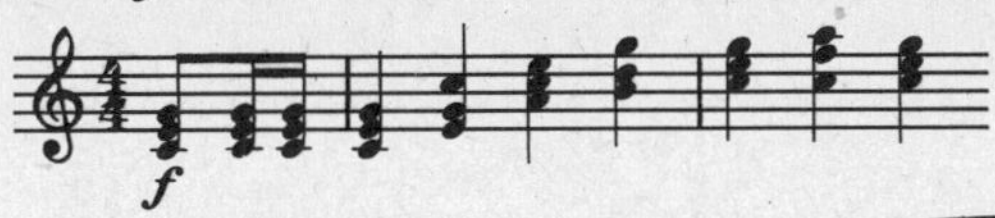

3 

c) Auf welche Weise verdeutlicht Wagner, daß Sachs den Streit zwischen den Parteien schließlich schlichten wird? ______

______

d) Erläutern Sie den Begriff „Leitmotiv“! ______

______

Sie haben in früheren Schuljahren zwei Werke[8] gehört, in denen der Komponist mit Leit- beziehungsweise Erinnerungsmotiven arbeitete:

1. ______
2. ______

4. *Beckmessers Ständchen*

a) Mit welchen Mitteln charakterisiert Wagner den Stadtschreiber? (Achten Sie auf das Wort-Ton-Verhältnis in seinem Vortrag, aber auch auf die Begleitung!)

- ______
- ______
- ______
- ______

b) Welches Verhältnis hat der Komponist zu dieser von ihm geschaffenen Figur (Autorenposition)? Welches künstlerische Mittel – Sie kennen es auch aus dem Literaturunterricht – setzt er zu ihrer Charakterisierung ein? ______

______

5. *Walthers Preislied*

Der Ritter aus Franken ist *kein* typischer Vertreter seiner Klasse, denn er sucht Anschluß an das damals progressive Bürgertum. Seine Traumerzählung wird zum Preislied von Paradies (= Liebe) und Parnaß (= Kunst), die er in der Gestalt der Goldschmiedstochter Eva Pogner vereint sieht.

Woran erkennen wir, daß er sein Lied unter der Anteilnahme und Zustimmung des Volkes, aber auch der Meistersinger singt? ______

______

6. *Ansprache des Sachs und Schlußchor*

a) Formulieren Sie den Grundgedanken der Oper, den Sachs hier ausspricht! ______

______

______

[8] Die Schüler können als Beispiele die Oper „Der Freischütz“ von Weber und – eventuell nach einem klanglichen Impuls – „Peter und der Wolf“ von Prokofjew nennen.

b) Wagner hat seine Oper als *Musikdrama* verstanden wissen wollen. Erläutern Sie diesen Begriff!

____

____

c) Überlegen Sie, in welchem Verhältnis Wort und Musik in dieser Oper stehen! (Sie konnten es in den gehörten Ausschnitten deutlich erkennen.) ______________________________

____

7. *Zusammenfassung*

Überlegen Sie, warum Wagner für diese Oper – 1868 uraufgeführt – einen Stoff aus dem ausgehenden Mittelalter und nicht aus seiner Gegenwart gewählt haben könnte. (Erinnern Sie sich an die unter 1. formulierten Erkenntnisse!)

Lösen Sie die Lehrbuchaufgabe S. 146 unten!

Projektionsfolie zu Wagner, „Meistersinger“, zur Identifizierung und Kommentierung der Leitmotive (in Verbindung mit Aufgabe 6 des Arbeitsblattes; [ ] = Lösungen)

Sachs (zu Walther): *Leitmotiv*

Verachtet mir die Meister nicht → 1:[M]
und ehrt mir ihre Kunst! → 2:[P]
Was ihnen hoch zu Lobe spricht,
fiel reichlich Euch zur Gunst.
Nicht Euren Ahnen, noch so wert,
Nicht Eurem Wappen,
Speer noch Schwert, – → 3:[M]
daß Ihr ein Dichter seid,
ein Meister Euch gefreit,
dem dankt Ihr heut Eu'r höchstes Glück.
Drum, denkt mit Dank Ihr dran zurück,
wie kann die Kunst wohl unwert sein,
die solche Preise schließet ein? – → 4:[F]

Daß unsre Meister sie gepflegt
grad recht nach ihrer Art, → 5:[F]
nach ihrem Sinne treu gehegt,
das hat sie echt bewahrt: → 6:[K]
blieb sie nicht adlig, wie zur Zeit,
wo Höf' und Fürsten sie geweiht,
im Drang der schlimmen Jahr'
blieb sie doch deutsch und wahr;
und wär sie anders nicht geglückt,
als wie, wo alles drängt und drückt,
Ihr seht, wie hoch sie blieb in Ehr':
was wollt Ihr von den Meistern mehr?

Habt acht! Uns dräuen üble Streich: –
zerfällt erst deutsches Volk und Reich,
in falscher welscher Majestät
kein Fürst bald mehr sein Volk versteht,
und welschen Dunst mit welschem Tand
sie pflanzen uns in deutsches Land;
was deutsch und echt wüßt' keiner mehr,
lebt's nicht in deutscher Meister Ehr'.
Drum sag' ich Euch:
ehrt Eure deutschen Meister! → 7:[P,F,M]
Dann bannt Ihr gute Geister;
und gebt Ihr ihrem Wirken Gunst,
zerging in Dunst
das heil'ge röm'sche Reich,
uns bliebe gleich
die heil'ge deutsche Kunst! → 8:[F]

Volk:

Ehrt eure deutschen Meister,
dann bannt ihr gute Geister; → 9:[F]
und gebt ihr ihrem Wirken Gunst,
zerging in Dunst
das heil'ge röm'sche Reich,
uns bliebe gleich
die heil'ge deutsche Kunst! → 10:[K]
Heil! Sachs! → 11:[M]
Nürnbergs teurem Sachs!

Abkürzungen: M = Meistersinger; F = Meistersinger-Fanfare; P = Walthers Preislied; K = Kunstmotiv (entwickelt aus M)

(Nach: R. Wagner: Die Meistersinger von Nürnberg. Vollständiges Opernbuch. Mit einer Einführung von Werner Wolf. Verlag Philipp Reclam, Leipzig o.J. [1960].)

Der Einsatz dieser Textfolie parallel zum klingenden Werkausschnitt dient folgendem Zweck:

1. Den Schülern soll eine visuelle Orientierungshilfe zum Lösen der Aufgabe 6 des

Arbeitsblattes gegeben werden. Die unschöpferische Übernahme der Formulierungen im Lehrbuch soll vermieden werden.
2. Die Schüler sollen überprüfen, inwieweit sie die ihnen bekannten Leitmotive in einem neuen textlich-musikalischen Zusammenhang identifizieren können. Die Markierungen 1 bis 5, 7 bis 9 und 11 (auf der Folie rot gekennzeichnet) stellen obligatorische „Hörstationen" dar, 6 und 10 (blau gekennzeichnet) sind fakultativ. Zunächst handelt es sich also um eine Form der Selbstkontrolle der Schüler. In der gemeinsamen Auswertung sollte an ausgewählten Stationen auch begründet werden, warum der Komponist an dieser Stelle das betreffende Leitmotiv erklingen läßt. Damit werden Einblicke in das gedanklich-musikalische Konzept des Komponisten eröffnet.
Bei dem *Vergleich* eines unbekannten mit einem bereits erarbeiteten Musikwerk oder mehrerer Interpretationen eines Werkes ermöglicht die Konzentration der analytischen Tätigkeit der Schüler auf das einerseits Gemeinsame, andererseits Unterschiedliche der beiden Kompositionen relativ feste Bewertungsmaßstäbe. Außerdem kann ein Vergleich zweier Klangbeispiele bei entsprechender Motivierung Impulse für einen lebhaften, alle Schüler einbeziehenden Meinungsstreit auslösen, der Leistungsdispositionen auch sonst zurückhaltender Schüler erkennen läßt, die auf andere Weise nur schwer zu ermitteln sind. Zu beiden Gesichtspunkten seien Beispiele angeführt.[9]
Bei der Behandlung der Stoffeinheit 8, „Klassenauseinandersetzung im Chanson", in Klasse 9 entschieden wir uns dafür, den Titel „Die Rose war rot" von Degenhardt/Natschinski so zu erarbeiten, daß eine weitgehend selbständige, vom Vergleich geprägte Rezeption des Chansons „Wann kommt für uns der Tag, Genossen?" (Quand ferat-il jour, camarades?) von Bonheur/Mauriat durch die Schüler vorbereitet wurde. Wir kündigten an, daß in der zweiten Stunde der Stoffeinheit in einer schriftlichen Übung eine Kontrolle zur Leistungsermittlung stattfinden würde. Außer der „normalen" Hausaufgabe, den bisher behandelten Stoff zur gegenwärtigen Thematik zu wiederholen, forderten wir dazu auf, für eine abschließende Zusammenfassung der Merkmale des Chansons entsprechendes Material unter Verwendung des Musiklehrbuchs und weiterer Sachliteratur wie auch von Nachschlagewerken zusammenzutragen.
Bei der unterrichtlichen Erarbeitung von „Die Rose war rot" setzten wir folgende Akzente:
- Welche historischen Ereignisse bestimmen die Thematik des Chansons?
- Mit welcher Aussageabsicht wurde dieser Titel geschaffen?
- Welche wesentlichen musikalischen Gestaltungsmittel wurden vom Komponisten im Dienst der Aussage eingesetzt? (Besonderheiten der Melodik und Darstellungsweise – episch/sprachmelodisch beziehungsweise lyrisch/gesangvoll –, formale Gliederung, Instrumentation, Spannungsverlauf)
- Wo und wie wird musikalisch der Höhepunkt erreicht? Welche Begründung läßt sich für seine Lage finden?
- Auf welche Weise gelingt es den Schöpfern, das Anliegen eindringlich, „hautnah" an die Zuhörer heranzutragen?

Zur vierten Frage entwarfen wir gemeinsam eine graphische Veranschaulichung.

[9] Vgl. auch die Ausführungen und Beispiele zum Vergleich von Klangbeispielen im Abschnitt 4.3.

Als geeignet erwies sich eine Kurve im Koordinatensystem von y = Spannung und x = zeitlicher Ablauf entsprechend den Strophen:

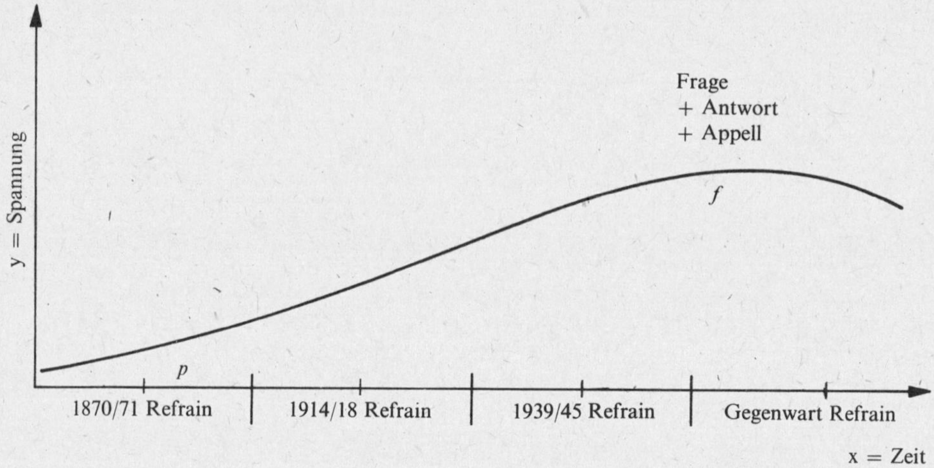

In der folgenden Übung konnte die überwiegende Zahl der Schüler die gestellte Aufgabe erfolgreich bewältigen. Als Gemeinsamkeiten wurden neben allgemeinen Merkmalen des Chansons, wie sie unter anderem im Musiklehrbuch Klasse 9/10 (S. 90) aufgeführt sind, auch auffällige Übereinstimmungen im Anliegen und in der musikalischen Gestaltung (Gliederung in Vorstrophe und Refrain, Wechsel von Sprechmelodik und liedhafter, ausschwingender Melodik usw.) hervorgehoben.
Während Unterschiede in der Instrumentation und Interpretation, im Gestus des Refrains (Marschcharakter hier, Tanzcharakter – Slowfox – dort) und in der Fixierung des Höhepunkts (im Titel „Wann kommt für uns der Tag, Genossen?" am Schluß der dritten Strophe beim Zielwort „Revolution") relativ sicher erkannt und benannt werden konnten, wurde die tonartliche Differenzierung Moll/Dur im Bonheur/Mauriat-Titel oft noch nicht bewußt erfaßt.
Im Anschluß an diese schriftliche Übung ermöglichte die Tatsache, daß das Chanson „Wann kommt für uns der Tag, Genossen?" auch in der französischen Originalfassung mit Mireille Mathieu und Chor vorliegt[10], auch einen (mündlichen) Interpretationsvergleich.
Um die Schüler zum Argumentieren herauszufordern und auch auf diese Weise das Leistungsniveau zu bestimmen, stellten wir folgende Problemfrage:
„Stellen Sie sich vor, Sie hätten zu entscheiden, welche Fassung dieses Chansons – das französische Original oder die deutschsprachige Interpretation – als verbindliches Musikbeispiel im Unterricht aller 9. Klassen erklingen soll! Welchen Standpunkt würden Sie einnehmen? Argumentieren Sie so überzeugend wie möglich und stellen Sie sich vorausschauend auf Gegenargumente ein!"
In der Unterrichtsdiskussion auf der Grundlage von Hörnotizen (Stichwortzettel) prallten die verschiedenen Meinungen hart aufeinander. Beide „Parteien" erwiesen sich in der Anhängerschaft als nahezu paritätisch. Einige Schüler vertraten und be-

[10] AMIGA 855206

gründeten auch den vermittelnden Standpunkt, beide Versionen sollten im Unterricht vorgestellt werden – zum vergleichenden Hören.
Diesem Vorschlag schloß sich der Musiklehrer an.
Das vergleichende Hören als Verfahren zur Leistungsermittlung erhält im Musikunterricht der Oberstufe zunehmende Bedeutung. Im Zusammenhang mit der Behandlung des Jazz in Klasse 10 stellten wir in der didaktischen Funktion der Festigung durch Kontrollhandlungen eine Interpretation des Mackie-Messer-Songs durch Louis Armstrong[11] vor. Wir weckten das Interesse der Schüler für einen Vergleich mit dem in Klasse 9 kennengelernten Ausschnitt aus Kurt Weills „Dreigroschenoper" mit Wolf Kaiser als Gesangsinterpret[12].
Auf diese Weise wurde die Reaktivierung erworbenen Wissens sinnvoll motiviert und in den immanenten Wiederholungsprozeß – nicht zuletzt mit Blick auf die den Lehrgang abschließende mündliche Prüfung – integriert. Je nach Intention des Musikerziehers besteht die Möglichkeit, eine die Vergleichshandlung vorbereitende Hausaufgabe zu erteilen (zum Beispiel: Wiederholen Sie an Hand der Ausführungen im Musiklehrbuch und Ihrer persönlichen Aufzeichnungen den zur Thematik „Song" in Klasse 9 behandelten Stoff!) oder den Schülern diese Materialien in der unterrichtlichen Übung zur Benutzung zu gestatten.
Dieser Vergleich, der sich übrigens ebenso auf eine Interpretation des bekannten Songs mit Ella Fitzgerald (AMIGA 850055) beziehen kann und dessen Reiz unter anderem darin besteht, daß Weill bekanntlich schon Jazz- (genauer: Blues-)Elemente in seine Komposition einschmilzt, führt über die Bezeichnung unterschiedlicher musikalischer Gestaltungsmittel (bei Armstrong haben wir es mit einem typischen Swing-Titel zu tun) zu einer wesentlichen, die Funktion der Gattungen betreffenden Erkenntnis: daß an die Stelle des in Wolf Kaisers Interpretation zutage tretenden Hintergründig-Entlarvenden, Vielschichtig-Bedeutungsvollen des Originalsongs in der Jazzversion das mehr Unterhaltend-Einstimmende, Musikalisch-Spielerische tritt.

5.5. Gesichtspunkte für die Abschluß- und Reifeprüfung

Zwischen den Anforderungen an das Musikhören im Unterricht und in dem diesem Bereich gewidmeten Teilabschnitt (neben dem Singen) der Prüfung im Fach Musik bestehen keine prinzipiellen Unterschiede. Dennoch sind in bezug auf Anlage und Inhalt der Prüfung im Musikhören eine Reihe von Besonderheiten zu beachten.
Das Hauptproblem betrifft die Frage, wie Prüfungen so vorbereitet und gestaltet werden können, daß der Prüfling nicht allein oder überwiegend sein musikbezogenes Wissen nachweisen kann, sondern sein musikrezeptives Können, dem das Wissen dient. Der Wissensnachweis sollte in den Prüfungen stets „in untrennbarem Zusammenhang mit dem Nachweis musikalischer Fähigkeiten im Umgang mit dem klingenden Werk" erfolgen (Tosch 1980, S. 59). Das Primat des Könnens bedeutet also zugleich, daß es der lebendige Umgang mit dem klingenden musikalischen Kunstwerk selbst ist, in dem der Prüfling seine Leistungsfähigkeit beweisen muß.

[11] „Mack The Knife" auf PANTON 80150075; Louis Armstrong in Prague Lucerna Hall 1965.
[12] SCHOLA 875025

Dementsprechend heißt es auch in der „Anweisung über die Durchführung der Abschluß- und Reifeprüfungen" zum Musikhören, dem Schüler müsse in der Prüfung Gelegenheit gegeben werden, „sein Wissen und Können am Klangbeispiel nachzuweisen", und er solle sich zu den folgenden Gesichtspunkten äußern: „zum Ideengehalt und zum musikalischen Ausdruck der Komposition, zu den hervortretenden musikalischen Gestaltungsmitteln (Tongeschlecht, motivisch-thematische Verarbeitung, Form, Instrumentation) in ihren Beziehungen zur Aussage des Werkes, zu den historischen Bedingungen, unter denen das Werk entstand, zur gesellschaftlichen Haltung des Komponisten und seiner Zeit und zur Bedeutung des Werkes in unserem sozialistischen Kulturleben"[13].
Wichtig ist die Beachtung der Reihenfolge dieser Anforderungen. Wird bei der Fragestellung an den Prüfling von der Biographie des Komponisten und seinem historisch-gesellschaftlichen Umfeld ausgegangen, so besteht oft die Gefahr, diese Seite überzubetonen auf Kosten des Umgangs mit dem Werk selbst – es sei denn, es wird die Frage mit der Aufforderung verbunden, den biographischen beziehungsweise historisch-gesellschaftlichen Bezug an der Komposition unmittelbar nachzuweisen. Da dies jedoch meist nur in sehr allgemeiner Form oder hypothetisch möglich ist (vgl. Rienäcker 1979, S. 275ff.), muß sich auch in diesem Falle die Auseinandersetzung mit dem ästhetischen Gegenstand selbst als dem Zentrum des Leistungsnachweises anschließen.
Aus diesem Grunde kommt einer dem Prüfungsanliegen gemäßen Formulierung der Prüfungsfragen, die dem Schüler am günstigsten auf einer Karteikarte im Format A 4, auf der auch einige wichtige Notenbeispiele notiert sind, zusammen mit einem vorbereiteten Tonband für seine Prüfungsvorbereitung[14] übergeben werden, große Bedeutung zu. So ist zum Beispiel die folgende Formulierung nicht günstig: Wie zeigt sich in der 9. Sinfonie und in anderen Ihnen bekannten Werken Beethovens dessen fortschrittliche und freiheitliche Gesinnung?
Die Frage ist zunächst viel zu allgemein gehalten und macht es dem Prüfling schwer, sich für die Kennzeichnung von Inhalt und Gestaltung einiger weniger Beispiele zu entscheiden. Eine solche Beschränkung ist jedoch notwendig, wenn nicht nur Allgemeinplätze zum Gegenstand der Prüfung werden sollen. Besser wäre es, diese Begrenzung gleich in der Fragestellung vorzunehmen und außerdem nicht von der Haltung des Komponisten auszugehen, sondern vom Ideengehalt und der Gestaltung des Werkes selbst, und von hier aus die Haltung Beethovens darlegen zu lassen. Verallgemeinerungen, die von einem Prüfling immer gefordert werden müssen, sollten also stets aus dem sachkundigen Umgang mit dem musikalischen Kunstwerk selbst gewonnen werden.
Die folgenden Beispiele von Prüfungsfragen entsprechen diesen Anforderungen:
- (zum 2. Brandenburgischen Konzert F-Dur von J. S. Bach)
  Gehen Sie auf die verwendeten musikalischen Mittel und den Ausdrucksgehalt ein. Wählen Sie dabei einen der drei Sätze als Schwerpunkt.
  Worin sehen Sie die Ursache, daß sich dieses Werk auch in der Gegenwart noch großer Beliebtheit erfreut?

[13] 3. Anweisung über die Durchführung der Abschluß- und Reifeprüfungen vom 19. IX. 1981. In: Verfügungen und Mitteilungen des Ministeriums für Volksbildung vom 22. IX. 1981, S. 99/100.

[14] Laut obiger Anweisung erhält der Prüfling für seine Vorbereitung 15 Minuten zuzüglich der Zeit für das Abhören des Klangbeispiels.

Zur Vorbereitung auf seinen Prüfungsvortrag erhält der Schüler die Möglichkeit, als Klangbeispiele die drei Sätze des Werkes vollständig zu hören. Die Arbeit mit dem Notenbild wird dadurch angeregt, daß die im Lehrbuch Klasse 9/10, S. 23f., enthaltenen Notenbeispiele auf die Karteikarte übernommen werden.

- (zur 5. Sinfonie von L. v. Beethoven)
  Sprechen Sie über den Verlauf des 1. Satzes und gehen Sie auf seine Beziehungen zu den übrigen Sätzen ein.
  Erläutern Sie diese Komposition in ihrer Beziehung zum persönlichen Schicksal des Komponisten und zu seinem Kampf gegen Absolutismus, Reaktion und Unterdrückung.
  Werten Sie dieses Werk. In welcher Weise werden Sie persönlich angesprochen und bewegt?
  Klangbeispiele sind hier der vollständige 1. Satz der Sinfonie sowie Ausschnitte aus den folgenden Sätzen (2. Satz: nach Takt 97 ausblenden; 3. Satz: bis Takt 52, Takt 141 bis Schluß; 4. Satz: nach Takt 86 ausblenden). Notenbeispiele sind wiederum die im Musiklehrbuch, S. 62ff., abgedruckten.
- (zum Chanson)
  Äußern Sie sich über Gehalt und Gestalt der gehörten Kompositionen. Berücksichtigen Sie dabei die Beziehungen zwischen Text und Musik. (Gehen Sie auch auf die dramaturgische Konzeption des jeweiligen Werkes – Spannungsverlauf im Zusammenhang mit Steigerung/Zurücknahme, Höhepunkt – ein.)
  Sprechen Sie über die musikalischen Besonderheiten und über die gesellschaftliche Bezogenheit dieses Genres.
  Die Auswahl der Klangbeispiele sollte sich auf zwei Chansons, zum Beispiel „Wann kommt für uns der Tag, Genossen?“ und „Die Rose war rot“, beschränken. Die Notenbeispiele sind dem Lehrbuch, S. 88f. und S. 91ff., zu entnehmen, wobei empfohlen wird, vom Titel „Die Rose war rot“ nur das Notenbild der 4. Strophe mit Refrain (S. 96/97) einzubeziehen.

Um ungerechtfertigte Unterschiede zwischen den einzelnen Schulen im Territorium (Stadt, Stadtbezirk, Kreis) hinsichtlich der Anforderungen in der Abschluß- beziehungsweise Reifeprüfung zu vermeiden, hat sich in der Praxis die Erarbeitung eines einheitlichen Anforderungskatalogs durch die Fachkommission Musik bewährt. Die in diesem zu den einzelnen Prüfungsthemen enthaltenen Erwartungsbilder stecken den *Rahmen* für die inhaltliche Gestaltung der Schülervorträge in der Prüfung ab und dienen Prüfenden wie Prüflingen als Orientierung.
Auch wenn die Kennzeichnung, Charakterisierung und Deutung des Werkes selbst und damit der aktive Umgang des Schülers mit dem Klangbeispiel in den Mittelpunkt der Prüfung rückt, ergibt sich die Frage, inwieweit die Aussagen des Prüflings tatsächlich sein rezeptives Können ausweisen und nicht nur eine Rekapitulation der im Unterricht gewonnenen Ergebnisse darstellen (da das Werk ja stets im Musikunterricht behandelt wurde). Deshalb muß der Schüler in der Prüfung einen breiten Spielraum für subjektive Deutung und Wertung erhalten, wobei er beides am Werk selbst begründet. Hierbei kann es durchaus zu Widersprüchen zwischen der gesellschaftlichen Bedeutung und Wertung und der subjektiven Bedeutsamkeit des Werkes für den einzelnen Schüler kommen. Der Schüler muß auch in der Prüfung erkennen, daß er mit seinem Urteil ernst genommen wird, soweit es aufrichtig ist und sich auf solides, anwendungsbereites Wissen und Können gründet.

Johann Sebastian Bach: Brandenburgisches Konzert Nr. 2 F-Dur (Bach-Werke-Verzeichnis 1047)

Aufgabe 1: Welche Instrumente stehen sich in den beiden Klanggruppen des 1. Satzes gegenüber?

1. Satz (Ausschnitt)

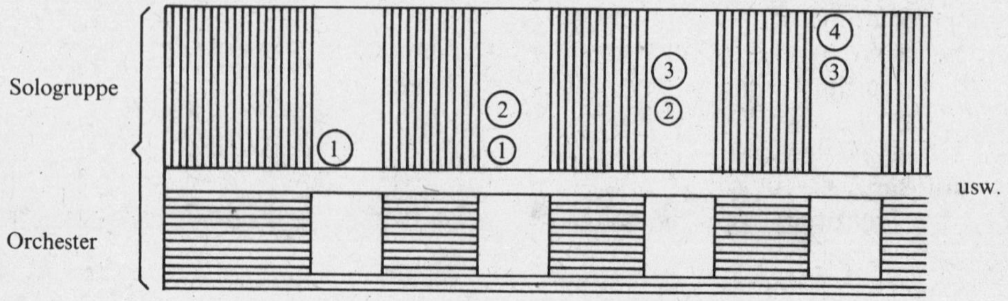

Sologruppe (Concertino)

(4) [Trompete]
(3) [(Block-)Flöte]
(2) [Oboe]
(1) [Violine]

Orchester (Tutti)

[1. Violine]
[2. Violine]
[Viola]
[Violoncello]
[Kontrabaß]
} [Streichorchester]

und Cembalo

Aufgabe 2: Vervollständigen Sie die Merkmalsübersicht!

Satz	1	2	3
Tempo	[schnell]	Andante = [gehend]	Allegro assai = [sehr schnell]
Besetzung	Concertino + Tutti	[Concertino ohne Trompete + Violoncello und Cembalo]	[Concertino + Tutti]
Melodieverlauf des Themas	[Dreiklang, Tonleiter-ausschnitte]	[Tonschritte ↘ „Seufzermotiv“]	[Quintsprung ↗, Dreiklang]
Tonart	F-Dur (vgl. Titel!)	[d-Moll]	[F-Dur]
Taktart	$^{2}/_{2}$ (= ¢)	$^{3}/_{4}$	$^{2}/_{4}$
Setzweise (Kompositionsprinzip)	polyphon	[polyphon: kanonartig]	[polyphon: fugenartig]
Ausdrucksgehalt	[z. B. festlich, energisch ...]	[z. B. besinnlich, verhalten, schwermütig ...]	[z. B. fröhlich, heiter, spielerisch ...]

In welchem Verhältnis stehen die drei Sätze zueinander?
[Satz 1 und 3 sind ähnlich; Satz 2 bildet den Kontrast.]

Im vorliegenden Beispiel wird in der Erarbeitungsphase der Einsatz der Schallplatte (SCHOLA 875024) mit Arbeitsblatt und Notenfolie gekoppelt. Dabei werden die Ausschnitte aus dem Notenbild anders als im Musiklehrbuch für die Klassen 9 und 10, S. 23f., methodisch aufbereitet:

Projektionsfolie: aufbereitete Notenbeispiele zu Bach, BWV 1047[15]

3. Satz

1. Satz

2. Satz

Die Eintragungen in die Leerstellen der Aufgabe 2 (Lösungen = [ ]) bei den Merkmalen Melodieverlauf des Themas, Tonart und Setzweise (2. Satz) werden so in der komplexen Tätigkeit von Hören, Sehen und Erkennen gewonnen.

[15] Die durch Klammern gekennzeichneten Motive sind auf der Folie farblich hervorgehoben (rot bei blauer Notenschrift), desgleichen der die Einsätze verbindende Pfeil (gelb).

6. Die pädagogische Führung des Musikhörens im außerunterrichtlichen Bereich

6.1. Allgemeine Zielstellung

Erziehung zu aktivem Musikhören außerhalb des Unterrichts bedeutet Erziehung zu sinnvoller Nutzung der Freizeit.
Freizeit in der sozialistischen Gesellschaft – das ist „Zeit zu menschlicher Bildung, zu geistiger Entwicklung, zur Erfüllung sozialer Funktionen, zu geselligem Verkehr, zum freien Spiel der physischen und geistigen Lebenskräfte" (Marx, MEW 23, S. 280). Wir haben es hier mit einem langfristigen und komplizierten Prozeß zu tun, der auf die möglichst frühzeitige Herausbildung vielseitiger, gesellschaftlich wertvoller Interessen, Bedürfnisse und Neigungen wie auch auf die Ausprägung von Fähigkeiten und Gewohnheiten zur *selbständigen Freizeitgestaltung* zielt. Es gilt daher, „auch in der außerunterrichtlichen Tätigkeit eine höhere Qualität zu erreichen, und das bedeutet, das Bedürfnis der Kinder nach Tätigsein, nach interessanten Erlebnissen, nach Anstrengung und Bewährung, nach Frohsinn und Bewegung immer besser zu befriedigen, ihre Aktivität und Initiative zielgerichtet zu entwickeln, sich in ihrer Freizeit auf den verschiedensten Gebieten, in Politik, Wissenschaft, Technik, Kunst und Sport, aktiv zu betätigen". (M. Honecker 1979, S. 97f.)
Die außerunterrichtliche Tätigkeit im musisch-ästhetischen Bereich nimmt hierbei einen gewichtigen Platz ein. Das Bedürfnis der Schüler zu wecken und ihre Fähigkeiten zu vervollkommnen, sich bedeutende musikkulturelle Leistungen der Menschheit aus Vergangenheit und Gegenwart dauerhaft anzueignen, Musikwerke zu erleben und zu genießen sowie sachkundig ideologisch und ästhetisch zu werten, sind Ziele, die die Gestaltung auch der außerunterrichtlichen musikerzieherischen Tätigkeit bestimmen.
Wie bei jeder Lerntätigkeit geht es auch bei der pädagogisch gelenkten außerunterrichtlichen Arbeit mit Kindern und Jugendlichen um die Aneignung von Wissen und Können, von Sach-, Verfahrens-, Norm- und Wertkenntnissen entsprechend den Idealen der revolutionären Arbeiterklasse. Zu beachten ist stets, daß es sich hierbei um eine Tätigkeit innerhalb der sozialistischen *Allgemeinbildung* handelt.
Die pädagogische Führung der außerunterrichtlichen musikrezeptiven Tätigkeit erfordert eine vielgestaltige inhaltliche, didaktisch-methodische und organisatorische Arbeit. Einen spezifischen Akzent erhält sie dadurch, daß hier besonders günstige Möglichkeiten bestehen, den *gesellschaftlichen Charakter der individuellen Anlagen, Fähigkeiten und Tätigkeiten* zu entwickeln (vgl. Marx 1953, S. 80), das heißt ihren Wert und Nutzen für den einzelnen wie für das Kollektiv der Klasse, der Schule oder für das gesellschaftliche Umfeld im Territorium den Schülern erlebbar zu machen.
Das schließt eine erziehungswirksame Verbindung individueller und kollektiver Schülertätigkeiten ein. Gerade in der außerunterrichtlichen Arbeit kommt daher

der kooperativen Tätigkeit der Schüler große Bedeutung zu. Neben der *Arbeitsgemeinschaft* bietet die *Arbeitsgruppe* günstige äußere und innere Bedingungen für schöpferisches Lernen, für das Auffinden, Bearbeiten und Lösen von Problemen, vor allem aber auch für das ideologische und ästhetische Werten von gesellschaftlichen Erscheinungen und Prozessen. Als ein Spezialfall der Arbeit in der Unterstufe ist die Hortgruppe zu betrachten.

Arbeitsgemeinschaften und Arbeitsgruppen sind dadurch gekennzeichnet, daß sich ihre Teilnehmer freiwillig zu gemeinsamer Tätigkeit zusammenfinden, die auf weitgehender Interessengleichheit und ähnlichen individuellen Bedürfnisstrukturen beruht. Da die Teilnehmerzahl zumeist geringer ist als die eines Klassenverbandes, ist die Arbeit in diesen Organisationsformen durch *aktives Mitarbeiten* und intensives *eigenschöpferisches Tun* geprägt. Die Begegnung mit Musikwerken, die Auseinandersetzung mit musikkulturellen Prozessen im weitesten Sinne, aber auch die Entwicklung musizierpraktischen Könnens kann dadurch tiefgründiger erfolgen.

Hervorzuheben ist ferner, daß Arbeitsgemeinschaften und Arbeitsgruppen weitreichende Möglichkeiten besitzen, die Schüler zu immer *größerer Selbständigkeit* und zu qualitativ *höheren Formen des Verantwortungsbewußtseins* sich selbst wie dem Kollektiv gegenüber zu führen. (Lompscher 1980, S. 619)

Auf Grund günstiger äußerer und innerer Strukturen und Bedingungen kann das dialektische Prinzip der Einheitlichkeit und Differenziertheit bei der pädagogischen Führung von Arbeitsgemeinschaften und Arbeitsgruppen wirkungsvoll verfolgt werden. Die außerunterrichtliche Arbeit mit Schülern bietet durch ihre mannigfaltigen Formen gute Voraussetzungen, individuelles Leistungsvermögen aufzuspüren und zu entwickeln. *Spezielle Begabungen* treten in der Arbeitsgemeinschafts- oder Arbeitsgruppentätigkeit oftmals deutlicher erkennbar hervor. Ihre Förderung ist eines der grundlegenden Anliegen jeglicher pädagogisch gesteuerter außerunterrichtlicher Betätigung.

Ergebnisse der Schulpraxis bestätigen außerdem, daß die verschiedenen Formen außerunterrichtlicher Tätigkeit für die *Herausbildung wertvoller Persönlichkeitseigenschaften* wie Fleiß, Ausdauer, Beharrlichkeit, Exaktheit, Flexibilität, Disponibilität und einer kommunistischen Einstellung zur Arbeit von großem Wert sind. Eine erhebliche Bedeutung für die Stimulierung der gesamten Lerntätigkeit besitzen auch die in Arbeitsgemeinschaften und Arbeitsgruppen zumeist eintretenden *Erfolgserlebnisse* besonders für Schüler, die im Unterricht weniger erfolgreich sind.

Die *Arbeitsgemeinschaft* stellt eine Organisationsform dar, die durch eine größere Anzahl von Mitgliedern (in der Regel nicht unter zehn) und die Langfristigkeit ihrer Zusammenarbeit über ein oder gar mehrere Schuljahre hinweg, ferner durch umfassende Bildungs- und Erziehungskonzeptionen, zum Beispiel in der Gestalt von zentralen Empfehlungen, gekennzeichnet ist; demgegenüber konstituiert sich die *Arbeitsgruppe* aus einer wesentlich geringeren Anzahl von etwa zwei bis fünf Teilnehmern, die zeitweilig gemeinsam an einem speziellen fachbezogenen Vorhaben arbeiten. Im Unterschied zur Arbeitsgemeinschaft ergibt sich die Häufigkeit und zeitliche Dichte ihrer Zusammenkünfte aus den konkreten Erfordernissen und wird von den Mitgliedern durch Absprache bestimmt. Die analytisch-erkundende und experimentell-erprobende Tätigkeit der Arbeitsgruppe ist in dialektischem Bezug zum Lehrgang des betreffenden Faches zu gestalten, das heißt, in unserem Falle orientiert sie sich an den fortschreitenden stofflichen und erzieherischen Ziel-

stellungen im Bereich des unterrichtlichen Musikhörens entsprechend dem Lehrplan Musik und wirkt differenziert auf den Musikunterricht zurück. Die Tätigkeit von Arbeitsgruppen dient der weiteren inhaltlichen Profilierung sowohl der unterrichtlichen wie der außerunterrichtlichen Arbeit, indem sie an vorhandene Interessen jeweils anderer Schüler des Klassenkollektivs (eventuell auch der Klassenstufe) anknüpft und diese in Übereinstimmung mit gesellschaftlichen und pädagogischen Aufgaben auszuformen sucht, zum anderen, von gesellschaftlichen und pädagogischen Erfordernissen ausgehend, die entsprechenden Interessen und Bedürfnisse planmäßig zu entwickeln bestrebt ist.
Kludas, Kompaß und Schramm heben in diesem Zusammenhang hervor, daß es „im Interesse vielseitiger inhaltlicher und organisatorischer Gestaltung der außerunterrichtlichen Tätigkeit ... darauf ankommt, sich nicht auf Arbeitsgemeinschaften zu beschränken, sondern auch viele Veranstaltungen auf Schul- und Klassenbasis oder von kleinen Schülergruppen zu organisieren oder anzuregen, damit so alle Schüler erreicht und einbezogen werden“. (1979, S. 105)
Der erfahrene Pädagoge wird dabei Möglichkeiten nicht ungenutzt lassen, Schüler über die Tätigkeit in einer zeitweiligen Arbeitsgruppe hinaus auch für die Mitarbeit in einer ständigen Arbeitsgemeinschaft zu gewinnen.
Der Vorzug außerunterrichtlicher Tätigkeit, vielseitig und flexibel im Inhalt sowie variabel in den Formen zu sein, kommt besonders in Arbeitsgruppen zur Geltung. Sie vermögen auf Grund ihrer Spezifik besonders rasch auf neue Entwicklungen in Gesellschaft und Kunst, aber ebenso in Wissenschaft und Technik zu reagieren. Mit ihnen können auch solche musikbezogenen Themen und Probleme, deren Behandlung im Musikunterricht unserer sozialistischen Oberschule nicht zweckmäßig, weil zu aufwendig wäre, effektiv bearbeitet werden. Die Resultate ihrer Tätigkeit sind geeignet, in der Form des Ergebnisberichts, einer Diskussionsgrundlage usw. viele Schüler im obligatorischen Unterricht in die Auseinandersetzung mit einem sie interessierenden, subjektiv bedeutsamen Gegenstand einzubeziehen.
Überhaupt sollten wir uns der sozialen Komponente der außerunterrichtlichen Tätigkeit immer bewußt sein und ihr die erforderliche Aufmerksamkeit widmen. Das Bedürfnis unserer Schüler – vor allem der Mittel- und ganz besonders der Oberstufe – nach Kommunikation, nach Diskussion und produktivem, sachlichem Meinungsstreit, nach schöpferischem Tätigwerden ist außerordentlich groß und korrespondiert mit einem auffälligen Trend zu differenzierter Gruppenarbeit, zu kooperativer Lerntätigkeit bei variablem Partnerbezug. Dem gilt es beim pädagogisch geführten außerunterrichtlichen Musikhören angemessen Rechnung zu tragen.
Aus all diesen Gründen wird die Darstellung verschiedenartiger Möglichkeiten, die Tätigkeit von Arbeitsgruppen auszugestalten, in diesem Kapitel einen deutlichen Schwerpunkt bilden.

6.2. Schwerpunkte der inhaltlichen Gestaltung des Musikhörens im außerunterrichtlichen Bereich

Seit der Einführung des „Rahmenprogramms für Arbeitsgemeinschaften der Klassen 9 und 10 – Musik“ (1971) und der Ausarbeitung der „Empfehlungen für Arbeitsgemeinschaften der Klassen 5 bis 8 – Musikhören und Singen“ (1976) hat sich diese Form der differenzierten Arbeit im Bereich des Musikhörens bewährt. Mit dem Fakultativen Kurs Musik (FKM) – ehemals „Arbeitsgemeinschaft Musik nach Rahmenprogramm“ – und der Arbeitsgemeinschaft „Musikhören und Singen“ auf der Grundlage der Empfehlungen (im folgenden: AGE) wurden entscheidende Impulse für eine größere Flexibilität in der musikalisch-ästhetischen Bildung der Schüler ausgelöst. Jedoch werden die mit ihnen eröffneten Möglichkeiten gegenwärtig pädagogisch noch sehr unterschiedlich genutzt. Deshalb kommt es darauf an, den FKM und die AGE entsprechend ihrem persönlichkeitsbildenden Stellenwert verstärkt in die musikerzieherische Arbeit an den Schulen unseres Landes zu integrieren.

Die im Rahmenprogramm für sechs Stoffkomplexe ausgewiesenen Inhalte und Ziele und die in den Empfehlungen zur Auswahl vorgeschlagenen sechs musikalischen Bereiche korrespondieren mit dem Lehrplan Musik im Sinne der Vertiefung, Ergänzung und Erweiterung. Während das Rahmenprogramm die verbindliche Grundlage für die Tätigkeit des FKM darstellt (vgl. Rahmenprogramm, 1971, S. 3), wollen die Empfehlungen für die AGE Musikhören und Singen „Anregungen und Hinweise für Aufgabenstellung und Inhalt sowie für die methodische und organisatorische Gestaltung der Tätigkeit geben“, wobei die ausdrückliche Forderung besteht, daß das Singen ständig mit gepflegt werden soll (vgl. Empfehlungen, 1976, S. 5).

Diese enge Verflechtung zwischen obligatorischem und fakultativem Unterricht beziehungsweise außerunterrichtlicher Arbeitsgemeinschaftstätigkeit ist bei der aktiven Auseinandersetzung mit Musikwerken des Erbes wie der Gegenwart stets im Auge zu behalten. Sie stellt eine wesentliche Prämisse für die Planung und Ausgestaltung der Zusammenkünfte im FKM und in der AGE dar und ist zugleich die theoretische und praktische Plattform für die anzustrebende enge Verbindung von schul- und freizeitbezogenem Lernen und Erleben auf musikalischem Gebiet.

Neben anderen Formen musikbezogener Arbeitsgemeinschaften wie Chören, Singe- und Instrumentalgruppen oder Kindermusiktheater bieten FKM und AGE besonders solchen Schülern, die an einer rezeptiven Auseinandersetzung mit Musik interessiert sind, günstige Möglichkeiten für eine vielseitige und schöpferische Betätigung, indem sie zum Beispiel befähigt werden, sich intensiv und tiefgründig den Ideengehalt und die Schönheit musikalischer Kunstwerke zu erschließen, sich diese Werke zunehmend selbständig zu eigen zu machen und sie sachkundig zu werten.[1]

Der FKM nimmt wie alle fakultativen Kurse nach Rahmenprogrammen im Vergleich zu anderen Arbeitsgemeinschaften und Arbeitsgruppen eine besondere Stellung insofern ein, als er – bedingt durch seinen fakultativen Charakter – einerseits nicht mehr „normaler“, für alle Schüler verbindlicher Unterricht ist, andererseits auch nicht der außerunterrichtlichen Tätigkeit im eigentlichen Sinne zugerechnet werden kann, sondern Momente beider pädagogischer Organisationsformen enthält. Die folgende Übersicht soll die verschiedenen Formen der Musikerziehung in der sozialistischen Schule veranschaulichen:

[1] Vgl. die in der Zeitschrift „Musik in der Schule“ publizierten Erfahrungsberichte zur Thematik „Arbeitsgemeinschaften nach Rahmenprogramm – ein Schritt zu größerer Flexibilität der Oberstufe“ in den Jahrgängen 1973 (Heft 11), 1974 (Heft 1, 3, 5, 10, 12), 1975 (Heft 1, 9, 11) und 1976 (Heft 5), aber auch 1980 (Heft 2/3) und 1982 (Heft 5, 6).

Musikerziehung in der sozialistischen Oberschule der DDR

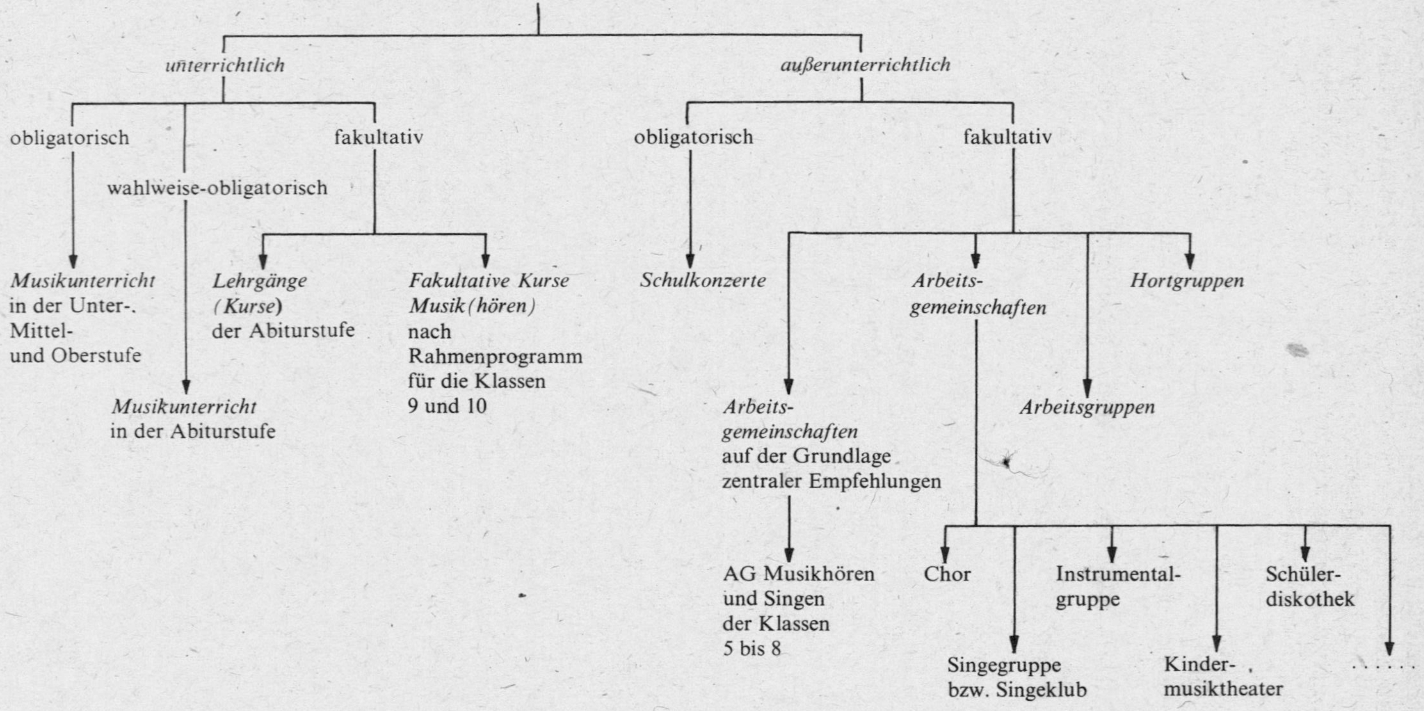

Als fakultativer *Unterricht* findet der FKM deshalb in diesem Kapitel nur insoweit Berücksichtigung, als – entsprechend dem Prinzip der Einheitlichkeit des Bildungs- und Erziehungsprozesses – seine grundlegenden inhaltlichen Orientierungen und pädagogischen Zielsetzungen auch für die verschiedenen Formen der eigentlichen außerunterrichtlichen Tätigkeit Gültigkeit besitzen: für Arbeitsgemeinschaften ohne Rahmenprogramm gleichermaßen wie für Arbeitsgruppen oder Hortgruppen. Es darf nicht außer acht gelassen werden, daß auch fakultativer Unterricht und außerunterrichtliche Arbeit eng miteinander verflochten sind. In der Praxis bedeutet das konkret, aus *einzelnen* Stoffgebieten des Rahmenprogramms „Musik" Vorhaben für zeitweilig tätige Arbeitsgemeinschaften, besonders aber für Arbeitsgruppen abzuleiten.
Für die inhaltliche Ausgestaltung außerunterrichtlichen Umgangs mit Musikwerken, musikbezogenen Sachverhalten und Prozessen kommt *Vorhaben* eine besondere Bedeutung zu. Unter einem Vorhaben verstehen wir eine als Aufgabe formulierte Problemstellung, die von den Mitgliedern einer Arbeitsgemeinschaft oder Arbeitsgruppe auf der Basis ihrer gemeinsamen Interessen und Bedürfnisse als subjektiv bedeutsam erkannt und kollektiv realisiert wird.
Im Gegensatz zu einfachen Vorhaben erfordern *komplexe Vorhaben,* deren Bewältigung nur längerfristig erfolgen kann, arbeitsteiliges Vorgehen. Da sie eine thematisch umfassendere Aufgabenstellung zum Gegenstand haben, kooperieren innerhalb der Arbeitsgemeinschaft oder Arbeitsgruppe einzelne Schüler bei der Lösung eines Teilproblems. Erst die Einbringung aller Teilergebnisse sichert die erfolgreiche Bewältigung durch das gesamte Kollektiv. Komplexe Vorhaben erfordern eine diffizilere Planung und Organisation der verschiedenartigen Tätigkeiten; sie sind einerseits mit einem höheren Aufwand an pädagogischer Führung verbunden, eröffnen aber andererseits umfassendere Möglichkeiten schöpferischer Mitverantwortung durch die Schüler.
Die den Vorhaben immanenten objekt- und subjektbezogenen Zielsetzungen werden von den Beteiligten in hohem Maße bewußt reflektiert und interiorisiert. Obwohl die Lösung der Aufgabe die Überwindung von Hindernissen einschließt, wird sie rational wie emotional angestrebt: Die auf das akzeptierte Lernziel, dem ein deutlicher Aufforderungscharakter eignet, gerichteten Tätigkeiten werden als erfolgversprechend erkannt und erlebt.
Vorhaben sind stets sinnreich auf die Qualifizierung des Rezeptionsvermögens im Unterricht zu beziehen. Diese Verflechtung kann vorbereitend-mitgestaltender oder nachbereitend-erweiternder Natur sein. Wichtig ist ferner, daß der Begriff Musikhören nicht zu eng, zu begrenzt gefaßt wird. Im Gegenteil: alles, was einer aktiven Rezeption von Musik dient, kommt in Betracht und ist zu nutzen, das heißt auch alle Möglichkeiten der intensiven Wechselwirkung zwischen dem Singen und dem Musikhören, zwischen der Improvisation und dem Musikhören, zwischen der mimisch-gestischen und bewegungsmäßigen Darstellung und dem Musikhören usw.
Grundsätzlich müssen die im Zusammenhang mit Vorhaben auszuführenden Tätigkeiten der Schüler so konzipiert sein, daß das Erleben musikalischer Kunstwerke und das Bewerten musikbezogener gesellschaftlicher Erscheinungen und Prozesse an Weite und Tiefe gewinnt und zugleich in dialektischer Weise adäquates fachspezifisches Wissen gewonnen oder angewendet wird. Von der subjektiven Bedeutsamkeit eines Vorhabens als motivierendem Faktor für die Mitwirkung in einer Arbeits-

gemeinschaft oder Arbeitsgruppe ausgehend, streben wir eine Bildungs- und Erziehungswirksamkeit an, die um so höher ist, je mehr dem Schüler bewußt wird, daß seine Tätigkeit zugleich nützlich für andere, für sein Klassenkollektiv, für unsere Gesellschaft ist.
Folgende Themenkomplexe können im Prozeß der Rezeption von Musik außerhalb des obligatorischen Unterrichts den Inhalt von Vorhaben bilden:
- Verbindung von Musikhören und improvisatorischer Tätigkeit,
- das Erlebnis der Musik in ihrem Zusammenwirken mit anderen künstlerischen Äußerungen,
- Mitgestaltung des musischen Klimas an der Schule und im Territorium,
- Musik und Polytechnik,
- Untersuchungen zu musikkulturellen Prozessen in der sozialistischen Gesellschaft.

Grundsätzlich besitzen diese Themenkomplexe für die außerunterrichtliche Arbeit auf *allen* Klassenstufen Bedeutung und können – natürlich mit anderen stofflichen Bezügen und auf anderen Niveaustufen – sowohl in der Unter- und Mittelstufe als auch in der Ober- und Abiturstufe realisiert werden. Allerdings erscheinen einige Komplexe für bestimmte Altersstufen besonders geeignet. So wird es günstig sein, dem Themenkomplex Musik und Polytechnik zuzuordnende Vorhaben erst von der Mittelstufe an für die außerunterrichtliche Arbeit umfassender in Betracht zu ziehen. Andererseits dürften die günstigsten Bedingungen für eine Arbeitsgemeinschaft „Musiktheater" in der ausgehenden Unterstufe und am Beginn der Mittelstufe bestehen. Letztlich obliegt es der Entscheidung des Musikerziehers, welche Thematik er – die konkrete Situation der Klasse, der Schule, des gesellschaftlichen Umfeldes berücksichtigend – für seine Arbeitsgemeinschaft oder Arbeitsgruppe auswählt, um einen hohen Erlebnis- und Erkenntniswert der gemeinsamen außerunterrichtlichen Tätigkeiten zu gewährleisten.
Insofern können die Darlegungen zu den nach Themenkomplexen geordneten Vorhaben auch nur anregenden und empfehlenden Charakters sein und den Rahmen abstecken für einen weiten Spielraum schöpferischer Tätigkeit des Pädagogen wie der ihm anvertrauten Schüler.

6.3. Thematische und methodische Gestaltung außerunterrichtlicher Arbeit zur Vertiefung des Musikerlebens

6.3.1. Verbindung von Musikhören und improvisatorischer Tätigkeit

Die grundsätzlichen Möglichkeiten, das Rezeptionserleben durch musizierpraktische, insbesondere elementare improvisatorische Tätigkeiten der Schüler zu vertiefen, wurden im 4. Kapitel ausführlich dargestellt. Wenngleich diese Schüleraktivitäten auch im Musikunterricht selbst einen hohen Stellenwert besitzen, so sind dort andererseits ihrer Ausübung aus zeitlichen und aus organisatorischen Gründen (große Schülerzahl) Grenzen gesetzt.
Einer Arbeitsgruppe, die sich dieser Aufgabe widmet, eröffnet sich daher ein überaus interessantes und lohnendes Betätigungsfeld.
Es geht um das *Erproben grundlegender musikalischer Gestaltungsmittel* in der eigenen

schöpferisch-produktiven Tätigkeit, die Zusammenkünfte gewinnen Werkstattcharakter. Einige der eigenen Gestaltungsergebnisse der Schüler bereichern unmittelbar den Musikunterricht.
Dies gilt schon für die Improvisation einer einfachen Liedbegleitung mit Vor-, Zwischen- und Nachspiel auf Instrumenten des Klingenden Schlagwerks. Es sind dazu keine Vorkenntnisse aus der Musiklehre nötig, und schon in Klasse 1 kann man damit beginnen.[2] Welche Überraschung, wenn beim nächsten Musikunterricht das Singen erst nach einem rhythmischen Vorspiel beginnt und die Schüler erkennen müssen, welches Lied es einleiten soll!
In den Klassen 1 bis 4, überwiegend auch 5 und 6, sollte die Zusammensetzung außerunterrichtlicher Arbeitsgruppen nach Klassenstufen erfolgen – zu groß sind die Unterschiede im Aufnahmevermögen. Bei der Liedbegleitung selbst lasse man stets sparsam und unaufdringlich begleiten, schon das Tupfen der Schwerpunkte oder das Ausfüllen von Pausen durch einen genauen Schlag mit Tamburin oder Becken kann genügen. Hinweise für leichte Begleitungen findet der Lehrer bei Christian Lange (1979, S. 14ff.) und Karl Hoffmann (1980, S. 284ff.).
Für die außerunterrichtliche Arbeit in der Mittelstufe ergeben sich bei der Vorbereitung von Darbietungen im Musikunterricht bereits anspruchsvollere Aufgaben. So kann beispielsweise eine Arbeitsgruppe der Klasse 5 im Zusammenhang mit der Stoffeinheit 7 „Vielfalt und Abwechslung der musikalischen Gestaltung in der Variation“ sowohl den im Lehrbuch enthaltenen dreistimmigen vokalen Satz des sorbischen Volksliedes „Ah, bunt ist wohl dein Schlitten“ für den Musikunterricht vorbereiten als auch eine eigene Instrumentalbegleitung sowie Vor-, Zwischen- und Nachspiel dazu improvisatorisch erarbeiten, in denen (entsprechend der in dieser Stoffeinheit zu behandelnden Thematik) bereits das Prinzip des Variierens mit Hilfe eines Melodieinstruments (Xylophon, Glockenspiel, Blockflöte) in einfacher Weise verwirklicht wird.
Derartige musizierpraktisch-improvisatorischen Resultate sollten auf Magnetband aufgenommen werden – eventuell in Kooperation mit einer Arbeitsgruppe, die experimentierend mit Tonbandgerät und Kassettenrecorder umgeht. Dies führt nicht allein zu erlebter Verantwortung füreinander, sondern schafft auch die Möglichkeit, jenes kleine Variationswerk oder mehrere der Versuche unbeeinträchtigt von momentaner Aufregung den anderen Schülern im Unterricht zugänglich zu machen. Lassen wir schließlich verschiedene Liedbegleitungen oder melodische Variationen ein und desselben Themas, die spielerisch erprobt wurden, miteinander vergleichen, können wir der Wertungstätigkeit der Schüler wertvolle Impulse erteilen.
Viele Musikhörbeispiele der Unterstufe tragen Programmüberschriften. Die Aufgabe einer Arbeitsgruppe könnte darin bestehen, selbst ein solches Musikstück zu „komponieren“, zum Beispiel „Wir fahren mit der Eisenbahn“ (Klasse 1), „Im Bienenkorb“ (Klasse 2), „Soldatenmarsch“ (Klasse 3), „Im Frühling“, „Der Kreisel“ (Klasse 4). Instrumente werden nur beim „Soldatenmarsch“ eingesetzt, um das Marschieren mit gleichmäßigen Viertelschlägen anzudeuten. Die anderen Stücke können allein mit der Stimme improvisiert werden. Unauffällig lenkt der Lehrer die Aufmerksamkeit auf das Wesentliche: bei „Wir fahren mit der Eisenbahn“ auf das Tempo und die Lautstärkeunterschiede (gestoßene Zischlaute), bei „Im Bienen-

[2] Vgl. Unterrichtshilfen der Klassen 1 bis 4, Ausgabe 1982 beziehungsweise 1983.

korb“ auf das Durcheinander durch freies Einsetzen der einzelnen Stimmen (auf stimmhaftes s) und unterschiedlichen Tonhöhenverlauf, beim „Frühlingslied“ auf das Singen einer zarten, freundlichen Melodie (auf „na“ oder einen eigenen Text), beim „Kreisel“ auf das pausenlose Rotieren (keine „Atemlöcher“ zulassen!). Durch solche Improvisationsübungen wird die Hörerwartung der Schüler auf das von einem Komponisten zum gleichen Thema geschaffene Stück größer sein und damit auch die Aufmerksamkeit und Aufnahmebereitschaft. (Förster 1980)
Eine Arbeitsgruppe kann auch mit Hilfe von Melodieinstrumenten, des Klingenden Schlagwerks sowie weiterer, von den Schülern selbst „entdeckter“ Rhythmus- und Geräuschinstrumente (vgl. 4.4. und 6.3.4.) grundlegende musikalisch-klangliche Erscheinungen, insbesondere zeitgenössischer Musik, sowie deren Organisation hinsichtlich Tondauer, Tonhöhe, Tonstärke und Tondichte auf improvisatorischem Wege erlebbar und erkennbar gestalten. In Verbindung mit visuell-graphischen Orientierungshilfen, die ihnen dazu als Vorgabe dienten oder die sie selbst erarbeiteten, können die Resultate gemeinsamen Experimentierens im Musikunterricht vorgeführt werden und dadurch auch den Mitschülern anregende Impulse sowie Kenntnisse für den Umgang mit zeitgenössischer Musik vermitteln (vgl. 4.4.4).
Daß solche musizierpraktisch-improvisatorischen Tätigkeiten keineswegs nur Vorhaben der Unter- oder Mittelstufe sein müssen, hat Ruhland mit der von ihm erprobten Methode, Schüler der Klasse 9 auf eine aktive, aufgeschlossene Rezeption von zeitgenössischer Musik am Beispiel von Karl Ottomar Treibmanns „Unterhaltung zweier Schlagzeuger“ vorzubereiten, überzeugend nachgewiesen (vgl. 4.4., S. 138). In ähnlicher Weise läßt sich in Klasse 10 bei der Behandlung des Jazz das für Worksong, Spiritual, Blues und instrumentalen Jazz so wesentliche Call-and-Response-Principle (Ruf-Antwort-Schema) als Vorhaben mit einer Arbeitsgruppe verwirklichen. In einer methodischen Schrittfolge, beginnend mit dem Reproduzieren von bekannten Liedrhythmen, werden die Schüler bis zur freien rhythmischen Improvisation mit Instrumenten des Klingenden Schlagwerks, mit tub[3], washboard[4], hand-clapping[5] und foot-stamping[6] geführt, zum Beispiel:

1. Black and white

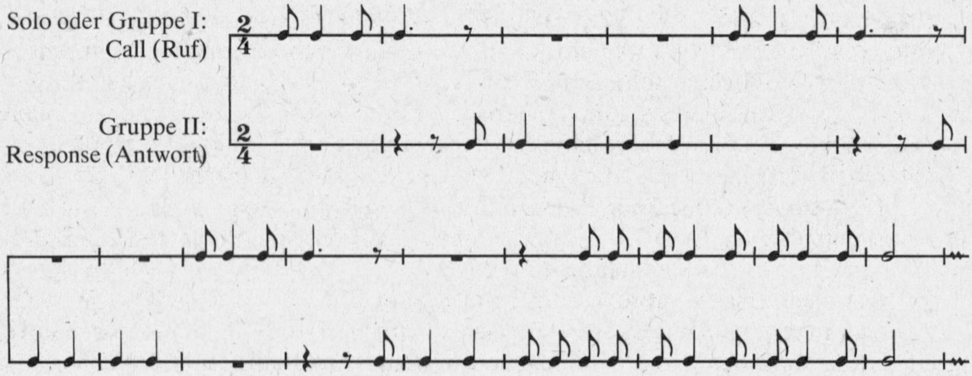

[3] tub = als Schlaginstrument benutzter (Holz-)Bottich oder ähnliches
[4] washboard = Waschbrett
[5] hand-clapping = Händeklatschen
[6] foot-stamping = Fußstampfen

2. Armer, alter Häftling

3. Down by the Riverside ($^4/_4$ = langsame $^2/_2$)

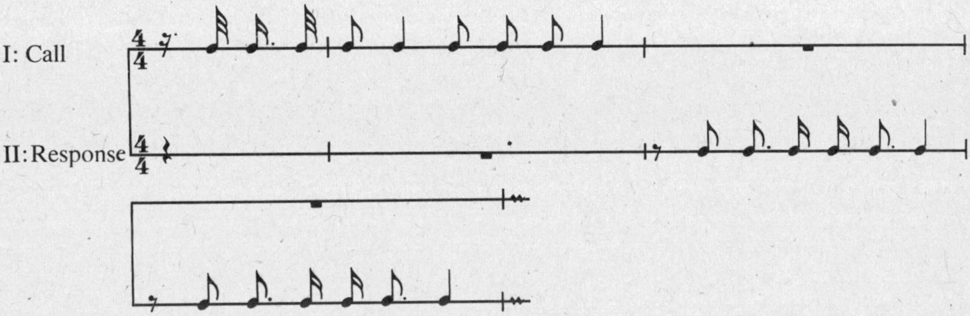

oder mit (improvisierten) Varianten, zum Beispiel

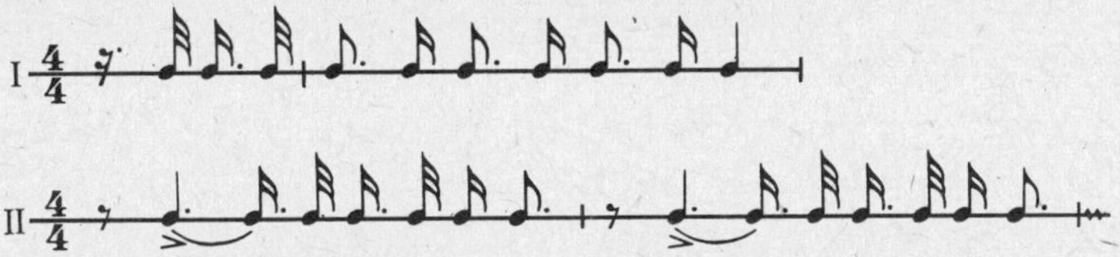

(Punktierungen immer triolisch!)

4. Freie Improvisation im Wechselspiel der Gruppen unter Ausnutzung unterschiedlicher Klangfarben und Tonhöhen des Instrumentariums.
Der musikerzieherische Gewinn eines solchen Vorhabens besteht nicht zuletzt darin, daß sich die Schüler, von durch sie *selbst gestalteten* musikalischen Prozessen ausgehend, stärker mit analog konzipierten Musikwerken identifizieren und diese umfassender und tiefer erleben können.

6.3.2. Das Erlebnis der Musik in ihrem Zusammenwirken mit anderen künstlerischen Äußerungen

Im kulturellen Leben unserer Gesellschaft gewinnt die Ensemblewirkung der Künste zunehmende Bedeutung. Dieser Entwicklung entsprechen unterrichtliche und außerunterrichtliche Aktivitäten, die auf das Erlebnis der Musik in ihrem Zusammenwirken mit anderen künstlerischen Äußerungen gerichtet sind, insbesondere mit Literatur und szenischer Darstellung, mit Malen und Zeichnen. Die Erfahrungen, Untersuchungsergebnisse und Aussagen zum Zusammenwirken von Musik mit Literatur und Kunsterziehung im Unterricht (Literatur – Musik – Kunsterziehung, 1981) besitzen auch für den außerunterrichtlichen Bereich prinzipielle Bedeutung,

jedoch bestehen hier wesentlich breitere Möglichkeiten für eine die heranwachsende Persönlichkeit bereichernde Verwirklichung dieser Beziehung.
Eine dieser Möglichkeiten besteht darin, die Schüler ihre Höreindrücke in selbst gemalte oder gezeichnete Bildgestalten umsetzen zu lassen.
Untersuchungen mit Schülern unterschiedlicher Altersstufen beweisen, daß das vergleichende *Übertragen musikalischer Bewußtseinsinhalte auf die* sich in Farben, Linien, Formen repräsentierende *Bildebene* (Stein 1980, S. 96) nicht nur Rückschlüsse auf die Wirkung von Musik verschiedener Epochen und Genres zuläßt, sondern vor allem die aktive, lustbetonte geistige Auseinandersetzung mit dem gehörten Musikwerk fördert. Ähnliche Ergebnisse brachte der Mal- und Zeichenwettbewerb anläßlich des 80. Geburtstages Hanns Eislers (Scharnbeck 1979, S. 386). Eine Arbeitsgemeinschaft oder Arbeitsgruppe, die sich einer solchen Aufgabe widmet, muß durch die Fachlehrer für Musik und Kunsterziehung gemeinsam angeleitet werden.
Zahlreiche außerunterrichtliche Verbindungen ergeben sich zwischen Musik- und Deutschunterricht bei der *Vorbereitung eines Programms,* zum Beispiel für eine Feierstunde, in dem Wort und Musik aufeinander abzustimmen sind, oder bei der Produktion einer Hörspielmusik (möglichst zu einer eigenen Vorlage) und dem anschließenden kritisch wertenden Vergleich mehrerer Fassungen. Schüler der Klassen 8 und 10 einer Leipziger POS, die in einer Arbeitsgemeinschaft an Möglichkeiten schöpferischen instrumentalen Musizierens herangeführt wurden, brachten zum Ausdruck, daß ihnen die *Erarbeitung einer Hörspielmusik* zum Thema „Flug zur sowjetischen Weltraumstation X-14“ besonders großes Vergnügen bereitete, und sie zeigten sich sehr interessiert, auch weiterhin außerunterrichtlich musikalisch-gestaltend tätig zu werden (Weller 1983).[7]

Klangskizze zur Hörspielmusik „Flug zur sowjetischen Weltraumstation X-14“

Sprecher 1:	*klangliches Geschehen:*
Wir befinden uns im sowjetischen Weltraumstädtchen Baikonur im Norden der Kasachischen Sowjetrepublik. In wenigen Augenblicken wird die riesige Rakete gestartet, mit der mutige Kosmonauten zur Weltraumstation X Strich 14 gebracht werden sollen. Im Kosmodrom ist nur das leise Summen der technischen Apparaturen zu hören.	gemeinsamer Einsatz: Summen auf beliebiger Tonhöhe, *piano* (etwa 7 Sek.)
Durch die Lautsprecher ertönen knappe, präzise Befehle. Plötzlich ist von allen Seiten des Geländes das Heulen von Sirenen zu hören, mit denen der Raketenstart angekündigt wird.	unterschiedlicher zeitlicher Einsatz: vokale Glissandi auf- und abwärts, Tonhöhe beliebig (etwa 29 Sek.)
Kaum ist die Vorwarnung beendet, beginnt der Countdown.	Ticken des Sekundenzeigers: Klanghölzer bis „старт“
Sprecher 2: Десять – девять – восемь – семь – шесть – пять – четыре – три – два – один – старт!	Beckenschlag fortissimo; Xylophon/Glockenspiel:

[7] Ein vorzügliches Arbeitsmaterial bietet die LITERA-Schallplatte 860146, „Hörspielgeräusche“.

Glissandi aufsteigend; Piano: Cluster aufsteigend bis in höchste Lage; Trommel: Wirbel accelerando; vokale Glissandi aufwärts; Dynamik: *fff* ——— *ppp* (Piano rechtes Pedal treten!) (Etwa 35 Sek.)

Sprecher 1:
Schon nach wenigen Minuten nehmen die Kosmonauten Funkkontakt mit der Erde auf.
Erste Informationen werden ausgetauscht.

Morsezeichen: Impulse auf Blockflötenköpfen im Wechsel (etwa 25 Sek.)

Nach einiger Zeit hat die Rakete die Schwerkraft der Erde überwunden und fliegt jetzt nahezu lautlos. Dennoch ist es den Kosmonauten so, als klänge ihnen Sphärenmusik in den Ohren.

Playback: Zbynek Vostrak, Scales of Light (Ausschnitt)[8]; Instrumentarium ad libitum (Glockenspiel mit verschiedenen Schlegeln, Triangel, Bekken, unterschiedlich gefüllte Getränkeflaschen, Triola, Piano, Dose mit Reiskörnern u. ä.); freie Improvisation zum Playback (etwa 4 Min. 10 Sek.)

In ihnen ist ein Gefühl der Erhabenheit und des Stolzes, als sie Hunderte von Kilometern unter sich die Erde erblicken, eingehüllt in zauberhafte Farben. Auf der anderen Seite, in den unermeßlichen Weiten des Weltraums, huschen gespenstig Meteoriten vorbei, manchmal lange Schweife hinter sich lassend.

Klanghölzer, Triangel usw.: kurze Impulse; vokale Glissandi (kurz, mit zu- oder abnehmender Dynamik: *pp* ... *f*, auch *f* subito) (etwa 15 Sek.)

Nach mehrstündigem Flug ertönt leise das Erkennungssignal der Raumstation, an die die Rakete ankoppeln soll.

Erkennungssignal: markante Vier- oder Fünftonfolge auf Xylophon oder Glockenspiel; Morsezeichen wie oben (etwa 15 Sek.)

Sofort senden die Kosmonauten ihr eigenes Erkennungssignal.
Mit Hilfe von Radar- und Funkpeilung kann nunmehr das Kopplungsmanöver beginnen.
Langsam nähern sich die Flugkörper, und schließlich vereinigen sie sich.

Crescendo-Impulse auf Klanghölzern und Röhrenholztrommeln mit gemeinsamem Schlußklang *(forte)* (etwa 20 Sek.)

Das Unternehmen war erfolgreich. Freudig begrüßen die Kosmonauten ihre Kollegen in der Raumstation.

Playback: Modest Mussorgski, Bilder einer Ausstellung (Ausschnitt – letzter Teil – aus „Das große Tor von Kiew" in der Orchesterfassung von Ravel)

Auch bei der *Abfassung einer Rezension* zu einem gehörten Musikwerk oder einer Konzertveranstaltung für die Wandzeitung ergeben sich fachübergreifende Verbindungen, die die Schüler zu schöpferischen Leistungen motivieren.
Besonders wirksame Voraussetzungen für die Vertiefung des Musikerlebens bietet bei Schülern der Unter- und Mittelstufe eine Sonderform außerunterrichtlicher Arbeit, die Arbeitsgemeinschaft *Kindermusiktheater.*[9]

[8] Supraphon SUA 111 1423

Hier finden sich in einer langfristigen Arbeitsgemeinschaft (über drei bis vier Jahre) Schüler zusammen, die ihr natürliches Bedürfnis nach produktiver Beziehung zur Kunst durch die Verbindung von Musik–Spiel–Bewegung befriedigen können.
Eine Eignungsprüfung für die Teilnahme ist nicht unbedingt erforderlich. Es darf teilnehmen, wer Lust hat und die Proben regelmäßig besucht. Erfreulicherweise melden sich dafür – im Gegensatz zu anderen künstlerischen Arbeitsgemeinschaften – relativ viele Jungen.
Inhalt und Arbeitsweise einer solchen Arbeitsgemeinschaft sollen im folgenden unter dem Aspekt der Förderung des aktiven Musikhörens dargestellt werden.
Zentrales künstlerisches Anliegen des Kindermusiktheaters ist der erlebnishafte und vielseitige Umgang unserer Kinder mit Musik. Die im Kindermusiktheater verwirklichte Synthese der Musik mit anderen Künsten und der aktiven musikalischen Tätigkeit mit anderen Formen künstlerischer Selbstverwirklichung vermag die Beziehung der Kinder zur Musik im interpretativen wie im rezeptiven Bereich zu entwickeln und zu bereichern. Dieses Anliegen erfordert eine breite Palette des Umgangs mit Musik einschließlich des Musikhörens. Die Kinderoper selbst steht dabei nicht im Mittelpunkt der Arbeit, sondern stellt nur eines ihrer Ergebnisse dar.
Ein wesentlicher Anteil musizierpraktischer Tätigkeit liegt auf rhythmischem Gebiet. Beispielsweise werden die Kinder angeregt, „sich vorzustellen", indem sie ihre Namen sagen: „Ich bin Uwe", „ich bin Michael". Sie tun das zunächst meist recht zaghaft und rhythmisch undifferenziert. Doch schnell begreifen sie, daß es viel spannender wird durch Einschübe von Pausen, durch Wortwiederholungen und Satzerweiterungen. Die Kinder erkennen die unterschiedliche Silbenzahl der Namen, stellen Betonungsschwerpunkte fest. Mit Instrumenten des Klingenden Schlagwerks werden Grundschlag oder auch Pausen markiert. Um einer einseitigen Verwendung rhythmisch undifferenziert und nur symmetrisch gestalteter Verläufe vorzubeugen, lenkt der Leiter die Kinder auf ein Bevorzugen von Taktwechsel und asymmetrischen Bildungen. Nachdem die Kinder gesagt haben, *wer* sie sind, besteht ihre weitere Aufgabe darin, erkennen zu lassen, *wie* sie sind, das heißt, in Mimik, Gestik und Gangart eine bestimmte Haltung einzunehmen. Als nächster Schritt erfolgt die Gestaltung eines kleinen *rhythmischen Bewegungsspiels,* bei dem bereits Partnerbeziehungen entwickelt werden müssen. Sätze werden gesucht, die sich zur szenischen Darstellung eignen, oft auch Melodien dazu erfunden, die sich meist aus dem Sprachmelos ergeben. Hierzu ein Beispiel:
Aus der einfachen Feststellung „Ich sitze auf dem Stuhl" kann durch Betonung oder Wortwiederholung ein aggressives Sich-Behaupten werden: „Ich, ich sitze auf dem Stuhl."

Kind A (schlicht)

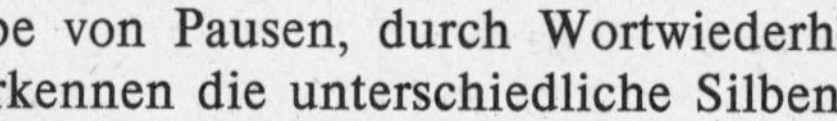

Kind B (aggressiv, provozierend)

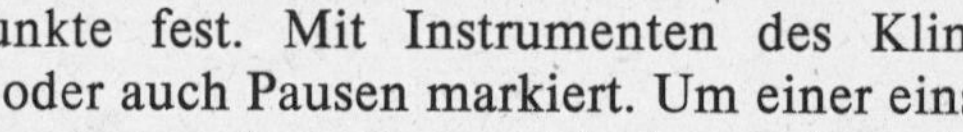

[9] Zu den Erfahrungen mit der in Leipzig 1973 gegründeten AG Kindermusiktheater (vgl. 4.4.2., S. 126) sowie mit Chören, die sich neben ihrer eigentlichen Aufgabe auch wiederholt der szenischen Aufführung von Kantaten und Kinderopern widmen, vgl. Iske 1978, S. 78ff.; Schwaen 1979; Brock 1979 b, S. 328ff.; Frotscher 1979, S. 189ff.; ferner den Fernsehdokumentarfilm „Im Spiel sich erkennen" (Zenthöfer/Roche 1980).

Natürlich drückt sich das auch in der Gestik beim Spielen aus, besonders, wenn ein Partner mitspielt und auch beide Kinder auf dem Stuhl sitzen wollen. Durch die unterschiedliche Rhythmisierung der Sätze ergibt sich bei gleichzeitigem Sprechen eine metrische Akzentverschiebung.
Auch die nicht spielenden Kinder werden mit Klopfen, Sprechen oder Singen beteiligt und ergreifen, in zwei Gruppen geteilt, die Partei eines der beiden Spielkinder. Eine Lösung des oft turbulenten Streites wird gefunden, indem die Spielkinder bemerken: Der Stuhl hat ja Platz für zwei! Nun können sie beide singen:

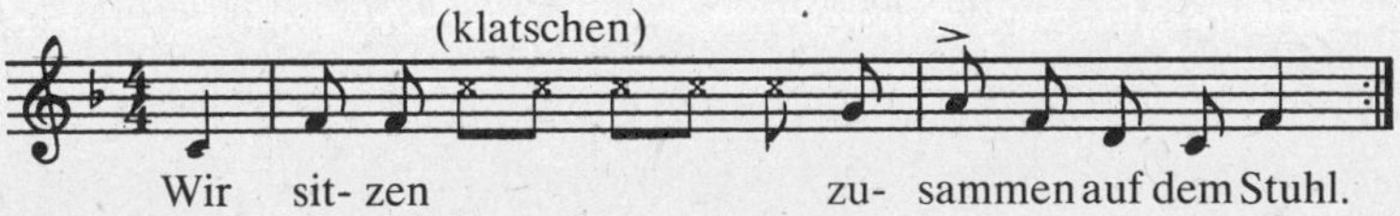

Zweifellos sind bereits solche kleinen Bewegungsetüden ein wichtiger Schritt zum aktiven Musikhören. Die Kinder finden sehr schnell die interessantesten Rhythmisierungen oder Vertonungen heraus und halten mit Kritik nicht zurück, wenn etwas langweilig klingt, Gleiches wiederkehrt oder Ähnliches gesungen wird.
Bewußtes Musikhören wird auch durch *Umsetzen von musikalischen Verläufen in Bewegung* und *szenisches Spiel* gefördert. Das kann vom Erkennen und körperlichen Darstellen der Grundbewegungsarten (Gehen–Laufen–Hüpfen) bis zu einer gestalteten *Spielszene* reichen.
Für den ersten Fall eignet sich eine Lehrerimprovisation besser als ein notiertes Musikstück, da sie variabler und anpassungsfähiger ist. Wenn Spiel und Musik jedoch mehrfach reproduzierbar sein müssen, um an einer Szene zu arbeiten, wird eine Komposition benötigt.[10] Bei der Gestaltung von Musikstücken ohne Titel und Inhaltsvorgabe fanden wir bestätigt, was Michel für das musikalische Erleben von Kindern des jüngeren und mittleren Schulalters feststellte:

„Das Kind von neun bis zwölf Jahren sieht beim Musikhören Bilder und Vorgänge. Hat die Musik einen Text, so wird dieser Repräsentant des Inhalts. Bei nicht textgebundener Musik tritt an die Stelle des Textes das, was sich das Kind bei der Musik denken kann. So behauptet ein zehnjähriges Mädchen von einem einförmigen Stück, das klingt wie ein ‚Leierkasten‘, aber von einem schnellen sagt es: ‚Das geht so schnell wie im Radio.‘ Beim Anhören eines lustigen Stückchens äußerten Kinder desselben Alters: ‚Es ist, als ob wir bei einem schönen Spiel sind.‘ Ein gegenständlich-konkretes Erlebnis wird also zur Interpretation der gehörten Musik herangezogen.“ (Michel 1968, S. 133)

Entsprechend den vielfältigen Erlebnissen der Kinder und der vieldeutigen Konkretheit von Musik gibt es stets sehr verschiedene inhaltlich „passende“ Lösungen. Alle gelten als „richtig“, wenn sie dem Grundcharakter des Stückes beziehungsweise seiner einzelnen Teile gemäß sind. Musikalische Details werden von den Kindern meist nur durch gezielte Höraufgaben und entsprechende szenische Hinweise erkannt und im Spiel umgesetzt. Auch dazu ein Beispiel:
Es erklingt das Stück „Zum Gehen und Laufen“[11]. Die Kinder erkennen beim ersten Anhören die Dreiteiligkeit (a b a) und nennen die richtigen Tempobezeichnungen (langsam–schnell–langsam). Beim anschließenden szenischen Spiel wird

[10] Geeignet sind hierfür die Instrumentalstücke aus den Lehrplänen Musik, Klassen 1 bis 7 (einschließlich der zusätzlich empfohlenen Stücke; sämtlich auf SCHOLA-Schallplatten), ferner die Instrumentalstücke für die Vorschulerziehung (SCHOLA 875019 und 875040).
[11] SCHOLA 875019

der Mittelteil als Ausdruck von Unruhe und Angst gedeutet. In unserer Arbeitsgemeinschaft waren die ersten drei Spielvarianten inhaltlich völlig verschieden, sie berücksichtigten lediglich den Kontrast zwischen den Teilen a und b. Erst nach dem bewußten Erfassen des stufenweise aufwärts führenden Melodieverlaufs innerhalb von a, einer teilkörperlichen Nachgestaltung mit den Händen und der Aufforderung, in der szenischen Darstellung auch den Melodieverlauf der beiden langsamen Teile (a) mit zu berücksichtigen, ergab sich eine differenzierte vierte Variante:

X kommt aus der Schule nach Hause. Der Fahrstuhl im Hochhaus steckt fest. Also muß man die Treppen hochsteigen (Richtungswechsel bei jeder neuen melodischen Phrase) (a). Plötzlich stürmen Kinder aus verschiedenen Wohnungen und inszenieren einen Indianerüberfall (b). Nach der lustigen Rauferei nimmt X seinen Ranzen wieder auf und steigt weiter nach oben. Endlich ist er angekommen (a).

Um in dem folgenden Beispiel „Im Spielzeugladen"[12] die Instrumente und ihre Kombinationen miteinander heraushören zu lassen sowie bewußtzumachen, wie sich der Charakter eines Themas durch die Instrumentation verändern kann, hielten wir auch hier eine von den Kindern selbst gefundene szenische Darstellung für nützlich. Sie ließ Freude an Musik und Spiel, Anregung der Phantasie, Vertiefung des Hörerlebnisses und eine Bereicherung der Kenntnisse erwarten. Neben dem Erfassen verschiedener Themen müssen die Schüler bei diesem Stück das Vor-, Zwischen- und Nachspiel unterscheiden, also musikalische Grundkenntnisse anwenden, wie wir sie für die Rezeption in den unteren Klassen verlangen.

Im Spielzeugladen

Vorspiel:	Gong, Akkordeon	Das Spielzeug erwacht allmählich, stellt sich vor:
1. Thema	Trompete	Hampelmann (eckig)
	Flöten	Puppen (trippelnd)
	Gitarre	Bär (tapsig)
	Akkordeon	Kreisel (ständig in Bewegung)
Zwischenspiel:	Trompete, Akkordeon	
2. Thema	Flöte, Gitarre	Die den Instrumenten zugeordneten
3. Thema	Trompete, Akkordeon	Figuren spielen in der jeweils erklin-
	Flöte, Gitarre, Trompete	genden Kombination miteinander.
1. Thema	Flöte, Gitarre	
	Trompete	
	Gong	Alle halten im Spiel inne.
Nachspiel:	Trompete, Akkordeon, Gitarre	Die Figuren gehen zurück in ihre
	Flöte, Gitarre	Ecke und erstarren wieder.

Da das Stück sehr kurz ist (Dauer 1 Min. 50 Sek.), ist es für die Kinder nicht leicht, ihr Spiel exakt der Musik zuzuordnen. Volle Hörkonzentration ist erforderlich, um den eigenen Einsatz nicht zu verfehlen. Der starke Spielanreiz läßt die Kinder jedoch ungewohnte Schwierigkeiten überwinden, und die kleine Komposition wird zu einer lebendigen Instrumenten- und Formenkunde.
Auf einer noch höheren Ebene wird musikalisches Können einschließlich des Musikhörens mit der Erarbeitung und Aufführung von Stücken gefördert, die von vorn-

[12] SCHOLA 875040

herein als *szenische Musikspiele* (Kinderopern, Lehrstücke, szenische Kantaten, Sing- oder Tanzspiele) für Kinder angelegt sind (Brock 1979 b, S. 328ff.). Zu Spiel und Bewegung tritt hier noch das eigene Singen (chorisch, solistisch, in kleinen Ensembles), wobei zugleich auf die Begleitung durch einzelne Instrumente oder ein kleines Orchester gehört werden muß. Dadurch wachsen die Anforderungen an das Musikhören unserer Schüler beträchtlich. Vor allem aber ist es die kollektive erlebnishaft-phantasievolle, künstlerisch vielseitige und zugleich überwiegend musikalische Umsetzung einer inhaltsreichen Fabel, die sowohl dem musikalisch-praktischen wie dem rezeptiven Umgang mit Musik reiche Impulse zu geben vermag.

6.3.3. Mitgestaltung des musischen Klimas an der Schule und im Territorium

Ein musisches Klima entsteht an der Schule nur dann, wenn sich alle Pädagogen dafür verantwortlich fühlen und einsetzen. Ihre Verbündeten in diesem Prozeß der ästhetischen Erziehung des gesamten Schulkollektivs finden sie in den Eltern und anderen die Bildung und Erziehung der jungen Generation verantwortlich mittragenden gesellschaftlichen Kräften; ihre unmittelbaren Partner bei der Gestaltung einer kulturvollen Lebens- und Arbeitsweise an der sozialistischen Oberschule können naturgemäß nur die Schüler und ihre sozialistische Jugendorganisation selbst sein. Daß sich ein Musikerzieher in besonderer Weise für die Ausprägung des musischen Klimas verpflichtet fühlen muß, gebietet das Spezifische seiner pädagogischen Tätigkeit. Die Arbeit mit dem Schulchor, mit einer Singe- oder Instrumentalgruppe ist ein wesentlicher, durch nichts zu ersetzender Beitrag dazu. Aber es ist nur die *eine* Seite, eine größere Anzahl von Schülern zur Entfaltung eines musischen Klimas beitragen zu lassen, indem Feiern und Appelle musikalisch ausgestaltet, Elternversammlungen festlich umrahmt, Konzerte usw. durchgeführt werden. Die *andere* Seite musikerzieherischer Wirksamkeit ist die außerunterrichtliche Arbeit mit jenen Schülern, die aus unterschiedlichen Gründen nicht Chor- oder Singegruppenmitglied sein können oder die kein Instrument spielen, aber sich für Musik ganz allgemein interessieren. Unter ihnen gibt es nicht wenige, die bereit sind, sich an Vorhaben zu beteiligen, die auf die Mitgestaltung des musischen Klimas in der Schule und im Territorium gerichtet sind.
Die Aufgabe einer solchen Arbeitsgruppe kann darin bestehen, den *Fachunterrichtsraum Musik* auf der Grundlage eines gemeinsam mit dem Musiklehrer erarbeiteten Modells und abgestimmt mit den Plänen der staatlichen Leitung (denn es sind immer auch die materiellen Voraussetzungen und Möglichkeiten zu berücksichtigen) funktionsgerecht und ansprechend weiter *auszugestalten.* Das kann geschehen, indem graphische Übersichten erarbeitet werden, die als Lernhilfen zeitweilig oder ständig präsent sein sollen: der Vergleich von Biographien bedeutender Komponisten einer musikgeschichtlichen Epoche, dramaturgische Skizzen zu musikalischen Bühnenwerken, synoptische Tafeln zur Entwicklung von Musik, Literatur, bildender Kunst im Zusammenhang mit historisch-gesellschaftlichen Prozessen, Veranschaulichungen zu musikalischen Formabläufen wie Rondo, Sonatenhauptsatzform und Sinfonie oder Merkmalsübersichten zum Wesen der Musik (vgl. 4.5. und 4.6.).

Zur funktionsgerechten Ausgestaltung des Fachunterrichtsraumes Musik gehört auch, günstige Voraussetzungen für Musikdarbietungen durch technische Mittler zu schaffen. So baute 1971 an der Nikolai-Oberschule Leipzig eine Arbeitsgruppe mit Schülern einer 9. Klasse unter der Leitung des Musiklehrers ein Schaltpult für die Bedienung von Tonbandgerät und Plattenspieler im Fachunterrichtsraum Musik, das den Umgang mit diesen technischen Mittlern wesentlich erleichterte, indem zum Beispiel die an der Stirnseite des Musikzimmers fest installierten beiden Lautsprecher durch eine Relaisschaltung wahlweise an das eine oder andere Gerät angeschlossen beziehungsweise beide Geräte synchron mit jeweils einem Lautsprecher betrieben werden konnten. Die Schüler waren mit beeindruckendem Eifer dabei, ihre Kenntnisse auf elektronischem und elektroakustischem Gebiet praktisch anzuwenden und nutzbringend für die Gestaltung des Musikunterrichts einzubringen. In dieser Hinsicht gibt es viele, bisher kaum erkundete Möglichkeiten, unser Fach auf den im Rahmen der Bewegung „Messe der Meister von morgen" stattfindenden Schulmessen mit anspruchsvollen Exponaten zu vertreten, die von außerunterrichtlichen Arbeitsgruppen hergestellt wurden und geeignet sind, auch bei anderen Schülern ein größeres und beständigeres Interesse für musikbezogene Gegenstände zu wecken.
Eine außerunterrichtliche Arbeitsgemeinschaft oder Arbeitsgruppe Musik kann sich auch als Aufgabe stellen, sogenannte *„offene Veranstaltungen"* vorzubereiten und durchzuführen. Solche Vorhaben sollten mit der Leitung der Pionier- und Jugendorganisation, mit der Schulleitung und gegebenenfalls mit dem Patenbetrieb und dem Wohnbezirksausschuß abgestimmt und wirkungsvoll propagiert werden. Die Thematik kann sehr vielseitig sein. Bei ihrer Wahl müssen die Mitglieder der Arbeitsgruppe auch die unterschiedlichen Adressaten berücksichtigen. Neben der unmittelbaren Begegnung und dem Dialog mit profilierten Persönlichkeiten des Musiklebens (einem Dirigenten, Solisten, Konzertkritiker usw.), die einen sorgfältig vorbereiteten Gesprächsstoff voraussetzt, können sich solche offenen Veranstaltungen unter Berücksichtigung der örtlichen Gegebenheiten Themen wie „Humor in der Musik" (Kraus 1975), „Die Entwicklung des deutschen Volksliedes" (Homilius 1974), „Liebe in der Musik" oder einem „musikalischen Preisrätsel" zuwenden, das das (Wieder-)Erkennen von im Unterricht behandelten oder populären Kompositionen erfordert (Hendreich 1974).
Aus derartigen Vorhaben (vgl. auch Kolbe 1975, 1976) können auch Anregungen erwachsen für die qualifizierte inhaltliche Ausgestaltung von Schülerdiskotheken, die sich mancherorts immer noch im lautstarken Abspielen von vorzugsweise Rockmusik-Tonkonserven erschöpfen.
Schülerdiskotheken erfreuen sich bei Pionieren wie FDJlern großer Beliebtheit. Sie prägen in zunehmendem Maße das kulturelle Leben an der Schule mit und wirken auch in das umgebende Territorium hinein. Nicht selten suchen ehemalige Schüler den Kontakt zu „ihrer" Schule und zu „ihren" Lehrern über den Besuch der Schülerdiskothek. In der Vergangenheit wurde nicht immer in genügendem Maße erkannt, daß „Schülerdiskotheken... ideale Möglichkeiten musikerzieherischer, ästhetischer und kulturpolitischer Einflußnahme auf die sich entwickelnde Schülerpersönlichkeit" bieten und „ein fruchtbares Wechselverhältnis unterrichtlicher und außerunterrichtlicher musikalischer Bildungs- und Erziehungsarbeit" sichern (Freitag 1978, S. 118). Die Einflußnahme beschränkte sich zu oft noch auf die Er-

füllung einer eng verstandenen pädagogischen Aufsichtspflicht. Dabei wurde jedoch übersehen, daß die Fürsorgepflicht für derartige Freizeitveranstaltungen auch die Verantwortung im Hinblick auf ihre inhaltliche Ausgestaltung einschließt, die keinesfalls dem Zufall oder Einflüssen imperialistischer Massenmedien überlassen werden darf.
Schülerdiskotheken werden zumeist vom Schulklub vorbereitet und durchgeführt. In ihm wirken Schüler vor allem der Oberstufe und erfahrene FDJ-Lehrer zusammen. Engagiert stellen sich seine Mitglieder in verschiedenen Arbeitsgruppen den unterschiedlichen Aufgaben: der organisatorischen und der ton- sowie lichttechnischen Vorbereitung, der Versorgung der Besucher mit alkoholfreien Getränken und kleinen Imbissen, der Gewährleistung von Ordnung und Sicherheit, der Raumgestaltung usw. Praktische Schülertätigkeiten werden in hohem Maße herausgefordert und schöpferische Ideen entwickelt, wenn es um Thematik und Programmgestaltung geht. Neben Quiz-Runden, der Durchführung von Schul-Tip-Paraden zur Ermittlung der beliebtesten Popmusik-Titel (vgl. Freitag 1978) können lohnende Vorhaben der Arbeitsgruppe Musik des Schulklubs darin bestehen, sich zu Themen wie „Die unterschiedliche Gestaltung des Friedensgedankens in der Geschichte der Rockmusik", „Die Entstehung der Rockmusik", „Der Text in der populären Musik – eine Nebensächlichkeit?" oder ähnlichen an Hand von Musikbeispielen sachkundig zu äußern und sich einschlägigen Fragen zu stellen. Denn die Musikauswahl nach (ideologisch-)ästhetischen Gesichtspunkten und dem Rezeptionsvermögen der jeweiligen Besucher-Zielgruppe ist neben der Erarbeitung niveauvoller Texte für die Moderation die schwierigste Aufgabe bei der Vorbereitung und Durchführung einer Schülerdiskothek. Deshalb obliegt dem Musikerzieher eine besondere Verantwortung für diese Form der Freizeitgestaltung, und er sollte als musikalisch-ästhetischer und kulturpolitischer Berater das Schulklubkollektiv bei seinen Entscheidungen aktiv unterstützen.
Große Bedeutung für die Mitgestaltung des musischen Klimas in der Schule und im Territorium besitzen Unterrichts- und Schülerkonzerte.
Gegenwärtig (1983) erhalten in der DDR etwa 36000 Kinder und Jugendliche an 100 Musikschulen eine künstlerische Spezialausbildung. Nichts liegt näher, als sie möglichst oft vor ihren Mitschülern musizieren zu lassen.
Unterrichtskonzerte, die auf jeder Klassenstufe ein- bis zweimal im Jahr durchgeführt werden könnten, sollten von einer Arbeitsgruppe und dem Musiklehrer angeregt und hinsichtlich Werkauswahl, Programmablauf, Möglichkeiten zur Aktivierung der zuhörenden Schüler, Ansage beziehungsweise verbaler Einführung und organisatorischer Gestaltung sorgfältig vorbereitet werden. So hat es sich in Unterrichtskonzerten bewährt, wenn die Interpreten ihre Stücke selbst ansagen und einige persönliche Bemerkungen dazu machen, eventuell sogar ihre Mitschüler wissen lassen, welche Stellen ihnen am besten gefallen, an welchen sie am meisten üben mußten. Auch das muß vorbereitet sein.
Zur Förderung des aktiven, bewußten Zuhörens können von der Arbeitsgruppe einige Quizfragen zu Instrumenten, Klangbild, Wirkung, Komponist und Interpretation vorbereitet werden. Insbesondere jüngere Zuhörer lassen sich auf diese Weise gern in die Veranstaltung einbeziehen.
Das Interesse an den Leistungen der Musikschüler bildet eine gute Voraussetzung für Disziplin und aufmerksames Zuhören.

Die Nachbereitung erfolgt unmittelbar nach dem Konzert. Wir lassen dabei die Schüler ihre Meinung zu dem Konzert sagen, fragen, was ihnen besonders gefallen hat und warum, versäumen aber auch nicht einige Wissenstests.
Im Unterschied zum Unterrichtskonzert wird das *Schülerkonzert* vor einem größeren Kreis von Schülern und auch Erwachsenen durchgeführt. Interpreten sind außer den Musikschülern auch Pionier- und Jugendchöre, Instrumentalgruppen oder Musiklehrerstudenten. Die Dauer entspricht einer Unterrichtsstunde. Schülerkonzerte für die Unterstufe erfordern in jedem Fall einen pädagogisch geschulten Moderator, möglichst einen Musiklehrer, der die Kinder in das Konzert mit einbezieht, es von ihnen mitgestalten läßt. Mitsingen, Mitklatschen, Mitspielen, aber auch verbales Äußern zur Musik tragen zum Erfolg bei. Die von Urbanek beschriebene „Raterunde“ (1976, S. 415) bei Unterstufenkonzerten verdient Nachahmung: Nachdem verschiedene Instrumente vorgestellt worden sind, kommen junge Zuhörer auf die Bühne und identifizieren vom Klang her die nunmehr für sie unsichtbaren Instrumente. Auch die übrigen Zuhörer können sich daran beteiligen.
Konzerte für Schüler müssen stets Höhepunkte der künstlerisch-ästhetischen Erziehung sein. Dazu gehört die passende Kleidung ebenso wie ein geschmackvoller, festlicher Raum. In der Unterstufe wird die Vor- und Nachbereitung in der Hand des Klassenleiters liegen. In der Mittel- und Oberstufe kann sie – analog zu der von Unterrichtskonzerten – von einer außerunterrichtlichen Arbeitsgruppe unterstützt werden.
Arbeitsgruppen, die sich der Mitgestaltung des musischen Klimas widmen, können auf diese Weise dazu beitragen, daß musikalische Schülerdarbietungen nicht auf das alljährlich stattfindende „Fest der jungen Talente“ beschränkt bleiben, sondern ihre Ergänzung in vielen kleineren und größeren Feiern mit lebendigem Musizieren und aufgeschlossenem Rezipieren von Musik finden.
Auch die obligatorischen *Schulkonzerte,* die auf der Grundlage der gemeinsamen Richtlinie der Ministerien für Volksbildung und Kultur in der Regel zentral vorbereitet und durchgeführt werden (Gemeinsame Richtlinie, 1976), wirken auf das musische Klima ein. Dies resultiert nicht allein daraus, daß die fachliche und emotional-erzieherische Vor- und Nachbereitung der Konzerte in der kollektiven Verantwortung von Musikerzieher und Klassenleiter liegt, sondern daß musikkulturelle Bedürfnisse und Verhaltensweisen der Schüler nicht unwesentlich von der Qualität der Konzerterlebnisse beeinflußt werden.
Wichtige Impulse für das eigene Musizieren können aus dem Erleben gelungener musikalischer Darbietungen in Schulkonzerten erwachsen. Von verschiedenen Autoren (Kolbe 1979; Nürnberger/Karsch 1979; Grimmer/Karraß 1983 und anderen) wird hervorgehoben, daß es ganz entscheidend darauf ankommt, die jungen Konzertbesucher in alle Phasen der Schulkonzertveranstaltungen durch produktives Tätigwerden einzubeziehen. Das können neben dem (Mit-)Singen oder dem Nachvollziehen von Rhythmen mit Instrumenten des Klingenden Schlagwerks in der Unter- und Mittelstufe bestimmte Aufgabenstellungen sein, die die Schüler zu emotionalen, interpretierenden oder wertenden Äußerungen anregen, wie zum Beispiel der Vergleich von früher gehörten Werken mit ähnlichen oder auch anders gestalteten Kompositionen, die im Schulkonzert erklingen. Für außerunterrichtliche Arbeitsgemeinschaften oder Arbeitsgruppen besteht auch ein interessantes Feld schöpferischer Betätigung in der Erarbeitung instruktiver und ästhetisch geschmackvoll ge-

stalteter Programmhefte und Informationsmaterialien für die Konzertbesucher, in der Mitgestaltung von Gesprächsrunden nach „Diskussionskonzerten" zum musikalischen Gegenwartsschaffen (vgl. Kolbe 1979, S. 162; Nürnberger/Karsch 1979, S. 279) oder in der Auswertung von rezeptionsbegleitenden Wissenstests (vgl. Grimmer/Karraß 1983, S. 53 ff.).
Wichtige Aufgaben bei der erziehungswirksamen Gestaltung von Schulkonzerten sind durch den Musikerzieher in vielfacher Hinsicht mit zu lösen, und sie beschränken sich keineswegs nur auf die unmittelbare Arbeit an seiner Schule. So ist seine Mitwirkung im territorialen Arbeitskollektiv „Schulkonzerte", dem Vertreter der Bereiche Volksbildung und Kultur angehören, nicht nur dann gefordert, wenn er Leitungsfunktionen (zum Beispiel innerhalb der Fachkommission Musik) ausübt. Sein fachwissenschaftlicher, fachmethodischer und allgemeinpädagogischer Beitrag ist immer gefragt, wenn es um eine altersgerechte, die Gefühls- und Gedankenwelt der Schüler erreichende Programmgestaltung, um die Erarbeitung von wirkungsvollen Regiekonzeptionen und um das Hörerlebnis aktivierende Moderationen geht. Entsprechend seinen Fähigkeiten und Möglichkeiten sollte er sich auch als Moderator zur Verfügung stellen, den Konzertbesuchern verbale und mimischgestische Rezeptionshilfe leisten. Schulkonzerte verlangen den ganzen Einsatz der Lehrerpersönlichkeit, wenn sie erfolgreich dazu beitragen sollen, daß unsere Schüler „eine unmittelbare Beziehung zum Musikleben unserer sozialistischen Gesellschaft gewinnen und durch das ihrem Verständnis entsprechende Kunsterlebnis für den Besuch von Konzerten usw. interessiert werden" (Lehrplan Musik, Klassen 5 bis 10, S. 18).

6.3.4. Musik und Polytechnik

Großen Zuspruch finden erfahrungsgemäß jene Aufgaben, deren erfolgreiche Lösung auf dem zielgerichteten Einsatz von Tonbandgeräten und Plattenspielern beruht. Wir knüpfen damit an weitverbreitete Interessen und Bedürfnisse der Jugendlichen an und nutzen zugleich ihre Erfahrungen im Umgang mit elektroakustischen Geräten. Eine außerunterrichtliche Arbeitsgruppe „Tontechnik" kann zu einer wertvollen Schülerhilfe für die Vorbereitung und Durchführung des Fachunterrichts dadurch werden, daß ihre Mitglieder mit zunehmender Selbständigkeit *Tonbandmitschnitte von wichtigen Rundfunksendungen* herstellen oder bestimmte Ausschnitte, die für die analytische Arbeit am Musikwerk im Unterricht benötigt werden, von Schallplatten auf Tonband überspielen.
Grundlage für weiterführende Problemstellungen und Versuche ist die sichere Beherrschung von Aufnahme- und Wiedergabetechniken. Die zur technischen Grundausstattung unserer Schulen gehörenden Tonbandgeräte der TESLA-Serie ermöglichen eine Reihe interessanter Experimente, die gut geeignet sind, dem Schüler neue Wege des Zugangs zur Musik der Gegenwart zu erschließen. Eine Versuchsreihe kann im Mittelpunkt des Vorhabens stehen, *Beziehungen zwischen Klang und Raum und ihre Wirkung auf den Hörer von Popmusik* zu erhellen. Background, akustische Großaufnahme, Verhallung, stereophone Aufnahme und Wiedergabe usw. sind Verfahren, die in unserer Zeit das klangräumliche Erscheinungsbild vor allem der Tanz- und Unterhaltungsmusik maßgeblich prägen. Um einen Blick „hinter die

Kulissen“ werfen zu können, sollten deshalb auch Möglichkeiten der Begegnung mit einer technisch gut ausgestatteten Tanzmusikformation genutzt werden.
Über *Tonbandaufnahmen von Naturvorgängen* (Regen, Wind, Sturm, Gewitter, Rauschen des Wassers usw.) und deren Vergleich mit Musikwerken gewinnen die Fragen Bedeutung: Mit welchen musikalischen Mitteln hat der Komponist hier hörbare oder auch sichtbare Bewegungen aus der natürlichen Umwelt des Menschen gestaltet? In welchem Maße hat er sie stilisiert? Manche musikalische Gestaltung wird in ihrer semantischen und dramaturgischen Funktion dadurch besser erkannt und intensiver erlebt, zum Beispiel das Finale des 2. Akts aus Carl Maria v. Webers „Freischütz“ (die Wolfsschluchtszene) oder verschiedene Details in Bedřich Smetanas sinfonischer Dichtung „Die Moldau“, Joseph Haydns Oratorium „Die Jahreszeiten“ (zum Beispiel Nr. 1b: Rezitativ „Seht, wie der strenge Winter flieht“) oder Carl Orffs „Carmina Burana“ (beispielsweise das rollende Glücksrad in Nr. 1 „O Fortuna“ oder das siedende, zischende Fett in der Pfanne in Nr. 12 „Olim lacus colueram“). Nur dürfen sich solche Experimente nicht verselbständigen; ihre Funktion kann nur darin bestehen, den Schüler zu einem werkadäquaten Erleben und Verstehen hinzuführen.
Auch musikalische Formen können mit beabsichtigtem deutlichem Bezug zu Kompositionstechniken sowohl in der sogenannten „ernsten“ Musik wie in der populären Tanz- und Unterhaltungsmusik der Gegenwart intensiver mit Hilfe von bestimmten Vorhaben angeeignet werden. Wir erteilten zum Beispiel in Klasse 9 einer außerunterrichtlichen Arbeitsgruppe den Auftrag, eine *Tonbandkomposition durch Collage* zu schaffen. Als Vorgabe war nur eine bestimmte Dauer gegeben und die Bedingung, daß die „Komposition“ (in der ursprünglichen Wortbedeutung als „Zusammenstellung“) einer allen Schülern der Klassenstufe bekannten musikalischen Form genügen müsse. Eine der gelungensten Collagen war eine Verschmelzung von Rondo- und Variationsform, wobei der unterschiedliche und zum Teil durch veränderte Bandgeschwindigkeiten verfremdete Schlag einer Standuhr das Rondothema darstellte. Den Hörern – zunächst in der Arbeitsgruppe, später im Klassenverband – bereitete es ungemeines Vergnügen, nicht nur die verschiedenen Klänge und Geräusche, sondern auch die musikalische Form zu identifizieren. Die Fixierung des klanglichen Geschehens in einer Hör- beziehungsweise Klangpartitur bietet sich geradezu an und stellt schon ein weiteres Vorhaben dar.
Vor allem die Entwicklung der Rockmusik hat durch den Einsatz elektronischen Instrumentariums und besonders durch die Verwendung von Synthesizern ein recht großes Interesse an elektronischer Klangerzeugung und elektronischer Musik bei unseren Jugendlichen hervorgerufen. In Zusammenarbeit mit dem Physiklehrer ist es einer Arbeitsgruppe durchaus möglich, eine informative Veranstaltung für einen größeren Interessentenkreis vorzubereiten, während der verschiedenartige Schwingungsformen wie Sinus-, Rechteck-, Sägezahnschwingungen auf dem Oszillographen sichtbar und mittels Verstärker und Lautsprecher auch hörbar gemacht werden. Der physikalischen Demonstration der Schwingungsvorgänge könnte sich eine Diskussion über *elektronische Klangerzeugung,* ihren funktionalen Einsatz in der Rockmusik und die Wirkung auf den Rezipienten zum Beispiel an Hand von Titeln der Gruppe „Stern Meißen“ oder von Kompositionen Reinhard Lakomys (Schallplatte „Das geheime Leben – Electronics“[13]) anschließen.

[13] AMIGA 855893

Das Interesse vieler Schüler am *Bau von Instrumenten* und an den *Vorgängen der Klangerzeugung* mit ihnen regt zur außerunterrichtlichen Beschäftigung mit entsprechenden Problemen der Akustik an und ergänzt sinnreich die Behandlung der Stoffeinheit „Die Instrumente des Sinfonieorchesters" im Musikunterricht der Klasse 6, aber ebenso den Physikunterricht. Schon in der Unterstufe bieten derartige Vorhaben ein lohnendes Betätigungsfeld. Mit etwas handwerklichem Geschick, auch in Abstimmung mit dem polytechnischen Unterricht, läßt sich ohne großen Aufwand ein Monochord bauen, mit dem anschaulich die Abhängigkeit der Tonhöhe bei einem Saiteninstrument von Länge, Stärke und Spannung des schwingenden Körpers sowie die Funktion des Resonanzkörpers demonstriert werden können. Mit ein wenig Übung lernt der Schüler auf diesem Instrument auch zu musizieren.
Eine bestimmte Anzahl von entsprechend mit Flüssigkeit gefüllten Flaschen läßt ein orgelähnliches Labialpfeifeninstrument entstehen, dessen virtuose Handhabung die Bewunderung der Mitschüler auslöst. Warum sollten nicht auch jene Pfeifchen, von denen im Lied „Stand ein Birkenbaum" die Rede ist, einmal selbst geschnitzt und unterschiedliche Tonhöhen durch Grifflöcher oder einen beweglichen Stempel ermöglicht werden? Indem die Schüler verschiedene Materialien auf ihre klanglichen Eigenschaften hin prüfen und auch gewisse manuelle Fertigkeiten ins Spiel bringen, geht es vor allem darum, ihre Phantasie anzuregen. Mit älteren Schülern kann diese Form schöpferischer, auf das Musikhören bezogener Tätigkeit weitergeführt werden, indem elektronische Tonabnehmer an die Stelle des Resonanzkörpers treten. Einschlägige Artikel und Hinweise für Bastler, zum Beispiel in der „Jungen Welt", weisen dazu einen Weg.
Ein weiteres interessantes Betätigungsfeld für Schüler einer Arbeitsgemeinschaft oder einer Arbeitsgruppe bietet sich an immer mehr Schulen unserer Republik für eine pädagogische Nutzung an: die *Schulfunkanlage.* Für eine Musiksendung werden Redakteure, Sprecher, Aufnahme- und Sendetechniker benötigt, mitunter sogar Reporter, die Meinungen von Mitgliedern des Schulkollektivs „einfangen" (Hendreich 1974). Mit einigem pädagogischen Geschick lassen sich musikalische Bedürfnisse auf diese Weise nicht nur befriedigen, sondern auch steuern. So kann beispielsweise mit einem Wunsch- und Solidaritätskonzert unsere gesellschaftliche Wirklichkeit zwanglos mit dem Schulalltag verbunden werden.

6.3.5. Untersuchungen zu musikkulturellen Prozessen in der sozialistischen Gesellschaft

Arbeitsgemeinschaften und Arbeitsgruppen, die sich der Untersuchung musikkultureller Prozesse widmen, konzentrieren sich im wesentlichen auf die folgenden, eng miteinander verbundenen Themen:
- Funktion und Wirkung von Musik,
- musikalische Interessen, Bedürfnisse und das Hörverhalten der Menschen,
- die Rolle der Musik in den Massenmedien,
- die gesellschaftliche Stellung und Wirksamkeit bedeutender Künstlerpersönlichkeiten in Vergangenheit und Gegenwart,
- die Planung und Verwirklichung musikkultureller Zielsetzungen als wesentlicher Bestandteil sozialistischer Kulturpolitik.

Bei der inhaltlichen Ausgestaltung dieser Themen müssen wir auf Vorhaben orientieren, die unter den konkreten, jeweils sehr unterschiedlichen Bedingungen mit Schülern erfüllbar und erfolgversprechend sind. Charakteristisch für diese Vorhaben ist, daß sie neben der Teilnahme an musikalischen Veranstaltungen und dem Dialog mit profilierten Persönlichkeiten des Musiklebens in der Form des Gesprächs, des Interviews, des Briefwechsels, neben Beobachtungen und Befragungen in besonderem Maße den zweckmäßigen Umgang mit Sekundärliteratur, mit Opernführern, Konzertbüchern, Biographien, Programmheften, Rezensionen usw. erfordern. Auch die den Kreis- und Stadtbezirksbibliotheken angeschlossenen Phonotheken bieten mit ihrem umfangreichen Bestand an Schallplatten und Tonbandkassetten günstige Voraussetzungen zur erfolgreichen Bewältigung dieser Aufgaben. Einbezogen werden sollten auch Hobbys der Schüler: Eine selbst erarbeitete Photodokumentation vermag die Resultate gemeinsamer Arbeit an einer Aufgabenstellung wirkungsvoll zu veranschaulichen, und ein philatelistisches, fachwissenschaftlich gestaltetes Objekt über Musikinstrumente, Musiker oder Musikstätten kann sich gut in ein Vorhaben einordnen oder sogar ein eigenes Thema darstellen. Insgesamt orientieren diese Vorhaben auf Formen (prä-)wissenschaftlicher Arbeit.

Einige der Problem- und Aufgabenstellungen seien in folgendem als Anregungen für die außerunterrichtliche Tätigkeit in Arbeitsgemeinschaften oder Arbeitsgruppen Musikhören knapp umrissen:

- Wir bereiten ein Schülerkonzert, einen Konzert- oder Theaterbesuch des Klassenkollektivs beziehungsweise der Klassenstufe inhaltlich vor. Wir befragen die Teilnehmer nach der Wirkung der Veranstaltung und lassen begründen. Ergebnisse werden dabei geordnet, Häufigkeiten ermittelt und mit anderen Aufführungen, die wir besucht haben, oder mit entsprechenden Resultaten in anderen Schülerkollektiven verglichen. Wir schlußfolgern.
- Wir hören Aufführungen zeitgenössischer Musik und stellen Aussagen über die Komposition, ihre Wirkung auf die ausübenden Musiker, über die Reaktionen der Zuhörer, über Spieltechniken und Klangerzeugung zusammen. Wir erarbeiten eine Rezension für die Musikwandzeitung im Fachunterrichtsraum.
- Wir untersuchen die unterschiedlichen Funktionen von Musikwerken. Wir bereiten eine Quiz-Veranstaltung vor, in der wir testen, ob die auf einem Tonband eingespielten Werkausschnitte richtig und eindeutig von den Teilnehmern den verschiedenen Funktionen zugeordnet werden. Wir suchen nach Gründen für divergierende Aussagen.
- Wir befragen Mitschüler und Lehrer nach ihren Musikinteressen. Welche Gattungen werden von welcher Altersgruppe und eventuell von welchem Geschlecht bevorzugt? Wir lassen begründen. Welcher Zusammenhang zum Hörverhalten (Musikhören als Primärtätigkeit oder als Sekundärtätigkeit) ist erkennbar?
- Wir beobachten das Hörverhalten von Mitschülern auf einer Disko-Veranstaltung. Welche Unterschiede sind in Abhängigkeit von der erklingenden Musik feststellbar? Worauf sind diese zurückzuführen?
- Wir analysieren das Rundfunkprogramm der DDR während eines festgelegten Zeitraums. Wie hoch ist der Anteil einzelner Gattungen am Programm eines Tages, einer Woche? Wir betrachten unterschiedliche Gattungen – zum Beispiel Volksmusik, Tanz- und Unterhaltungsmusik, zeitgenössische sinfonische und

Kammermusik – genauer. Dazu verfolgen wir die entsprechenden Sendungen im Rundfunk und stellen Tonbandmitschnitte her, die die Grundlage für die geplante Diskussion bilden: Welche Aussagen können über Zeitpunkt der Sendungen, Sendedauer, bevorzugte Werke beziehungsweise Titel, Interpreten usw. getroffen werden? Wir versuchen, kulturpolitische Schlußfolgerungen zu ziehen.

- Wir vergleichen verschiedene Wertungssendungen im Bereich der Tanz- und Unterhaltungsmusik miteinander. Welche Gruppe von Hörern soll durch die Musikauswahl angesprochen werden? Wie trägt die Moderation dazu bei, die Musiktitel dem Hörer nahezubringen? Welche kritischen Einwände haben wir gegenüber einer bestimmten Sendung, welche anderen sind uns bekannt? Wie berücksichtigen die Musikredakteure die Hinweise der Zuhörer beziehungsweise Zuschauer? (Wir nutzen dazu auch Lesermeinungen in unserer Presse.)
- Wir erarbeiten ein Komponisten- (Interpreten-)Porträt für die Musikwandzeitung. Wir sammeln und ordnen Bildmaterial, Rezensionen, Plakate. Wir versuchen, zu dieser Persönlichkeit unseres Musiklebens Kontakt herzustellen durch die Bitte um ein Gespräch, ein Interview oder die Beantwortung eines Briefes. Bei Preisträgern musikalischer Wettbewerbe interessieren wir uns für Formen der Förderung ihrer künstlerischen Entwicklung durch unsere Gesellschaft.
- Im Zusammenhang mit Gedenkjahren oder Jubiläen gestalten wir informatives Text-, Bild- und Tonmaterial unter bestimmten Gesichtspunkten. Wir versuchen, die Persönlichkeit des zu ehrenden Komponisten oder Interpreten durch Selbstzeugnisse, Mitteilungen von Zeitgenossen und Anekdoten besser zu erfassen und sie Mitschülern, Eltern sowie der Öffentlichkeit nahezubringen.
- Wir verfolgen die Tournee eines Opernensembles, eines bekannten Solisten, eines bedeutenden Orchesters, einer Rockgruppe und anderer. Wir sammeln Interviews, Rezensionen, Pressemitteilungen zum Beispiel unter dem Gesichtspunkt: Welchen Beitrag leistet dieses Gastspiel zum internationalen Ansehen unserer Republik?
- Wir analysieren Musikfestspiele unseres Landes. Welche sind uns bekannt? Welches findet gerade statt? Welche Tradition hat dieses Musikfest? Durch welche Thematik beziehungsweise welchen Charakter wird es geprägt? Wir untersuchen die Programmgestaltung. Wer sind die Ausführenden? Welches Publikum ist vertreten, und welche Reaktionen auf die Darbietungen gibt es?
- Wir vergleichen Konzert- oder Opernspielpläne dieses Jahres mit solchen aus früheren Jahren. Dazu erbitten wir die Unterstützung der betreffenden kulturellen Institutionen. Welche Gattungen, Komponisten, musikgeschichtlichen Epochen, Einzelwerke sind am häufigsten vertreten? Welche Veränderungen in der Spiel- oder Konzertplangestaltung sind feststellbar? Wir gehen den Ursachen nach.
- Wir bereiten uns auf den Besuch einer Musikgedenkstätte vor. Welche weiterführenden Informationen erhielten wir bei unserem Besuch? Was war besonders anschaulich gestaltet? Wir erarbeiten einen Gedenkstättenführer für unsere Schule zur Nutzung bei Wanderfahrten anderer Klassenkollektive.
- Wir erkunden die Musikgeschichte unseres Heimatortes beziehungsweise Heimatkreises. Welche Komponisten oder Interpreten wirkten in unserem Territorium? In welcher Weise wird an sie und ihr Wirken erinnert? Was können wir über die Geschichte und die Entwicklung der verschiedenen Klangkörper in Erfahrung bringen? (Vgl. Leder 1980, S. 375ff.)

Mit all diesen Vorhaben verfolgen wir das Ziel, im Bereich musikrezeptiver Tätigkeit zum Abbau von Einseitigkeiten bei der individuellen Auswahl von musikalischen Gattungen, zur Differenzierung des Hörverhaltens und damit zu einem hohen Kulturniveau unserer Schüler nachhaltig beizutragen.

6.3.6. Besonderheiten der Arbeit mit Hortgruppen

Es kann davon ausgegangen werden, daß die Hortgruppe ausgezeichnete organisatorische Voraussetzungen bietet, außerunterrichtlich musikerzieherisch zu arbeiten. Das ergibt sich daraus, daß täglich dafür Zeit eingeplant werden kann, die auch dem Musikhören zugute kommt[14] (Kurth 1981). Außerdem ist es möglich, interessierte Schüler aus verschiedenen Klassen zu *einer* Hortgruppe zusammenzufassen.
Beachtet werden sollte, daß für das gezielte Aktivieren des Musikhörens im Hort gleichzeitig verschiedene Interessen der Schüler anzusprechen sind.
Eine Möglichkeit ist das *Malen zur Musik.* Es zwingt zum Zuhören, aktiviert die Phantasie, bringt die Schüler dazu, sich bildnerisch zur Musik zu äußern und auf diese Weise mit ihr auseinanderzusetzen.[15] Behutsame Hinweise, nicht allein gegenständlich, sondern auch einmal nur in Farben, Formen oder Linien zu malen, können bisweilen auch ein direktes Übertragen von Bewegungsabläufen der Musik möglich machen.
Dem *Erfassen des Bewegungs- und Ausdruckscharakters* der Musik ist eine spezielle Schallplattentasche der SCHOLA-Reihe[16] gewidmet. Von zeitgenössischen Komponisten finden wir darauf 30 Musikstücke, die – nach Gruppen geordnet – es dem Erzieher ermöglichen, die einfachsten Bewegungsarten von den Kindern erkennen und nachgestalten zu lassen (langsames Tempo/Musik zum Marschieren/fließend, anmutig, beschwingt/fröhlich bewegt bis schnell).
Es könnte das Ziel einer Betätigung im Hortnachmittag sein, diese Musik zu hören und körperlich nachzugestalten, das Ziel einer anderen, nach denselben Stücken auch malen zu lassen. Das Erkennen der Instrumente wird bei den genannten Stükken kaum Schwierigkeiten bereiten. Hin und wieder kann man die Kinder taktieren oder die betonten Zählzeiten mitklatschen lassen. Wir scheuen uns auch nicht, zur vorgespielten Musik auf Instrumenten des Klingenden Schlagwerks dezent mitzuklopfen.
Für die Verwendung im Schulhort eignen sich aber auch alle SCHOLA-Schallplatten für Vorschulkinder, da die eingespielten Musikstücke vom einfachsten Kinderspiellied bis zum recht anspruchsvollen Instrumentalstück reichen. Es gibt Stücke ohne charakterisierende Überschriften, aber auch solche mit einem festgelegten Programm. Sehr vorteilhaft ist es, wenn die Erzieherin nicht nur kleine Spiellieder, sondern auch umfangreichere Musikstücke beziehungsweise einzelne Teile daraus *szenisch gestalten* läßt. Dabei genügt es durchaus, den Inhalt pantomimisch wiederzugeben. Besonders eingängige Lieder auf den Märchen- und Opernschallplatten

[14] Vgl. den Rahmenplan für die Erziehung im Schulhort.
[15] Vgl. die Untersuchungen von Ingeborg Stein (1980, S. 96) sowie Abschnitt 6.3.2.
[16] SCHOLA 875059/60, „Für den Schulhort".

für Kinder können auch mitgesungen werden. Das Singen übernimmt der größere Teil der Gruppe, während der kleinere agiert. Mit kleinen Requisiten und einfachsten Kostümen sowie selbstbemalten Papierrollen als Bühnenbild können auch jene Kinder einbezogen werden, deren Interesse nicht vorrangig der Musik gilt. Das Musikhören wird auf diese Weise besonders erlebnishaft gestaltet, und die Nachmittage im Hort erhalten ein musisches Gepräge. Derartige Stücke, an denen längere Zeit gearbeitet wurde, sollten bei einem Elternabend oder in der Patenbrigade auch einmal vorgeführt werden. Außer dem beliebten musikalischen Märchen „Peter und der Wolf" bieten sich auch viele andere Stücke zur szenischen Gestaltung an.

Obwohl in der Unterstufe der Schwerpunkt eines aktiven Musikhörens – besonders außerunterrichtlich – auf dem Erleben durch Mitmachen liegt, können im Hortnachmittag auch einige *grundlegende musiktheoretische Kenntnisse* gefestigt werden, so das Erkennen einfacher Formen, das Unterscheiden von Dur und Moll sowie der einfachsten Taktarten.

Auch sollte auf eine möglichst *differenzierte verbale Wiedergabe des musikalischen Eindrucks* durch die Schüler geachtet werden, die zugleich ihren aktiven Wortschatz erweitert (zum Beispiel für „fröhlich" – lustig, heiter, leicht, tänzerisch, freudig; für „traurig" – klagend, bedrückt, still, verhalten, nachdenklich; für „kämpferisch" – straff, entschlossen, energisch, mitreißend). Ferner können in einer Art *musikalischem Wettstreit* unter anderem die folgenden Fragen beantwortet werden:

- Zu welchem Anlaß könnte die Musik gespielt werden?
- Welche Überschrift könnte zu der Musik passen beziehungsweise inwieweit stimmen Musik und Überschrift oder Textgehalt überein?
- Was gefällt uns besonders an der Musik?
- Welchem bereits bekannten Musikstück ähnelt die Musik?
- Welche Instrumente sind zu hören?
- Gab es in der Musik gleiche, ähnliche oder gegensätzliche Teile?
- Eignet sich die Musik zum Mitbewegen? In welcher Form kann das geschehen (Laufen, Marschieren, Tanzen, szenisches Darstellen)?

Literaturverzeichnis

Allgemeinbildung – Lehrplanwerk – Unterricht. Ausgearbeitet von einem Autorenkollektiv unter der Leitung von Gerhart Neuner. Volk und Wissen Volkseigener Verlag, Berlin 1972.

Ananjew, Boris Gerassimowitsch: Psychologie der sinnlichen Erkenntnis. VEB Deutscher Verlag der Wissenschaften, Berlin 1963.

Anton, Wolfgang: Kann man Nichtgelerntes wiederholen? „Deutsche Lehrerzeitung“, Nr. 10/1981.

Assafjew, Boris: Die musikalische Form als Prozeß, herausgegeben von Dieter Lehmann und Eberhard Lippold. Verlag Neue Musik, Berlin 1976.

Baethge, Wilhelm: Der Kommunikationsprozeß auf dem Gebiet der Musik. In: Handbuch der Musikästhetik. VEB Deutscher Verlag für Musik, Leipzig 1979.

Beethoven, Ludwig van: Briefe. Eine Auswahl. Henschelverlag, Berlin 1969.

Behrendt, Wilfried: Zum Problem der tanzmusikartigen Bearbeitungen von Volksliedern und klassischen Werken. „Musik in der Schule“, Heft 7/8/1976.

Bierwisch, Manfred: Musik und Sprache, Überlegungen zu ihrer Struktur und Funktionsweise. In: Jahrbuch Peters 1978. VEB Edition Peters, Leipzig 1979.

Bimberg, Siegfried/Kober, Anita: Hinweise zur Gestaltung des Musikhörens. „Musik in der Schule“, Heft 6/1976.

Bimberg, Siegfried: Das Autor-Adressat-Verhältnis. „Musik in der Schule“, Heft 4/1977.

Bimberg, Siegfried: Einige Überlegungen zur Aneignung und Erschließung von Werken des bürgerlich-humanistischen Erbes. „Musik in der Schule“, Heft 9/1978.

Bimberg, Siegfried: Die Einheit von Produktion, Interpretation und Rezeption auf musikalischem Gebiet. In: Handbuch der Musikästhetik. VEB Deutscher Verlag für Musik, Leipzig 1979.

Bimberg, Siegfried: Friedrich Goldmann: Sinfonie 1. „Musik in der Schule“, Heft 2/3/1980.

Bimberg, Siegfried: Kontrast als musikästhetische Kategorie. Verlag Neue Musik, Berlin 1981.

Bisky, Lothar: Massenmedien und ideologische Erziehung der Jugend. VEB Deutscher Verlag der Wissenschaften, Berlin 1976.

Boshowitsch, Lilija Iljitschna: Die Persönlichkeit und ihre Entwicklung im Schulalter. Volk und Wissen Volkseigener Verlag, Berlin 1970.

Böttcher, Hermann F./Kerner, Uwe: Methoden in der Musikpsychologie. VEB Edition Peters, Leipzig 1978.

Brecht, Bertolt: Betrachtung der Kunst und Kunst der Betrachtung. In: Schriften zur Literatur und Kunst, Band I. Aufbau-Verlag, Berlin und Weimar 1966.

Brecht, Bertolt/Weill, Kurt: Songs aus der „Dreigroschenoper“. VEB Lied der Zeit Musikverlag, Berlin 1969.

Brecht, Bertolt: Schriften über Theater, herausgegeben von Werner Hecht. Aufbau-Verlag, Berlin 1977.

Brock, Hella/Zimpel, Herbert: Unterrichtshilfen Musik, Klassen 7/8. Volk und Wissen Volkseigener Verlag, Berlin 1970.

Brock, Hella (Mitarbeit: Zimpel, Herbert): Unterrichtshilfen Musik, Klassen 7/8. Volk und Wissen Volkseigener Verlag, Berlin 1974.

Brock, Hella: Zur Klassifizierung von Schülertätigkeiten im Bereich Musikhören. „Musik in der Schule“, Heft 9/1977.

Herberger, Rainer: Zum Problem der tanzmusikartigen Bearbeitungen von Volksliedern und klassischen Werken. Vorläufige Ergebnisse der bisherigen Diskussion. „Musik in der Schule“, Heft 6/1977.

Herberger, Rainer: Untersuchungen zur Einstellung der Schüler und ihrer geistigen Tätigkeit bei der Rezeption von Instrumentalmusik des Erbes und der sozialistischen Gegenwart. Dissertation B, Karl-Marx-Universität, Leipzig 1979.

Herberger, Rainer: Zur Entwicklung eines differenzierten Rezeptionsverhaltens. „Musik in der Schule“, Heft 5/1980.

Herberger, Rainer: Zum Verhältnis zwischen der ästhetischen Attraktivität von Kompositionen und ihrer Wertung durch Schüler. Wissenschaftliche Zeitschrift der Karl-Marx-Universität Leipzig, Reihe Gesellschafts- und Sprachwissenschaft, Heft 4/1981 (a).

Herberger, Rainer: Ein neuer Rezeptionstest für Schüler. „Musik und Gesellschaft“, Heft 10/1981 (b).

Herberger, Rainer/Pezold, Hans/Prehn, Wolfgang: Unterrichtshilfen Musik, Klassen 9/10. Volk und Wissen Volkseigener Verlag, Berlin 1973.

Hetschko, Alfred: Antonín Dvořák. Verlag Philipp Reclam jun., Leipzig 1965.

Hiebsch, Hans, und Vorwerg, Manfred: Einführung in die marxistische Sozialpsychologie. VEB Deutscher Verlag der Wissenschaften, Berlin 1976.

Höchel, Lothar (Leiter des Autorenkollektivs): Unterrichtshilfen Musik, Klassen 5/6. Volk und Wissen Volkseigener Verlag, Berlin 1973.

Hoffmann, Karl: Das klingende Musikwerk im Mittelpunkt des Musikhörens. „Musik in der Schule“, Heft 4/1972.

Hoffmann, Karl: Schöpferische Initiative und Effektivität im Musikunterricht. „Musik in der Schule“, Heft 1/1979.

Hoffmann, Karl: Unterrichtsprozeß und aktive musikalisch-praktische Schülertätigkeiten (VIII). Übungen zur Verwendung von Instrumenten des Klingenden Schlagwerks bei der Liedbegleitung. „Musik in der Schule“, Heft 9/1980.

Hoke, Hans-Gunter: Artikel zum Stichwort „Musikwissenschaft“. In: Musiklexikon in zwei Bänden, herausgegeben von Horst Seeger, Band II. VEB Deutscher Verlag für Musik, Leipzig 1966.

Homilius, Gottfried: AG Musik an der POS Eppendorf/Kreis Flöha. „Musik in der Schule“, Heft 12/1974.

Honecker, Margot: Der gesellschaftliche Auftrag unserer Schule. Referat auf dem VIII. Pädagogischen Kongreß der DDR vom 18. bis 20. Oktober 1978. In: VIII. Pädagogischer Kongreß der DDR. Protokoll, herausgegeben vom Ministerium für Volksbildung, Berlin 1979.

Honecker, Margot: Auch wir Pädagogen stellen uns den Herausforderungen dieses Jahrzehnts. „Pädagogik“, Heft 6/1982.

Iske, Ina: Kinder machen Musiktheater. Kurt Schwaens Arbeit mit Leipziger Schülern. „Musik und Gesellschaft“, Heft 2/1978.

Itelson, Lev B.: Das Wesen des Lernens und die psychologischen Grundlagen des Unterrichts. In: Entwicklungspsychologie und pädagogische Psychologie, herausgegeben von A. W. Petrowski. Volk und Wissen Volkseigener Verlag, Berlin 1977.

John, Erhard/Lippold, Eberhard/Rammler, Michael: Kunst und sozialistische Bewußtseinsbildung. Dietz Verlag, Berlin 1974.

Kaden, Christian: Vorwort zu einer Semiotik der Musik. In: Musikästhetik in der Diskussion, herausgegeben von Harry Goldschmidt und Georg Knepler. VEB Deutscher Verlag für Musik, Leipzig 1981.

Kaden, Werner: Zum Wertproblem in der Musik. Dissertation B, Martin-Luther-Universität, Halle-Wittenberg 1973.

Kaden, Werner: Werten von Musik – Urteilen über Musik. „Musik in der Schule“, Heft 6, 7/8 und 9/1973.

Kaden, Werner: Zum Wertproblem in der Musik. In: Handbuch der Musikästhetik. VEB Deutscher Verlag für Musik, Leipzig 1979.

Kaden, Werner: Über ästhetische Wertkriterien in der Musik. „Musik in der Schule“, Heft 10/1980.

Kaden, Werner: Sozialistische Lebensweise – Musikkultur – Musikerziehung. „Musik in der Schule“, Heft 11/1981.

Kagan, Moissej: Vorlesungen zur marxistisch-leninistischen Ästhetik. Dietz Verlag, Berlin 1971.
Kagan, Moissej: Vorlesungen zur marxistisch-leninistischen Ästhetik. Dietz Verlag, Berlin 1975.
Katzer, Georg: Elektronische Musik. „Musik in der Schule“, Heft 7/8/1981.
Klaus, Georg: Kybernetik und Erkenntnistheorie. VEB Deutscher Verlag der Wissenschaften, Berlin 1967.
Klingberg, Lothar: Einführung in die allgemeine Didaktik. Volk und Wissen Volkseigener Verlag, Berlin 1974.
Klingberg, Lothar: Bemerkungen zu Gerhart Neuners Beiträgen in der „Pädagogik“, Heft 5 und 6/1980, insbesondere zu „Konstruktive Synthese – wichtige Richtung pädagogischen Denkens und Forschens“. „Pädagogik“, Heft 7/8/1981.
Klingberg, Lothar: Unterrichtsprozeß und didaktische Fragestellung. Volk und Wissen Volkseigener Verlag, Berlin 1982.
Klingenberg, Annelies: Erfahrungen bei der Behandlung der STE 3 und 5/Kl. 8. „Musik in der Schule“, Heft 2/3/1980.
Klingenberg, Annelies: Enge Beziehungen zum Kunstwerk entwickeln. „Musik in der Schule“, Heft 12/1981.
Kludas, Reinhard/Kompaß, Josef/Schramm, Ernst: Entwicklung anspruchsvoller Interessen und Bedürfnisse in der außerunterrichtlichen Tätigkeit. „Pädagogik“, Heft 2/1979.
Kneipel, Eberhard: Serielle Musik. „Musik in der Schule“, Heft 10/1980.
Kneipel, Eberhard: Aleatorik. „Musik in der Schule“, Heft 2/3/1981.
Kneipel, Eberhard: Cluster. „Musik in der Schule“, Heft 5/1981.
Knepler, Georg: Geschichte als Weg zum Musikverständnis. Verlag Philipp Reclam jun., Leipzig 1977.
Knepler, Georg: Gedanken über Musik. Reden, Versuche, Aufsätze, Kritiken. Henschelverlag, Berlin 1980.
Kober, Anita: Zum Prinzip und zur Anwendung des Lesestreifens. „Musik in der Schule“, Heft 11/1978.
Koch, Hans: Kriterien sozialistischer Erbe-Aneignung. „Musik in der Schule“, Heft 4 und 5/1976.
Kolbe, Johannes: Zur Behandlung von zeitgenössischer Musik in einer AGR der Erich-Weinert-Oberschule Zwickau. „Musik in der Schule“, Heft 9 und 11/1975.
Kolbe, Johannes: Zur Behandlung von Tanzmusik in einer AGR der Erich-Weinert-Oberschule Zwikkau. „Musik in der Schule“, Heft 5/1976.
Kolbe, Johannes: 30 Jahre Verbindung von Schule und Musikleben. Zwickauer Erfahrungen bei der Gestaltung von Schulkonzerten. „Musik in der Schule“, Heft 5/1979.
König, Hartmut: Die Verantwortung der FDJ für Kultur und Kunst in den Kämpfen unserer Zeit. „Junge Welt“ vom 22. 10. 1982.
Konzertbuch Orchestermusik A–F, G–O, P–Z, herausgegeben von Hansjürgen Schaefer. VEB Deutscher Verlag für Musik Leipzig.
Kossakowski, Adolf: Über persönlichkeitstheoretische Grundlagen der Pädagogischen Psychologie. In: Ideologisch-theoretische und methodologische Probleme der Pädagogischen Psychologie, herausgegeben von Adolf Kossakowski und Joachim Lompscher. VEB Deutscher Verlag der Wissenschaften, Berlin 1971.
Kossakowski, Adolf: Allgemeine persönlichkeitstheoretische Voraussetzungen. In: Psychologische Untersuchungen zur Entwicklung sozialistischer Persönlichkeiten, herausgegeben von Adolf Kossakowski und Karlheinz Otto. Volk und Wissen Volkseigener Verlag, Berlin 1973.
Kossakowski, Adolf: Theoretische Voraussetzungen und experimentelle Untersuchungen zur Entwicklung der eigenständigen Handlungsregulation. In: Psychologische Untersuchungen zur Entwicklung der eigenständigen Handlungsregulation. VEB Deutscher Verlag der Wissenschaften, Berlin 1973.
Kossakowski, Adolf, und Lompscher, Joachim: Teilfunktionen und Komponenten der psychischen Regulation der Tätigkeit. In: Psychologische Grundlagen der Persönlichkeitsentwicklung im pädagogischen Prozeß. VEB Deutscher Verlag der Wissenschaften, Berlin 1977.

Krasteva, Svetla: Die Herausbildung des musikalischen Rezeptionsvermögens auf der Grundlage des neuen Lehrinhalts für die 6. Klasse. In: Verfahrenskenntnisse zur Erschließung des Gehalts von Musik, herausgegeben von Hella Brock. Karl-Marx-Universität, Leipzig 1980.

Kraus, Christel: Gedanken und Erfahrungen aus der Arbeit einer AG an der POS Trusetal. „Musik in der Schule", Heft 1/1975.

Krauthoff, Irmgard: Erfahrungen bei der Vermittlung von Grundkenntnissen und Grundfertigkeiten (Zum Musikhören in den unteren Klassen). „Musik in der Schule", Heft 4/1980.

Kulturpolitisches Wörterbuch, herausgegeben von Manfred Berger, Helmut Hanke, Franz Hentschel, Hans Koch, Werner Kühn und Heinz Sallmon. Dietz Verlag, Berlin 1978.

Kurth, Wolfgang: Zur musikalischen Betätigung der Schüler im Schulhort in den Klassen 3 und 4 unter besonderer Beachtung des planmäßigen Zusammenwirkens mit dem Musikunterricht. Dissertation, Berlin 1981.

Lakomy, Reinhard: Synthesizer. „Musik in der Schule", Heft 1/1982.

Lange, Christian: Klingendes Schlagwerk im schulpraktischen Musizieren des Liedgutes der Klassen 1 bis 4. „Musik in der Schule", Heft 1/1979.

Lasch, Stefan: Rockmusik (I). „Musik in der Schule", Heft 5/1982.

Leder, Günter: Aus der Tätigkeit einer Schweriner AG: Schüler auf den Spuren des Musiklebens ihrer Stadt. „Musik in der Schule", Heft 11/1980.

Lehrbücher Musik, Klasse 2, 3, 4, 5/6, 7/8, 9/10, 11/12. Volk und Wissen Volkseigener Verlag, Berlin 1983.

Lehrplan Musik, Klassen 5 bis 10. Volk und Wissen Volkseigener Verlag, Berlin 1982.

Lejtes, Natan S.: Allgemeine geistige Fähigkeiten und Altersbesonderheiten. „Psychologische Beiträge", Heft 17/1974.

Leontjew, A. N.: Probleme der Entwicklung des Psychischen. Volk und Wissen Volkseigener Verlag, Berlin 1975.

Lexikon der Kunst. VEB E. A. Seemann, Leipzig 1977.

Lichatschow, Boris Timofejewitsch: Ästhetische Aspekte der Erziehung. Volk und Wissen Volkseigener Verlag, Berlin 1974.

Lissa, Zofia: Ästhetische Funktionen des musikalischen Zitats. In: Aufsätze zur Musikästhetik. Henschelverlag, Berlin 1969.

Lissa, Zofia: Neue Aufsätze zur Musikästhetik. Henschelverlag, Berlin 1975.

Literatur – Musik – Kunsterziehung, ihr Zusammenwirken im Unterricht. Ausgearbeitet von einem Autorenkollektiv unter Leitung von Hella Brock. Volk und Wissen Volkseigener Verlag, Berlin 1981.

Lompscher, Joachim: Pädagogisch-psychologische Aspekte der kommunistischen Erziehung der Jugend. „Einheit", Heft 6/1980.

Lutter, Frank: Problemhafte Unterrichtsgestaltung und vertieftes Kunsterlebnis. Zusammenfassung und Abschluß der Unterrichtsdiskussion. „Musik in der Schule", Heft 7/8/1981.

Lutter, Frank: Eröffnung zum Thema: Wissen – Können – Kunsterlebnis. „Musik in der Schule", Heft 9/1981.

Lutter, Frank: Wissen – Können – Kunsterlebnis. Zusammenfassung und Abschluß der Unterrichtsdiskussion. „Musik in der Schule", Heft 9/1982.

Machlitt, Manfred: Der Inhalt der Musik und das im Erleben Kommunizierbare – Zur Realismustheorie in der Musik. Diplomarbeit Humboldt-Universität, Berlin 1972.

Marx, Karl: Grundrisse der Kritik der Politischen Ökonomie (Rohentwurf). Dietz Verlag, Berlin 1953.

Marx, Karl/Engels, Friedrich: Werke, Band 23. Das Kapital. Erster Band. Dietz Verlag, Berlin 1979.

Mayer, Günter: Weltbild – Notenbild. Zur Dialektik des musikalischen Materials. Verlag Philipp Reclam jun., Leipzig 1978.

Mayer, Günter: Zur Bestimmung der ästhetischen Funktion von Musik. In: Musikästhetik in der Diskussion, herausgegeben von Harry Goldschmidt und Georg Knepler. VEB Deutscher Verlag für Musik, Leipzig 1981.

Mehlhorn, Hans-Georg: Entwicklung schöpferischen Denkens und Handelns. „Pädagogik", Heft 4/1980.

Mehner, Klaus: Ästhetische Aspekte einer Gattungstheorie in der Musik. In: Handbuch der Musikästhetik. VEB Deutscher Verlag für Musik, Leipzig 1979.
Methodik Musikunterricht. Ausgearbeitet von einem Autorenkollektiv unter der Leitung von Karl Hoffmann. Volk und Wissen Volkseigener Verlag, Berlin 1979.
Meyer, Ernst Hermann: Musik im Zeitgeschehen. Verlag Bruno Henschel und Sohn, Berlin 1952.
Meyer, Ernst Hermann: Kontraste, Konflikte (Erinnerungen, Gespräche, Kommentare). Verlag Neue Musik, Berlin 1979.
Michel, Paul: Psychologische Grundlagen der Musikerziehung. In: Handbuch der Musikerziehung, herausgegeben von Walther Siegmund-Schultze, Teil II. VEB Breitkopf & Härtel Musikverlag, Leipzig 1968.
Michel, Paul: Der Beitrag von Musik und Musikerziehung zur Entwicklung menschlichen Schöpfertums. „Musik in der Schule", Heft 1/1979.
Müller-Freienfels, Richard: Psychologie der Kunst, Band 1. Leipzig/Berlin 1922.
Musiklexikon in zwei Bänden, herausgegeben von Horst Seeger. VEB Deutscher Verlag für Musik, Leipzig 1966.
Nalčadžjan, Albert A.: Intuition im wissenschaftlichen Schöpfertum. Psychologische und philosophische Probleme der intuitiven Erkenntnis. Akademie-Verlag, Berlin 1975.
Naumann, Manfred/Schlenstedt, Dieter, u. a.: Gesellschaft, Literatur, Lesen. Aufbau-Verlag, Berlin und Weimar 1976.
Neuner, Gerhart: Zur Theorie der sozialistischen Allgemeinbildung. Volk und Wissen Volkseigener Verlag, Berlin 1974.
Neuner, Gerhart: Hohe Leistung und Schöpfertum – was heißt das für die Erziehung? „Neues Deutschland", Nr. 101/1980.
Neuner, Gerhart: Konstruktive Synthese – wichtige Richtung pädagogischen Denkens und Forschens. „Pädagogik", Heft 5/1980.
Nürnberger, Karl-Heinz/Karsch, Uwe: Schüler im Konzert – Ziel und Ergebnis musikerzieherischen Wirkens. „Musik in der Schule", Heft 9/1979.
Olias, Günter: Methodische Aspekte der Vermittlung kulturpolitischer Einsichten im Rahmen musikalischer Werkbetrachtungen. „Musik in der Schule", Heft 10 und 11/1974.
Olias, Günter: Zur Theorie und Praxis der Entwicklung der musikalischen Erlebnisfähigkeit. Dissertation B, Berlin 1976.
Olias, Günter: Anregungen zur musikanalytischen Arbeit im Unterricht. „Musik und Gesellschaft", Heft 9/1978.
Olias, Günter: Zusammenhänge zwischen musikalischen Verfahrens- und Verhaltensweisen. Überlegungen zur erziehungswirksamen Führung von Unterrichtsprozessen. „Musik in der Schule", Heft 6 und 12/1981, Heft 5 und 6/1982.
Olias, Günter: Bemühungen um Annäherung. Anregungen zur Erschließung neuer Werke in STE 7/Klasse 10. „Musik in der Schule", Heft 7/8/1982.
Owsjannikow, Michail, u. a.: Marxistisch-leninistische Ästhetik. Dietz Verlag, Berlin 1976.
Parygin, Boris D.: Grundlagen der sozialpsychologischen Theorie. VEB Deutscher Verlag der Wissenschaften, Berlin 1976.
Petrowski, Artur W.: Die Phantasie. In: Allgemeine Psychologie. Volk und Wissen Volkseigener Verlag, Berlin 1974.
Prokofjew, Sergej: Dokumente, Briefe, Erinnerungen. VEB Deutscher Verlag für Musik, Leipzig 1965.
Rahmenprogramm für Arbeitsgemeinschaften der Klassen 9 und 10 – Musik. Volk und Wissen Volkseigener Verlag, Berlin 1971.
Reuter, Fritz: Methodik des musiktheoretischen Unterrichts. Mitteldeutscher Verlag, Halle (Saale) 1950.
Rienäcker, Gerd: Zur Leistungsfähigkeit musikalischer Analyse. In: Handbuch der Musikästhetik. VEB Deutscher Verlag für Musik, Leipzig 1979.
Rienäcker, Gerd: Atonalität? „Musik in der Schule", Heft 5/1980.

Rosch, Eckhard: Kritische Bemerkungen zu „Musik und Sprache“ von Manfred Bierwisch. „Weimarer Beiträge“, Heft 1/1982.
Rosenfeld, Gerhard: „ ... nicht diese Töne“. In: Entrückt und neu gewonnen. Essays zur Kunstentwicklung. Mitteldeutscher Verlag, Halle/Leipzig 1981.
Rosenfeld, Gerhard: Theorie und Praxis der Lernmotivation. VEB Deutscher Verlag der Wissenschaften, Berlin 1967.
Rubinstein, S. L.: Grundlagen der Allgemeinen Psychologie. Volk und Wissen Volkseigener Verlag, Berlin 1968 (a).
Rubinstein, S. L.: Das Denken und die Wege seiner Erforschung. VEB Deutscher Verlag der Wissenschaften, Berlin 1968 (b).
Rubinstein, S. L.: Sein und Bewußtsein. Akademie-Verlag, Berlin 1977.
Ruhland, Wolfgang: Der Einsatz von Tonbandgerät und Kassettenrecorder im Musikunterricht – eine Möglichkeit zur Aktivierung von Schülertätigkeiten insbesondere in der Oberstufe. Diplomarbeit, Karl-Marx-Universität, Leipzig 1980.
Scharnbeck, Hannelore: Zu einem Mal- und Zeichenwettbewerb anläßlich des 80. Geburtstages von Hanns Eisler. „Musik in der Schule“, Heft 11/1979.
Scherchen, Hermann: Vom Wesen der Musik. Regensburg o. J.
Schneider, Frank: Das Violinkonzert von Siegfried Matthus. In: Sammelbände zur Musikgeschichte der Deutschen Demokratischen Republik, Band II, herausgegeben von Heinz Alfred Brockhaus und Konrad Niemann. Verlag Neue Musik, Berlin 1971.
Schneider, Frank: Momentaufnahme. Notate zu Musik und Musikern in der DDR. Verlag Philipp Reclam jun., Leipzig 1979.
Schramowski, Herbert: Zur Psychologie des künstlerischen Schaffens. „Weimarer Beiträge“, Heft 9/1972.
Schubert, Erika: Erfahrungsaustausch: Problemhafte Unterrichtsgestaltung und vertieftes Kunsterlebnis. „Musik in der Schule“, Heft 12/1980.
Schubert, Lothar: Werke unseres sozialistisch-realistischen Musikschaffens im Unterricht – Fritz Geißler: 5. Sinfonie (STE 4/Kl. 12). „Musik in der Schule“, Heft 11/1979.
Schubert, Lothar: Zur Entwicklung von Bewußtheit und Selbständigkeit. „Musik in der Schule“, Heft 2/3/1981.
Schubert, Lothar: Die „Bagatellen für B.“ von Reiner Bredemeyer. „Musik in der Schule“, Heft 2/3/1982.
Schulz, Renate: Die systematische Führung eines Musikschnellhefters – ein Mittel zur besseren Bewältigung der Lehrplanforderung nach einem festen musikalischen Grundwissen der Schüler. Erfahrungsbericht, 1978 (Maschinenschrift).
Schurig, Herbert: Problemsituationen. „Musik in der Schule“, Heft 1/1981.
Schwaen, Kurt: Kindermusiktheater in der Schule. Erfahrungen und Anregungen. Zentralhaus für Kulturarbeit der DDR, Leipzig 1979.
Siegmund-Schultze, Walther: Das Zitat im zeitgenössischen Musikschaffen. „Musik und Gesellschaft“, Heft 2/1977.
Siegmund-Schultze, Walther: Zum Musikerbe der DDR. „Musik in der Schule“, Heft 2/3/1980.
Sintschenko, T. P.: Die Empfindungen. In: Allgemeine Psychologie, herausgegeben von A. W. Petrowski. Volk und Wissen Volkseigener Verlag, Berlin 1974 (a).
Sintschenko, W. P. und T. P.: Die Wahrnehmung. In: Allgemeine Psychologie, herausgegeben von A. W. Petrowski. Volk und Wissen Volkseigener Verlag, Berlin 1974 (b).
Smetana in Briefen und Erinnerungen. Artia Verlag, Prag 1954.
Sochor, A.: Die soziale Bedingtheit des musikalischen Denkens und der musikalischen Rezeption. In: Probleme und Konzeptionen. Aktuelle Arbeiten sowjetischer Musikwissenschaftler. Leipzig 1977.
Sommer, Dietrich/Spieß, Helga: Kunstwirkung als Aktivierung der widersprüchlichen Einheit rationaler und emotionaler Kräfte und Fähigkeiten. In: Funktion und Wirkung soziologischer Untersuchungen zur Literatur und Kunst, herausgegeben von D. Sommer, D. Löffler, A. Walter und E. M. Scherf. Aufbau-Verlag, Berlin und Weimar 1978.

Sperber, Hannelore: Untersuchungen zur Rezeption instrumentaler Musik in den Klassen 4–6. Zwischenbericht in Vorbereitung einer Dissertation. Leipzig 1982 (Maschinenschrift).

Spieler, Heinrich: Text zur Schallplatte ETERNA 820552 (Paul Dessau: In memoriam Bertolt Brecht; Bach-Variationen), 1966.

Stein, Ingeborg: Kinder malen zu Musik – Zur Übertragung musikalischer Bewußtseinsinhalte in Bildgestalten (Thesen). In: Verfahrenskenntnisse zur Erschließung des Gehalts von Musik, herausgegeben von Hella Brock. Leipzig 1980.

Stockmann, Doris: Die ästhetisch-kommunikativen Funktionen der Musik. „Beiträge zur Musikwissenschaft", Heft 2/1980.

Stockmann, Doris: Die ästhetisch-kommunikativen Funktionen der Musik unter historischen, genetischen und Entwicklungsaspekten. In: Musikästhetik in der Diskussion, herausgegeben von Harry Goldschmidt und Georg Knepler. VEB Deutscher Verlag für Musik, Leipzig 1981.

Stolowitsch, Leonid: Der ästhetische Wert. Dietz Verlag, Berlin 1975.

Tosch, Heinz: Prüfungen aus der Sicht aktueller Anforderungen. „Musik in der Schule", Heft 2/3/1980.

Treibmann, Karl Ottomar: Strukturen in neuer Musik. Anregungen zum zeitgenössischen Tonsatz. VEB Deutscher Verlag für Musik, Leipzig 1981.

Unger, Hans Werner: Einige praktische Erfahrungen bei der Aktivierung und Orientierung der Schülertätigkeit im musikalischen Rezeptionsprozeß unter Einbeziehung von Orientierungshilfen am Beispiel von Joseph Haydns Oratorium „Die Jahreszeiten" (Klasse 9, STE 3). In: Zur Orientierung des musikalischen Rezeptionsverhaltens von Schülern, herausgegeben von Hella Brock. Karl-Marx-Universität, Leipzig 1979.

Urbanek, Helmut: Schulkonzerte für die ersten Klassen. „Musik in der Schule", Heft 12/1976.

Uznadze und Mitarbeiter: Einstellungspsychologie, herausgegeben von Manfred Vorwerg. Berlin 1976.

Völz, H.: Beitrag zur formalen Musikanalyse und -synthese. „Beiträge zur Musikwissenschaft", Heft 2/3/1975.

Weller, Birgit: Möglichkeiten schöpferischen instrumentalen Musizierens von Schülern außerhalb des Musikunterrichts. Diplomarbeit, Karl-Marx-Universität, Leipzig 1983.

Wetlugina, N. A.: Der Inhalt der musikalischen Erziehung und des Musikunterrichts in den Beschäftigungen. In: Ästhetische Erziehung im Kindergarten. Volk und Wissen Volkseigener Verlag, Berlin 1973.

Witt, Gerd: Vergleichendes Hören und Analysieren (Kl. 10/STE 8). „Musik in der Schule", Heft 4/1981.

Wörterbuch der Psychologie, herausgegeben von Günter Clauß. VEB Bibliographisches Institut, Leipzig 1981.

Wygotski, Lew S.: Psychologie der Kunst. VEB Verlag der Kunst, Dresden 1976.

Der Zupfgeigenhansl, herausgegeben von Hans Breuer. VEB Friedrich Hofmeister Musikverlag, Leipzig 1982.

Komponisten- und Werkverzeichnis

Asriel, Andre 71, 172
Katzenwalzer 68
Der Fuchs und die Trauben 173
Aust, Bernd: Die Sixtinische Madonna 100
Bach, Johann Sebastian 18, 19, 23, 65, 105, 106, 145, 159, 184
Brandenburgisches Konzert Nr. 2 92, 119, *153,* 158, 182, *194, 196f.*
Präludium und Fuge c-Moll (aus dem Wohltemperierten Klavier, Teil I) 63, *152, 168f.,* 179
Toccata und Fuge d-Moll (BWV 565) 80, 145
Menuett G-Dur und Marsch D-Dur aus dem Notenbüchlein für Anna Magdalena Bach 123
Kaffee-Kantate (Schweigt stille, plaudert nicht) 91, 172
Kantate „O Ewigkeit, du Donnerwort“ 65
Matthäus-Passion 28
Weihnachtsoratorium 65
Bartók, Béla 18
3. Klavierkonzert *89*
Berg, Alban: Violinkonzert 65
Beethoven, Ludwig van 18, 19, 98, 106, 110, 162, 194
3. Sinfonie Es-Dur (Sinfonia eroica) 93
5. Sinfonie c-Moll 35, 80, 82, 86, 88, 100, 120, 148f., *156, 169f., 195*
6. Sinfonie F-Dur (Pastorale) 68
7. Sinfonie A-Dur 63
9. Sinfonie d-Moll 53, *86,* 92f., 116, 120, *159f.,* 194
Coriolan-Ouvertüre 78
Egmont-Ouvertüre *56ff., 66, 85,* 110, *167f.*
2. und 3. Leonoren-Ouvertüre 70
1. Klavierkonzert C-Dur 99f., *156*
Klaviersonate c-Moll op. 10 Nr. 1 75, 110, *152*
Klaviersonate G-Dur op. 49 Nr. 2 120
Ballettmusik „Die Geschöpfe des Prometheus“ 93
Gefangenenchor aus „Fidelio“ 85, *167*
Bimberg, Siegfried: Guten Tag, du neuer Morgen 90, 127
Brahms, Johannes 146f.
Haydn-Variationen op. 56a *130,* 145, *159*
Waldesnacht *145ff.*
Bredemeyer, Reiner: Bagatellen für B. *97f.,* 144, *154f.*
Britten, Benjamin 19
Chatschaturjan, Aram 19, 106, 107
Maskerade-Suite 84
Musik zum Ballett „Gajaneh“ 84, 97, 106, 120, *181*
Chopin, Fryderyk 18, 106
Etüde c-Moll op. 10 Nr. 2 80
Polonaise A-Dur 110
Debussy, Claude 19
Vorspiel zum Nachmittag eines Fauns 32
Reflets dans l'eau (aus „Images“) 69
Dessau, Paul 18, 19, 33, 91f., 117, *163,* 172
Bach-Variationen 96, 100
In memoriam Bertolt Brecht 80, *93*
Die Verurteilung des Lukullus 88, *130f.*
Lilo Herrmann 35, 60f., 76, 93, 95, 97, *157*
Aufbaulied der FDJ *175f.*
Friedenslied (Friede auf unserer Erde) 28, 75
Klein Li möchte schlafen *175ff.*
Geschäftslied aus „Mutter Courage“ 80
Spaniens Himmel (Die Thälmann-Kolonne) 75
Der Harmonikavirtuose 124
Dvořák, Antonín 18, 106
Sinfonie Nr. 9 (Aus der Neuen Welt) 118
Eisler, Hanns 18, 19, 91f., 117, 172, 208
Lenin-Requiem 36f., 80, 144
Deutsche Sinfonie 144
Kleine Sinfonie *117*
Suite für Septett Nr. 1 71
Musik zu „Die Mutter“ 60
Lob des Kommunismus 92, *100,* 173
Lob des Lernens *175*
Gesang vom Lernen *175*
Einheitsfrontlied 88, 117

Lenin (Er rührte an den Schlaf der Welt) 100, 173
Friedenslied (Friede auf unserer Erde) 28
Lied von der belebenden Wirkung des Geldes 28
Solidaritätslied 100, 117, 173
Erdmann, Gunther 71, *125*
Hopp, hopp, ho 72, 73, 125, 136
Fürnberg, Louis: Du hast ja ein Ziel vor den Augen 75
Geißler, Fritz 19
5. Sinfonie 115, 144
Gershwin, George 19, 118
Gerster, Ottmar 19
Festouvertüre 1948 97, *114f.*, 158, 182
Goldmann, Friedrich 19, 65
1. Sinfonie 70, 80, 95, 100, 144
Grieg, Edvard
Zug der Zwerge 71, 73
Kobold 71
Solvejgs Lied 120
Händel, Georg Friedrich 19, 105, 106, 159, 184, 185
Orgelkonzert F-Dur op. 4 Nr. 4 92, 144
Wassermusik 92, 120, *130, 153*
Haydn, Joseph 18, 19, 106, 109
Sinfonie fis-Moll Nr. 45 (Abschiedssinfonie) 109
Sinfonie D-Dur Nr. 73 (Die Jagd) 109
Sinfonie C-Dur Nr. 82 (Der Bär) 109
Sinfonie g-Moll Nr. 83 (Die Henne) 109
Sinfonie G-Dur Nr. 94 (Mit dem Paukenschlag) 35, 40, 77, 79, *83,* 96f., 109
Sinfonie G-Dur Nr. 100 (Militärsinfonie) 109
Sinfonie D-Dur Nr. 101 (Die Uhr) 109
Divertimento B-Dur 130
Streichquartett op. 64 Nr. 5 (Lerchenquartett) *76f.*, 100, *109*
Die Jahreszeiten *77f., 96,* 109, *153f.*, 218
Die Schöpfung 77, 109
Humperdinck, Engelbert: Hänsel und Gretel 73, 125, 136
Kabalewski, Dmitri 18
Wiegenlied 35
Katzer, Georg 19, 144
Die Igeltreppe 71
Baukasten 144
Kochan, Günter 71
Konzert für Orchester 70, 95, 100
2. Sinfonie *82f.*
Versteck 72, 90, *128,* 136
Pionierexpreß 72
Köhler, Siegfried 18
„Streit zu zweit" und „Wettlauf" (aus: Musik für Kathrin) 91
Lakomy, Reinhard 144, 218
Lasso, Orlando di: Holla, welch gutes Echo 68
Lemlin, Lorenzo: Der Gutzgauch auf dem Zaune saß 68
Lesser, Wolfgang 71
Lischka, Rainer 71, 72
Jumbo, der Elefant 72
Lisle, Claude-Joseph Rouget de: Marseillaise 75
Lortzing, Albert: Zar und Zimmermann 108
Matthus, Siegfried 19
Konzert für Violine und Orchester *46,* 55, 81, 94, *148*
Konzert für Klavier und Orchester 79f., 89
Der letzte Schuß 144
Mauriat, Paul: Wann kommt für uns der Tag, Genossen *191f.*, 195
Meyer, Ernst Hermann 19, 117
Poem für Viola und Orchester *88,* 100
Ein wenig traurig (aus: Aus dem Tagebuch eines kleinen Mädchens) 123
Mansfelder Oratorium 75, 93, *115, 148,* 162
Moniuszko, Stanisław 18
Mozart, Leopold
Kindersinfonie 71, 123
Musikalische Schlittenfahrt 71
Mozart, Wolfgang Amadeus 18, 19, 106
Variationen über „Ah, vous dirai-je, maman" 83f., 96, *131ff.*
Eine kleine Nachtmusik 120
Türkischer Marsch 120
Die Zauberflöte 65, 88, 172, *185f.*
Klarinettenkonzert 64
Mussorgski, Modest 19
Bilder einer Ausstellung 37, 120f.
Samuel Goldenberg und Schmuyle *37, 88f., 121*
Gnomus 69f.
Tanz der Küchlein in ihren Eierschalen 70, *121*
Das große Tor von Kiew 209
Natschinski, Gerd 71
Die Rose war rot *191f.*, 195
Die Katzenfamilie und der Hund 91, 128, 136
Wir tragen die blaue Fahne 127
Nono, Luigi: La fabbricca illuminata 68
Orff, Carl 19
Carmina Burana 218

Penderecki, Krzysztof: Den Opfern von Hiroshima 142
Petsch, Kuno: Im Bienenkorb (aus der Eulenspiegel-Suite) 136, 205
Popelka, Wladimir: Säbeltanz (Adaption) 84
Prokofjew, Sergej 18, 19, 107
Klassische Sinfonie *86,* 106
7. Sinfonie 82, *116*
Klavierkonzert Nr. 1 64
Alexander Newski 68
Marsch aus der Oper „Die Liebe zu den drei Orangen" 37
Peter und der Wolf 73, *90, 123,* 125, *135,* 189, 223
Ravel, Maurice
Bolero 82
Bilder einer Ausstellung (Orchesterfassung) 38, *121,* 209
Richter, Wolfgang 18
Früh, wenn die Fanfaren klingen 127
Rosenfeld, Gerhard: 2. Violinkonzert 89, *94f.*
Saint-Saëns, Camille
Karneval der Tiere 69, 71
Der Elefant 72, 136
Volière 69
Sandig, Hans
Besuch im Zoo 123, 136
Pony hopp 72, 73
Storch Einbein 73
Schenker, Friedrich 100
Sinfonie „In memoriam Martin Luther King" 94
Landschaften für großes Orchester 142
Schönberg, Arnold 19
Ein Überlebender aus Warschau 144
Schostakowitsch, Dmitri 19
7. Sinfonie (Leningrader) 38, 82, 86, 100, *117*
11. Sinfonie 93
12. Sinfonie 70, 82, 99
Streichquartett Nr. 8 65
2. Klavierkonzert 75, 80, 81, *92*
Leierkasten (aus „Puppentänze") *124*
Schubert, Franz 18, 172
Forellenquintett 83, 96, 123, *151f.*
Erlkönig 73, *84,* 91, 171, 172
Die Forelle 73, 145
Der Lindenbaum 35, 73, *145ff.*
Schumann, Robert 18, 146
Aufschwung *146f.*
Soldatenmarsch 123, 205
Wilder Reiter 73, 123, 136
Knecht Ruprecht 136
Träumerei 120
Schwaen, Kurt 18, 126, 209
Volkslieder-Streichquartett 96
Weckruf der Pioniere *127f.*
Zum Gehen und Laufen *211f.*
Regenspruch 90, 122, 139
König Midas *91, 126f., 134f., 171*
Es war einmal eine Maus 71
Im Spielzeugladen *212*
Sibelius, Jean 19
Finlandia 99
Smetana, Bedřich 18, 106, 108
Die Moldau 68, *73f.,* 110, 116, 130, 136, 218
Die verkaufte Braut 108, *149,* 185
Strauß, Johann 107
Die Fledermaus 185
Telemann, Georg Philipp 19, 159, 184
Postillons 70, 76
Die Tageszeiten 69, 78
Tomita, Isao: Bilder einer Ausstellung (Synthesizer-Adaption) 38, 121
Treibmann, Karl Ottomar 137, 140
Capriccio 71 80, *155*
Unterhaltung zweier Schlagzeuger *138,* 206
Sinfonie für Streicher 47f.
Tschaikowski, Peter 18, 107
4. Sinfonie 96, 110
Klavierkonzert b-Moll 80
Nußknacker-Suite 106
Polonaise (aus „Eugen Onegin") *84*
Soldatenmarsch 123
Verdi, Giuseppe 19
Vivaldi, Antonio: Die vier Jahreszeiten 68
Wagner, Richard 19
Die Meistersinger von Nürnberg 65f., *188ff.*
Weber, Carl Maria von 19, 108, 183
Der Freischütz *54f.,* 65, 69, *75f., 85,* 108, *115, 185f.,* 189, 218
Wefelmeyer, Bernd 71
Weill, Kurt: Moritat von Mackie Messer *128f., 193*
Werzlau, Joachim: Weil wir jung sind, ist die Welt so schön 75
Wohlgemuth, Gerhard: Wir fahren mit der Eisenbahn 136, 205
Zimmermann, Udo: Mutazioni per orchestra *142*

Sachwortregister

Abschlußprüfung *193–196*
Adaptation *40*
Adaption 38, 40, 84, 97, *119–121,* 174
Affekte 34
Affekthandlungen 34
Aleatorik, aleatorisch 19, 126, 144
Allseitigkeit *8*
altersspezifische Besonderheiten 10, 204
(siehe auch: klassenstufenspezifische Differenzierungen)
Anagramm 65, 66, 80, 93, *95,* 97
Analysatoren 40, 41, *52f.,* 69
analytisch-erschließende Tätigkeitsführung (Aufgabenstellung) 82, 86, 91, 92, *102f.,* 113, 148, 157, *161–173,* 174, 187
Ansteckung, sozialpsychologischer Mechanismus der *30,* 32
Antefactum *67, 93–98,* 129
Antizipation *47f.,* 101
(siehe auch: Hörerwartung)
Antriebsprozesse 25, *26–28,* 55
Apperzeption *41–43,* 48
Arbeitsblatt 103, 105, 110, 163, 180, *187–191, 196f.*
Arbeitsgemeinschaft 126, 137, *199–204*
Arbeitsgruppe 137, 141, *199–204*
Assoziationen 45, 65, 73, 95, 166, 167
Aufmerksamkeit 13, 31, 50, *53f.,* 56, 59
Ausdruckscharakter der Musik 8, 35, 73
Aussage von Musik 61, 71, 74, 87
(siehe auch: Ausdruckscharakter, Gehalt, Ideengehalt)
außerunterrichtliches Musikhören 11, 12, 38, *198–223*
Background-Hören 53
Beat 19, 23, 26, 120
Bedeutung (semantische) der Musik *61f.,* 65, 79, 82, *88,* 93, 94
Bedürfnisse 7, 8, 9, 10, 21, 22, 25, 26, 27, 28, 32, 101, 118, 198
Bewegungsetüden *211*
bewegungsmäßige Darstellung 203
Bewegungsspiel *125,* 210
Bewertung von Musik 22, 101
(siehe auch: Werten, Wertung usw.)
Bewertung von Schülerleistungen 157, 179, 184
bildende Kunst 59
bildgestalterische Aufgaben 38
(siehe auch: Malen zur Musik)
Cocktailparty-Phänomen 52
Collage *218*
collageartig 97
deduktives Vorgehen *167*
Denken, logisch-abstraktes und musikalisch-gestalthaftes *48–51*
didaktische Funktionen *102f.*
didaktische Phasen *102f.*
Diskothek 38, 40, 143, 220
(siehe auch: Schülerdiskothek)
Diskothekbesucher 23, 24
Diskussion, diskutieren 101, 102, 108, 113, 115, 116, 119, 120, 185, 192, 200
(siehe auch: Problemdiskussion, Meinungsaustausch, Meinungsäußerung, Meinungsstreit)
Distanz, ästhetische *33,* 36, 48f.
Distanzierung, moralische 36
Dokumentarisches in der Musik 67, 93
dramaturgische Skizze 149, *185f.*
Einstellungen zur Musik 20, *21f.,* 23, 24, 25, 26, 28, *30,* 32, *33–35, 43–66,* 101, 104, 164, 184
elektronische Musik 144
emotionale Haltungen 36
emotionale Komponenten 28f.
emotionale Prozesse 29
emotionale Reaktionen 33
Emotionen 28, 31, *33f.,* 35, 36, 53
(siehe auch: Gefühlsprozesse)
Empfindungen, akustische *39–41*
Engramm 43
Ensemble der Künste 29
Ensemblewirkung der Künste 207
Erbe, humanistisches *8, 99*

Erbeaneignung 11
erfahrungsaktualisierende Tätigkeitsführung (Aufgabenstellung) 102, *103–111*, 114, 148, 162, 172, 182
Erkenntnisfunktion der Gefühle 34
Erkenntnisprozesse beim Musikhören 25, *39–51*, 55, 56
Erkenntnistätigkeit beim Musikhören 29
Evidenz 24
Figur-Grund-Verhältnis 42
Film, Filmmusik 10, 38, 60
Freizeitgestaltung 68, 119, 198, 215
Freizeitinteressen 23, 26, 198
(siehe auch: Interessen, musikalische)
Freizeitverhalten 104
Frequenz 39
Gattungen, musikalische *18, 19*, 98, 119
Gattungsspezifik 110
gattungsspezifische Merkmale 65, 66, 96, *98ff.*
Gedächtnis, musikalisches 104
Gedächtnisvorstellung 39, *43–46*, 161
(siehe auch: Vorstellungen)
Gefühlseigenschaften 20, 25
Gefühlsprozesse beim Musikhören 8, 25, *28–39*, 51, 55, 56
(siehe auch: Emotionen)
Gegenwartsschaffen 54, 99
(siehe auch: zeitgenössische Musik)
Gehalt von Musik 32, 33, 43, 49, 59f., *61*, 93, 96, 101, 121, 136, 164
(siehe auch: Ideengehalt, Ausdruckscharakter, Aussage)
Gehörsrezeptor 39
Genuß, ästhetischer 27, 162f.
Genußfähigkeit 8, 60
Genußfunktion der Musik 118
Geschmack, musikalischer 26, 27
Geschmacksurteil 47, 84
Gestik *210*
gestisches Imitieren von Musik 31
Gestus, musikalisch gestalteter *37*, 94
(siehe auch: Haltungen)
graphische Skizze 73
(siehe auch: Orientierungshilfen, Übersichten, Prozeßbild)
Haltungen, musikalisch gestaltete *36–39*, 59f., 61, 63, 66, 73
(siehe auch: Gestus)
Hermeneutik 48
heuristische Anleitung *164, 165–173*
(siehe auch: Verfahrenskenntnisse, Merkmalsübersicht, Übersicht)
Hörerfahrung 24, 26, 42, *45*, 47, *63*, 66, 116
(siehe auch: erfahrungsaktualisierende Tätigkeitsführung)
Hörerwartung 22, 35, 44, *45f.*, 55, 99, 102, 114, *115*, 148
(siehe auch: Antizipation)
Hörorientierung 102, 110
(siehe auch: Orientierungshilfen)
Hörspielmusik 10
Hortgruppen, Musik in 199, 202, 203, *222f.*
Ideale, ästhetische *22f.*, 24
Ideengehalt von Musik 8, 44, *48*, 50, *61*
(siehe auch: Gehalt, Ausdruckscharakter, Aussage)
Identifikation, ästhetische 33, 36
Identifizierung 24, 36, 39
ikonische Zeichen (siehe Zeichen)
Improvisation 70, *72*, 83, *90f.*, *121–124*, 125f., *133–139*, *141*, 163, 171, 203, *204–207*
induktives Vorgehen 165
informativ-orientierende Tätigkeitsführung (Aufgabenstellung) 86, *102f.*, *142–160*, 162, 182
Interessen, musikalische 10, *14–16*, 22, *23*, 24, 26, 27, 101, 104, 108, 118, 119
(siehe auch: Musikinteressen, Freizeitinteressen)
Interorezeptoren 29, *52*, 53
Intonation 64f., 88, 93, 110, 134
(siehe auch: Kampfmusikintonation)
Kampfmusikintonation 37
kinästhetische Empfindungen 69
Kindermusiktheater 126, 201, 202, 204, *209–213*
Klangsymbol 63, 65, 66
(siehe auch: symbolische Zeichen)
klassenstufenspezifische Differenzierungen 8, 12, 17
(siehe auch: altersspezifische Besonderheiten)
kollektive Verständigung über Musik 10
(siehe auch: Diskussion, Diskutieren, Meinungsaustausch)
Kommunikation, musikalische *60–67*, 79
Kommunikationsstrukturen 66, *87–93*
Komponistenbiographie 183
Komponistenporträt 159
Kontrollarbeiten 180
Kunstbedürfnisse 22, 28
(siehe auch: Bedürfnisse)
Kunsterziehung 208
Kurzzeitgedächtnis *41*, 51, 52
Langzeitgedächtnis 42, 43, *44*, 52
Lehrplan Musik *8*, 10f., 12, 101, 201

Lehrplanbereich Musikhören *8f.*, 12f., *17–20*
Lehrplanbereich Singen 13
Leistungskontrolle 59, 111, 157, 159, *178–181*, 188
Leitmotiv *65f.*, 189, *191*
Linienführung *12–20*
Literatur 60, 64, 74, *207*
Malen zur Musik *222*
(siehe auch: bildgestalterische Aufgaben)
Malen, Zusammenwirken der Musik mit *207f.*
massenkommunikativer Umgang mit Musik 10
Massenmedien 109
Meinungsäußerung zur Musik 174
Meinungsaustausch (Meinungsstreit) zur Musik 34, 38, 45, 48, *176f.*, 200
(siehe auch: Diskussion, Diskutieren)
melodramatische Gestaltung 128
Merkmalsübersichten 185
(siehe auch: Übersichten, heuristische Anleitung)
Mimik 210
mimisch-gestische Darstellung 203
Mitteilungsdichte 46
Montagetechnik 98
Motivation, Motivierung, Motive zum Musikhören 22, 25, 27, 28
Musik der Gegenwart 8
(siehe auch: zeitgenössische Musik)
Musik des Erbes 8
Musikgut, progressives bürgerliches, der Gegenwart 8
(siehe auch: zeitgenössische Musik)
Musikinteressen 220
(siehe auch: Interessen, Freizeitinteressen)
Musikkultur 13, 101, 184
musikkulturelle Entwicklung 10
musikkulturelle Leistungen 10
musikkulturelle Prozesse 101, 204, *219–222*
musikkulturelles Verhalten 10
Musikschaffen der sozialistischen Länder 10
(siehe auch: zeitgenössische Musik)
Musikschaffen, individuelles und kollektives 10
Musikspiel, szenisches 38, 126
musique concrète 67
musisches Klima 204, *213–217*
musizierpraktisch-aktivierende Tätigkeitsführung (Aufgabenstellung) 86, 91, *102f.*, *121–142*, 174
Nachahmung, musikalische 66, *67–78*
(siehe auch: Tonmalerei)
Nachgestaltung psycho-physischer Vorgänge 66, 70, *72f.*, *78–86*
Niveaustufen der musikalischen Lernziele 12
Objektivierungsakte 54
Operationen, geistige, beim Musikhören *49–51*, 53
operative Zeichen *63f.*
organische Reaktionen (auf Musik) *29f.*
(siehe auch: vegetative Veränderungen)
Orgelmusik 23, 80, *145*, 159
Orientierungshilfen *54f.*, 86, *150–157*, 159, 160
(siehe auch: Übersichten, Prozeßbild)
Pantomime 60
pantomimische Gestaltung zur Musik 83, 122, 125, *127f.*, 222
Persönlichkeitseigenschaften *20–24*, 25, 42, 55
Persönlichkeitsentwicklung, sozialistische 7, 101
Phantasie 8, 34, 72, 101, *112f.*, *125f.*, *127*, *128*, 132, 163, *166*, 167, *168f.*, 179, 180, 222
Phantasievorstellung 39, *43*, *45–48*, 161
(siehe auch: Vorstellungen)
Phon *39f.*
Polytechnik, Musik und 204, *217ff.*
Prädiktion 41, 47
Problemdiskussion 84, 115, 116, 119, 180
(siehe auch: Diskussion, Meinungsaustausch, Meinungsäußerung, Meinungsstreit)
Problemfrage 115, 192
problemhafte Unterrichtsgestaltung 11, *23f.*
problemorientierende Tätigkeitsführung (Aufgabenstellung) 97, 102, *111–121*, 174
Programmusik 18, 34, 60, 70, *71f.*, 73, 116, 120, 125
Propriorezeptoren 29, *52*, 53
Prozeßbild 98, 143, *150–157*, 160, 163, 169
(siehe auch: Orientierungshilfen, Übersichten, graphische Skizze)
Prüfungsfragen *194ff.*
psychische Inhalte *21*, 22, 24, 42
psychische Prozesse 20, *21*
psychische Regulation 20
psychische Zustände *21*, 94
psycho-physiologische Wirkungen der Musik *29f.*
(siehe auch: organische Reaktionen)
psycho-physische Reaktionen auf Musik 81
Quizfrage, Quiz-Veranstaltung 215, 220
(siehe auch: Wettbewerb, Wettstreit)
Reifeprüfung *193–196*
Reiz-Reaktions-Mechanismus 28
Rezension 209, 220, 221
Rezeptor 39, 40, 42
Rock 19, 23, 24, 43, 120, 214, 215, *218*
Rockmusik-Konzert *40*, 43

Schlagermusik 23, 24
Schnellhefter *110f.*
Schülerdiskothek 202, *214f.*
(siehe auch: Diskothek)
Schülerkonzerte *215f.*, 220
Schulkonzerte 202, *216f.*
Selbstmotivation (zum Musikhören) 28
(siehe auch: Motivation)
Selbstzeugnisse von Komponisten *148f.*
Signal, Signalmotiv, signalhafte Wendungen *69f.*, *74f.*, 79, 80, *127*
Singegruppe, Singeklub 202
sozialistischer Realismus 94
sozialistisch-realistische Kunstauffassung 10
sozialistisches Musikschaffen 8
(siehe auch: zeitgenössisches Musikschaffen)
Sprache, Sinngehalt der 38
Sprache und Musik *87–93*
(siehe auch: Transformation von Sprachbewegung)
Sprache (Vergleich mit Musik) *60*, 64
Sprache (zur Verbalisierung des Musikerlebens) 34, 44
sprachintonatorische Elemente 130
sprachrhythmischer Nachvollzug 131
Sprecher 75
Sprechstimme 35
Steuerungsprozesse beim Musikhören 25, *51–55*
Stimmungen beim Musikhören 21, 28, *29–33*, 42, 56
Struktur, musikalische 49, *61*
symbolische Zeichen *64–67*, 78, 96, 98, *99*, 129
Synästhesie *69*
Systematik des Musikhörens *12–20*
szenische Darstellung 18, 207, *211f.*, *222f.*
(siehe auch: Kindermusiktheater, szenisches Musikspiel)
szenisches Musikspiel 38, 126, 211, 213
(siehe auch: Kindermusiktheater)
Tanz 18, 19, 59f., 84, 104, *105ff.*
Tanzmusik 19, 26, 30, 97, 104, 119, 120, 144, 217, 218, 220, 221
Tanzwettbewerbe 38
Thalamus 29f., 51
Tonisierung des psychischen Zustandes 31
Tonmalerei, tonmalerische Mittel *67–78*
(siehe auch: Nachahmung, musikalische)
Transformation von Sprachbewegung 66, *87–93*
(siehe auch: Sprache und Musik)
Übersichten 166, 169, *171ff.*
(siehe auch: heuristische Anleitung, Verfahrenskenntnisse, Merkmalsübersicht, Orientierungshilfe, Prozeßbild)
Überzeugungen, musikbezogene 22, *23*, 24
Überzeugungen, politisch-weltanschauliche *22*, 24
Unterhaltung durch Musikhören 26, 27
Unterhaltungsmusik 26, 97, 100, 105, 119, 120, 144, 217, 218, 220, 221
Unterrichtskonzerte *215f.*
Urteilen über Musik 9
(siehe auch: Werten, werturteilsbildende Tätigkeitsführung)
Valenz 24
vegetative Veränderungen (unter Einfluß von Musik) *29f.*
(siehe auch: organische Reaktionen)
Verbalisierung von Musik 82, 157, 223
(siehe auch: Sprache)
Verfahrenskenntnisse 11, *91f.*, 101, 165, *166–173*, 180
(siehe auch: heuristische Anleitung, Merkmalsübersicht, Übersicht)
Vergleich (von Musikwerken oder verschiedenen Interpretationen) 38, 76, 129, 152, *174–177*, 187, *191ff.*
Vergleichsoperationen 50
Verhaltensregulation 25
Verhaltensweisen, Verhalten, musikkulturelle(s) bzw. kulturell-künstlerische(s) 9, 10, *12–21*, 24
Verlaufsorientierung 146
(siehe auch: Orientierungshilfen, Prozeßbild)
Voraushören 41, 60, 101
(siehe auch: Antizipation)
Vorstellungen 25, 28, *43–47*, 49, 56, 75, *99*, 114f., 161, 162, 177
(siehe auch: Gedächtnis- und Phantasievorstellung)
Vorurteil, musikalisches 26, 42, 104, 177
Wahrnehmung 25, 28, *41–44*, 47, 51, *53f.*, 56, *150f.*, 155, 157, *181*, 187
Wert von Musik 26, 27, 28
Wertansprüche, musikalische 27, 32
Wertaspekte 13
Wertbewußtsein 23, 28, 32, 50
Werten von Musik, Wertung 9, 15, 22, 26, 36, 45, 46, 48, 49, *50f.*, 56, 71, 170, 173, 178, 195, 205
Wertgerichtetheit 29, 60, 179
Wertkriterien 24, 51, *177f.*
Wertmaßstäbe 119, 165
Wertorientiertheit 36
Wertorientierung 10, 24

Wertungsverhalten 43
werturteilsbildende Tätigkeitsführung (Aufgabenstellung), Werturteilsbildung 86, 102, 103, 162, *173–178,* 180
Wertvorstellungen 60
Wettbewerb, musikalischer 39
(siehe auch: Quiz-Veranstaltung)
Wettstreit, musikalischer 223
Willenseigenschaften 20, 25, 28f.
Wirkungen der Musik *61,* 67
Wirkungspotential der Musik 10
Wissensspeicher *111*
Wort-Ton-Beziehungen *91f.,* 134, 165, *170–173*
(siehe auch: Sprache und Musik, Transformation von Sprachbewegung)
Zeichen, ikonische *64, 65f.,* 78, 87, 89f., 98
Zeichen, musikalische 48, *62–66,* 101, 103, 165
Zeichen, operative *63*
Zeichen, symbolische *64–66,* 78, 96, 98, *99,* 129
Zeichen, tonmalerische *66–78*
(siehe auch: Tonmalerei)
Zeichnen, Musik und *207f.*
(siehe auch: Malen zur Musik, bildgestalterische Aufgaben)
zeitgenössische Musik 8, 10, 11, *82,* 89f., 130, 137, 138, 139, 148, *154ff.,* 165, 178, 180, *206,* 220f.
(siehe auch: Musik der Gegenwart)
zeitgenössische Sinfonik 23f., 148
Ziellinien des Musikhörens *13–16*
Ziffernprotokoll-Verfahren 48, *56–59, 182*
Zitat, musikalisches 65, *93–98,* 110, 122, 129
Zurückhören 44, 60
Zusammenwirken von Musik mit anderen künstlerischen Äußerungen 204, *207–213*
(siehe auch: Ensemblewirkung der Künste)